本成果得到"北京高校高精尖学科建设项目"专项经费支持

西班牙刑事诉讼与证据制度专论

第一卷

施鹏鹏 / 著

EL PROCESO PENAL Y LA
PRUEBA EN ESPAÑA
（Volumen I）

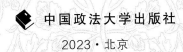

中国政法大学出版社

2023·北京

图书在版编目（ＣＩＰ）数据

西班牙刑事诉讼与证据制度专论. 第一卷/施鹏鹏著. —北京：中国政法大学出版社，2023.4

ISBN 978-7-5764-0728-0

Ⅰ.①西…　Ⅱ.①施…　Ⅲ.①刑事诉讼－研究－西班牙　②证据－司法制度－研究－西班牙　Ⅳ.①D955.152

中国版本图书馆CIP数据核字(2022)第218509号

出 版 者　　中国政法大学出版社

地　　址　　北京市海淀区西土城路 25 号

邮寄地址　　北京 100088 信箱 8034 分箱　邮编 100088

网　　址　　http://www.cuplpress.com (网络实名：中国政法大学出版社)

电　　话　　010-58908289(编辑部) 58908334(邮购部)

承　　印　　固安华明印业有限公司

开　　本　　650mm×960mm　1/16

印　　张　　22.75

字　　数　　295 千字

版　　次　　2023 年 4 月第 1 版

印　　次　　2023 年 4 月第 1 次印刷

定　　价　　89.00 元

一份尚待完成的作业

一

2004 年，我到法国攻读"刑事科学"的博士学位，师从著名的刑法学家西玛蒙蒂教授。按法国的要求，注册博士前应提交博士论文选题及简洁的理由书，且获得导师同意。我当时所提交的博士论文选题是《刑事陪审团：基于英国、法国和中国的比较法研究》（LE JURY CRIMINEL ETUDE COMPARE EN ANGLETERRE，FRANCE ET CHINE）。事实上，我初到法国时（2002 年）便对法式陪审团产生了浓厚的兴趣，这与当年中国学术界对大陆法系国家"参审制"的想象完全不同。"9+3"的重罪法庭（即 9 名陪审员和 3 名职业法官，现已改革为"6+3"）显然有别于中国的人民陪审员制度，也有别于德国的参审制。我的硕士论文《法国参审制及其借鉴意义》便系统地介绍了这一奇特的比较法现象，在一定程度上矫正了一些认识的误区，也获得了较高的评价。因此，博士论文的选题便是在硕士论文研究的基础上进行全面的延续和深化。

西玛蒙蒂教授同意了这一博士论文选题，但建议我将西班牙的陪审团制度纳入研究的范围之列。西玛蒙蒂教授认为，法国 1789 年引入英国陪审团的改革已历经数个世纪，改革的背景与动因已今非昔比，而西班牙1995年的陪审团制度改革则是近年来欧陆国家最新的立法尝试，更具有现代意义，这对于正在转型期的中国可能更具参照性。遗憾的是，当年的我并未学习西班牙语，也未曾想为撰写一篇博士论文再学一门外语，而仅是希望能够尽早毕业。西玛蒙蒂教授并未过多苛责于我，但在指导我撰写论文的过程中时常提到西班牙极为特殊的立法例，这时刻令我感到不安和惭愧。

2008年，我回国任教，因机缘运气获得了一些荣誉，事业进入了所谓的"快车道"，各种虚名浮利接踵而来，莫名其妙的批评与攻击也如影随形。而最令我感到焦虑的是，我的学术事业并未有实质的提升和推进，反倒是浪费了大量的时间在无谓的事务上，尤其是这份"尚待完成的作业"始终萦绕于心。很难想象，一个自称以"欧陆法"为研究专长、以"陪审制"为博士论文的学者，竟然对欧陆最新的陪审制立法例视而不见?! 而真正让我下定决心研习欧陆诸国其他小语种的原因则是一场车祸。

2015年3月的一个周末，我乘坐一辆专车到中国政法大学海淀校区。车停在一个十字路口等待绿灯，我突然听到一声刺耳的急刹车声，后面一辆汽车重重地撞在专车的后备箱上。我以往在后座未有系安全带的习惯，头狠狠地撞在前面的挡板上，一阵天旋地转，但更多是恐惧，而非疼痛感。据称，肇事司机疲劳驾驶，紧急时刻如梦方醒，处置措施还算妥当，否则世间可能又多了两缕冤魂。也不知道是因为惊吓过度，还是头部受到了轻微的创伤，我在事故后的几天内竟然出现失语症的部分症状。医生建议我多休息，暂时不要从事高强度的工作，可适度进行语言恢复训练。我卧床休息了两天，委实感到极度无聊，便想起了这份"作业"，而时间已然过去了11年，这恐怕也创设了拖延症的一个记录。我时常将此举美化为"学术的觉悟"，所谓"朝闻道，夕死可矣"，其实更多带有几分"不见棺材不掉泪"的色彩。而在此后的几年内，我又学习了葡萄牙语、荷兰语和俄语。2018年6月，我完成了《宪制下的平民司法：西班牙陪审制研究》一文，对西班牙陪审制进行了系统、完整的研究，收获颇丰，更加理解了导师当年的良苦用心。我随即给西玛蒙蒂教授写了一封信，跟她讲述了自己这几年的心路历程及成长，并向她郑重致歉。西玛蒙蒂教授给我回了雨果的一首诗——"六月之夜"（Nuits de juin），"L'été, lorsque le jour a fui, de fleurs couverte. La plaine verse au loin un parfum enivrant；Les yeux fermés, l'oreille aux rumeurs entrouverte, On ne dort qu'à demi d'un sommeil transparent."（夏昼遁离，花开遍野，弥荡醉人芬芳。阖眼，隐绰间听那喧嚣，半寐半醒。）

二

西班牙位于欧洲西南部的伊比利亚半岛，地处欧洲与非洲的交界，具有十分悠久的历史法律传统，复杂地融合了习惯法、罗马法、地方法和现代成文法。一般认为，西班牙法律史可以分为六至九个时期。前罗马文明时代的伊比利亚、凯尔特部落以及希腊和腓尼基殖民者几乎未在西班牙的现代法律中留下任何印记。公元前200年至公元450年期间所引入的古典罗马法，也基本与现代的西班牙法律无关。

西班牙的法律传统形成于5世纪至7世纪，源自西哥特国家的法律制度。来自北方的入侵者制定了适用于日耳曼部落的法律，而土著居民则适用罗马法，构成了二元的法律适用体系。第一部成文法典《尤里克法典》大约制定于公元480年，历经数代国王修订，旨在统一普通法。约公元506年，另一部极为重要的日耳曼法典《阿拉里克罗马法辑要》（又称为《西哥特罗马法典》）出台。这部法典尝试将罗马法与民族习惯相融合，综合了诸多罗马法典及判例，如《狄奥多西法典》《盖尤斯简编》《判决录》《格列高利法典》《赫莫杰尼安努斯法典》等。二元的法律适用体系逐步让位于整个地区单一且更具普适性的日耳曼法律。

西班牙习惯法的发展来自收复失地运动时期，横跨11世纪到15

世纪。约公元 922 年，《古法汇编》颁布，这是第一部西班牙的习惯法汇编。1265 年，阿方索颁布了《七法全书》，这部法典立足此前所有的西班牙法律、教会法和罗马法合编而成，是当时除《查士丁尼民法大全》之外最全面及最百科全书式的作品，影响了西班牙及所属殖民地。拉丁美洲在殖民地时期便主要适用《七法全书》。

19 世纪初，欧洲大陆进入拿破仑法典时代。1808 年，拿破仑大军入侵西班牙，除暴力镇压反抗者和起义者外，还输出了法国的价值观。在拿破仑的示意下，西班牙政府以法国当时的宪法为模版颁布了《巴约纳宪法》，对西班牙进行全方位的政治及司法体制改革，包括在西班牙引入了法式的刑事诉讼及陪审团审判。直至今天，西班牙刑事诉讼的基本结构还是沿袭了拿破仑《重罪预审法典》所确立的程序模型，即庭前程序奉行秘密原则（后改为"相对公开"原则，2015 年第 4 号组织法，但司法实践中仍以秘密为原则），由预审法官主导，庭审程序则奉行公开、直接言辞原则，由庭审法官主导，仅是部分强化了权力制衡及权利保障。

19 世纪 70 年代至 80 年代是西班牙法典化的决定性时期。西班牙几乎所有的近代法典均在这一时期制定及颁布，如 1870 年的《司法机构组织法》和《刑法典》，1881 年的《民事诉讼法典》，1885 年的《商法典》，以及 1888 年至 1889 年的《民法典》。《刑事诉讼法典》亦在这一时期颁布（1882 年），且一直适用至今。

二战后，西班牙进入佛朗哥的独裁时代。佛朗哥政权通过设立特别法及特别法庭，大肆对无辜公民进行迫害，剥夺了被告人获得律师辩护的权利，数年内几十万人因各种罪名被投入监狱，《刑事诉讼法典》所确立的各种程序保障形同虚设。西班牙也为欧陆诸国所排斥，成为欧洲的"弃儿"。直至 1975 年，佛朗哥死亡后，西班牙才逐渐步入法治的正轨。1978 年，西班牙颁布了现行的宪法，确立了民主政体。各种特别法及特别法庭先后被废止，1882 年的《刑事诉讼法典》重新得以适用。可以看到，西班牙刑事诉讼的近代发展史可谓蜿蜒曲折、命途多舛。直至今天，依然有诸多西班牙法律学者在检讨和审视"威权时代"下刑事诉讼中的人权保障问题。

由于 1882 年的《刑事诉讼法典》过于陈旧，已远不能适应现代刑事诉讼发展的需要（一个非常有趣的例证是，《刑事诉讼法典》第 209 条规定，"前条所述的送达期限为，法院或者法院所在地与被送达地点距离每 20 公里不超过 1 日"，这一距离是以马车作为交通工具进行计算的），因此立法者进行了多次修订。其中，近年来较为重要的改革包括：1988 年第 7 号"关于建立刑事法院及简易刑事程序的组织法"[1]；1995 年第 5 号《陪审法院组织法》；2000 年第 5 号"关于未成年人刑事诉讼程序的组织法"（后又经 2006 年第 8 号组织法进行修改）；2002 年第 8 号"关于创设快速审判的组织法"；2003 年第 27 号"关于性暴力的保护法案"；2009 年第 1 号及第 13 号"关于创设司法办公室的组织法"；2015 年第 5 号法令（第 2010/64 号欧盟指令和第 2012/13 号欧盟指令转化的结果）；2015 年第 4 号《犯罪被害人法》；2015 年"关于强化程序保障和对技术侦查措施进行监管的组织法"。这些持续性的改革保障了西班牙刑事诉讼的现代性，但制定新法典的呼声时而有之。

三

在比较法上，西班牙刑事诉讼极具理论价值。15 世纪至 16 世纪的大航海时代，西班牙曾是世界上最强盛的"日不落"帝国，西班牙的法律制度极大地影响了殖民地国家，尤其是拉丁美洲诸国。西班牙语也是世界上除英语外最盛行的语言。在比较刑事诉讼中，多数学者还是习惯性地区分当事人主义与职权主义。但职权主义具有多种亚类型，相互之间差别较大，有时甚至个性大于共性。倘若作一精细化的类型分析，欧陆职权主义似乎还可进一步精确为"罗马

---

〔1〕 需要特别指出的是，依西班牙宪法之规定（第 17.1 条、第 53 条及第 81 条），刑事诉讼涉及基本权利和自由的条款，仅得由组织法进行规定。未涉及基本权利和自由的，则可由普通法律进行规定。

（以法国、比利时为代表）—日耳曼（以德国、奥地利为代表）—伊比利亚（以西班牙、葡萄牙为代表）—斯堪的纳维亚（以北欧诸国为代表）"职权主义。受伊比利亚半岛诉讼法律文化（西班牙和葡萄牙）影响的国家和地区广泛存在于亚洲（如菲律宾、中国的澳门特别行政区）、北美（如古巴）、拉丁美洲（如巴西、阿根廷、智利、哥斯达黎加等）及非洲（如赤道几内亚）。西语系国家的学者往往就类似的法律问题有更广泛及深入的交流。创设于 1957 年的伊比利亚美洲诉讼法学会便汇集了来自拉丁美洲、葡萄牙和西班牙的诉讼法学者，虽仅是行业协会，但却是拉丁美洲刑事区域法治最为重要的智囊机构，对拉美诸国的政府均产生深刻的影响。

《西班牙刑事诉讼与证据制度专论》（第一卷）是我庞大学术规划中不可或缺的一部分。在接下来数年里，我将陆续推出多卷本关于欧陆代表性国家（德、法、荷、瑞、西、葡、俄等）刑事诉讼与证据制度的系列研究。尽管在这些作品中，更多的中国学者可能比较关心德国和法国，但如前文所论及，伊比利亚半岛的刑事诉讼制度依然值得中国学术界关注。基础研究在当下的学术评价体系中"性价比"极低，但依然需要有学者来完成。我也期待有更多的青年学者投入其中，为中国的刑事司法改革提供更为丰富的立法例。

感谢中国政法大学法律硕士学院 2017 级的王梦婕同学，她在西班牙交流期间牺牲宝贵的学习时间帮我收集了部分权威教材及学术作品，解决了目前国内西语专业资料匮乏而我本人因疫情原因无法出国的窘境。我的学生孙少伟参与了全书的审校，并提供了颇有价值的修改意见。她目前正在学习西语，希望她能够早日参与到对西班牙刑事诉讼及证据制度的研究。感谢我的家人、同事及朋友，正是你们多年来的默默支持，才能让我心无旁骛地专注于基础研究。当然，因本人能力所限，对西班牙刑事诉讼及证据制度的研究尚属初步，不当之处，还请读者批评指正。

施鹏鹏

目 录 CONTENTS

刑事诉讼宪法化的制度体系

欧洲的宪法司法化萌芽于 19 世纪下半叶，但真正发挥重要作用是在二战后。[1]经历了纳粹时代的惨痛教训，几乎所有的欧陆国家均意识到，仅有宪法文本，根本无力保障公民的基本权利免受侵害，必须构建一套"可对国家所有行为包括立法行为、行政行为或司法行为等进行违宪司法审查"的制度。[2]欧洲的宪法司法化模式就此得以蓬勃发展。与美国的司法审查制度相比，欧洲的宪法司法化模式具有两大特征：其一，宪法审查权交由专门法院负责（宪法法院或宪法委员会）；其二，主要进行抽象的违宪审查。但西班牙走得更远，因为二战后，西班牙人民的苦痛并未就此结束。佛朗哥政府在国内依然推行威权统治，对长枪党以外的党员进行大肆搜捕、关押，甚至处死，而且还使用阉割刑和绞刑（直到 1963 年才取消）。佛朗哥死亡后，西班牙颁布了 1978 年《宪法》，实现了民主政治的转型。基于对佛朗哥政权的深刻检讨，这部宪法除像多数欧陆国家一样确立了抽象违宪审查制度外，还创建了基本权利的保护之诉[3]，刑事诉讼是宪法司法化的核心领域，盖因其所涉及的核心权利皆为宪法所保障的基本人权。为此，宪法设置了刑事诉讼运行的基本原则，明确了公民的基本权利谱系，避免刑事诉讼肆意启动，对普通公民的自由甚至生命造成威胁。从这个意义上讲，刑事诉讼既是宪法的

---

[1] ［法］米歇尔·弗罗蒙：《欧洲宪法司法的多样性——兼及法国之例外》，金邦贵、施鹏鹏译，载《厦门大学法律评论》（第 18 辑），厦门大学出版社 2010 年版。

[2] ［法］米歇尔·弗罗蒙：《欧洲宪法司法的多样性——兼及法国之例外》，金邦贵、施鹏鹏译，载《厦门大学法律评论》（第 18 辑），厦门大学出版社 2010 年版。

[3] 参见本书下文的研究。

"测震仪",[4] 又是宪法的"笼中鸟"（l'Oiseau en Cage）。

在西班牙，刑事诉讼与宪法的密切关系，大体可依违宪审查制度的类型一分为二[5]：一方面对刑事法律的合宪性审查（既包括立法时的抽象审查，也包括法律适用时的具体审查），另一方面则是基本权利的保护之诉。在具体的宪法实践中，基本权利的保护之诉发挥着越来越重要的作用，故笔者将单独进行研究。本文仅以刑事法律的合宪性审查为主题，着重介绍西班牙宪法所构建的若干重要刑事诉讼原则，这也是西班牙刑事诉讼宪法化制度体系中的核心内容。

一、"人民参与刑事司法" 的基本原则

依 1978 年《宪法》第 125 条之规定，"公民可以通过公民起诉及陪审团制度，遵循法定的形式以及法定的刑事程序参与司法管理"。这一条款确立了极具西班牙特色的"人民参与刑事司法"的基本原则，具体包括两项制度：陪审团制度和公民起诉制度。

（一）陪审团制度[6]

法国著名的思想家托克维尔在论及陪审制时曾有过精准的论断，"陪审制首先是一种政治制度，其次才是一种司法制度"[7]。作为一种政治制度，陪审制的首要价值便在于政治民主价值，即陪审制是人民参与行使主权的重要方式。西班牙陪审制是托克维尔这一论断的极佳佐证，甚至可以认为，西班牙陪审制的发展史，便是政治民主的发展史，可谓蜿蜒曲折、命途多舛。

尽管 1978 年《宪法》已确立了恢复陪审团的基本思路，但《陪

---

〔4〕 ［德］克劳思·罗科信：《刑事诉讼法》（第 24 版），吴丽琪译，法律出版社 2003 年版，第 13 页。

〔5〕 事实上，所涉及的条款与基本权利条款存在相当程度的交叉，例如法定法官的权利亦属于程序性的基本权利（Derechos fundamentales procesales），在对刑事法律的合宪性审查或基本权利的保护之诉中均可能被援引。

〔6〕 更详细的研究，参见本书下文。

〔7〕 Alexis de Tocqueville, De la démocratie en Amérique, vol. I, in Œuvres, Paris, Garnier-Flammarion, 1981, p. 311-317.

审法院组织法》却迟迟未能出台，原因是许多议员和学者认为，1978 年《宪法》第 117 条规定了法官和治安官专属享有司法审判权，这事实上排除了陪审团分享审判权的可能。因此，许多支持恢复陪审团的学者主张，应在《宪法》第 117 条中增加一款，规定陪审团也享有司法审判权。[8]这一主张最终在 1995 年得以实现。1995年 5 月 11 日，《陪审法院组织法》草案进行了第一次辩论，不同政治派别发表了不同的意见。主流观点还是主张恢复陪审团。最终，1995 年 5 月 22 日的《陪审法院组织法》得以通过，西班牙现代的陪审团制度得以最终确立。

西班牙的陪审团制度主要以英国的陪审团模式为参照，同时也吸收了法国参审制的一些做法。之所以做出这样的选择，还主要因为西班牙 1978 年《宪法》第 125 条所使用的措辞是"la Institución el Jurado"（陪审制），而不是"Escabinado"（参审制），立法者认为这是宪法事先的设定，议会无权予以修改。自此，陪审团审判成为西班牙刑事司法的一项根本制度，主要适用于情节严重且容易为非专业陪审员认定的犯罪案件。

（二）公民起诉制度[9]

公民起诉制度并非 1978 年《宪法》所创设，早在 1882 年《刑事诉讼法典》颁布之时便已确立，是 19 世纪西班牙乐观自由主义的展现。此前，西班牙亦奉行公诉垄断主义，检察官和预审法官主导着刑事诉讼的整个进程。公民起诉制度设立的初衷便是反对刑事诉讼的威权主义。尤其是中世纪以降，传统职权主义所奉行的书面、秘密审判已让公众对刑事司法充满了不信任，因此立法者希望为普通公民创设公正、和平参与刑事司法的机制，实现对刑事司法权力的监督以及必要时的替代行使。这一制度为 1978 年《宪法》所确认，成为宪法所保障的基本权利（也称为"公共主观权"，derecho

---

〔8〕 Víctor Fiaren Guillén, los Tribunales de Jurados en la Constitución de 1978, Ed. Civitas, Madrid, 1979, Pág. 103–104.

〔9〕 更详细的研究，参见本书下文。

público subjetivo）。学说认为，公民起诉的法理基础是社会防护（la defensa de la sociedad）。如德国哲学家黑格尔所言，犯罪一发生，罪犯便扰乱了所属社区的法律良知并侵害了所有人，因此西班牙的所有公民均是犯罪的受害者，可自行起诉以捍卫自身及社会的利益，而不为检察院所垄断。

二、法定法官的权利（El derecho al juez legal）

"法定法官的权利"，又称为"自然法官原则"，这在欧陆绝大多数国家[10]的宪法及刑事诉讼法典中均有规定，但内容上略有区别。西班牙法意义上的"法定法官的权利"包含两方面的内容：在积极意义上，指"每个人均有权获得法律预先确定的普通法官的审判"（《宪法》第24.2条），而在消极意义上，则指"禁止设立特别法院"（《宪法》第117.6条）。具体到刑事司法的制度层面，"法定法官的权利"主要包括如下五方面的要求：

（一）组织法保留原则

如前所述，依《宪法》第53.1条和第81.1条之规定，涉及"基本权利"的相关法律仅得是组织法。因此，关于法院、法庭及法官的设置、运转及监督，均得由组织法（如《司法机构组织法》）予以规定（《宪法》第122.1条）。

（二）普通刑事法院的刑罚垄断权

仅普通刑事法院可作出具有刑罚性质的判决。任何行政机关均不得作出具有刑罚性质的判决。例如在一起刑事案件中，某公务员因涉嫌犯罪被提起公诉，但最终被刑事法院判处无罪。该行政机关

---

〔10〕 例如，意大利《宪法》第25条第1款规定，任何人均不得被剥夺业经法律规定之自然法官的裁判。在意大利，该条款涵盖了若干具有宪法效力的基本原则：①管辖权的绝对法律保留原则。管辖权条款仅得源自法律，而不得由次级法律渊源（法规或行政法令）确定。②涉及管辖权的法律条款应清晰、确定，不应赋予随意选择的权力。③管辖权条款的"预先确立"（precostituzione）原则。管辖权条款仅适用于条款生效后所实施的犯罪行为，禁止回溯适用。④任何立法、行政及司法机构均不得酌情将特定法官剔除出诉讼程序。又如，德国《基本法》第101条亦规定了"法定法官的权利"，即"非常法院不得设置。不得禁止任何人受其法定法官之审理"。

不得仅因公务员涉嫌犯罪而中止其职务，否则侵犯了法定法官的权利。

禁止设立各种形式的荣誉法院（los Tribunales de Honor，《宪法》第26条）。唯一的例外是"军事司法权"（《宪法》第117.5条）。依《司法机构组织法》第3.2条之规定，"法律根据宪法原则，严格在军事限度内和在戒严状态（戒严法）下，规定军事司法权"。除此之外，任何设立特别法院的行为，无论是否实际侵犯了公民的基本权利或自由，均违反了"法定法官"原则。

（三）平等原则

不得依任何歧视性的标准建立刑事法院，包括出生、种族、性别、宗教或任何其他个人或社会情况（《宪法》第14条）。

（四）公正原则

任何人均有权接受"独立、公正法官"的审判。[11] 这里的"公正法官"，包括司法制度及刑事诉讼两个层面：在司法制度层面，审判主体仅得是"独立、不受罢免、仅对自身行为负责并只服从法律的各种级别的法官（jueces y magistrados[12]）"；而在刑事诉讼层面，法官应符合客观公正和主观公正的要求，不得先入为主，不得在诉讼外或诉讼前接触案件材料或当事人。如果可能出现妨碍公正审判事由的，应适用回避制度。[13]

（五）管辖权[14]法定规则

刑事诉讼的法官仅得是具有管辖权的法官（《刑事诉讼法典》第1条）。与民事诉讼不同，刑事管辖权属于"强制法"（ius cogens），不得随意扩张（《刑事诉讼法典》第8条），也不得交由双方当事人进

---

〔11〕 许多国际公约均规定了该项权利，如《公民权利和政治权利国际公约》第14.1条、《欧洲人权公约》第6.1条。

〔12〕 在西班牙的法律术语中，"magistrado"指资深的高级别法官，这与英文的"magistrate"（地方法官、治安官）和法语的"magistrat"（司法官，包括检察官和法官）均不同，不可望文生义。而"juez"则指低级别的法官。

〔13〕 西班牙法律规定了12项回避事由，体现在《刑事诉讼法典》第54条以及《司法机构组织法》第219.11条中。更详细的情况，参见本书其他部分的研究。

〔14〕 关于刑事管辖制度，参见本书其他部分的研究。

行选择。违反刑事管辖权的相关规定，即构成绝对、不可矫正的无效（una nulidad radical e insanable，《司法机构组织法》第238.1条）。

三、一事不再理原则

依西班牙的通说，刑事诉讼中的"一事不再理原则"指"对于同一主体、事实及依据，禁止科以双重刑罚"。这一原则并未明确规定在宪法中，而是判例的创设（例如最高法院2008年7月17日第503号判决，所援引的条款为第25.1条[15]）。依最新的判例，"同一事实"包括"多个行为的同一罪名"（最高法院2017年2月16日第93号判例）。在立法层面，2015年第41号组织法对《刑事诉讼法典》进行了修改，将违反该原则的做法作为新的再审理由，即"对同一事实及同一被告人作出了两项终审判决"，应启动再审（第954.1.3条）。

"一事不再理原则"同样规定在《欧洲人权公约》第7号议定书（第4条，西班牙在2009年9月28日批准了该条款）以及《公民权利和政治权利国际公约》（第14.7条）中，但适用范围更为广泛，"对于同一主体以及相同的事实及依据，不得重复进行刑事或行政处罚"。这一观点获得西班牙宪法法院的支持，并在司法实践中发挥着重要作用，尤其是在"非刑罚化"（descriminalizaciones）领域。例如1989年第3号法律，尤其是1990年第339号法律（"关于道路交通安全的法律"）对《刑法典》的部分罪名进行非刑罚化，已受过刑事处罚的行为不再进行行政处罚，反之亦然。相反的情况也可能存在，例如1995年的《刑法典》将部分行政违法的行为转化为刑事罪名（经济和环境领域的犯罪，以及职务犯罪），已受过行政处罚

---

〔15〕《宪法》第25.1条规定，"任何人在作为或不作为发生之时，依据当时所施行的法律不构成重罪、不轨行为或行政违法的，不得被宣判或受到刑事处罚"。从文义上解读，该条款可称为"罪刑法定原则"（el principio de legalidad），主要属于刑事实体法的范畴。但西班牙最高法院进行了延伸解释，认为生效的对席判决即是终局判决，已认定为无罪的判决，不得进行二次审判。因此，当下的通说认为，《宪法》第25.1条涵盖了"罪刑法定原则"和"一事不再理原则"。

的行为不再进行刑事处罚。

欧洲人权法院早在 1984 年 2 月 21 日 "奥兹图尔克诉联邦德国" (caso Óztürk contra la RFA) 一案中便支持了这一观点，"成员国可自由地将犯罪进行非刑罚化，以行政处罚取而代之，但必须遵循《欧洲人权公约》所列明的所有保障，包括实体保障和程序保障，如一事不再理原则"。[16]

但应注意的是，"一事不再理原则" 仅适用于立法层面的事实竞合问题。如果未有明确的立法进行 "非刑罚化" 的规定，则 "刑、行交叉" 的复杂问题不能简单地适用 "一事不再理原则"。在西班牙的法律体系中，刑事管辖权优于行政处罚管辖权，因此行政机关在认为某行为可能涉嫌犯罪时，应中止程序，等待最终的刑事判决结果，而不得以行政处罚取而代之。但如果已作出行政处罚，可否在刑事判决中进行 "补偿"？例如行政机关对公务员科以 6 个月的暂停职务及薪金的处罚，如果刑事判决拟科以 12 个月的剥夺权利刑，可否将已执行的 6 个月予以扣除？宪法法院认为这并不违反宪法原则。此外，如果对公务员已经作出了刑事有罪判决，行政机关可以以此为由放弃更严厉的行政处罚。

"一事不再理原则" 还适用于欧盟不同成员国法院对同一主体及同一事实的刑事审判（西班牙最高法院 2016 年 1 月 26 日第 18 号判决）。

四、无罪推定原则

无罪推定既是程序性的基本权利，也是宪法所确立的刑事诉讼基本原则，因此，无论是对刑事法律的合宪性审查，或者在基本权利的保护之诉中，该原则/权利均频繁被援引。因此，宪法法院围绕无罪推定形成了一系列判例教义，对刑事程序的各个环节尤其是刑事证明制度产生极其重大的影响。

---

〔16〕 判决全文，参见 http://hudoc.echr.coe.int/app/conversion/pdf/? library = ECHR&id = 001-62111&filename=001-62111.pdf。

依《宪法》第 24.2 条之规定，在最终的判决作出前，被告人推定为无罪。无罪推定适用于所有刑事案件的所有诉讼阶段。在预审阶段，如果未有充分的理由证明被告人参与实施了犯罪行为，则不得采取限制基本权利的预审行为，尤其是临时羁押。预审法官必须作出载明理由的裁定，详细说明实施相关预审行为的原因，包括是否符合相关的法律要件及比例原则。宪法法院对于预审行为的态度极为谨慎，因为这些具有强制性的措施往往同时侵犯了被告人的多项基本权利（无罪推定权、自由权、住所不受侵犯的权利、辩护权，等等）。在审判阶段，如果未有足够的证据证明被告人参与实施应受惩罚的犯罪行为，则应作出无罪判决。宪法法院据此对理性评价（sana crítica）原则[17]（《刑事诉讼法典》第 741 条）进行了补充解释：①法官心证的形成必须立足真实的证据，而非简单的预审行为（meros actos instructorios）[18]；②证据必须合法，不得侵犯基本权利；③证明活动应在言辞庭审中进行。

"无罪推定原则"因此对刑事证明制度产生重大影响，尤其体现在如下六个方面：①证明责任由控方承担；②限制庭前证据的效力；③限制共同被告人或间接证人的证言效力；④禁止侵犯基本权利的证据；⑤定罪证据应经对席庭审；⑥法官的判决说理义务。[19] 以下分而述之。

（一）实质的证明责任分配（La carga material de la prueba）

"无罪推定原则"的第一项内容便是应由控方而非辩方提出充分

---

〔17〕 西班牙学说认为，法国刑事证明中的内心确信理论过于主观，缺乏逻辑理性的过程和依据，容易导致法官滥权，所以创设了"理性评价"（sana crítica）这一概念取而代之。但事实上，西班牙学说对法国内心确信理论的理解有失偏颇。这两套概念本质上并无区别，均强调判决必须立足事实及证据、符合经验法则、科学法则和逻辑法则，而非法官主观臆断的结果。判决理由制度便是内心确信/理性评价最重要的"客观"维度。关于这一问题的精辟研究，可参见 Michele Taruffo, La Prueba, Artículos y Conferencias, etropolitana, 2012, p. 23。

〔18〕 西班牙学说区分了合法、正当的预审行为所获得的证据和具有瑕疵的预审行为所取得的证据（直译为"简单的预审行为"）。前者所获得的证据可作为定案依据，后者则仅供法官参考，如果仅有"简单的预审行为"，不得直接定案。罗马法系国家大多均作如此区分，例如法国也区分了"普通证据"和"简单信息"（les simples renseignements）。未经宣誓的证人证言便为简单信息，仅供法官参考。

〔19〕 可以看出，西班牙宪法法院在非常广泛的意义上使用"无罪推定原则"。

有效的证据以证明被告人参与了应受惩罚的犯罪行为。宪法法院在多个判例中重申了这一观点[20]，并明确指出，设置不利于被告人的"法律推定"规则违反了无罪推定的要求。例如西班牙《刑法典》原第509条规定，拥有盗窃工具，便可推定为实施了犯罪行为。宪法法院认为，这一规定违反了无罪推定的宪法原则，予以废除。

（二）限制庭前证据的效力

"无罪推定原则"还体现在限制庭前证据的证明效力上，主要包括警察笔录及被羁押者的庭前陈述。

依宪法法院的判例教义：一方面，任何人不得仅依警察的认罪笔录被定罪；另一方面，依《刑事诉讼法典》第297条之规定，"司法警务人员基于其开展的调查而制作的笔录以及所作的声明，在法律效力上视同举报"，即不得视为"证据"，而仅是证明"对象"。因此，如果控方声称笔录中的事实可在庭审中作为"已证明的事实"，则必须依第297.2条之规定让制作该笔录的警察作为证人在言辞庭审中出庭作证。最高法院刑事庭在2015年6月4日的判决中作了更严格的限定，被羁押者或证人的庭前陈述既不能作为证据进行评价，也不能"成为前述警察作证的一部分"。

但新近的判例有所松动，设置了一些例外，允许某些庭前证据作为预设证据（prueba preconstituida），主要包括三种情况：①警察为了简单核实客观数据而采取的证据，例如进行酒精度测试以评估酒精对驾驶的影响；②有些证据仅得在庭前予以提取，且在言辞审判中无可替代，例如证人濒临死亡或者即将移民的；③制作笔录的警察作为"传闻证人"在法庭上核实相关的证据。

（三）限制共同被告人或间接证人的证言效力

宪法法院援引欧洲法院的判例，从无罪推定的角度质疑共同被告人的证言效力。宪法法院认为，共同被告人与普通证人不同，普通证人必须出庭且如实作证，而共同被告人可以说谎且不受追责。在司法实践中，共同被告人也有动机作出虚假陈述以转嫁责任。因

---

[20] SSTC 31/1981, 107/1983, 124/1983, 17/1984, 157/199.

此，法官不得仅依共同被告人的陈述作出有罪判决，而需要其他证据进行补强，且共同被告人的陈述不得与其他主要证据存在矛盾。但宪法法院这一判例教义不适用于已被定罪者。如果已被定罪的被告人在后续的诉讼中作为证人指控本案尚未定罪的其他共同被告人，则可以以证人的身份作证（即必须如实作证，否则将构成伪证罪），这是因为已被定罪的境况可阻止该被告人通过虚假的证言获得利益或不利益的可能。

此外，宪法法院还援引了欧洲人权法院的判例，认定刑事法官不能仅依据间接证人的证言进行定罪。具体而言，如果证人本可以直接参加言辞庭审提供证言，但事实上并未出庭，则法庭不得以"通过传闻"或者知道事实的另一名间接证人或传闻证人取而代之，以证明被告人被指控的事实。

（四）禁止侵犯基本权利的证据

无罪推定要求公权力机构不得在诸如取证的司法活动中侵害基本权利，否则构成了证据禁止。宪法法院在判例教义中明确指出，"即便未有明确的法律规则在程序上禁止非法获取的证据，但也必须认识到，它源自基本权利在法律体系中的优先地位及其不可侵犯性"（《宪法》第10.1条）。因此，酷刑（《宪法》第15条）、非法搜查、扣押、非法电话窃听（《宪法》第18.2条和第18.3条）、意识形态胁迫（《宪法》第16.2条和第24.2条）等取证行为，均属于禁止之列。

（五）定罪证据应经对席庭审

无罪推定还要求有罪判决原则上应以言辞庭审中的真实证据为基础，不得将预审行为作为定罪的依据。正如宪法法院在判例教义中所指出的，"（《刑事诉讼法典》）第741条所指的是言辞庭审中的证据，刑事法院仅得依据这些证据证明待证事实"。但如果证据可能在庭前消失，则可以设立"预先证据"或"预设证据"的例外，允许在言辞庭审中宣读预审材料（《刑事诉讼法典》第730条）。

据此，宪法法院认为，过度解读《刑事诉讼法典》第726条

（法院应当亲自查阅有利于查明事实或者最大限度保证调查案件真相的案卷、文件、文书和其他证据）和第 849.2 条（作出裁定所依据的文件在评估证据时存在错误，并且是裁决者未与其他证据进行比对而造成错误的，可以以违反法律规定为由向最高法院提起撤销之诉）违反了无罪推定的要求，可能导致庭审卷宗化，损害了被告人的对质权。

（六）法官的判决说理义务

法官应进行判决说理。宪法法院依《宪法》第 24.1 条（有效保护权）、第 24.2 条（无罪推定）以及第 120.3 条（判决说理的义务）明确了这一义务，而判决的具体格式及内容要求则由《司法机构组织法》第 248.3 条和《刑事诉讼法典》第 142 条进行规定。

宪法法院认为，刑事判决应详细（minuciosamente）说理，正当依据主要包括：①有效保护权隐含了法官的判决说理义务，法官未进行说理便可能导致被告人的诸多基本权利未"得到法官和法院的有效保护"，例如自由权。此外，如果原审法院未进行判决说理，上诉法院及最高法院也无法审查一审在事实认定及法律适用方面的错误，这同样有悖"有效保护权"的要求。②如果法官在判决书中未明确阐明各项指控证据，则宪法法院便无法判定这些证据及拟证明的事实是否达到了无罪推定的要求。③《宪法》第 110.3 条所要求的"司法程序公开"，便包括了判决理由公开。

但如果法官进行了判决说理，则当事人不得以判决说理不符合案件事实为由向宪法法院提起保护之诉，因为宪法法院并非上诉法院，不得对案件事实进行审查。同理，宪法法院亦不得以"存疑有利被告"原则进行评价。

五、获得救济的权利（El derecho a los recursos）

"获得救济的权利"并未直接规定在西班牙《宪法》中，但宪法法院的判例教义主要援引了《宪法》第 10.2 条的规定间接进行了明确，"本宪法所承认的基本权利及各项自由将根据世界人权宣言和西班牙所批准的其他相关国际条约和协议进行解释"。而《欧洲人权公约》和《公民权利和政治权利国际公约》对"获得救济的权利"均作了较为明确的规定。依《欧洲人权公约》第 7 号议定书第 2.1 条[21]之规定，"被法院判为犯有刑事罪的任何个人均有权要求上级法院进行复审"。《公民权利和政治权利国际公约》第 14.5 条则规定，"凡被判定有罪者，应有权由一个较高级法庭对其定罪及刑罚依法进行复审"。宪法法院同样认为，"获得救济的权利"隐含地包含在有效保护权（《宪法》第 24.1 条）之中，可避免原审法院肆意裁判。

依宪法法院的判例教义，"获得救济的权利"主要包括如下要求：其一，刑事诉讼中任何被定罪的被告人均有权要求上级法院进行复审。这意味着"获得救济的权利"仅针对刑事诉讼，而不包括民事诉讼、行政诉讼及其他类型的诉讼。且"获得救济的权利"仅得针对定罪判决，而不得针对停止审理的裁定或无罪判决，这也意味着该权利仅为被定罪者一方所有。其二，法律应保障这种上诉的可能性，否则构成违宪。1882 年的《刑事诉讼法典》原本并未规定重罪的上诉程序，因此多次受到国际组织（如联合国人权委员会和欧洲人权法院）的严厉批评。2003 年第 19 号"关于改革《司法机构组织法》的组织法"决定在最高法院（TS）和国家法院（AN）创设刑事法庭，这为重罪的二审提供了机构保障（《司法机构组织法》第 64-1 条及第 73.3 条）。但直到 2015 年，西班牙方通过第 41 号组织法在《刑事诉讼法典》中引入新的第 846-2 条，正式确立了重罪二审程序，"①省法院或者国家法院刑事庭作为一审法庭，作出未有管辖权、自愿停止审理裁决或者有罪判决的，当事人可向辖区内司法高等法院的民事庭或刑事庭提起上诉，这些法院将作出上诉判决；②司法高等法院民事庭和刑事庭以及国家法院的上诉庭将由 3 名法官组成，以受理前款所提出的上诉案件；③对本条第 1 款所规定之判决提出的上诉应遵循本法第 790 条、第 791 条和第 792 条

---

[21] 西班牙于 2009 年 9 月 28 日批准，刊登于 10 月 15 日的官方公报上，并于 2009 年 12 月 1 日正式生效。

的规定……"〔22〕其三，如果被定罪者未按照法律所规定的方式提起上诉或者自愿放弃上诉，则视为"获得救济的权利"已得到保障，不得再次提起保护之诉。其四，如果上级法院据此作出终审判决，则视为"获得救济的权利"已得到保障，不得再次提起保护之诉。其五，上诉程序应充分保障被定罪者一方的各项程序权利，尤其是辩护权。

六、刑事诉讼宪法化制度体系的简要评价

二战后，凯尔森所构想的"宪法司法"欧洲模式大获成功，其影响力甚至远超美国的"司法审查"模式。法国著名的宪法学家路易·法沃赫教授曾感慨，"美国模式不容易'出口'：即便许多国家在理论上采纳了这种系统，我们也会发现，事实上鲜有国家可有效运作这套系统"。〔23〕欧洲模式大获成功的重要原因之一便是可迅速有效实施。在纳粹肆虐的时代里，欧陆诸国的学者均意识到，国会和法院一样可对个人权利和自由造成威胁，成文法的"神圣性"消失了，宪法保护模式取而代之。但美国的"司法审查"模式很难成为欧陆宪法保护模式的样本，因为几乎所有的欧陆法官在纳粹时代均犯下罪行（例如以适用法律之名屠杀犹太人），构建由十余位宪法法官组成的宪法法院显然比对所有的法官进行大规模"净化"来得容易。〔24〕西班牙宪法司法模式的构建尽管晚于欧陆邻国，但基本原动机和制度背景大体类似，且如前所述，西班牙对威权司法的恐惧尤甚于其他国家，刑事诉讼宪法化的步伐更为坚决和彻底。

刑事诉讼宪法化的制度体系主要体现为宪法所构建的刑事诉讼原则体系以及基本权利体系。宪法法院通过大量的判例教义形成了对刑事公权力的严密制约机制，以此充分保障个人的权利和自由。

---

〔22〕 当然，重罪二审程序不仅涉及被定罪者"获得救济的权利"，还包括其他当事人的上诉权。关于刑事上诉程序，参见《西班牙刑事诉讼与证据制度专论》系列书稿的其他卷。

〔23〕 ［法］路易·法沃赫：《欧美宪法司法模式比较研究》，金邦贵、施鹏鹏译，载《厦门大学法律评论》2006 年第 2 期。

〔24〕 二战后，欧陆诸国的宪法法官多数为高校的教授，也是因为这个原因。

以"法定法官的权利"为例。威权时代下，佛朗哥政府颁布了多个特别法，并设立了许多特别法院，以此迫害政治异见人士，由此架空《刑事诉讼法典》的保护性规定。为避免重蹈覆辙，1978 年《宪法》明确"禁止设立各种形式的荣誉法院"，规定"每个人均有权获得法律预先确定的普通法官的审判"。任何侵犯"法定法官的权利"的行为均属违宪，归于无效。西班牙还是欧陆诸国中最崇尚"平民参与刑事司法"的国家，且与欧陆邻国相比，西班牙更加强调陪审制的政治价值，而非司法价值，尤其凸显陪审制在保障个人权利和自由（最早为出版自由）方面的功能，这与英美法系国家（尤其是美国）颇为相似。

在西班牙刑事诉讼的各个方面，宪法法院的判例教义均发挥着重要作用。刑事诉讼的经典教科书[25]里大量援引宪法法院的判例，以此构建人权保障和正当程序的基本准则。西班牙曾因独裁政权而沦为"欧洲孤儿"，也更倍加珍惜宪法所赋予的权利。1977 年，西班牙颁布了赦免法案，对佛朗哥时代的政治迫害和犯罪行为既往不咎，但公权力滥用所带来的痛苦记忆却远非一纸令状所能消除。令人心忧的是，时至今日，依然有一些西班牙政客推崇佛朗哥的铁腕治国，宪法的警钟理应长鸣。[26]

---

〔25〕 Víctor Moreno Catena Valentín Cortés Domínguez, Derecho Procesal Penal, Tirant lo Blanch, 9ª Edición, 2019. Vicente Gimeno Sendra, Manual de derecho procesal penal, Ediciones Jurídicas Castillo de Luna, 2018.

〔26〕 2019 年 3 月 15 日，西班牙副首相卡尔沃宣布，佛朗哥的棺椁将于 6 月 10 日从烈士谷迁出。西班牙《世界报》进行了民意调查，40.9%的受访者表示赞成，38.5%表示反对，媒体称之为"撕裂的西班牙"。时至今日，仍有大量佛朗哥的支持者来烈士谷"朝圣"。

刑事诉讼中基本权利的保护之诉

——兼论诉讼行为制裁*的西班牙模式

引　言

随着佛朗哥独裁统治的结束，西班牙开始向西方议会民主政治过渡，1978 年《宪法》是非常重要的标志。这部宪法除建立了"国家主权属于西班牙人民，国家权力源于人民"的民主政体（第 1.2 条和第 1.3 条[1]）外，更规定了极为广泛的公民基本权利谱系。为避免重蹈佛朗哥独裁政府的覆辙，防止公权力肆意侵害公民的基本权利，西班牙《宪法》第 53.2 条规定，"任何公民均可以……在适当情况下，向宪法法院申请个人保护令，请求对本法第 14 条和第 2 节第 1 分节所承认的自由和权利进行保护。后一程序同样适用于本法第 30 条[2]所承认的良心拒绝的情况"，即基本权利的"保护之诉"（recurso de amparo）。

尽管 1978 年《宪法》所构建的保护之诉在相当程度上受到凯尔

---

* 本书对西班牙重要法律文本的翻译，适度参照了国内的中译本。但对于一些专有术语及条款，笔者进行了重译，以更精确及更符合专业表述，同时也加入了最新的立法修改。关于西班牙《宪法》，可参照《世界各国宪法》编辑委员会编译：《世界各国宪法·欧洲卷》，中国检察出版社 2012 年版，第 689 页及以下。关于西班牙《刑法典》，可参照潘灯译：《西班牙刑法典》，中国政法大学出版社 2004 年版。需要特别指出的是，西班牙《刑事诉讼法典》的现行中译本［《世界各国刑事诉讼法》编辑委员会编译：《世界各国刑事诉讼法·欧洲卷（下）》，中国检察出版社 2016 年版，第 1543 页及以下］，翻译质量存在相当的问题，笔者未作参照。

〔1〕　西班牙的法典援引惯例是将条款项目合并，如第 1.1.1.a 条，指第 1 条第 1 款第 1 项第 a 目。因此，《宪法》第 1.2 条，指的是第 1 条第 2 款。

〔2〕　即"法律应规定西班牙人的军事义务，同时允许有人出于良心而拒服兵役，并根据情况可代之以社会服务"（《宪法》第 30.2 条）。

森学说的启发，与德国的宪法诉愿（Verfassungsbeschwerde）制度也有一定的类似之处[3]，但西班牙学术界的通说认为，该制度是西班牙历史传统的产物，最早可追溯至中世纪，在 20 世纪初的墨西哥殖民地生根发芽，并最终折返影响了宗主国。[4]

中世纪，阿拉贡王国[5]设有名为"公民捍卫者"（Justicia Mayor）的机构。该机构极为重要的功能便是保障公民个人权利的行使：当公民权利面临公权力机构或者个人的侵犯时（包括国王或贵族），无论该侵犯权利的行为发生在当下或者未来，公民捍卫者均可作为裁判者介入。1577 年，时任阿拉贡王国国务卿的安东尼奥·佩雷斯（Antonio Pérez）因涉嫌谋杀埃斯科贝多（Escobedo）及背叛国王菲利普二世而被捕入狱，后因权利受到侵犯而获得公民捍卫者的庇护，最终得以脱罪。1592 年后，公民捍卫者便不再实际发挥作用，但直至 1716 年，法律才正式废除了这一制度。而公民捍卫者所蕴含的"权利保护"理念却在墨西哥殖民地得以生根发芽，其职能转由总督行使：在涉及侵犯权利的案件中，由总督直接或间接作为地区最高法院（即墨西哥王室法院）的审判长作出裁判。[6]

在墨西哥独立后的数年内，"保护之诉"的概念正式提出。一般认为，这是殖民地法（中世纪的传统）、西班牙《卡迪兹宪法》[7]和美国司法审查制度[8]综合影响的结果。墨西哥的保护之诉制度的正式确立经历了三个阶段：首先是 1841 年的尤卡坦州宪法，其次是

---

〔3〕 例如法国著名的公法学家米歇尔·弗罗蒙教授便认为西班牙的宪法司法模式与德国基本相同。Michel Fromont, La diversité de la justice constitutionnelle en Europe, in Mélanges PHILIPPE ARDANT—Droit et politique à la croisée des cultures, LGDJ, 1999, p. 47–59.

〔4〕 Víctor Fairén Guillén, La defensa del derecho de libertad personal en la Historia y en la actualidad españolas, Revista de Administración Pública, n° 69 (1972), p. 9.

〔5〕 阿拉贡是中世纪伊比利亚半岛上的主要天主教国家之一。

〔6〕 Andrés Lira González, El amparo colonial y el juicio de amparo mexicano, Fondo de Cultura Económica, México, 1972, p. 16.

〔7〕 墨西哥代表参与了《卡迪兹宪法》的议会辩论。Víctor Fairén Guillén, La defensa procesal de la libertad y dignidad personales en una futura Constitución española, Revista de Administración Pública, n° 83 (1977), p. 44–45.

〔8〕 Héctor Fix Zamudio, Ensayos sobre el derecho de amparo, UNAM, México, 1993, p. 23.

1847 年颁布的改革法，最后则是 1857 年 2 月 5 日的墨西哥联邦宪法（第 101 条及第 102 条）。现行 1917 年宪法便沿袭了这一发展理念，形成了墨西哥保护之诉的基本制度框架：任何公民，如果宪法权利受到特定规范或一般性规范（无论是源自行政机关，还是源自立法机关）的侵害，均可向联邦法院提起保护之诉，但效力仅及于当事人之间（inter partes）。联邦法院可撤销对申请人造成侵害的行为或规范。如果侵害行为是积极行为，则可发布命令，要求恢复原状；如果侵害行为是疏忽的消极行为，则应下令要求相关机构遵守宪法或立法的规定。

墨西哥的保护之诉制度在西班牙产生了极其重要的影响，这与当时墨西哥著名的法学家罗道夫·雷耶斯（Rodolfo Reyes）在西班牙的广泛宣传紧密相关。[9] 在 1931 年西班牙的制宪会议上，罗道夫·雷耶斯详实地介绍了墨西哥的保护之诉及其适用状况，引发了广泛的关注。为强化对宪法权利的保护，西班牙决定引入保护之诉（1931 年《宪法》第 121. b 条）。尽管受制于动荡的时局以及佛朗哥的独裁统治，保护之诉一开始并未发挥太多作用，但基本权利保护的基本理念却沿袭了下来，并最终载入 1978 年的现行宪法。佛朗哥死亡后，保护之诉在西班牙的司法体系中开始发挥重要作用：1980 年，西班牙的保护之诉案件仅有 280 起，1999 年则高达 5582 起，增长了接近 20 倍。其中涉及刑事诉讼的保护之诉成为最为重要的案件类型（即援引《宪法》第 24 条的"获得法官和法院有效保护的权利"，约占案件总量 80%）。[10]

当下，在西班牙刑事诉讼中，保护之诉已成为基本权利保护最为重要的机制，宪法法院通过大量的判例介入刑事诉讼立法及实践的方方面面，甚至可以认为，在西班牙刑事诉讼的所有领域

---

〔9〕 José Luis García Ruiz, El recurso de amparo en el Derecho español, Editora Nacional, Madrid, 1980, p. 40

〔10〕 Roberto L. Blanco Valdés, La Política y el Derecho: veinte años de justicia constitucional y democracia en España (apuntes para un balance), Teoría y Realidad Constitucional, n° 4 (1999), p. 249-251.

中，宪法法院教义（la doctrina）[11]的重要意义可以与刑事诉讼的立法及学说等量齐观，也是任何刑事诉讼研修者所必须认真研究的对象。

因此，笔者在下文中拟首先介绍西班牙保护之诉的一般运行机制，再结合刑事诉讼中的基本权利谱系，研究保护之诉在西班牙刑事诉讼宪法化中的重要作用。从功能上讲，保护之诉对于约束刑事诉讼中的公权力行为具有重要作用，既不同于德国的实体制裁模式，也不同于法国和意大利的程序制裁模式，可称为"西班牙模式"。

一、保护之诉的一般运行机制

在西班牙，对公民基本权利与公共自由的保护主要存在两种方式：一是法律所规定的普通司法救济程序，体现为普通法院所受理的各种类型诉讼，这是"首要保障"；另一则是宪法所规定的保护之诉，由宪法法院受理，具有"辅助性"（subsidiaria），亦是"最后保障"，仅在穷尽所有普通司法救济途径后方可启动。一如前述，保护之诉是西班牙反威权政治的产物，具有人权保障和公权力制约的核心功能。但囿于司法资源，《宪法》及《宪法法院组织法》对保护之诉的适用范围、提起主体及起诉对象进行了必要的限制，对程序细则及运行机制进行了明确的规定，以避免滥诉缠讼，导致宪法法院堵塞。

（一）适用范围

依《宪法》第53.2条规定，"任何公民均可以……在适当情况下，向宪法法院申请个人保护令，请求对本法第14条和第2节第1分节所承认的自由和权利进行保护。后一程序同样适用于本法第30条所承认的良心拒绝的情况"。从措辞上看，"在适当情况下"（en su caso）似乎对保护之诉进行了限制，但《宪法法院组织法》第41条对此进行了最广义的解释，"《宪法》第14条至第29条

---

〔11〕 此处的"教义"，指宪法法院对某一问题的基本观点和立场。

所规定的权利和自由均可以提起保护之诉……这一规定同样适用于《宪法》第 30 条所承认的良心拒绝的情况"。[12]但除宪法前述条款所明确规定的权利和自由外，公民不得援引宪法其他条款所规定的其他权利，或者国际条约或国内法所规定的其他权利提起保护之诉。

（二）提起主体

依《宪法法院组织法》第 46 条之规定，有两类主体可以提起保护之诉，这对应于基本权利的双重属性[13]：一方面，基本权利是主观权，因此宪法权利（《宪法》第 14 条至第 29 条）受到侵害的个人均可以提起保护之诉。此外，在个案司法程序中，对争讼事项享有"合法利益"（interés legítimo）的一方当事人亦可参与保护之诉（《宪法法院组织法》第 47.1 条）。这里的"合法利益"，指保护之诉可能对其产生利益或导致损害的情形。宪法法院不仅承认自然人或法人提起保护之诉的主体资格，也承认在特定场合下代表集体利益的主体提起保护之诉的主体资格，例如工会组织、官方团体或社团组织。另一方面，基本权利是客观法，保护基本权利不仅限于个人，也包括社会整体的公共利益。因此，检察官（《宪法》第 124.1 条规定，"检察官的任务是维护法律、公民权利和受法律保护的公共利益"）和公民捍卫者（《宪法》第 54 条规定，"公民捍卫者是捍卫基本权利……的国会高级代表"）亦有权提起保护之诉。需要特别指出的是，依《宪法法院组织法》第 47.2 条之规定，"检察官可

〔12〕 近年来，由于保护之诉的案件数量剧增，宪法法院不堪重负。部分西班牙学者认为，有些权利（例如《宪法》第 24 条所规定的"有效法律保护的权利"，这是保护之诉数量最多的权利类型）可通过普通司法救济程序予以保护，没必要均通过宪法法院。但也有更多的学者表示反对。相关的学术讨论，可参见 Pascual Sala Sánchez, La delimitación de funciones entre las Jurisdicciones constitucional y ordinaria en la protección de los derechos fundamentales, Consejo General del Poder Judicial, Madrid, 1994, p. 35; Francisco Rubio Llorente et Javier Jiménez Campo, Estudios sobre Jurisdicción constitucional, McGraw-Hill, Madrid, 1998, p. 59; Germán Fernández Farreres, El recurso de amparo según la jurisprudencia del Tribunal constitucional, Marcial Pons, Madrid, 1994, p. 13。

〔13〕 这套学说主要来自德国。关于德国基本权利双重性质的理论体系，可参见张翔：《基本权利的双重性质》，载《法学研究》2005 年第 3 期。

参与所有的保护之诉，以维护法律、公民权利和受法律保护的公共利益"，因此，即便检察官并未提起保护之诉，依然可以作为诉讼当事人参与。

（三）起诉对象

"国家、自治区和公权力机构，以及其他具有地域性质、企业性质或机构的公共组织，及其公务员或职员，所出台的规定、所实施的法律行为或者仅是简易的实体性行为"，侵犯了宪法所保护的基本权利，即可提起保护之诉（《宪法法院组织法》第41.2条）。《宪法法院组织法》进一步明确了三种类型的起诉对象：其一，"法院或者法院内的某一机构、自治区议会或议会内的某一机构所作出的不具有法律效力的判决或行为"（《宪法法院组织法》第42条）；其二，"政府及其机构及公务员、自治区的合作执行机构或其主管机关、公务员或职员所出台的规定、法律行为或者仅是简易的实体性行为"（《宪法法院组织法》第43.1条）；其三，在某些条件下，"司法机构"的作为或不作为（《宪法法院组织法》第44.1条）。在保护之诉的初始设计中，三类案件被排除在保护之诉的适用范围之列：一是由个人所实施的行为或者所制订的规范；二是具有条例性质的一般性规定（仅得提起行政诉讼）；三是具有法律地位的一般性规范（仅得进行抽象的违宪审查）。但在学说和判例的推动下，当下的保护之诉已扩及适用于前两种情况，并在一定条件下也可适用于具有法律地位的一般性规范。[14]

（四）受理程序

《宪法法院组织法》第50条规定了保护之诉的受理规则。该规则进行过数次重大修改（例如1988年6月9日第6号组织法所进行

---

[14] 本文囿于主题及篇幅，不再进一步展开，感兴趣的读者可以自行研究西班牙宪法判例的发展以及学说的讨论。如 José Antonio Montilla Martos, Defensa judicial versus Ley singular de intervención, Revista española de derecho constitucional, n° 40 (1994), p. 291; Pedro Cruz Villalón, Sobre el amparo, La curiosidad del jurista persa et otros estudios sobre la Constitución, CEPC, Madrid, 1999, p. 495; Miguel Sánchez Morón, El recurso de amparo constitucional: naturaleza jurídica, características actuales y crisis, Centro de Estudios Constitucionales, Madrid, 1987, p. 30。

的修改），旨在提高保护之诉的受理门槛，减少保护之诉的数量，但收效并不明显，宪法法院每年所审理的保护之诉案件数量依然有增无减。如何有效减少宪法法院的负担，这已然成为西班牙宪法学界的研究热点。

是否受理保护之诉，由宪法法院的"分庭"（Secciones）决定。宪法法院下设4个分庭，每个分庭由3名高级法官组成（《宪法法院组织法》第8条）。法庭可依形式事由（2项）或实体事由（2项）驳回保护之诉请求，具体为：①请求"明显且不可逆"地不符合《宪法法院组织法》第41条至第46条所规定的条件（形式事由，第50.1.1条）；②所援引的权利或自由不得提起保护之诉（形式事由，第50.1.2条）；③宪法法院"在实体内容相同的情况下，已经就该实体内容驳回了违宪之诉或者保护之诉"，在这种情况下，宪法法院应在命令中明确提及被驳回的判决（实体事由，第50.1.d条）；④"该请求显然缺乏让宪法法院就实体问题作出判决的理由"（第50.1.d条）。对于形式要件，法律及实践均较为宽松和灵活，如果可以弥补，则应通知当事人，在10天的期限内进行合法性矫正。在司法实践中，最常见的驳回事由是第4项。

法庭拒绝受理的，应以"命令"（lo mandado）的形式作出。依《民事诉讼法典》第370条和《司法机构组织法》第248.1条之规定，命令"在需要的情况下可以简要说理，但未有特殊形式的要求，无须写明日期及作出该命令的法官或法庭"。司法实践中，宪法法院多数会说明拒绝受理的理由。当事人可以提起上诉，但应区分两种不同的情况：如果合议庭法官一致同意拒绝受理诉讼请求，则仅检察官可提起上诉。对于该上诉，法庭应作出"载明理由之裁决"（auto）（《宪法法院组织法》第50.2条）。如果合议庭法官多数同意拒绝受理诉讼请求，则检察官和主张受到侵害的个人均可提起上诉。对于该上诉，法庭同样应作出"载明理由之裁决"，且应说明"事实和法律推理"（《司法机构组织法》第248.2条）。对于驳回上诉请求的裁决，不得再次提起上诉（《宪法法院组织法》第50.4

条）。

未载明理由的驳回命令不会公布，而载明理由的驳回裁决则可进行有限度的公布，即公布在宪法判例的官方合辑中，而非官方公报上（宪法法院的判决则要公布在官方公报上）。这些载明理由的裁决构成了"次要判例"，尽管重要性不如具有实体内容的正式判决，但宪法法院在这些裁决中所发布的论点有时会引发极大的关注。

（五）保护之诉的判决及效力

如果保护之诉获得受理，则交由宪法法院的两个"审判法庭"进行审理，审判法庭由 6 名高级法官组成（《宪法法院组织法》第48 条）。如果审判法庭认为在某一问题上将偏离宪法法院原先的判例立场，则应交由全体会议解决（《宪法法院组织法》第 13 条）。在案件审理过程中，法庭可以依职权或依申请人之请求，"中止执行公权力涉及保护之诉对象的行为"（《宪法法院组织法》第 56.1 条），如有必要，可提交全体会议。法庭以判决（sentencia）的形式确定予以保护或者拒绝保护（《宪法法院组织法》第 53 条）。予以保护的判决包括如下"一项或多项"内容："①宣告阻碍宪法所保护之权利或自由的决定、作为或裁决无效，如有必要，确定无效的范围；②依宪法所规定的内容承认权利或公共自由；③恢复申请人完整的权利或自由，并在必要时采取特定的维持措施"（《宪法法院组织法》第 55.1 条）。

二、西班牙刑事诉讼中的基本权利谱系、制裁机制及比例原则

西班牙刑事诉讼的法律渊源主要包括宪法、国际人权条约、刑事诉讼法典以及各种特别法。在较为复杂的法律规范体系中，现行的1978 年《宪法》具有最高的法律效力，刑事诉讼的所有条款均必须遵循宪法的规定。依《宪法》之规定，现行的违宪审查制度主要包括三种类型：一是对法律的抽象审查，由"政府首相、人民捍卫者、50 名众议员、50 名参议员、自治区集体执行机构和适当情况下的自治区议会"提出，请求宪法法院对某一法律是否违宪进行

审查（《宪法》第 162.1.1 条）。因此，涉及刑事诉讼的立法，如果与宪法存在冲突，则可适用抽象审查。二是对法律的具体审查，"如果一个司法机构在某案件中认为，判决所依据的具有法律强制力、具有有效性的规定可能与宪法相违背，则可按照法律规定的条件、方式和后果向宪法法院提出"（《宪法》第 163 条）。具体在刑事诉讼中，如果各级刑事法院[15]认为某一刑事诉讼条款与宪法相悖，则可以提出法律条款的"合宪性先决问题"，宪法法院将作出判决。三是个人的违宪审查之诉，即保护之诉（《宪法》第 53.2 条）。从司法实践的适用情况看，第一种情况极少，第二种情况也不多，第三种情况则占据违宪审查的绝大多数。[16]也正因为如此，学者尤其是刑事诉讼法学者普遍更关注保护之诉。较之于前两种类型的违宪审查，刑事诉讼领域中的保护之诉涉及当事人在宪法中的基本权利，因此有必要对西班牙宪法中相关的权利条款作一详细研究。

西班牙宪法涉及刑事诉讼的条款在整体上可分为两大类型：一些是具有普通程序性质的宪法条款，另一些则是具有强化保障程序性质的宪法条款。具有普通程序性质的宪法条款主要针对立法机构（当然也可能涉及法院），要求立法机关在起草刑事诉讼的相关法律文本时不得与之相冲突。例如《宪法》第 119 条规定，"有义务保障未有诉讼资源的人适用司法无偿原则"，《宪法》第 125 条规定，"公民可以通过公民起诉及陪审团制度，遵循法定的形式以及法定的刑事程序在习惯法院及传统法院参与司法管理"。如果相关立法违反这些宪法条款，则仅得进行抽象违宪审查，而不得提起保护之诉。同样，如果法院在裁判过程中认为相关法律或者法官所实施的裁判行为违反这些宪法条款，则仅得诉诸合宪性先决问题审查或者普通的

---

〔15〕 依《司法机构组织法》的规定，西班牙法院可依法庭的人员组成分成两类，适用独任审的法院，称为"Juzgado"，而适用合议审的法院，称为"Tribunal"。关于诉讼要件更具体的介绍，可参见本书下文。

〔16〕 第一种类型的违宪审查，每年大概十余起，第二种类型的违宪审查，每年大概百余起，而第三种类型的违宪审查，每年则高达 5000~6000 起，且数量不断增加。

司法救济程序，亦不得提起保护之诉。

具有强化保障程序性质的宪法条款则不然。如果违反了这些宪法条款，则当事人既可以向普通法院提起诉讼寻求救济，并在穷尽各种普通救济途径之后向宪法法院提起保护之诉，以保障受侵害的基本权利得以恢复。这些基本权利规定在《宪法》第1章第2节第1分节中，又可进一步细分为两大类[17]：

（一）具有程序影响的实体性基本权利（Derechos fundamentales materiales de incidencia procesal）

具有程序影响的实体性基本权利主要包括：生命权和人身完整权（《宪法》第15条[18]）、意识形态和宗教信仰的自由（《宪法》第16条[19]）、个人自由的权利（《宪法》第17条[20]）、隐私权、住宅不受侵犯的权利以及通信秘密权（《宪法》第18条[21]）、自由

---

〔17〕 这一区分并不完全周延，例如《宪法》第17条既规定了实体性基本权利（个人自由的权利，第1款），也规定了程序性基本权利（被羁押者的权利和人身保护令，第2款、第3款及第4款）。但考虑到《宪法》第24条是西班牙刑事诉讼中保护之诉援引频率最高的条款，且绝大多数侵害实体性基本权利的诉讼行为亦违反了第24条的规定，因此通说将第24条所规定的基本权利单列，归为程序性的基本权利。

〔18〕《宪法》第15条，人人享有生活的权利和身心完整的权利，任何情况下不得对公民实施拷打或者非人道的或者侮辱性的惩罚和对待。废除死刑，但战争时期由军事刑法规定者除外。

〔19〕《宪法》第16条第1款，保障个人和团体的意识形态和宗教信仰的自由。对游行的限制仅以维护法律保护的公共秩序为限。第2款，任何人不得被强迫做关于某种意识形态、宗教或信仰的陈述。第3款，国家无国教。政府当局应关注西班牙社会的宗教信仰，保持与天主教及其他教派的合作。

〔20〕《宪法》第17条第1款，人人享有自由和安全的权利。除执行本条款规定、在案件诉讼过程中及法律规定的方式外，任何人不得被剥夺自由。第2款，预防性拘留不得超过旨在查明事实所严格需要的侦查时间，在任何情况下，应在72小时内释放被拘留者或将其移送司法机关。第3款，所有被拘留者应立即并以其可以理解的方式被告知其权利和被拘留的理由，不得强行逼供。依据法律规定，保证被拘留者在警察侦查和司法过程中得到律师的协助。第4款，依法实行"人身保护令"措施，以使所有被非法拘留者当即被送达司法当局。依法决定临时监禁的最长期限。

〔21〕《宪法》第18条第1款，名誉、个人和家庭隐私及涉及本人形象的权利受法律保障。第2款，住宅不受侵犯。未经屋主许可或司法裁决，不得进入或搜查住宅，但现行犯除外。第3款，通信秘密，特别是邮政、电报和电话的秘密，受法律保障，但有法院裁决的除外。第4款，为保障公民的名誉、个人和家庭的隐私及其权利的充分实施，法律应限制相关信息的使用。

选择住所的权利（《宪法》第 19 条[22]）、表达自由的权利（《宪法》第 20 条[23]）、结社权（《宪法》第 22 条[24]）、平等担任公职的权利（《宪法》第 23 条[25]）以及合法性原则和一事不再理原则（《宪法》第 25 条[26]）。

（二）程序性的基本权利（Derechos fundamentales procesales）

程序性的基本权利规定在《宪法》第 24 条中，主要包括法官和法院有效保护的权利（la tutela efectiva de los jueces y tribunales，《宪法》第 24.1 条[27]，以下简称"有效保护权"）、辩护权、无罪推定权、合理期限接受审判的权利、不得强迫自证其罪的权利以及获

---

〔22〕《宪法》第 19 条，公民有权在本国领土内自由选择住所和迁徙。公民有权依法自由出入国境，不得因政治或意识形态原因而受到限制。

〔23〕《宪法》第 20 条第 1 款，承认并保护下列权利：①以口头、书面或任何其他方式自由表达和传播思想、观念和见解的权利。②文学艺术创作和科学技术发明的权利。③学术自由的权利。④通过任何方式自由传递和接受真实信息的权利。法律应规定在行使这些自由时应恪守良心并保守职业秘密。第 2 款，上述权利的行使不得以任何预先审查的方式予以限制。第 3 款，法律应规定从属于国家或任何公共单位的大众媒介的组织和国会控制，并保证各重要社会和政治集团在尊重西班牙社会多元化和语言多样化的前提下对上述媒介的使用。第 4 款，本章所承认的这些自由权利，其行使在涉及他人的荣誉权、隐私权、名誉权及青少年保护等方面时，应依法受到限制。第 5 款，仅根据司法判决才可没收出版物、音像制品和其他信息媒介。

〔24〕《宪法》第 22 条第 1 款，结社权受到承认。第 2 款，追求的目的或使用的手段构成犯罪的结社是非法结社。第 3 款，为使公共知晓，依本条款组建的社团必须登记注册。第 4 款，只有正当的司法判决，方可解散社团或暂停社团活动。第 5 款，禁止秘密社团和准军事行动的社团。

〔25〕《宪法》第 22 条第 1 款，公民有权参与社会事务，在选举期间，通过全民选举，直接或派代表自由选举。第 2 款，在法律规定要求下，公民同样有权在平等条件下担任公共职务。

〔26〕《宪法》第 25 条第 1 款，任何人在作为或不作为发生之时，依据当时所施行的法律不构成重罪、不轨行为或行政违法的，不得被宣判或受到刑事处罚。第 2 款，刑罚所采取的关押和安全措施，其目的是再教育与重返社会，而不能进行强迫劳动。除判决书内容、刑罚和刑法的目的有明确限制的情况外，服刑犯人在关押期间享有本章的基本权利。在任何情况下，犯人有获得劳动报酬和适当的社会保险福利及接触文化和全面发展个性的权利。第 3 款，民事管理部门不得强加处罚措施以直接或间接方法剥夺自由。

〔27〕在比较法上，这一基本权利类似于"进入司法（access to justice）的权利"。也有中国学者借鉴了日本的译法将"进入司法的权利"意译为"接近正义的权利"，较形象地凸显了该权利的核心功能和定位。参见［意］莫诺·卡佩莱蒂编：《福利国家与接近正义》，刘俊祥等译，法律出版社 2000 年版。

得各种程序保障的权利等（《宪法》第24.2条[28]）。考虑到多数基本权利在国际范围内已形成共识，且为刑事诉讼研究者所熟悉，本文不再一一赘述，[29] 仅选择西班牙保护之诉最频繁援引[30]且较具特色的两项权利作一深入解析，即"有效保护权"和"各种程序保障的权利"（el derecho a un proceso con todas las garantías，《宪法》

---

[28] 在比较法上，这一条款类似于意大利《宪法》的"公正审判"条款（第111条）和《欧洲人权公约》的"公正程序"条款（第6条），但保护的范围略有区别。意大利通过1999年第2号宪法性文件在《宪法》第111条中引入了公正审判条款，规定：①通过法律规定的正当程序行使司法权。②所有法庭都必须以辩论式诉讼程序进行审判，当事人在公正法官之前有权享有与第三方地位平等的条件。法律规定合理的审理时间。③法律规定，在有关刑法的审理中，涉嫌罪犯应当迅速、秘密地被告知对他（她）指控的性质和原因，应当有足够的时间和条件准备辩护。被告有权在法官面前对提出指控的人进行讯问，在与原告相同的条件下传唤并讯问辩护人，以及有权出示有利于被告的一切其他证据。如果被告不讲或不理解在法庭诉讼程序中使用的语言，他或她有权得到译员的帮助。④在刑法诉讼程序中，基于辩论式听证原则形成证词。不能在本人自由选择的、总是主动回避被告和辩护律师询问的人所作陈述的基础上，对被告定罪。⑤法律监管有下述情况的案件：在被告同意之下，或由于确定的客观不可能，或已证明是非法行为的原因，在辩论式诉讼程序不能形成证词。⑥所有司法判决都应包括关于理由的阐述。⑦对普通司法机关或特别司法机关所作出的关系到人身自由的判决和措施不服时，随时均可就违反法律行为向最高法院提出上诉。⑧只有军事法庭在战时作出的判决可不受本规则的约束。⑨对国务委员会和审计法院的决定不服时，只有出于司法权本身的原因才允许向最高法院提出上诉。《欧洲人权公约》第6条规定：①在决定某人的公民权利和义务或者在决定对某人确定任何刑事罪名时，任何人有理由在合理的时间内受到依法设立的独立而公正的法院的公平且公开的审讯。判决应当公开宣布。但是，基于对民主社会中的道德、公共秩序或者国家安全的利益，以及对民主社会中的少年的利益或者是保护当事人的私生活权利的考虑，或者是法院认为，在特殊情况下，如果公开审讯将损害公平利益的话，可以拒绝记者和公众参与旁听全部或者部分审讯。②凡受刑事罪指控者在未经依法证明为有罪之前，应当推定为无罪。③凡受刑事罪指控者具有下列最低限度的权利：A. 以他所了解的语言立即详细地通知他被指控罪名的性质以及被指控的原因；B. 应当有适当的时间和便利条件为辩护作准备；C. 由他本人或者由他自己选择的律师协助替自己辩护，或者如果他无力支付法律协助费用，则基于公平利益考虑，应当免除他的有关费用；D. 询问不利于他的证人，并在与不利于他的证人具有相同的条件下，让有利于他的证人出庭接受询问；E. 如果他不懂或者不会讲法院所使用的工作语言，可以请求免费的译员协助翻译。关于意大利的"公正审判"条款，参见施鹏鹏：《意大利刑事诉讼与证据制度专论》（第一卷），中国政法大学出版社2020年版。还应指出的是，西班牙所缔结的国际条约（包括《欧洲人权公约》）具有宪法效力（第95.1条）。因此，《宪法》第24条与《欧洲人权公约》第6条的协同也是西班牙学界热衷研究的问题。

[29] 当然，这并不意味着这些基本权利不重要。事实上，依然有不少的宪法判例援引了这些基本权利。

[30] 读者可在本书的其他章节大量阅读到援引这两项权利的宪法判例，这些判例极大地影响了西班牙的刑事诉讼制度。

第 24.2 条，以下简称"程序保障权"）。

1. 有效保护权

《宪法》第 24.1 条规定，"公民在行使合法的权益时，有权获得法官和法院的有效保护，在任何情况下都不允许无辩护人"。西班牙学说将这一条款的规定归纳为"有效保护权"。

"有效保护权"最早可追溯至阿方索十世的《七法全书》，"通过判决，每个人在法官面前的争端就结束了，每个人都获得了他的权利"。近代以来，主要国际条约均确立了这一基本权利，如 1948 年的《世界人权宣言》第 8 条规定，"任何人当宪法或法律所赋予他的基本权利遭受侵害时，有权由合格的国家法庭对这种侵害行为作有效的补救"。此后，1966 年的《公民权利和政治权利国际公约》第 2 条第 3 款沿袭了这一规定，"保证任何一个被侵犯了本公约所承认的权利或自由的人，能得到有效的补救，尽管此种侵犯是以官方资格行事的人所为。保证任何要求此种补救的人能由合格的司法、行政或立法当局或由国家法律制度规定的任何其他合格当局断定其在这方面的权利，并发展司法补救的可能性"。2007 年所颁布的《欧盟基本权利宪章》第 47 条亦规定，① 任何人受本宪章保障的权利若受侵害，皆有权利依本条所定的条件，向法院寻求有效的法律救济。②每个人都有权要求他所涉及的案件，由一个独立的、不偏袒的且依事先订立之法律组成的法院来审理，并且必须通过公平的程序，公开而且在适当期间内审理完成。每个人都可以受咨询、进行防御、任用辩护人。对于资源不足的被告人，只要诉讼援助是确保有效诉诸司法所必需的，就应当向其提供诉讼援助。

依西班牙宪法法院的判例，该基本权利主要包括两个方面：一方面，任何人当宪法或法律所赋予他的权利遭受侵害时，均可寻求法官和法院的保护。具体到刑事领域，较典型的三种情况包括：①提起刑事诉讼是公民的基本权利。但需要注意的是，西班牙宪法法院的判例主张诉权的抽象理论（la teoría abstracta del derecho de acción），即公民提起刑事诉讼并不意味着法官或法院应有效保护该主观权利（un derecho subjetivo），或者更具体而言，提起刑事诉讼的权利并不意味着"刑罚权"，而仅是"获得载明理由、有合理依据且内容一致的判决"的权利，判决的结果可能是启动刑事诉讼并宣告被告人有罪，也可能是归档不诉、停止审理或者判决无罪。仅在公民的刑事起诉权受到不适当或不成比例的障碍时，才可向宪法法院提起保护之诉，例如对公民起诉者[31]或外国人提起刑事诉讼设置不成比例的限制（《刑事诉讼法典》第 270 条和第 280 条以及《司法机构组织法》第 20.3 条），或者判决未说明理由或者理由不合理，或者判决与诉讼请求内容不一致等。②被害人有权获得迅速、足额的赔偿。依《刑事诉讼法典》第 100 条之规定，"所有的犯罪或者轻微犯罪，其行为人除承担刑事责任外，还应承担恢复事物原状、修复损害以及补偿其行为造成损害的民事责任"。因此，不得对被害人提起附带民事诉讼的权利设置不适当或不成比例的障碍，否则将构成对"有效保护权"的侵害，将启动保护之诉。③应构建完备的诉讼要件以保障"有效保护权"。例如法官或法院不得以管辖权冲突为由拒绝裁判。

另一方面，任何人当宪法或法律所赋予他的权利遭受侵害时，法官和法院应进行"有效的"保护。具体到刑事领域，"有效的"保护涉及方方面面，最典型的当属应保障辩护权的有效行使，包括在各个诉讼阶段均应有律师的协助。西班牙宪法法院的判例教义认为，上诉不加刑原则亦体现了"有效保护权"这一基本权利，因为上诉法院依职权加重了上诉人的刑罚，剥夺了上诉人行使辩护权的可能性。[32]

---

〔31〕 关于西班牙较具特色的公民起诉制度，参见本书其他部分的介绍。

〔32〕 Vicente Gimeno Sendra, Manual de derecho procesal penal, Ediciones Jurídicas Castillo de Luna, 2018, p. 78. 当然，上诉不加刑也涉及"程序保障权"，下文有详述。

2. 程序保障权

严格意义上讲，"程序保障权"是西班牙宪法法院的创设，与宪法条文的联系相对间接。依《宪法》第 24.2 条之规定，"所有的人有权进入法律预先规定的审判、进行辩护和得到律师帮助、被告知其被指控的罪名、及时而充分地接受公开的诉讼审理、使用与辩护有关的证据、不作自证其罪的陈述、不自我招认犯罪并在审判作出前推定为无罪"。而西班牙宪法法院的判例教义将该条款无法全部囊括的其他重要程序性权利均归为"程序保障权"。[33] 因此，可以认为"程序保障权"是程序性基本权利的"裁缝箱"（cajón de sastre，即兜底权利）。

因内涵及外延不够明晰，"程序保障权"在保护之诉中呈现明显的膨胀之势。但在新近的教义中，宪法法院进行了判例转向，不再从广泛意义上使用"程序保障权"，而将该基本权利具体为四种样态：平等武装权（el derecho a la igualdad de armas）、控告原则（principio acusatorio）、非法截取通信的证据禁止（la prueba prohibida por sustentarse en intervención ilegal de las comunicaciones）以及上诉不加刑。[34] 之所以进行这样的判例转向，目的便在于明确该"兜底"基本权利的核心内容，避免保护之诉被滥用，加重宪法法院的负担。当然，这也有助于厘清"程序保障权"和其他基本权利的界限，避免因权利边界不清而导致判决结果的不确定性。以电话窃听为例。1999 年前，宪法法院援引无罪推定权以制裁不当的电话窃听，1999 年之后则援引"程序保障权"。援引不同的基本权利所导致的判决结

---

〔33〕 需要特别指出的是，有些基本权利可能并未规定在宪法文本中，但也不宜归入"程序保障权"，因为属于公约所规定的基本权利，例如救济权。

〔34〕 作为域外的观察者，可以看到，这一类型化的尝试在学理上并不严谨。这四种类型的基本权利，有些属于基本权利，有些属于诉讼原则和诉讼制度，有些则与具有程序影响的实体性基本权利具有明显的交叉和重复（当然西班牙学说认为这是双重性的，例如非法截取通信，既涉及通信秘密权这一实体性基本权利，也涉及程序性的基本权利，但适用的场合不同，下文有详述）。需要特别说明的是，本书更多介绍西班牙学界的通说，力图呈现理论原貌，但并不意味着笔者赞同相关的理论框架和学理分析。恰恰相反，笔者在很多情况下会进行批判性的分析。

果也是不同的。如果以侵犯无罪推定权为由，则意味着宪法法院应通过撤销原判决以恢复该基本权利，即应作出无罪判决。但如果是援引"程序保障权"，则恢复该基本权利并不必然导致无罪判决，而仅是使判决和指控行为归于无效，并移交新的法院，在尊重基本权利的情况下重新作出判决，最终还可能是有罪判决。

（1）平等武装权。

平等武装权，指各方当事人（主要是控辩双方，但并不限于控辩双方[35]）有权享有相同的攻击和防御手段，有权平等地提供证明己方主张的证据。西班牙宪法法院的判例教义认为，平等武装权是《宪法》第 14 条"法律面前人人平等"以及《宪法》第 24.2 条"程序保障权"的重要内容。据此，立法者不得为任何一方创设未有任何宪法依据的程序特权，例如赋予警察裁判权[36]，或者赋予检察官对自由裁决提起上诉的权利及请求适用临时羁押（prisión provisional）[37]的权利。同样，立法者也不得为任何一方创设过高的程序负担，例如不当设置法律推定，导致证明责任倒置，迫使辩方进行自证无罪的"恶魔证明"（probatio diabolica）。

但平等武装权在刑事诉讼中并不意味着各方当事人的绝对平等，某些具有"客观合理理由"的"差别"不能视为违反了平等武装权的要求。例如在自诉罪（delito privado）或者半公诉罪（delito semipúblico）中，仅被害人一方可以行使不起诉权或者予以赦免。在所有的刑事案件中，检察官均具有"维护法律和受法律保护的公共利益"的义务（《宪法》第 124.1 条），而辩方则无此一义务。仅检察官和被害人（自诉人）可请求适用"有约束力的停止审理"（petición vinculante de sobreseimiento，《刑事诉讼法典》第 782.1 条和第 642 条及后续条

---

〔35〕 从这个意义上讲，西班牙宪法判例教义中的平等武装权，在外延上稍略宽泛于《欧洲人权公约》及欧洲人权法院判例中的平等武装原则。

〔36〕 这在"宗教裁判所"（fuero eclesiástico）和佛朗哥独裁统治时代所颁布的特别法中并不罕见。

〔37〕《刑事诉讼法典》原第 504-1 条，后为宪法法院在 1994 年 3 月 3 日第 71 号的判决判处违宪。

款），公民起诉者则无此一权利。

因此，是否存在"客观合理理由"，是宪法法院在具体的保护之诉中审查是否侵犯平等武装权的关键所在，也时常引发学界争议。例如预审机关有权实施某些专属的预审行为（比较典型的如电话窃听，预审法官不可能告知被调查对象正在窃听他的手机），这是否侵犯了平等武装权？某些公职人员享有作证豁免权（《刑事诉讼法典》第417.2条），这是否侵犯了平等武装权？等等。

（2）控告原则。

控告原则是西班牙刑事诉讼的一项重要基本原则，已被宪法法院的判例教义提升为基本权利，纳入"程序保障权"之中。依通说，控告原则主要包括如下内容：①预审程序及言辞庭审程序应交由不同的司法机构负责。[38] 在1882年《刑事诉讼法典》颁布之前，西班牙受法国《重罪预审法典》的影响，预审法官既是预审程序的主体，也是言辞庭审程序的报告法官，这容易造成预审法官权力过大，在庭审中往往先入为主、未决先断。因此，几乎所有的欧陆国家（包括法国和西班牙）在近代以来均进行了改革，确立了预审程序和庭审程序相分离的根本原则。当下，西班牙依然将预审程序交由预审法官（由检察官和警察协助）主导，但言辞庭审程序则交由合议庭（陪审团或职业法官）负责，且预审法官不得兼任庭审法官。②控诉职能和裁判职能应进行严格的区分。诉讼始于控诉（Nemo iudex sine acusatore），终于裁判。但控诉职能不应与裁判职能混同，这在中世纪传统职权主义刑事诉讼中已有惨痛教训。依西班牙宪法法院的判例教义，控告原则对控辩审职能的区分作如下两方面的要求：一方面，控告必须先于辩护，且不得相反，否则违反了指控前的知情权原则（《宪法》第24.2条，《欧洲人权公约》第6.3.1条、第6.3.2

─────────

〔38〕 一般认为，这也是《欧洲人权公约》第6.1条的要求。所谓"独立、公正法院的审判"既包括主观公正，即法院所有法官不得带有个人的偏私或偏见，也包括客观公正，即法院应提供充分的保障，排除法官在出庭及审判时关于公正性的任何合理疑问，回应社会对公正性的质疑。这便包括了"不得允许履行预审职能的预审法官成为合议庭法官"的要求。

条以及《公民权利和政治权利国际公约》第 14 条）；另一方面，裁判主体应中立，不得代为履行指控职能，甚至强化指控。因此，控方未指控的事实，法庭不得审理。如果控方（不包括公民起诉者）请求停止审理或撤回指控，则法庭亦不得继续进行言辞庭审[39]。③控诉与判决应具有关连性（Correlación entre la acusación y el fallo）。这里的关连性，包括主体关连性（Subjetiva）和客体关连性（Objetiva）[40]。主体关连性指"对任何公民，未有调查，不得指控，未有指控，不得判决"，控告书或者临时定性的起诉状[41]应在刑事诉讼中确立合法的消极主体，否则不得作出裁判。此外，还应保障消极主体的知情权及充分的辩护时间，任何人均不得以"惊讶"的方式"坐在被告席上"。客体关连性则比较复杂，较不具争议的要点是：不得裁判未被指控的事实[42]，但不包括法官对刑法规范的具体适用以及刑罚的个别化的考虑。因此，判决书涉及未曾指控的事实，或者判处的刑罚比控诉方所请求的刑罚更为严厉，或者改变了指控罪名，则将导致客体不关连，造成实质上的辩护缺位，当然也违反了控告原则。例如控方起诉连续犯（un delito continuado），而法院却分别进行定罪。但如果对于临时定性书所描述的案件事实，控方在最终定性书或者法院在判决书中修改了罪名，只要相关罪名所侵犯的法益（bien jurídico vulnerado）相同，则变更罪名并不实质损害辩护权，也不违反控告原则。例如，临时定性书所描述的事实为"贩毒"，而最终定性书或判决书改为"违禁品交易罪"，则属于侵犯不

---

[39] STS 1045/2007, de 17 de diciembre, caso Botín.

[40] 在西班牙刑事诉讼的语境下，"主体"指"诉讼主体"，"客体"指"审判对象"，"积极主体"指"指控者"，"消极主体"指"被指控者"。"主体/客体""积极/消极"的二分是西班牙（也可扩及罗马法系的许多国家，如法国、意大利和葡萄牙）刑事诉讼学者较常使用的类型化范畴。

[41] 在西班牙刑事诉讼中，定性（calificación）指定罪、量刑及附带民事诉讼的诸项事宜。在庭审前，控辩双方要对案件定性提交各自的意见，称为"临时定性"（calificación provisional），以区别于法官的最终判决。辩护人提交的，称为"临时定性"的辩护状，控方提交的，称为"临时定性"的起诉状。具体规定，参见西班牙《刑事诉讼法典》第 650 条。为了尽可能忠实于西班牙的学术原貌，笔者采用直译，可能不太符合中国的阅读习惯，特此说明。

[42] 这里的"事实"，便是审判对象，参见本书其他部分的研究。

同的法益，构成违反控告原则。但如果临时定性书所描述的事实为"伪造商业文档"（la falsedad en documento mercantil），而最终定性书或判决书改为"伪造私人文档罪"（la falsedad en documento privado），则属于侵犯相同的法益，并不实质损害辩护权，因而也不违反控告原则。[43]如果控方在最终定性书中将指控扩及新的事实，西班牙采用了类似德国的做法（Nachtragsanklage，追加公诉），"审判长应询问被告人是否同意对新事实的定性，如果辩方表示不同意，则必须中止审判，而正式提出新的指控，被告人将回应这一新事实并提供证据"（德国《刑事诉讼法典》第 266 条）。

（3）非法截取通信的证据禁止。

西班牙刑事诉讼对电信截取技术的应用经历了较长时间的发展。1882 年《刑事诉讼法典》因技术所限，仅规定了邮政和电报的截取。1988 年第 4 号组织法在《刑事诉讼法典》第 579 条中增加了第2 款至第 4 款，加入了电话截取和窃听。2007 年 10 月 18 日第 25 号"关于电子通信和公共通信网络数据保存的法律"允许对电子通信数据进行截取。2015 年第 13 号组织法则进行了最全面的改革，增加了电话和远程信息截取（第 588-1 条），数据通信（第 588-1 条），数据访问以识别用户、终端和连接设备（第 588-1 条），使用电子设备捕获和记录口头交流（第 588-2 条），用于跟踪、定位和捕获图像的设备（第 588-3 条），对大容量信息存储设备的搜查（第 588-4 条）以及对信息设备的远程搜查（第 588-5 条）。对于通信截取这一侦查手段的详细研究，笔者将另行撰文，这里仅就该手段与"程序保障权"的关系作一简要论述。

如前文所述，截取通信主要与《宪法》第 18.3 条所规定的通信秘密权紧密相关，即"通信秘密，特别是邮政、电报和电话的秘密，受法律保障，但有法院裁决的除外"。但法官一旦批准进行电话截取，则司法警察将在相应的磁性或电子媒介上进行监听和录音，其

---

〔43〕 Ángel Muñoz Marín, El principio acusatorio y la acusación de delitos homogéneos, Revista Práctica de Derecho. Comentarios y casos prácticos, N°165, 2014, p. 165-170.

原始内容必须移交给法院，以便法院可以听取这些录音，或者由司法行政律师进行转录。违反这些规定并非违反《宪法》第18.3条，而是违反了第24.2条关于"程序保障权"的规定。西班牙宪法法院的判例教义认为，法院听取原始录音的主要目的是核实内容的准确性，保障被调查对象的程序权利，这与司法警察截取通信的行为目的并不相同。[44]

（4）上诉不加刑。

西班牙宪法法院的判例教义认为，上诉不加刑是控告原则的延伸，亦属于"程序保障权"的核心内容。具体而言，在上诉案件中，仅被告人提出上诉的，上诉法官应基于客体的关连性（被告人的上诉请求必然是无罪或者减轻刑罚），不得判处比原判决更重的量刑，当然指控者亦上诉的不在此列。

（三）制裁机制

在刑事诉讼中，公权力如果侵犯这些基本权利将同时产生如下三种法律后果：一是被告人可因司法错误（error judicial）或司法的不正常运行（funcionamiento anormal de la justicia）向国家提起民事赔偿请求（pretensión civil resarcitoria）；二是如果行政当局或者公务员肆意侵犯公民的基本权利，将可能受到制裁，甚至被追究刑事责任（《刑法典》第6编、第7编、第10编以及第21编）；三是所获得的证据将被排除，不得作为定罪的依据。依《司法机构组织法》第11.2条之规定，"直接或间接侵犯基本权利和自由所获得的证据不会产生任何效力"。具体而言，在审前阶段，侵犯基本权利的取证行为将降格为一般的调查行为（los meros actos de investigación），不再是证据行为（Actos de prueba）[45]，所获得的证据也不得作为定罪的依据；在庭审阶段，相关证据将被法庭列为"被禁止的证据"

---

〔44〕 Vicente Gimeno Sendra, La intervención de las comunicaciones telefónicas y electrónicas, Notario, N° 39, SEPTIEMBRE– OCTUBRE 2011.

〔45〕 关于"一般的调查行为"和"证据行为"的区别，参见本书其他部分的研究。

(prueba prohibida)[46]，在言辞庭审（juicio oral）[47]开始时便被排除（《司法机构组织法》第 11.2 条和《刑事诉讼法典》第 786.2 条），禁止法官在判决中对该证据进行评价。例如通过酷刑、催眠或"吐真剂"所获得的口供归于无效（违反《宪法》第 15 条），非法搜查或非法窃听所获得的证据归于无效（违反《宪法》第 18 条），在意识形态、宗教或信仰等方面进行胁迫以获得的口供归于无效（违反《宪法》第 16.2 条），等等。

（四）对基本权利的限制：比例原则

在特殊情况下，刑事诉讼中的公权力机构可能对基本权利进行限制，但应严格遵循比例原则。依西班牙宪法法院的判例教义（涉及《宪法》第 20.4 条、第 21.2 条、第 22.2 条、第 22.5 条、第 25 条及第 81 条，以及《欧洲人权公约》第 5.1 条、第 8.2 条、第 10.2 条、第 11.2 条、第 15 条及第 18 条），比例原则包括如下基本要素：①合法性原则。限制基本权利的所有行为都必须由组织法进行规定。这是因为依《宪法》第 81 条之规定，只有立法机构有权通过组织法，可以授权行政机构或司法机构对基本权利进行限制。②说理原则。任何限制基本权利的裁定必须说明理由。③必要性原则。所采取的限制措施，对于实现侦查行为的目的或宪法所保护的目的和利益确有必要且必不可少。④相一致原则。所设想或所适用的措施与前述宪法相关利益的表述应相一致。⑤最低损害原则。限制基本权利之行

---

〔46〕 这里应区分"非法证据"（prueba ilícita）和"被禁止的证据"。"非法证据"更为宽泛，指所有违反宪法及法律所获取的证据。"非法证据"并不必然导致证据使用禁止（或者说仅在违反宪法的情况下会导致证据使用禁止），而可能仅导致程序无效（una nulidad de actuaciones），即恢复到违法诉讼行为实施前的状态以进行合法性矫正。可以看到，西班牙的诉讼行为制裁理论与意大利基本类似。关于意大利诉讼行为理论，参见施鹏鹏：《意大利刑事诉讼与证据制度专论》（第一卷），中国政法大学出版社 2020 年版，第 135 页及以下。尤其需要特别指出的是，西班牙主流学者亦援引德国的证据使用禁止理论（die Beweisverwertungsverbot），如 Vicente Gimeno Sendra, Manual de derecho procesal penal, Ediciones Jurídicas Castillo de Luna, 2018, p. 90. 关于西班牙刑事诉讼中的诉讼行为及非法证据排除相关内容的研究，参见本书其他部分。

〔47〕 西班牙刑事诉讼将言辞原则作为庭审的根本原则，这直接体现在措辞表达上，即使用"言辞庭审"这一术语来指代庭审程序。

为所追求的目的，无法通过其他不限制或限制较小的行为实现，或者不可能在经过"事后"核实以其他不限制或限制较小的行为实现。

因此，很多预审行为（例如电信截取、住宅搜查、形体取样等）可能侵犯了被告人的基本权利，但只要符合比例原则的要求，均不构成违宪，也不会引发保护之诉。

三、新的诉讼行为制裁模式？——与德国、法国和意大利的比较

经历了佛朗哥政府的独裁时代，西班牙人民对公权力的恣意妄为记忆尤深。据媒体核实，仅在内战时期（1936 年 7 月 17 日至 1951 年 12 月），便有 114 266 位西班牙人死亡、失踪或入狱，且这一统计数字在不断的攀升之中。这也是为何西班牙在佛朗哥独裁统治结束后便颁布了新宪法，设立了非常完整的基本权利谱系。据此，任何公民在刑事诉讼中如果基本权利受到公权力的侵害，均可以提起保护之诉以实现权利救济，请求对诉讼行为进行制裁，所获得的证据也应予以排除。

从比较法的角度看，欧陆国家对诉讼行为的制裁主要存在两种模式，一种是以德国为代表的实体制裁模式[48]，另一种则是以法国和意大利为代表的程序制裁模式。[49] 西班牙刑事诉讼中的保护之诉介于两者之间，更接近实体制裁模式，但也兼具程序制裁模式的一些特点，呈现出一定的混杂性。

第一，西班牙的保护之诉允许个人在刑事诉讼中援引基本权利条款寻求救济，这是实体制裁模式[50]的重要特质。因此，与德国类

---

〔48〕 关于德国实体制裁模式的初步介绍，可参见林钰雄：《干预保留与门槛理论——司法警察（官）一般调查权限之理论检讨》，载《政大法学评论》2007 年第 96 期。

〔49〕 施鹏鹏：《法国刑事程序无效理论研究——兼谈中国如何建立"刚性"的程序》，载《中国法学》2010 年第 3 期；施鹏鹏：《刑事诉讼中的诉讼行为理论研究》，载《比较法研究》2019 年第 4 期。

〔50〕 允许个人启动宪法诉讼，这在欧陆国家中并不多见，仅德国、奥地利和西班牙确立了类似的制度。参见 [法] 路易·法沃赫：《欧美宪法司法模式比较研究》，金邦贵、施鹏鹏译，载《厦门大学法律评论》2006 年第 2 期。

似，西班牙也将刑事诉讼中的预审行为（侦查行为）视为具有"双重功能的诉讼行为"，兼具程序及实体两个面向，既是为发现犯罪并确定被告人身份而采取的各种强制处分行为，也是在宪法层面损害相对人基本权利的干预措施。尽管西班牙并未像德国一样构建非常严谨的"三阶审查模式"及配套理论，但保护之诉的运行方式基本和德国类似：公权力行为是否涉及基本权利的保护范围—公权力行为是否妨害了基本权利的保护范围—是否符合比例原则的限制。宪法法官一旦认为公权力行为不当地侵害了基本权利，则将导致证据使用禁止。可见，与法国和意大利的程序制裁模式相比，西班牙的保护之诉对被告人基本权利的保护范围更广，程度更高，因为它不受限于刑事诉讼法典的文本，可由宪法法官对基本权利作更广义的解释。

第二，西班牙刑事诉讼中的保护之诉又与德国的实体制裁模式存在一定的区别，具有程序制裁模式的一些特点。德国的实体制裁模式主要立足实体性基本权利，例如《基本法》第 1 条、第 2 条、第 10 条和第 13 条，而西班牙刑事诉讼中的保护之诉最频繁援引的则是程序性的基本权利，尤其是"有效保护权""无罪推定权"和"程序保障权"等。据此，西班牙刑事诉讼中的程序性权利可一分为二：一是宪法所规定的基本权利，适用更严格的制裁机制，禁止使用通过侵犯基本权利所获得的证据；二是刑事诉讼法所规定的一般权利，适用相对宽松的制裁机制，侵犯一般权利仅导致程序无效，可进行合法性矫正。这一做法与法国和意大利的程序制裁模式极为类似。在法国，"宪法性文件"以高度抽象、凝练的方式确立了刑事诉讼的基本权利谱系，主要包括：诉诸司法的权利、平等权、住宅不受侵犯的权利、无罪推定权、辩护权以及个人自由不受侵犯的权利。其中，无罪推定权、辩护权以及个人自由不受侵犯的权利被法国刑诉学界称为"刑事宪法"的三大基石。[51] 侵犯这些基本权利，

---

〔51〕 Jean Pradel, Les principes constitutionnels du procès pénal, in Les Cahiers du Conseil Constitutionnel, N° 14, 2003, p. 112 et s.

构成程序的绝对无效，适用最严厉的制裁机制。而侵犯了刑事诉讼法所规定的一般权利，则构成程序的相对无效，可进行合法性矫正。[52] 意大利亦类似。意大利《宪法》第 111 条集中规定了刑事诉讼的基本权利谱系，侵害这些基本权利的，构成了证据不可用（Inutilizzabilità），而侵犯了刑事诉讼法所规定的一般权利，则构成程序无效（nullità）。[53]

第三，保护之诉同样面临着泛宪法化的问题。保护之诉赋予宪法法官更广泛的裁判权，固然能更灵活地应对司法实践中层出不穷的权力滥用行为，但"一味诉诸过于抽象的宪法及其基本权利规范的审查基准，往往忽略了刑事诉讼本身特殊的结构与原则，甚而导致刑事诉讼问题泛宪法化、泛抽象化的危机"。[54]尤其是，近年来保护之诉的案件数量呈井喷之势，宪法法院不堪重负，许多西班牙学者主张将《宪法》第 24 条排除在保护之诉的适用范围之外。[55]按照这一改革思路，西班牙便构建了介于实体制裁模式和程序制裁模式中间的"混合模式"：对于实体性基本权利，适用实体制裁模式，而对于程序性基本权利，适用程序制裁模式。

西班牙刑事诉讼中的基本权利保护之诉对受伊比利亚半岛诉讼法律文化影响的国家产生极为深远的影响，尤其是南美洲诸国。这些国家丰富的宪法实践为比较刑事诉讼提供了极具研究价值的富矿。尽管这些国家多数并非发达国家，法治程度及人权保护状况也呈现较明显的参差不齐，但差异化的实践效果恰恰提供了更具比较法价值的国家样本，这也是比较刑事诉讼的魅力所在。

---

　　[52]　施鹏鹏：《法国刑事程序无效理论研究——兼谈中国如何建立"刚性"的程序》，载《中国法学》2010 年第 3 期。

　　[53]　施鹏鹏：《刑事诉讼中的诉讼行为理论研究》，载《比较法研究》2019 年第 4 期。

　　[54]　林钰雄：《干预保留与门槛理论——司法警察（官）一般调查权限之理论检讨》，载《政大法学评论》2007 年第 96 期。

　　[55]　Carlos RUIZ MIGUEL, l'amparo constitutionnel en Espagne：droit et politique, CAHIERS DU CONSEIL CONSTITUTIONNEL N° 10（DOSSIER：L'ACCÈS DES PERSONNES À LA JUSTICE CONSTITUTIONNELLE）-MAI 2001. La traduction de cet article a été assurée par M. Daniel Jean-Charles.

诉讼要件理论研究

导论：诉讼要件的界定

诉讼要件（los presupuestos procesales）[1]，指在刑事诉讼中，为保证有效地构建程序，以让法官对实质性的法律冲突作出实体判决，则有必要让各诉讼主体遵守某些要求。简而言之，诉讼要件便是诉讼请求可受理（la admisibilidad de la pretensión）的前提条件。未符合这些诉讼要件，法官便不得审查相关请求，应作出"无罪判决"（Sentencia absolutoria en la instancia）。但该"无罪判决"不具有"既判力的实质效力"（los efectos materiales de la cosa juzgada），当事人随后可以继续起诉以及提出相同的主张。因此，诉讼要件有别于刑事实体法的构成要件：未符合刑事实体法构成要件的，法官应作出无罪判决，该无罪判决具有"既判力的实质效力"，当事人不得就同一事实、同一对象再次提起诉讼。诉讼要件也有别于单独的诉讼行为要件，后者并不影响整个诉讼请求的可受理，而仅涉及该诉讼行为的许可。例如未符合搜查要件，不得进行搜查，否则构成证据禁止。在西班牙刑事诉讼的学理体系中，诉讼要件主要包括三方面的内容：刑事法院及管辖权要件、当事人要件和先决问题要件。这三项要件决定着刑事诉讼是否可有效启动。

一、刑事法院及管辖权（la jurisdicción）要件

西班牙刑事法院体系较为复杂，可按不同的标准进行区分。例

---

[1] 又可直译为"诉讼前提"。但国内诉讼法学者（尤其是民事诉讼法学者）受德、日理论的影响往往译为"诉讼要件"，此处从通译。参见［德］克劳思·罗科信：《刑事诉讼法》（第24版），吴丽琪译，法律出版社2003年版，第186页。也有学者译为"诉讼条件"，参见徐静村主编：《刑事诉讼法学》（第3版·上），法律出版社2004年版，第108页及以下。

如按诉讼职能不同，可分为审判法院和预审法院；按级别不同，可分为省级法院、司法高等法院（刑事庭）、国家法庭（刑事庭）和最高法院（刑事庭）；按受理案件的类型，可分为普通法院、反妇女暴力法院、未成年人法院、狱政监督法院[2]和军事法院[3]；按合议庭的组成不同，可分为独任审的法院（Juzgado）和合议审的法院（Tribunal）。独任审的法院包括：治安法院、预审法院、中央预审法院、反妇女暴力法院、刑事法院、中央刑事法院、未成年人法院以及中央未成年人法院。而合议审的法院包括：设或未设陪审团的省级法院、司法高等法院（民事庭和刑事庭）、国家法庭（刑事庭）和最高法院（刑事庭）。

各种类型的刑事法院在受理刑事案件时首先应满足管辖权要件，所涉及的核心问题主要包括刑事管辖权的范围、客观管辖（级别管辖）规则、职能管辖规则、地域管辖规则和关联管辖规则。

（一）刑事管辖权的范围

在西班牙，刑事管辖权的范围受到三项标准的限制：客观限制（又称"案由限制"）、领土限制和主体限制。

1. 客观限制

依《司法机构组织法》第9.3条以及《刑事诉讼法典》第10条之规定，西班牙刑事司法机构负责管辖如下罪行：《刑法典》和特别刑法所规定的犯罪案件，或者为实现国家"刑罚权"的刑事处罚令案件。军事法院负责管辖军事犯罪案件。

2. 领土限制

依人民主权原则（《宪法》第117.1条），"西班牙法院有权管辖在西班牙领土内或在西班牙轮船或飞机上所实施的重罪和轻罪，但不得违反西班牙所加入的国际条约的规定"。在三种情况下，西班牙刑事法院也有权管辖发生在领土外的刑事案件（《司法机构组织

---

〔2〕 狱政监督法院和中央狱政监督法院负责适用一般监狱法，并以特殊方式审查囚犯与狱政中心管理机构的行政关系以及因囚犯惩罚制度。

〔3〕 军事法院是西班牙宪法唯一承认的特别法院（《宪法》第117.5条），构成法定法官权的例外。

法》第23.1条）：

（1）国籍管辖（Fuero de la nacionalidad）。

如果犯罪嫌疑人是西班牙人，或者在实施犯罪行为时已获得西班牙籍的外国人，即便犯罪行为发生在西班牙的国土外，西班牙的刑事法院依然享有管辖权，但应符合如下要求：

·所实施的行为在实施地国家及西班牙均构成刑事犯罪（"双重犯罪"），除非西班牙所参与的国家条约或者国际组织规范性文件规定无须符合这一要求；

·被害人与检察官向西班牙法院提起控告；

·犯罪嫌疑人在犯罪行为实施地国家未被判决无罪、赦免或者受到刑罚且未服刑完毕。如果不完全符合这一条件，西班牙法院也可管辖，但可按比例进行减刑（《司法机构组织法》第23.2条和第5条）。

（2）保护国家的管辖（Fuero de la tutela estatal）。

对于反对西班牙国家或王室、叛乱和煽动叛乱、伪造西班牙货币等最严重的罪行，以及直接损害国家信誉或利益的其他任何伪造罪，对西班牙公职人员或当局的攻击，国外公职人员所犯的罪行，违反外汇管制的犯罪行为，等等，无论是否在境外实施，也无论犯罪行为实施者的国籍如何，西班牙刑事法院均有管辖权。

（3）普遍管辖（Fuero de la "jurisdicción universal"）。

依相关的国际公约，《司法机构组织法》第23.4条确立了普遍管辖规则，即西班牙刑事法院有权管辖某些损及整个国际社会合法权利的罪行，无论这些罪行是否在境外实施，也无论犯罪行为实施者的国籍如何。2014年3月13日第1号组织法对普遍管辖进行了改革，主要涉及如下方面：

第一，扩大了普遍管辖的罪名清单。除传统的种族灭绝罪，反人类罪，恐怖主义犯罪，海盗行为和非法劫持飞机罪，非法贩运有毒药物、麻醉药品或精神药物罪，贩运人口罪，与卖淫有关的犯罪以及性引诱未成年人及无行为能力人的犯罪外，《欧洲委员会关于预防和打击对妇女的暴力行为和家庭暴力的公约》和《禁止酷刑和其他残忍、不人道或有辱人格的待遇或处罚公约》所规定的罪名，《经济合作与发展组织公约》中所规定的外国公职人员腐败罪等，均已纳入西班牙刑事法院的普遍管辖范围之列。

第二，确立了普遍管辖中的某些相关性要求。依 2009 年第 1 号组织法所进行的改革思路，普遍管辖权的行使应符合某些相关性的要求，例如犯罪嫌疑人是西班牙人或者在西班牙有惯常居住地的外国人，或者刑事诉讼针对的是在西班牙境内并且西班牙当局拒绝引渡的外国人，或者被害人是西班牙人。2014 年第 1 号组织法进一步沿袭了这一思路，要求某些罪名必须具有特定的相关性要求，而某些罪名则可以选择特定的相关性要求。例如在恐怖主义犯罪中，只要被害人具有西班牙国籍，则西班牙刑事法院便具有普遍管辖权，而在酷刑罪中，除了被害人具有西班牙国籍外，被指控实施这一犯罪的个人还必须在西班牙境内。这一改革引发了诸多批评。学说认为，这一改革思路有悖普遍管辖的学理逻辑，西班牙不应对损害整个国际社会合法权利的罪行持宽容的态度。

第三，强化了普遍管辖的附属性。依西班牙宪法法院及最高法院的判例，如果所涉罪行已经在国际法院、犯罪行为实施地国家法院或者犯罪行为实施者国籍国法院启动刑事诉讼，只要犯罪行为实施者不是西班牙人，或者西班牙已依规定的期限或条件将案件移送国际法院，则西班牙刑事法院不再享有普遍管辖权。但如果有管辖权的国家不愿意或者实际上未进行刑事调查，则西班牙刑事法院将保留继续行使管辖权的可能性。对"不愿意或者实际上未进行刑事调查"这一情况的评估，由西班牙最高法院刑事二庭负责（《司法机构组织法》第 23.5 条）。

第四，废除了普遍管辖中公民起诉的可能，仅得由被害人与检察官向西班牙法院提起控告（《司法机构组织法》第 23.6 条）。

第五，2014 年第 1 号组织法的临时条款规定，对于正在处理的犯罪案件，在证明符合相关规定的要求时，应下令停止审理。

3. 主体限制

西班牙所签署的国际条约、宪法及其他部门法规定了某些人员具有不受刑事追诉的特权：国王，绝对的豁免权（《宪法》第 53.2 条）；众议员和参议员，在履行其职责时的发言免责（《宪法》第 71.1 条）；欧洲议会代表，在履行其职责时的发言免责（1965 年 4 月 8 日《欧共体特权和豁免议定书》）；自治区议员，按各自《自治条例》的明确规定在履行其职责时免责；人民捍卫者及其助理在履行职责时发表意见免责（1981 年第 3 号组织法第 6 条）；宪法法官在履行职责时发表意见免责（1979 年第 2 号《宪法法院组织法》第 22 条）。

此外，依《司法机构组织法》第 21.2 条规定，"国际公法规则所确立"的外国人具有刑事豁免权，即外国国家元首、外交官、获准参加联合国各个机构的特派团成员、欧洲委员会成员、欧洲议会议员以及北约成员国代表等。

（二）客观管辖（级别管辖）规则

客观管辖，又称为"级别管辖"，指在不同层级的刑事法院中确定有管辖权的裁判机构。西班牙《刑事诉讼法典》确立了客观管辖的三项标准：应受惩罚行为的严重性、案件事由以及犯罪嫌疑人的特定身份。

1. 应受惩罚行为的严重性

依《刑事诉讼法典》第 14 条之规定，客观管辖主要依受惩罚行为的严重性[4]予以确定。

（1）轻罪案件。

依《刑事诉讼法典》第 14.1 条之规定，预审法院（los Juzgados de Instrucción）负责审理轻罪案件，但应由反妇女暴力法院管辖的案

---

[4] 2015 年改革后，西班牙《刑法典》将犯罪分为三类：重罪（delitos graves，5 年以上的监禁刑）、较重罪（delitos menos graves，3 个月至 5 年的监禁刑）和轻罪（delitos leves，非监禁刑，2015 年改革前为轻微罪，falta）。这三类犯罪的区分详细规定在《刑法典》第 33 条中，但不仅涉及前述监禁刑的区别，也涉及其他类型刑罚措施的区别（如吊销驾照的时间、暂停职务的时间等）。因相关的规定较为繁芜琐碎，本文囿于主题和篇幅，不再赘述。

件不在此列（《司法机构组织法》第87-1条）。

（2）较重罪案件和重罪案件。

A. 预审法院原则上负责所有较重罪案件和重罪案件的预审，但应由中央预审法院和反妇女暴力法院管辖的案件除外。而庭审则交归陪审法院、省级法院及刑事法院负责。

预审法院（即当值法官[5]，Juez de Guardia）还负责对"快速审理"和"初期审理"程序中的指控作出认罪答辩判决（《刑事诉讼法典》第801条，《司法机构组织法》第87.1条及第14.3条）。

B. 对于不超过5年监禁刑、罚金刑（不限数额）或者其他不同性质、单处、补充或替代的刑罚，只要不超过10年，均由刑事法院负责审理，但应由陪审团法院管辖的案件除外。刑事法院还负责受理欧盟其他成员国执行相关判决、裁决、罚金刑和没收的裁定。

C. 省级法院负责审理可判处5年以上监禁刑或10年以上非监禁刑的刑事案件（《刑事诉讼法典》第14.4条）。

这里需要指出的是，"可判处的量刑"是指"抽象的量刑标准"，即《刑法典》对相关罪名所确定的量刑幅度。

2. 案件事由

除"应受惩罚行为的严重性"这一标准外（往往体现为量刑幅度，属于定量标准），《刑事诉讼法典》同样确立了"案件事由"的客观管辖标准，后者则属于定性的标准。

（1）预审法院管辖的案件事由。

A. 人身保护令案件（《司法机构组织法》第87.1条）。

B. 资产或证据在西班牙领土内、由欧盟成员国法院所提出的执行扣押及证据保全措施的请求。

C. 外国人在拘留中心的拘留许可，以及对他们在拘留中心或者在边境拒入房间的停留监督。预审法官还可受理被拘留者关于基本权利的请愿和控告（《司法机构组织法》第87.2条）。

---

〔5〕 由预审法官担任。

（2）中央预审法院管辖的案件事由。

中央预审法院位于马德里市，在整个西班牙均有管辖权，负责受理如下案件：

A. 由国家法院刑事庭或者在必要情况下由中央刑事法院所受理的刑事案件的预审。

B. 处理欧洲逮捕令、交付令以及被动引渡文件（《司法机构组织法》第 88 条）。

（3）国家法院刑事庭管辖的案件事由。

国家法院刑事庭位于马德里市，在整个西班牙均有管辖权，负责受理如下案件：

A. 应判处 5 年以上监禁刑或 10 年以上非监禁刑的如下罪名：

·对王室首脑、配偶、继任者、国家高级机关和政体所实施的犯罪（《司法机构组织法》第 65.1. a 条）。

·伪造货币罪、金融犯罪以及与外汇管制相关的犯罪（《司法机构组织法》第 65.1. b 条）。

·欺诈及谋划以改变物价、并对国家经济产生或者可能产生严重影响，或者对一个以上法院管辖区的人民财产造成损害的犯罪（《司法机构组织法》第 65.1. c 条）。

·帮派或有组织的团体所实施的贩卖毒品、麻醉药品、伪劣食品以及医学、药用物质，并在属于不同法院区域内产生影响的犯罪（《司法机构组织法》第 65.1. d 条）。

·在本国领土外实施，且依法律或公约，应由西班牙法院进行裁判的犯罪（《司法机构组织法》第 65.1. e 条）。

·"法律所规定的其他事由"（《司法机构组织法》第 65.7 条），包括恐怖主义犯罪（1998 年第 4 号组织法的转化条款），这也是创设国家法院的主要原因。

对应判处 5 年以上监禁刑或 10 年以上非监禁刑的其他罪名，由中央刑事法院管辖。

B. 对有管辖权犯罪的独立没收程序（《司法机构组织法》第

65.7 条）。

C. 在国外已提起的刑事诉讼，执行外国法院所作出的判决或者适用监禁刑，如果依国际条约，应由西班牙继续这一在国外所提起的刑事诉讼、执行外国法院所作出的判决或者适用监禁刑或者保安处分（《司法机构组织法》第 65.2 条）。

D. 为遵守西班牙已加入的国际条约而引起的刑事事项管辖权移交问题（《司法机构组织法》第 65.3 条）。

E. 执行欧洲逮捕令、交付令以及被动引渡的司法程序，无论居住场所在何处或者涉案人在何地被捕（《司法机构组织法》第 65.4 条，由 2003 年第 2 号组织法进行了修改，对《欧盟逮捕令及交付令法》进行了补充）。

（4）反妇女暴力法院管辖的案件事由。

反妇女暴力法院系由 2004 年 12 月 28 日第 1 号组织法所设立，旨在全面应对性别暴力（《司法机构组织法》第 87-1 条），管辖如下案件事由：

A. 在对《刑法典》关于谋杀、堕胎、伤害、伤害胎儿、侵犯自由罪、侵犯精神完整罪、侵犯性自由及性自主罪或者其他暴力及恐吓的犯罪，只要是针对妻子曾经的妻子或者类似情感维系的妇女，即便未同居，或者针对自己、配偶或同居者的后代，或者与其同住或者受其监护、保护、寄养，配偶或者同居者事实上监护的未成年人或者丧失行为能力的人，如果也遭受暴力行为，则对此类犯罪的预审交由反妇女暴力法院。

B. 对于被害人是上述人员之一的、对侵犯家庭权利和义务需要承担刑事责任的，此类犯罪的预审交由反妇女暴力法院。

C. 被害人保护令程序，但当值法官有管辖权的不在此列。

D. 对于被害人是上述人员之一的、涉及《刑法典》第 3 卷第 1 编及第 2 编所规定之轻罪的缺席审判。

E. 对于《刑法典》第 468 条所规定及处罚的不履行罪且应承担刑事责任，同时不履行判决、预防措施及保安处分的犯罪被害人是妻子、曾经的妻子或者类似情感维系的妇女，即便未同居，或者针对自己、配偶或同居者的后代，或者与其同住或者受其监护、保护、监管、寄养、配偶或者同居者事实上监护的未成年人或者法律资格能力变化的人员，则对此类犯罪的预审交由反妇女暴力法院。

F. 在法律所规定的情况下作出刑事认罪答辩判决。

（5）中央刑事法院管辖的案件事由。

中央刑事法院位于马德里市，在整个西班牙均有管辖权。如前所述，对应判处 5 年以上监禁刑或 10 年以上非监禁刑，且不由国家法院刑事庭管辖的案件，由中央刑事法院管辖（《司法机构组织法》第 89-1.3 条，《司法机构组织法》第 65 条以及《刑事诉讼法典》第 14.3 条）。

（6）未成年人法院管辖的案件事由。

未成年人法院有权受理《刑法典》或特别刑法所规定的 14 岁以上且未满 18 岁所实施的犯罪行为以及由此产生的民事责任（2000 年 1 月 12 日第 5 号"关于未成年人刑事责任的组织法"第 2 条）。

（7）中央未成年人法院管辖的案件事由。

中央未成年人法院位于马德里市，在整个西班牙均有管辖权。其有权审理《刑法典》第 571 条至第 580 条所规定的恐怖主义犯罪（《规范未成年人刑事责任的组织法》第 2.4 条，由 2006 年第 8 号组织法所引入）。

（8）设陪审团的法院[6]。

省级法院或者因犯罪嫌疑人特定职务或职责而有管辖权的法院，应组成陪审团进行审判，主要负责审理如下案件：①非常严重的谋杀罪；②危害基本权利自由行使的罪行，如入侵住宅及威胁罪；③危害社会财产和违反公民义务的罪行，如未履行帮助义务，④公务员所实施的犯罪，如未忠实羁押囚犯或者保管公文罪、受贿罪、某些挪用公款罪、欺诈罪、非法征税罪、参与合同谈判罪以及利用影响力交易罪。

---

〔6〕 关于陪审制更详细的研究，参见本书其他部分。

3. 犯罪嫌疑人的特定身份

对于有特定身份的犯罪嫌疑人，因其所具有的程序特权而应交由特定的司法机关进行管辖，且该客观管辖权的分配标准优先于前面两项标准。

西班牙《刑事诉讼法典》规定了三项程序特权，即豁免（la inmunidad）、呈文（suplicatorio）及行使特定职务或职责（aforamiento）。

（1）豁免。

依《宪法》第71.2.1条之规定，"众议员和参议员在职期间享有豁免权，但可被羁押的现行犯除外"。因此，两院议员在履职期间不得被剥夺人身自由（包括羁押和"扣留"），但现行犯除外（第309.2条）。

（2）呈文。

呈文规定在《刑事诉讼法典》第750条对第756条（由1912年1月9日的法律所创设）中，指对于实施犯罪的两院议员，应获得相应议院的授权方可对其进行追诉和审理。如果在中间阶段未进行呈文，则应适用审前附带事项的审理程序（《刑事诉讼法典》第666.5条）。

（3）行使特定职务或职责。

犯罪嫌疑人行使特定职务或职责的，构成了客观管辖一般规则的例外。西班牙《刑事诉讼法典》规定了如下"行使特定职务或职责"的例外：

A. 省级法院有权管辖国家安全部队及机构、地区和地方警察在履行职责过程中所实施的犯罪（《安全力量及安全部队组织法》第8条以及1990年最高法院第55号判决），包括较重罪。而依一般规则，预审依然交由预审法官负责。

B. 司法高等法院民事庭及刑事庭是自治区的司法组织，在自治区领土内对履行职责中实施重罪或轻罪的法官、高级法官和检察官行使管辖权，但应由最高法院管辖（《司法机构组织法》第73.3.a

条和第 73.3.b 条）以及《自治条例》规定仅由司法高等法院管辖的案件除外。对于上述案件的预审，将依事先确定的次序指定法庭的一名成员进行预审，该名预审法官不参与后续的庭审。

C. 自治区立法会议员以及政府理事会（Consejos de Gobierno）成员需要追究刑事责任的，应由犯罪行为所在地自治区的司法高等法院刑事庭负责。对于巴伦西亚和纳瓦拉政府的成员，即便犯罪行为是在其他地方发生，该自治区的司法高等法院亦有管辖权。

D. 最高法院刑事庭（第二分庭）有权预审和审判如下特殊职务或职业人员所实施的刑事案件：政府首脑、两院议长、最高法院院长、司法官总委员会委员长、宪法法院院长、内阁成员、两院议员、司法官总委员会委员、宪法法院和最高法院的高级法官、国家法院院长以及司法高等法院任何法庭的庭长、国家总检察长、驻最高法院法庭的检察官、国务委员会委员长及委员、公民捍卫者以及在可能情况下《自治条例》所规定的人员（《宪法》第 71.3 条和第 102.1 条，《司法机构组织法》第 57.1.2 条、第 57.1.3 条和第 119.1 条，《宪法法院组织法》第 26 条，1981 年第 3 号组织法第 6.3 条以及 1982 年第 2 号组织法第 35.1 条）。

最高法院刑事庭还负责审理对欧盟法院及欧盟初审法院法官所提起的刑事诉讼，前提是最高法院全体会议已依职权或依请求对管辖豁免问题作出裁定。

E. 最高法院特别庭（《司法机构组织法》第 61.4 条）有权审理针对法庭庭长及法庭高级法官的刑事案件。

（三）职能管辖规则

职能管辖指在刑事诉讼不同阶段各职权机构对刑事案件的分配标准。西班牙刑事诉讼大体可分为一审、上诉审及执行阶段。一审程序又分成三个主要阶段：预审阶段、中间阶段和言辞庭审阶段。预审阶段主要负责案件的调查，中间阶段负责决定是否启动言辞庭审，言辞庭审阶段则负责作出实体判决。

1. 一审阶段

（1）预审阶段。顾名思义，较重罪案件及重罪案件的预审原则上交由预审法院（预审法官）负责。但由国家法院刑事庭或者在必要情况下由中央刑事法院所受理的刑事案件的预审，由中央预审法院管辖。法律所规定的涉及性暴力案件的预审，由反妇女暴力法院负责。

（2）中间阶段。简易程序、陪审团程序和快速审判程序，中间阶段由预审法院（预审法官）负责。但对于适用"普通预审"[7]（sumario ordinario）的刑事案件，中间阶段由省级法院负责。

（3）言辞庭审阶段。轻罪案件，言辞庭审阶段由预审法院负责。5 年以下的刑事案件，由独任法官组成的刑事法院负责。5 年以上的刑事案件，由省级法院和国家法院分别负责，并视犯罪行为的性质决定是否适用陪审团审判，这在前文中已有论述。最高法院对特定职责或职务的犯罪嫌疑人享有剩余的管辖权（competencia residual）。

2. 上诉审阶段

（1）对预审法院、反妇女暴力法院（《司法机构组织法》第 2.4 条）、刑事法院、未成年法院以及狱政监督法院（《司法机构组织法》第 82.1.2 条至第 82.1.5 条以及第 82.3 条）所审理案件的上诉，由省级法院管辖。对预审法官轻罪案件判决的上诉，由独任的省级法院法官作出裁决（un solo Magistrado de la Audiencia，《司法机构组织法》第 82.2 条）。

（2）对省级法院终止程序裁决书的上诉，由司法高等法院（民事庭和刑事庭）管辖。终止程序裁决书包括未有管辖权以及自愿的停止审理。对省级法院（含陪审团法庭）一审判决或附带事项裁决书的上诉，同样由司法高等法院负责审理（《刑事诉讼法典》第 846-1 条及第 846-2 条）。

（3）对中央预审法院、中央未成年法院（《司法机构组织法》第

---

　　〔7〕　普通预审程序由预审法官下令（decretar）启动，适用于量刑 9 年及以上的严重刑事案件。

65.5 条）以及中央狱政监督法院（《司法机构组织法》第 65.6 条）裁决的上诉，由国家法院（刑事庭）负责审理。

（4）对国家法院刑事庭终止程序裁决书的上诉，由国家法院上诉庭（La Sala de Apelación de la Audiencia Nacional）管辖。对国家法院刑事庭所作出判决的上诉，同样由国家法院上诉庭负责审理（《刑事诉讼法典》第 846-2 条）。

（5）对司法高等法院民事庭或者刑事庭一审终审或者上诉审所提起的撤销审之诉，或者对国家法院上诉庭所作出的判决，由最高法院刑事庭（第二分庭）管辖。

此外，依《刑事诉讼法典》第 849.1 条所规定之理由，对省级法院及国家法院刑事庭上诉判决所提起的撤销审之诉，亦由最高法院刑事庭（第二分庭）管辖（《刑事诉讼法典》第 847 条）。

3. 执行阶段

执行阶段的职能管辖通常由作出一审或一审终审的法院（órgano jurisdiccional que haya dictado la Sentencia en primera o única instancia）负责。但预审法官所作出的判决以及由欧盟国家法院所作出的、拟在西班牙执行的罚金刑判决，由刑事法院负责。中央预审法院所作出的判决，由中央刑事法院执行（《司法机构组织法》第 89-1.2.3 条和第 89-1.3.2 条）。

如果依国际条约，应由西班牙执行外国的刑事判决或者剥夺自由的保安处分措施，则由国家法院刑事庭负责（《司法机构组织法》第 65.2 条）。

（四）违反客观管辖规则和职能管辖规则的程序效力

依《刑事诉讼法典》第 8 条之规定，"刑事管辖不得扩展"。这意味着刑事管辖权规则属于"强制法"（ius cogens），不能交由当事人进行明示或默示的约定。如前所述，管辖权规则是极为重要的诉讼要件，因此违反管辖权规则的，构成完全的程序无效（la nulidad de pleno），可由法官依职权或者依当事人之检举作出裁决（《司法机构组织法》第 238.1 条）。

1. 依职权审查（Examen de oficio）

法官在刑事诉讼的任何阶段均可依职权审查是否遵守了客观管辖及职能管辖规则（《刑事诉讼法典》第 19 条）。依《司法机构组织法》第 52 条之规定，相互隶属的法院（Juzgados y Tribunales subordinados）之间不存在管辖权问题。因此，如果上级法院认为有权审理下级法院正在审理的案件，则可下令要求下级法院在听取检察官和当事人的意见后，不再继续审理案件，并将案件移送至本法院（《刑事诉讼法典》第 21 条和第 759.3.a 条）。如果上级法院认为正在审理的案件应由下级法院进行审理，则在听取当事人和检察官的意见后移送案件（《刑事诉讼法典》第 624 条、第 625 条和第 639条）。相反，如果下级法院认为所受理的案件应由上级法院进行管辖，则不得直接移送案件，而仅得在听取检察官的意见后，说明案件管辖归属的理由（《刑事诉讼法典》第 21 条和第 759.2.a 条）。司法行政部门律师将向检察官和当事人进行说明，并告知案件的背景信息。法院在听取检察官的意见后，应将相关情况告知其认为有管辖权的上级法院，由上级法院进行决定。

2. 依当事人检举（Denuncia de parte）

各方当事人也有权就受案法院未有客观管辖权或职能管辖权而提出检举。

在预审阶段，检察官或者任何一方当事人如果认为预审法官对案件无管辖权，则可以向有管辖权的上级法院提出管辖权争议，上级法院认为争议理由成立的，有权作出具有约束力的裁决。对该裁决不服的，不得提起上诉（《刑事诉讼法典》第 23 条）。上级法院的裁决作出后，原预审法院的书记室将停止诉讼，并将已进行的调查及所收集的证据移交给有管辖权的机构。

在中间阶段，当事人可依《刑事诉讼法典》第 666 条之规定在普通预审程序中作为审前附带事项提出。

在言辞庭审阶段，当事人可依《刑事诉讼法典》第 786.2 条之规定在庭审程序一开始提出。简易程序亦适用这一规定。

（五）地域管辖规则

地域管辖指同一级别法院对不同地区一审刑事案件的受理标准。西班牙行政区分为三个层级，即自治区、省和市。司法区与行政区形成对应关系。

在西班牙，仅最高法院和国家法院对国家领土内的所有刑事案件均具有地域管辖权。司法高等法院对各自治区领土内的刑事案件具有地域管辖权。省级法院、刑事法院、未成年法院和狱政监督法院对各自省内的刑事案件具有地域管辖权。预审法院和反妇女暴力法院对各自辖区内的刑事案件具有地域管辖权。治安法院对各自市内的刑事案件具有地域管辖权，但司法区首府（cabeza de partido）[8]除外。

依划分标准，地域管辖权（fueros）可进一步区分为优先管辖权、附属管辖权和特别管辖权。

1. 优先管辖权（Fuero preferente）

《刑事诉讼法典》第14条确立了"犯罪行为发生地"（forum commissi delicti）的优先管辖权。具体而言：治安法院对犯罪行为发生地的某些轻罪有管辖权；预审法院对司法区内犯罪行为发生地的犯罪进行预审；刑事法院和省级法院对犯罪行为发生地的案件及缺席审判的重罪案件进行管辖。

这里涉及对"犯罪行为发生地"的理解。西班牙主流通说认为，"犯罪行为发生地"应理解为犯罪行为的结果发生地。例如，犯罪嫌疑人从马德里买了一把刀，在巴塞罗那杀人，逃逸到塞维利亚被抓获，此时巴塞罗那的法院具有地域管辖权。又如犯罪嫌疑人在马德里的计算机上发送了一封辱骂的邮件，但电子邮件的接收地址为塞维利亚，则塞维利亚的法院具有地域管辖权。

---

[8] 司法区（Partido Judicial）是西班牙司法行政部门划分地域管辖的地理单位，包含数个市（Municipio）。在司法区内，仅有一个市设有初审法院和预审法院，称为"司法区首府"。通常而言，司法区首府会设在人口最多的市。

2. 附属管辖权（Fueros subsidiarios）

如果犯罪行为发生地不明确，则无法适用优先管辖权规则，依《刑事诉讼法典》第15条之规定，享有地域管辖权的法院如下：

· 发现犯罪实质证据的省、辖区或区域。

· 犯罪嫌疑人被捕的省、辖区或区域。

· 犯罪嫌疑人住所地。

· 犯罪线索的发现地。

因为上述地域管辖权规则的适用附属于优先管辖权规则，故称之为"附属管辖权"。

但如果在预审过程中，查明犯罪行为发生地，则转而适用优先管辖权规则，将案件移送有管辖权的法院，被拘留者以及已进行调查及犯罪物品一并移送。

3. 特别管辖权

由反妇女暴力法院管辖的案件，适用特别的地域管辖权，即由被害人住所地的法院管辖（《刑事诉讼法典》第15-1条），但不影响犯罪行为发生地的法官发布保护令或采取紧急措施。

4. 违反地域管辖规则的程序效力：移送管辖（La inhibitoria）和拒绝管辖（La declinatoria）

地域管辖规则同样属于强制法，不能交由当事人进行明示或默示的约定。违反地域管辖权规则的，构成完全的程序无效，可由法官依职权或者依当事人之检举作出裁决。

（1）依职权审查。

依《刑事诉讼法典》第25条之规定，认为对案件有地域管辖权的法官或法院，如果发现该案件在同一级别、不同地域的其他法院审理，则应"主张管辖权"，即应向无管辖权的机构提出移送管辖的请求。这被称为"移送管辖规则"。

相反，如果法官或法院认为本院不具有地域管辖权，即便利益相关人和检察院并未就此提出请求，仍应进行移送，即将案件移送至具有管辖权的法官或者法院。这被称为"拒绝管辖规则"。

一旦最终确立了地域管辖权归属，则法院书记员便应将原始的裁决书及定罪证据移送有管辖权的法院。

司法实践中，法院可在不同的程序阶段进行地域管辖归属的审查：

A. 在重罪案件的预审阶段，预审法院可以在任何时候（普通程序中的"预审"或简易程序中的"初期审理"）审查管辖权问题（《刑事诉讼法典》第19.2条）。

B. 在起诉或言辞庭审阶段，刑事法院、省级法院或司法高等法院刑事庭可以在"实质庭审前"（durante la sustanciación del juicio）审查管辖权问题（《刑事诉讼法典》第19.3条）。

（2）依当事人检举。

检察官和当事人认为违反地域管辖权规则的，也可以提出检举，同样包括移送管辖和拒绝管辖两种形式：移送管辖的请求，向尚未受理案件、但当事人认为有管辖权的司法机构提出；拒绝管辖的请求，向已受理案件但当事人认为不具有管辖权的司法机构提出（《刑事诉讼法典》第26条）。

（3）处理程序。

在简易程序中，为提高诉讼效率，法律明确规定，法院因拒绝受理案件或者请求受理其他法院的案件而存在管辖权争议的，如果争议所涉及的法院第一次协商后无法达成一致，可以通过载明理由的说明立即向上级法院报告。上级法院在听取检察官意见后的24小时内组织审理，并征询出席的当事人的意见后作出合理的裁决。不服该裁决的，不得提起任何上诉（《刑事诉讼法典》第759.1.a条）。

在普通程序或者严重犯罪的审理程序中，拒绝管辖将作为审前附带事项提出（《刑事诉讼法典》第45条和第666.1条）。而在简易程序中，拒绝管辖将在起诉状和辩护状中提出，并在言辞庭审开始之初解决这一问题（《刑事诉讼法典》第786.2条）。

（六）关联管辖规则

1. 关联管辖的定义及正当依据

关联管辖规则是较为特殊的管辖规则，指犯罪构成要件存在一定关联性的刑事案件，应交由同一司法机构进行管辖。《刑事诉讼法典》原第 300 条明确规定[9]，"司法机构受理的所有案件均为预审对象。对关联案件应当合并审理"。《刑事诉讼法典》新的第 17 条（经 2015 年第 14 号法律修改）规定，"每一犯罪均形成单一的案件"，"如果调查和事实的关联证据有助于查明及确定相应的责任，则可在同一案件中对关联犯罪进行调查和起诉，但程序过于复杂或拖沓的除外"。

关联管辖规则的确立主要基于两方面的考虑：一是基于诉讼效率的考虑，同一法院处理关联案件，在取证及审理方面更为便捷，避免重复取证及质证；另一则是基于既判力的考虑，避免不同法院对同一事实进行两次处罚。但如果案情特别复杂，例如在一些经济犯罪案件中，犯罪主体具有较强的反侦查能力，或者犯罪过程涉及精心的人为设计，或者取证涉及大规模的书证及经济审计，则不适用关联管辖规则，因为对此类案件的合并调查将适得其反，使诉讼程序变得更为冗长。

2. 关联管辖的类型

《刑事诉讼法典》第 17.2 条及第 17.3 条将关联犯罪分为如下类型：

（1）主体关联（Conexidad subjetiva）。

以下犯罪依主体要件原因构成关联犯罪：

·两人或多人共同实施的犯罪。

·由两人或者多人经过预谋在不同地方或者不同时间实施的犯罪。

·不同人在相互伤害或损害时所实施的犯罪。

（2）客观关联（Conexidad objetiva）。

以下犯罪依客观要件原因构成关联犯罪：

·犯罪行为是实施其他犯罪行为的手段或者提供了便利。

---

[9] 该条款已为 2015 年第 41 号法律所废除，主要出于立法体系性的考虑，但关联管辖并未废除。

·犯罪行为旨在为其他犯罪行为规避制裁。

·之于前罪，实施隐瞒财物及人员以及洗钱罪。

（3）混合管辖或类似管辖（Conexidad mixta o analógica）。

"并不关联但为同一人所实施，且犯罪行为类似或者相互存在联系，如果属于同一司法机关管辖，且调查和事实的关联证据有助于查明及确定相应的责任，则可依检察官之请求，在同一案件中进行起诉，但程序过于复杂或拖沓的除外"（《刑事诉讼法典》第17.3条）。例如犯罪嫌疑人非法购买枪械，并实施杀人行为，即可进行混合管辖。

3. 关联管辖规则对客观管辖规则及地域管辖规则的修改

犯罪构成要件存在一定关联性的刑事案件，可能依客观管辖规则及地域管辖规则分属不同法院管辖。因此，适用关联管辖规则便涉及将这些案件合并管辖，进而可能对客观管辖规则及地域管辖规则进行修改。

（1）关联管辖规则对客观管辖规则的修改。

A. 关联犯罪所涉及的多个犯罪嫌疑人，如果部分犯罪嫌疑人归属某个法院专门管辖，则依"属人"的管辖权分配标准，所有关联犯罪的客观管辖权均归该专门管辖的法院（《刑事诉讼法典》第272条）。

B. 如果关联犯罪中有些犯罪归国家法院管辖、有些犯罪不归国家法院的管辖，则依专业化的要求，国家法院可将管辖权扩及所有的关联犯罪（《司法机构组织法》第65.1.5条）。

C. 反妇女暴力法院对符合《刑事诉讼法典》第17.3条和第17.4条所规定的任意关联案件具有预审和审理的管辖权，即"犯罪行为是实施其他犯罪行为的手段或者提供了便利"和"犯罪行为旨在为其他犯罪行为规避制裁"（《刑事诉讼法典》第17-1条）。

D. 如果关联犯罪具有不同的量刑考虑（轻罪、较重罪和重罪），则所有关联犯罪交由"被指控最重刑罚的犯罪行为发生地的法官和法院"。

E. 陪审团法院的管辖权扩及严格管辖权范围之外的关联犯罪，

但应符合《陪审法院组织法》第5.2条所规定的事由，即"同时实施、合谋实施或手段实施"（犯罪行为是实施其他犯罪行为的手段或者提供了便利）以及"规避制裁实施"（犯罪行为旨在为其他犯罪行为规避制裁）。

（2）关联管辖规则对地域管辖规则的修改。

在不同司法区（市、辖区、省）实施的关联犯罪，《刑事诉讼法典》第18条确立了如下管辖规则：

A. 最严重犯罪行为实施地所在的法院或法官。

B. 如果犯罪行为的量刑相同，则由首先受理案件的法院或法官。

C. 如果案件同一时间受理，或者无法查明哪个法院或法官率先受理，则由国家法院或最高法院在各自的辖区内予以指定。

D. 如果两人或者多人在同一省级法院管辖的不同地点实施关联案件的犯罪行为，事先存在合谋，且至少有一项犯罪行为是在相应省级法院司法管辖区内实施，则由该省级法院管辖区内的法官或者法院对关联案件行使管辖权（《刑事诉讼法典》第18.2条）。

E. 未成年人在不同地区实施犯罪的，应首先交由未成年人居住地的法院管辖。

F. 依《刑事诉讼法典》第16条及《军事法院管辖与组织法》第14条之规定，如果普通犯罪与军事犯存在关联，则按犯罪行为的严重程度交由普通法院或军事法院管辖。

二、当事人要件（包括检察官[10]）

（一）界定

当事人是刑事诉讼另一项必不可少的要件。刑事诉讼中的当事

---

[10] 受当事人主义的影响，西班牙刑事诉讼强调控辩双方的平等对席，因此一些学说也将检察官作为"广义的当事人"。但在职权主义传统下，检察官在承担控诉职能的同时，还应保证法律准确适用及捍卫公共利益。例如西班牙《宪法》第124条规定，"检察院是出于维护法律、公民权利和受法律保护的公共利益而依职权或根据利害关系当事人请求促进司法活动的开展，并保护法院独立，以及通过保护法院满足社会利益"。因此，不应仅理解检察官为一般的当事人，而更主要是国家机构（官方称为"司法管辖区的合作者"）。因此，出于体系的完整性，本书将"检察官"纳入当事人要件进行介绍，但应注意进行严格的区分。下文有详述。

人指以控告形式或者在预审中依附参与,启动刑事诉讼,提出或反驳刑事请求的一方。因此,当事人是刑事诉讼的重要利益相关者。在西班牙,检察官是"司法管辖区的合作者"(un órgano colaborador de la Jurisdicción),既是控诉机构,又应遵循公正义务,具有"当事人"的一些属性,更多是"保证法律准确适用及捍卫公利益"的国家机构,下文将单独进行介绍。

(二)类型

西班牙《刑事诉讼法典》区分了刑事诉讼及民事诉讼(即刑事诉讼所附带的民事诉讼,第100条)。与此相对应,当事人可区分为刑事当事人和民事当事人。

1. 刑事当事人

依西班牙的学说,刑事当事人可区分为积极的刑事当事人和消极的刑事当事人。所谓积极的刑事当事人,即指提出刑罚请求的"指控方"(partes acusadoras),而消极的刑事当事人,则指反驳刑罚请求的"被指控方"。

(1)积极的刑事当事人:指控方。

当下,几乎所有国家均适用检察官公诉垄断原则,但西班牙是非常特殊的例外。除检察官外,西班牙《刑事诉讼法典》还设立了公民原告和个人原告。

A. 公民原告。

依西班牙《宪法》第125条之规定,"公民可以通过公民起诉……,遵循法定的形式以及法定的刑事程序在习惯法院及传统法院参与司法管理"。这意味着所有的西班牙公民,即便他们本身并非犯罪的直接被害人,依然有权以"控告"的形式提起刑事诉讼(《刑事诉讼法典》第101条及第270条)。这也是西班牙最具特色的制度之一。[11]西班牙学说认为,公民起诉的法理基础是社会防护(la defensa de la sociedad),犯罪一发生,罪犯便扰乱了所属社区的法律良知并侵害了所有人,因此西班牙的所有公民均是犯罪的受害

---

[11] 关于公民起诉制度,参见本书其他部分更详尽的研究。

者，可自行起诉以捍卫自身及社会的利益，而不为检察院所垄断。当然，公民起诉制度也引发了一定的担忧，即全民均可成为"检察官"，是否可能导致滥诉，尤其是可能加大无辜公民遭受刑事起诉的风险？也正因为如此，近年来，西班牙学界限制乃至废除公民起诉制度的声音时而有之。

需要特别指出的是，西班牙公民所享有的这一普遍控告的权利规定在《宪法》第125条中，明显有别于《宪法》第24.1条所规定的"有效保护权"，因此侵害这一权利并不会导致保护之诉（《宪法》第53.2条）。

B. 个人原告。

在西班牙刑事诉讼体系中，被害人可以作为"个人原告"以多种形式参与其中：可以独立提出控告以启动刑事诉讼（《刑事诉讼法典》第270条）；或者依附参与，在预审阶段通过诉讼邀约或者出庭（《刑事诉讼法典》第109条和第110条），且无须缴纳保证金（《刑事诉讼法典》第281.1.1条）；或者在半公诉罪或自诉罪中，提起刑事自诉。[12]与公民原告不同，个人原告所享有的前述权利，属于《宪法》第24.1条所规定的"有效保护权"，侵害这一权利将导致保护之诉（《宪法》第53.2条）。

（2）消极的刑事当事人：被告方。

依程序阶段的不同，西班牙对消极的刑事当事人冠以不同的称谓：在未被正式指控前，称为"犯罪嫌疑人"（investigado）[13]；在司法上被正式提起指控（即发布起诉裁决书或者转化为简易程序的裁决书），称为"被告人"（encausado）；如果预审法官在普通预审中提出起诉裁决书，也称为"被指控者"（procesado）；在原告提出指控令或者临时定性文书后，称为"正式被告人"（acusado）。纷繁复杂的称谓，旨在区分消极刑事当事人在诉讼不同阶段所享有的不

---

〔12〕 关于被害人参加刑事诉讼的具体程序和条件，参见本书其他部分更详尽的研究。

〔13〕 2015年改革后（第13号组织法），"investigado"还指现行犯的犯罪嫌疑人。

同权利，尤其是辩护权。[14]

在西班牙，自然人和法人均可成为消极的刑事当事人：

A. 法人（Las personas jurídicas）。

传统上，西班牙并未将法人纳入消极刑事当事人的范畴（企业不会实施犯罪行为，societas delinquere non potest），仅可对自然人科以刑罚。但随着有组织犯罪及经济犯罪的泛滥，立法者逐渐重视法人的刑事责任问题，并在 1995 年的《刑法典》中创设某些"附带后果"（即剥夺权利刑），规定在第 129 条中，既适用于自然人，也适用法人。

2010 年第 5 号组织法以及由此产生的 2011 年 10 月 10 日第 37 号"关于程序精简措施的法律"再次对《刑法典》进行改革，明确了法人作为消极刑事当事人的条件：①法定代表人，或者单独或作为法人机构的成员，有权代表法人作出决定，或者有权在法人内部进行组织及控制，以其名义或者代表他们，直接或间接为其利益所实施的犯罪行为。②由前款所规定的自然人授权，在公司活动中以公司的名义，或者直接或间接为公司之利益所实施的犯罪行为，且这些犯罪行为的实施是因为前述自然人未履行监督、监管和控制的职责以应对案件的特定情形（《刑法典》第 31-1 条）。此后，2015 年第 1 号组织法又对《刑法典》第 31-1.2 条及第 31-1.4 条进行了重大修改，规定如果公司进行了有效的合规性审查（《刑法典》第 31-1.5 条），则可以免除刑事责任。

作为消极的刑事当事人，法人与自然人存在较大的区别：①在主体要件上，承担刑事责任的法人仅得是私法人，公法人免于承担刑事责任（《刑法典》第 31-4 条）；②在客观要件上，法人承担刑事责任仅限于法律所明确的罪名清单中，主要包括私营部门及国际

---

〔14〕 关于相关称谓在西班牙的变革历史及其背后的考量因素，参见 Ildefonso Manuel Gómez Padilla, Diferencias conceptuales entre imputado, investigado, procesado y encausado. Derecho de defensa, https://ficp. es/wp-content/uploads/2017/06/G%C3%B3mez-Padilla. -Comunicaci%C3%B3n. pdf.

商业交易中的腐败、儿童色情和卖淫、贩卖人口、洗钱、非法移民及对计算机系统的攻击等罪名；③法人不会适用《刑法典》所规定的所有刑罚，而仅能适用与其性质相符的刑罚。具体而言，法人仅得适用《刑法典》第33.7条所规定的某些限制权利的措施，包括罚金刑、解散、暂停执业、关闭场所和业务、将来执行判决、取消获得补贴和公共援助或者与公共部门签订合同的资格或者公司的司法干预。显然，法人无法适用剥夺自由刑（可请求对法人代表适用）。需要特别指出的是，对犯罪行为负有责任的自然人即便刑事责任消灭，也不能免除法人的刑事责任（《刑法典》第31-2条）。

　　法人作为消极的刑事当事人，应如何参与刑事诉讼？这规定在前述2011年10月10日第37号"关于程序精简措施的法律"中。大体内容可归纳如下：①为保障辩护权，首次传唤出庭将在法人的公司住所地进行，要求其任命律师及代理人，随后将与其进行交流。如果法人代表未出庭，则将被宣布缺席判决，传唤令公布在国家官方公报（BOE）及商业登记处的官方公报上（《刑事诉讼法典》第839-1条）。②如果自然人与法人之间存在利益冲突，则由法人所指定的代表在律师的陪同下出庭，这一代表不得是同样被指控的管理人员[15]。③法官将告知法人代表相关的被调查事实以及对法人的指控罪名[16]（STS 221/2016），向其移交检举或控告状（《刑事诉讼法典》第119条）。④法人代表可以参与预先证据行为以及所进行的调查行为，除非被宣布为秘密调查（《刑事诉讼法典》第120条）。⑤法人代表与被调查的自然人一样，享有同样的基本权（沉默权，不得强迫自证其罪的权利等，《刑事诉讼法典》第409-1条）。⑥法官可应当事人之请求进行庭审，采取"预防措施"（《刑事诉讼法典》第129条，与《刑法典》第33.7条相关，《刑事诉讼法典》第544-2条）。⑦进入法人住所地需要司法裁决（《刑事诉讼法典》第554.4条）。⑧在简易程序中，无论其他共同被告人的行为如何，法

---

〔15〕　STS 154/2016, STS 221/2016, de 2 de marzo.

〔16〕　STS 221/2016.

人代表均可以接受认罪答辩程序，尽管这一认罪对法院判决没有约束力（《刑事诉讼法典》第787.8条）。⑨在言辞庭审中，法人代表具有诉讼当事人的所有地位，可以作出陈述，可以不出庭进而导致庭审中止，但在这种情况下，无论犯罪的严重程度如何，只要法人的律师及代理人出庭，法院均有权下令继续庭审（《刑事诉讼法典》第746.3条及第786-1条）。⑩法人享有独立辩护权和无罪推定权，刑事责任的证明责任由控方承担，而非辩方[17]。因此，检察院应负证明责任，证明法人未履行监督职责，预审法官应进行指控的庭审，以让法人充分行使其辩护权[18]。⑪依《刑法典》第31-1条之规定不需要承担刑事责任的"空壳公司"或者导致实施犯罪的法人，应作为证人及附带民事责任的当事人出庭。

B. 自然人。

与法人不同，自然人在任何类型的刑事案件中均可能承担刑事责任，因此也均可能成为消极的刑事当事人。自然人作为消极刑事当事人的资格，由启动刑事诉讼的裁决书（依检举或控告）予以确定，即推定为犯罪行为实施者或者已采取各种类型的预防措施。[19]

《刑事诉讼法典》第118条（经2015年第5号组织法及2015年第13号组织法进行了修改）对消极刑事当事人在刑事诉讼中的权利进行了详细的规定：

①所有被指控实施犯罪行为的任何人均享有辩护权。自获悉对其指控、被拘留或者对其实施其他任何防范措施，或者同意起诉时起，在任何阶段都可以行使辩护权。为此，应毫无延迟地告知如下权利：

a. 告知被指控事实的权利，以及在调查对象及指控事实所发生

---

〔17〕 STS 154/2016.

〔18〕 STS 221/2016, de 2 de marzo.

〔19〕 西班牙在犯罪嫌疑人资格的确立上采用了"客观主义"立场。关于"客观主义"与"主观主义"较深刻的探讨，可参见 Klaus Rogall, Die Beschuldigtenstellung im Strafverfahren, Objektivismus und Subjektivismus bei der Statusbegründung, in: Georg Freund, Uwe Murmann, René Bloy und Walter Perron, Grundlagen und Dogmatik des gesamten Strafrechtssystems, Festschrift für Wolfgang Frisch zum 70. Geburtstag, Duncker & Humblot·Berlin, 2013, 1199ff。

任何相关变化时的知情权。这些信息的提供应足够充分详细，以便有效行使辩护权。

b. 应适当提前告知审查诉讼程序的权利，以维护辩护权，无论如何，权利告知应在作出陈述之前。

c. 根据法律规定在刑事诉讼中行使辩护权的权利。

d. 在不违反第 527.1.1 条规定的前提下自由聘请律师的权利。

e. 在遵循程序及符合条件的情况下请求获得免费法律援助的权利。

f. 依第 123 条和第 127 条之规定享有免费翻译和口译的权利。

g. 保持沉默的权利，如果不愿意，可不作陈述，不回答部分或所有问题。

h. 不自证其罪及不认罪的权利。

本条所规定的权利信息，应以容易理解及可接受的语言告知。基于此，信息的告知将按接收者的年龄、成熟度、残疾和任何可能改变对所提供信息范围理解能力的其他个人情况而进行调整。

②从被指控实施犯罪行为至刑罚消灭，除有法律明确规定，否则辩护权的行使不受其他限制。

辩护权包括获得自由聘请之律师法律协助的权利，如果没有聘请，则可获得依职权指定之律师的法律协助。在向司法警察、检察官或司法机关作出陈述前，可以和辩护律师进行秘密会谈，但第 527 条的规定除外。律师可以出现在所有作出陈述的程序，以及检查、对抗以及事实重建的程序中。

③被调查对象（las personas investigadas）在诉讼中的作为，应由代理人代表或者由律师进行辩护，如果未自行聘请，则可提出请求，可依职权为其指定代理人或律师。无论是何种情况，只要被调查对象不具有法律行为能力，则必须依职权为其指定代理人或律师。

如果未聘请代理人或律师，则应依法要求其聘请。要求后仍未聘请，且案件所处状态需要代理人和律师对当事人提供建议或者在诉讼中提起上诉需要代理人或律师参与的，则应依职权为其指定代理人和律师。

④犯罪嫌疑人、被告人与律师的所有通信都是秘密的。

如果在执行本法所规定的某一措施期间已经截获或介入了这些谈话或通信，则法官应下令删除这些录音或者将被扣留的通信交付给收件人，并将这些情况记录在诉讼程序中。

如果存在客观证据表明了律师参与了被调查的犯罪行为或者涉及犯罪嫌疑人或被告人的其他罪名，则前述第 1 款的规定不适用，但不得违反《监狱一般法》的规定。

⑤通过受理检举、控告或者其他方式针对特定人或者特定多人提起诉讼的，应当立即告知犯罪嫌疑人。

此外，消极的刑事当事人还享有一些实体法的权利，例如犯罪嫌疑人应达到刑事责任年龄（18 周岁，《刑法典》第 19 条）。如果犯罪嫌疑人的年龄低于刑事责任年龄，则应区分两种情况：如果犯罪嫌疑人的年龄低于 14 周岁，则不追究刑事责任；如果犯罪嫌疑人的年龄在 14 周岁至 18 周岁之间，则适用未成年刑事诉讼（2000 年第 5 号组织法第 1 条）。[20]犯罪嫌疑人在实施犯罪行为时精神错乱的，亦构成刑事免责事由。但如果犯罪嫌疑人在实施犯罪行为后精神错乱的，则不构成刑事免责事由，依《刑事诉讼法典》第 383 条之规定，无论预审是否结束，具有管辖权的法院应当下令中止审理，直到犯罪嫌疑人精神状态恢复正常，并且根据《刑法典》针对精神错乱的情形所作的规定对犯罪嫌疑人进行相关处置。这主要是考虑到对犯罪嫌疑人的自我辩护权进行充分的保障。

2. 民事当事人

刑事诉讼中的民事当事人，指受刑事判决对民事判决所产生之实体既判力影响的当事人。具体而言，刑事诉讼中民事当事人的形成应具备两个条件：其一，应受刑罚的行为对权利主体的形体、精神或财产造成损害（《刑事诉讼法典》第 100 条所规定的民事责

---

〔20〕 关于西班牙少年司法的详细研究，参见《西班牙刑事诉讼与证据制度专论》系列书稿的其他卷。

任）；其二，被侵害者未在相应的民事声明程序中放弃或保留行使民事诉讼的权利（《刑事诉讼法典》第106.2条至第108条）。

同样，民事主体可能是积极的民事主体，也可能是消极的民事主体：

（1）积极的民事主体。

积极的民事主体，指因犯罪行为而导致形体、精神或财产受到损害的一方当事人，因而可向消极的民事主体主张民事责任。需要指出的是，积极的民事主体主要指被害人，但不限于被害人，例如被害人的近亲属、因犯罪行为受到侵害的第三人等，均可以提出附带民事诉讼。但被害人还有权启动刑事调查行为和证据行为，以证明犯罪行为存在以及犯罪行为实施者的刑事责任（《刑事诉讼法典》第101条）。

附带民事诉讼适用《民事诉讼法典》的相关规定，包括当事人的资格、诉讼能力、证明责任配置、民事责任承担等。

（2）消极的民事主体：民事责任人及第三人。

在刑事诉讼中，消极的民事主体多数为犯罪行为实施者。具体而言，就犯罪行为所导致的损害而言，犯罪行为实施者既要承担刑事责任，又要承担民事赔偿责任（《刑法典》第116.1条），且刑事责任的消灭并不必然意味着民事责任的消灭（《刑事诉讼法典》第115条、第116条以及《刑法典》第118条）。

但依然可能出现如下情况，即依法律的强制性或者当事人意志的自主性，民事责任转移到了第三人：第一种情况，对犯罪行为实施者具有监护或看管义务的人员因未履行义务而导致的民事责任，或者与犯罪行为实施者具有一定法律关系的人员因法律强制性规定而导致的民事责任。例如双亲对于所养育的未成年子女因犯罪行为所导致的损害应负赔偿责任，监护人对监护之下并与之共同生活的未成年人或无行为能力人因犯罪行为所导致的损害应负赔偿责任，主人对仆人、雇佣人对受雇人因执行受雇的职务而导致的犯罪行为损害，应负赔偿责任，高等院校之外的教师对未成年学生在其监督期间所致的犯罪行为损害应负赔偿责任（《刑法典》第 120 条、第 121 条以及《民法典》第 1903 条至第 1910 条）。第二种情况，依合同（通常是保险合同），第三人在合同所规定的限额内对犯罪行为所造成的损害进行赔偿（《刑法典》第 117 条及《刑事诉讼法典》第 764.3 条）。无论前述何种情况，第三人在诉讼中也可进行抗辩，但仅限于民事部分（如是否赔偿以及应赔偿的数额），而不涉及刑事部分（如犯罪行为是否存在以及是否追究刑事责任）。

（3）保险公司：消极的民事主体及积极的民事主体。

在西班牙的司法实践中，保险公司参与刑事附带民事诉讼是较为常见的情况，且存在诸多争议问题，值得单独作一介绍。如前所述，保险公司在刑事诉讼中仅限于对民事部分进行抗辩，而不涉及刑事部分。在绝大多数情况下，保险公司作为消极的民事主体参与，但新近的判例也允许其作为积极的民事主体在刑事诉讼中行使追索权。

A. 保险公司作为消极的民事主体。

在刑事诉讼中，保险公司多数以民事责任人的身份参与。这一民事责任源自保险合同的执行。积极的民事主体可以对犯罪行为实施者及其保险公司同时提起附带民事诉讼。[21] 依自愿保险及强制保险两种情况，附带民事诉讼适用不同的程序规则，应分别进行研究。

①自愿保险。

在自愿保险的情况下，保险公司的抗辩仅限于确定保险合同的有效性或可适用性，合同的承保范围以及付款例外情况，但不得对被害人提起个人例外抗辩，亦不得依《保险合同法》第 76 条提起"欺诈抗辩"（exceptio dolí）。

为保障保险公司的抗辩权，《刑事诉讼法典》第 790 条明确规定应向其移交定性书（escrito de calificación）。第 784.1 条规定，"诉讼的原件或者复印件应移交起诉书所列明的被告人及第三人，以便于他们在 10 天内能就指控书提出辩护状"。第 650 条及第 651 条授权他们提交结论，且并不禁止其提起上诉。第 854 条明确授权其提起

---

〔21〕 STS 811/2014, de 3 de diciembre.

撤销之诉，但其第 2 款作了限制，"附带民事诉讼的原告人仅得就已提出的恢复原状、修复或者补偿主张，向最高法院提起撤销之诉"。第 850 条将"未传唤附带民事诉讼中补充承担民事责任的被告人"作为向最高法院提起撤销之诉的理由。但判例对该规定进行了软化的解释，即传唤了承担直接民事责任的被告而未传唤补充承担民事责任的被告，这并不构成审判无效的理由。[22]

②强制保险。

保险公司在强制保险案件中的程序参与制度有所不同。宪法法院和最高法院的判例教义在这一问题上存在分歧。依《刑事诉讼法典》第 764.3 条之规定，"民事责任完全或者部分由强制民事保险承担的，应当向承保机构或者保险赔偿联合会索要达到其上限赔偿的部分。所需的保证金高于所述的上限的，相应直接责任人或其补充责任人应当提供保证金或者担保的差额，不提供该差额的，查封其财产。在该情形下，在不影响承担强制保险的机构关于担保义务的辩护权时，该机构不得参与诉讼。但可以批准其提交的书面申请，并在相应审理中作出裁决"。换而言之，《刑事诉讼法典》原则上并未赋予保险公司在强制保险案件中的程序参与权。

一开始，宪法法院结合《刑事诉讼法典》第 764.3 条及《宪法》第 24 条的解释，认为这一规定（第 764.3 条第 2 款）并未排除保险公司的抗辩权，包括参与言辞庭审和上诉程序的权利（当然仅限于民事诉讼问题）。[23]但最高法院的判例持截然相反的观点。最高法院认为，从条款的词义上解读，在刑事附带民事诉讼中，法院在强制保险的保险公司未到场的情况下作出缺席判决是完全合法的。在 1988 年 2 月 22 日的判例中，最高法院指出，"《刑事诉讼法典》第 784.3 条对抗辩权的限制，原则上符合《宪法》第 24.1 条的规

---

〔22〕　STS 546/2006, de 4 de mayo, 109/2007, de 7 de febrero, 630/2010 de fecha 29 de junio.

〔23〕　例如 las SSTC 4/1982 de 8 febrero, 114/1988 de 10 junio, 115/1988 de 10 junio, 43/1989 de 20 febrero-RTC 1989X43-, 57/1991 de 14 marzo-RTC 1991X57-, 114/1996 de 25 junio-RTC 1996X114-, 48/2001 de 26 febrero-RTC 2001X48。

定，所涉的争议性权利并不重要，且有必要加速诉讼程序的进展……在不违反宪法的情况下，即便他们不是诉讼当事人，依然受已作出之判决的影响，前提是他们已被告知诉讼程序的存在，并依据这些信息得以为自己辩护"（在1990年12月14日和1991年5月16日的判例中，最高法院重申了这一观点）。依据这一判例趋势，最高法院在1990年12月14日的判决中指出，（强制保险）保险公司的参与仅限于"……与所承担之担保义务有关的附带事项"。法院在刑事简易程序中甚至没有义务告知作为民事责任方的（强制保险）保险公司，已启动对其的初期审理程序（最高法院2011年3月3日的判决）。

宪法法院在2002年1月28日的判决中观点似乎有所转向，"在本案中，保险人的权利和利益仅限于保险公司支付赔偿的义务，无论如何，都应就保险合同的合法有效性讨论该义务。当然，不得以被保险人因酒精饮料的影响造成损害为由对被害人提出异议。且在这种情况下，就像在本案中，这并不影响对被保险人进行追索……"，因此保险公司在上诉程序中的缺席并不违宪。

可以看出，依西班牙当下的通说，"只要不影响承担强制保险的机构关于担保义务的辩护权"，则法院并无通知保险公司参与诉讼的义务。有学者因此认为，鉴于刑事判决之于民事判决的实质既判力，这将剥夺保险公司获得公平或正当程序的权利。[24]

B. 保险公司作为积极的民事主体。

司法实践中，保险公司在附带民事诉讼中极少作为积极的民事主体。较为常见的情况是，保险公司所支付的索赔金额，超过了保险合同所规定的义务，保险公司因此启动对被保险人的追索之诉。这一诉权具有法律依据。依1980年10月8日"关于保险合同的第50号法律"第43条之规定，"一旦支付了赔偿金，保险人就可以对作为民事责任人的被保险人行使与索赔保险金相对应的权利和诉讼，数额不超过赔偿额"。第76条规定，"如果被保险人存在恶意行为，

---

〔24〕 Vicente Gimeno Sendra, Manual de derecho procesal penal, Ediciones Jurídicas Castillo de Luna, 2018, p. 143.

导致对第三人造成损害或伤害，则保险人可对被保险人行使追索权（derecho de repetición）"。《刑法典》第117条同样赋予保险公司对被保险人的"追索权"。

但核心的问题是，尽管保险公司有权提起追索之诉，但是否可在附带民事诉讼中提起，或者必须另行提起民事诉讼？一开始，判例的主流观点认为，保险公司的追索权源自"保险合同"本身的合法性，而非"犯罪事实"，因此不得在刑事诉讼中附带提出，而仅得另行提起民事诉讼。[25]但2007年1月30日，最高法院刑事分庭非裁判性的全体会议协议（El Acuerdo del Pleno no jurisdiccional de la Sala de lo Penal del TS）改变了立场，"如果保险公司与犯罪行为的被侵害人签订了保险合同，并根据该合同支付了保险金，则保险公司可以作为民事主体，并在随后的刑事诉讼中对民事责任人提出请求，代替被侵害人的位置"。据此，保险公司可作为积极的民事主体参与附带民事诉讼，当然也可以另行提起民事诉讼。

（三）检察官

与欧陆多数国家类似，西班牙刑事诉讼中的检察官并非纯粹的控诉方，还承担着"维护法律、公民权利和受法律保护的公共利益"等职能。具体而言，作为公正的机构，检察官负责捍卫合法性；作为控诉的机构，检察官负责请求适用刑罚权；检察官还可作为被害人的诉讼替代者。

1. 检察官作为公正的机构以捍卫合法性

检察官作为司法管辖区的合作者，首先是公正的机构，应保证法律的准确适用。警察隶属检察官，接受检察官的领导，协助检察官受理检举，进行"预先预审"（preinstrucción，即调查程序，Diligencias informativas），否则可能构成不服从罪（《刑事诉讼法典》第773.2条，《检察院组织法》第5条）。原则上，"调查程序"不能超过6个月。在调查期间，检察官可以下令拘留犯罪嫌疑人，包括获

---

[25] 较典型的判例，如STS 225/2005, de 24 de febrero de 2005, 800/1997 de 3 junio-RJ 1997X4561-, ATS de 18 junio 1997。

取犯罪嫌疑人的陈述，但不得作出限制基本权利的裁决，而仅得向预审法官申请（例如电话窃听）。

在未成年人刑事诉讼中，检察院是"预审负责人"（Director de la Instrucción），负责采取各种预审措施，以查明应受刑罚的行为以及实施行为的未成年人（2000 年第 5 号组织法第 6 条、第 16 条和第 23 条），为言辞庭审作准备或者向法官提出停止审理的请求。

在所有类型的刑事案件中，检察官均具有客观义务，既要收集有罪证据，也要收集无罪证据，既要致力于查明犯罪，也要保证无辜者免受责任追究，这亦是宪法的要求（第 9.2 条）。检察官有义务向犯罪嫌疑人通报所有有利及不利的情况（《刑事诉讼法典》第 2 条），应避免对其实施非法拘留（《检察院组织法》第 4.2 条），在认为公民被非法拘留时应提出"人身保护令"（1984 年第 6 号组织法第 3.2 条）。如果检察官认为没有充分的理由启动言辞庭审，则应请求停止审理（《刑事诉讼法典》第 642 条及以下）。如果检察官认为被告人不需要承担刑事责任，则应在庭审中撤回指控。

对于各种程序性事项，检察官也应在刑事诉讼中充当真正的"法庭之友"，客观地报告诸如管辖权冲突（《刑事诉讼法典》第 23 条、第 26 条和第 27 条，《检察院组织法》第 3.8 条）、回避（《司法机构组织法》第 225.3.3 条）、不适当延误（《刑事诉讼法典》第 324.3 条、《检察院组织法》第 3.1 条）等问题。

2. 检察官作为控诉的机构以请求适用刑罚

西班牙的学说认为，检察官既是公正的机构，也是控诉的机构，这两者并不矛盾。因为检察官更多是在公共犯罪（《刑事诉讼法典》第 105 条）发生时请求适用刑罚权，旨在保护社会，敦促恢复受犯罪损坏的法律秩序。这也是保障刑事法律准确适用的职责所在。

与提起刑事诉讼的公民个人不同，检察官不享有"有效保护权"，不得因控告未被受理或者被告人最终被法院判处无罪而提起保护之诉。简而言之，检察官提起刑事公诉，并非立足基本权利，而是遵守公共法律义务，是国家公权力（oficial）行为。

在绝大多数的情况下，检察官具有"原始"的合法性（originaria），可以独立提起指控。但也存在例外，对于未成年人或"无依无靠者"（例如《刑法典》第 191 条所规定的性侵犯罪、性骚扰罪或性滥用罪的被害人及犯罪嫌疑人），检察官可能作为诉讼"代表"，具有"衍生"的合法性（legitimación derivada）。在后一种情况下，依《刑事诉讼法典》第 271 条之规定，检察官应遵循起诉法定原则，不得适用起诉便宜原则。但如果检察官在未成年人的刑事诉讼中担当"调解人"的职能，特别是考虑到未成年人的改造情况以及对被害人的及时赔偿，则可兼顾保护双方，适用起诉便宜原则并作出归档不诉的裁决。

3. 检察官作为被害人的诉讼替代者

依《刑事诉讼法典》第 108 条和第 781 条的规定，检察官还有义务以被害人的名义及代表被害人的利益提起附带民事诉讼。同样，检察官作为被害人的诉讼替代者，仅具有"衍生"的合法性。被害人是唯一的主当事人。[26]

三、先决问题要件（las cuestiones prejudiciales）：诉讼对象的合并（la integración del objeto procesal）

（一）先决问题与诉讼对象的概念及正当依据

所谓的先决问题，指犯罪类型要件的完整事实要素，涉及对诉讼对象的合并，以进行后续的指控并决定管辖权问题。例如在涉及未成年刑事诉讼的案件中，犯罪嫌疑人的年龄便构成了先决问题（民事）。在涉嫌渎职的刑事案件中，公职人员的身份也可能构成先决问题（行政）。这里涉及另外一个基础性概念，即刑事诉讼对象。所谓的刑事诉讼对象[27]，即刑事诉讼所拟解决的请求，既包括刑事

---

[26] SSTS 16 de mayo de 1984-1984/2413-，12 de mayo de 1990.

[27] "Objeto procesal"也可译为"诉讼客体""诉讼标的"［罗科信教授的《刑事诉讼法》中译本便译为"诉讼标的"，参见［德］克劳思·罗科信：《刑事诉讼法》（第 24 版），吴丽琪译，法律出版社 2003 年版，第 79 页］，但"诉讼客体"容易与诉讼主体产生联系并导致错误理解，"诉讼标的"则易与民事诉讼的诉讼标的产生混淆，故笔者拟译为"诉讼对象"。关于刑事诉讼对象的一般理论，参见本书其他部分更详尽的研究。

请求，也可能包括民事请求。因此，先决问题要件的解决，取决于对诉讼对象事先、独立且实质性的法律评估。

我们可对"先决问题"这一较为抽象的概念作如下解读：

（1）先决问题涉及事实要素，因此应对主要诉讼对象进行事先和独立的法律评估。此类事实要素可能涉及指控罪名的基础（例如在侵占罪中，应事先确定财物为他人不当占有或保存），也可能构成一项独立的主张，且与主要的主张存在关联（例如在《刑法典》第298条及以下条款所规定的罪名中，有必要事先证明所涉物品属于赃物）。总之，先决问题与刑事请求的实体要件（pertenecientes al fondo）或正当依据存在关联，涉及既判力的先决效力（los efectos prejudiciales），但以附带形式作出裁判权声明（declaraciones jurisdiccionales）不在此列（参见下文第4点的论述）。

（2）先决问题与诉讼对象有关，即与存在联系或依附的刑事请求有关，因此这里涉及"关联性判断"（juicio de relevancia）问题。这尤其体现在刑民交叉的案件中。依西班牙《民事诉讼法典》第40.2.2条之规定，如果"刑事案件正在审理中，且将对民事判决产生决定性的影响"，则"民事法院将中止诉讼程序，并将案件的受理移交刑事法院"。因此，先决问题与诉讼请求的纯粹法律依据存在区别。依"法院了解法律"（iura novit Curia）的传统教义，请求的法律依据不应成为先决问题。仅在法院应对实体问题进行法律评价，且这一评价对于正确厘定诉讼对象必不可少的情况下，才存在先决问题。

（3）指控罪名或请求依据的先决问题，需依实体法规则及据此作出的司法声明进行法律评价，这先于且独立于主诉请求。因此，先决问题的司法声明具有实体法意义，可能需要根据其他部门法（如民法、劳动法或行政法等）进行法律评价。

（4）先决问题所涉及的实体法评价，在一般情况下应交由有相应管辖权的法院，包括民事法院、劳动法院或者行政法院，也包括刑事法院，这是因为依《司法机构组织法》第9条之规定，法院负责管辖相应类型的案件。但在一些情况下，如果机械适用这一项一般性规则，将导致主诉程序中止（因为应将先决问题的实体法问题交由相应管辖权的法院），并导致不适当的诉讼拖延。因此，刑事法院可对这一附带先决问题作出裁判权声明，但并不产生任何既判力（参见《民事诉讼法典》第 2 条、《刑事诉讼法典》第 3 条以及《民事诉讼法典》第 42.1 条）。

先决问题的正当依据在于"法律确定性"（seguridad jurídica）的宪法原则，其必然结果是判决书的"不可改变性"（inmutabilidad，《宪法》第 9.3 条）。正如宪法法院所宣称的，"对于国家机构而言，相同的事实不应存在，也不再存在"（unos mismos hechos no pueden existir y dejar de existir para los órganos del Estado）。[28] 因此，如果各类型的法院对先决问题作出各自认为"适当"的判决，便会产生相互矛盾的判决，将严重损及宪法原则。因此，先决问题的直接依据是防止既决事由的先决效力，因为如果该先决问题与刑事请求或刑事判决具有工具的关联性（la conexidad instrumental），则刑事法院可能会对先决问题作出裁决，从而损及管辖权规则以及"一事不再理"规则，违反《宪法》第 25 条、《欧洲人权公约》第 7 号议定书第 4 条以及《公民权利和政治权利国际公约》第 14.7 条的规定。仅在特殊情况下，刑事法院可对附带先决问题作出裁判权声明，但并不产生既判力。

（二）先决问题的类型

依性质及效力的不同，先决问题可作不同类型的区分：

1. 异质先决问题与同质先决问题

依先决问题与刑事诉讼对象所适用的实体法，先决问题可区分为同质先决问题和异质先决问题。顾名思义，如果先决问题亦涉及刑事实体法，则属于同质先决问题，反之则属于异质先决问题。在司法实践中，大多数的先决问题是异质的先决问题。

对于异质先决问题，西班牙《刑事诉讼法典》（第 3 条至第 7

---

[28]　SSTC 77/1983, 62/1984, 158/1985, 30, 50, 91, 102/1996 y 255/2000.

条）受法国"刑事中止民事"（le criminelle tient le civil en état）理念[29]的影响，确立了刑事"优先管辖权"的一般原则（优先于民事诉讼及行政诉讼）。这一原则体现在《司法机构组织法》第10.2条中，"如果（民事诉讼或行政诉讼）存在刑事先决问题，对于作出恰当的判决无法回避或者构成判决内容的直接前提，则应裁决中止程序，直至由相应的刑事法院作出判决，法律另有规定的除外"。

但如果先决问题是同质的，则应依刑法规则进行评价。但西班牙《刑事诉讼法典》《刑法典》《司法机构组织法》均未涉及此类规定，仅在《民事诉讼法典》（第43条）涉及同质的民事先决问题。如前所述，同质的先决问题在刑事诉讼中也大量存在，因此这里存在立法空白的问题。

2. 应移送的先决问题和附带的先决问题（devolutivas e incidentales）

依先决问题在主诉讼中所产生的程序效力，可分为应移送的先决问题和附带的先决问题。

（1）应移送的先决问题。

顾名思义，应移送的先决问题，指应中止刑事诉讼、并提交或移送有管辖权的法院以作出最终判决的先决问题。这主要规定在《刑事诉讼法典》第4条及第5条中，包括两种情况：其一，民事或行政先决问题对于确定被告人有罪或无罪具有决定性意义（第4条）；其二，刑事诉讼涉及民事身份确认的先决问题（婚姻关系合法性或者婚姻关系解除），例如《刑法典》第401条所规定的"侵夺他人民事身份罪"，或者《刑法典》第220条第2项、第3项及第5项所规定的变更亲权罪等。可以看出，这两种情况适用"民事中止刑事"规则，仅得由民事法院或行政法院事先对先决问题作出判决，才会重新启动刑事诉讼。第5条所规定的先决问题规则在西班牙未

---

〔29〕 关于法国"刑事中止民事"理念，参见施鹏鹏：《法国审前程序的改革及评价——以2007年3月5日的〈强化刑事程序平衡法〉为中心》，载《中国刑事法杂志》2008年第4期。

有争议，但第 4 条则产生了重大争议。

宪法法院在 1996 年第 30 号判决中确认了《刑事诉讼法典》第 4 条的合宪性（尽管本判例仅涉及行政先决问题，但可推及民事问题）。[30] 这里涉及对"决定性意义"的理解，宪法法院认为，民事或行政问题的判决，决定了对被告人的定罪量刑，这可以认为具有"决定性意义"。例如在破产程序中确定公司的偿付能力，以判断该公司在滥用协议罪中的欺诈性破产或者公司协议的有效性。在这种情况下，应由民事法院事先对偿付能力作出判决。

但最高法院反对宪法法院这一判例教义，并坚持认为《司法机构组织法》第 10.2 条"已默认废除《刑事诉讼法典》第 4 条这一源自 19 世纪的规定"。因此，最高法院认为"可以由刑事法院对民事或行政的先决问题作出裁决，而无须中止程序以让其他类型法院的法官作出判决"。[31] 由于最高法院对移送问题的限制性解释，司法实践中，仅非法营业罪（《刑法典》第 403 条）的行政先决问题（未具备学术头衔或职业资格的认定）进行移送，《刑事诉讼法典》第 4 条所规定的"决定性意义"民事先决问题均未进行移送。

在这种情况下，为避免侵犯宪法所规定的保护权，2015 年第 41 号法律对《刑事诉讼法典》及《司法机构组织法》进行了改革：一是在《刑事诉讼法典》第 954.1 条中增加了第 5 项，确立了提起再审的新理由，即"如果刑事法院对先决问题作出裁决后，但其后有管辖权的非刑事法院对先决问题作出最终的判决，且与刑事判决相冲突，则可撤销生效判决"。二是在《司法机构组织法》增加附加条款第 21.a 条，授权预审法官在调查非常复杂的案件时先将相关问题移送法官、高等法官以及司法行政律师，"专门进行合作、协助或咨询"。其目的是：一方面，预审法官在听取有权受理先决问题法官的意见后"附带"受理这些先决问题（例如行政诉讼的法官就城市

---

〔30〕 此后，宪法法院又通过了多个判例，沿袭了这一观点。SSTC 30, 50, 91, 102/1996, 190/1999 y 255/2000.

〔31〕 STS 29 de octubre de 2002-RJ 2002/939.

规划事宜向预审法官提供咨询意见）；另一方面，可有效减少宪法法院受理保护之诉的数量，主要由最高法院通过再审，撤销矛盾的刑事判决。

但这一改革仍然未能避免公民可能受到不当的刑事追诉（例如之后有管辖权的法院作出与之相悖的判决），以及刑事法院可能仓促和不当地处理了某些先决问题。因此，对于先决问题的移送，如何在效率与公正之间寻求平衡，这在西班牙理论界和实务界引发了极大的关注，后续的改革也在酝酿中。

（2）不移送的先决问题。

不移送的先决问题，即由刑事法院附带受理相关的民事或行政问题。依《刑事诉讼法典》第3条之规定，"根据一般法律规定，同一个案件的民事和行政问题与刑事案件紧密联系不可分离时，为达到惩戒效果，应当由刑事审判法院预先审理民事、行政部分"。

（3）程序机制。

应移送的先决问题和不移送的先决问题适用不同的程序机制，应作一区分：

A. 不移送的先决问题的程序机制。

如前所述，对于无须移送的先决问题，由刑事法院附带进行审理。裁决书应说明理由。这并不妨碍预审法官在作出起诉令或者采取预防措施时事先进行考虑，同样亦应在相应的文书中写明理由。

B. 应移送的先决问题的程序机制。

对于应移送的先决问题，程序机制较为复杂。依《刑事诉讼法典》第4条之规定，"如果上述先决问题对确定被告人是否有罪至关重要，刑事法院应当中止最长不超过2个月的刑事诉讼程序，以便相应法官解决先决问题。在此期间，由当事人申请通过民事诉讼或者行政诉讼处理相关问题。在规定的期间内，与案件具有利害关系的人没有提起诉讼的，经书记员办理，可以撤销中止，恢复刑事诉讼程序"。因此，当事人有2个月的时间向有管辖权的法院起诉，以解决先决问题。如果当事人在法定的期限内未起诉，则由刑事法院一并进行处理（《刑事诉讼法典》第3条），将"刑罚的目的"扩及民事或行政问题。

这里需要指出的是，尽管《刑事诉讼法典》第4条规定了"刑事法院应当中止……"的职权审查义务，但当事人也可在程序的任何阶段（《刑事诉讼法典》第666.1条及第786.2条）提出应移送先决问题的请求。[32]在这种情况下，预审法官、刑事法官及省级法院法官均可能因未有管辖权而导致管辖行为归于无效（《司法机构组织法》第238.1条），故应依职权对该请求进行审查（《司法机构组织法》第240.2条）。

对于应移送的先决问题，如果刑事法院未中止刑事诉讼，或者在民事诉讼或行政诉讼最终判决作出前，作出对被告人不利的判决，且与民事或行政的判决相矛盾，则利害关系人可以依《司法机构组织法》第5.4条及《刑事诉讼法典》第852条所规定之事由提起撤销之诉。

四、余论：诉讼要件理论评析——作为刑事诉讼基本范畴的可能性？

1868年，德国民事诉讼法学者比洛（Bülow）发表了《诉讼抗辩论与诉讼要件》（Die Lehre von den Prozesseinreden und dir Prozessvoraussetzungen）一文，借鉴了实体法的法律要件理论，第一次提出了民事诉讼的诉讼要件理论及诉讼关系理论，在世界范围内产生了广泛的影响。[33]诉讼要件理论的基本原理是，法院与当事人

---

〔32〕 这在德国和日本的诉讼法理论中，又称为职权调查要件和抗辩事项。参见孟涛：《民事诉讼要件理论研究》，重庆大学2009年博士学位论文，第76页。

〔33〕 国内学术界一般更关注德国诉讼法理论对日本、中国台湾地区的影响，但事实上，德国学说对伊比利亚法系国家（西班牙、葡萄牙及西语系、葡语系国家）的影响也非常巨大，例如哥伦比亚在1938年便引入了诉讼要件及诉讼关系学说。参见 Juliana Carolina Amarís Fernández, La recepción de los presupuestos procesales y su uso en colombia, https://www.uninorte.edu.co/documents/4368250/4488390/La+recepci%C3%B3n+de+los+presupuestos+procesales+en+Colombia/265d76eb-034f-4a38-8eaa-6ac5ae57c169。

的诉讼法律关系并非因原告起诉而当然形成，而是需要满足一定的法定要件。如果法院与双方当事人的诉讼法律关系不成立，诉讼不再进行实体审理；如果诉讼具备该要件，诉讼法律关系随之形成，诉讼程序将进入实体审理阶段。[34] 诉讼要件理论将程序要件和实体要件区分开来，为诉讼法提供了全新的研究论域。20世纪初，德国刑事法学者也借鉴了民事诉讼中的要件理论，构建了刑事诉讼中较体系的诉讼要件理论[35]，并部分影响了西班牙的学说。

但诉讼要件理论在西班牙刑事诉讼中并未成为普遍接受的基本范畴，尽管多数主流的教科书均涉及这一概念，也普遍认同刑事诉讼的诉讼要件包括管辖权要件、当事人要件和先决问题要件。[36] 这引发了一个学术思考：可否以及是否有必要将诉讼要件理论作为刑事诉讼的基本范畴？回答这一问题，至少需要在三个层面进行全面细致地研究：其一，诉讼要件理论是否为严谨的理论范畴？其二，诉讼要件理论是否具有不可替代性，或者较之于其他理论范畴的优越性？其三，中国刑事诉讼的学术话语体系是否有必要以及如何引入诉讼要件这一概念？

首先，诉讼要件理论是否为严谨的理论范畴？应当说诉讼要件理论在刑事诉讼中具有重要价值，尤其是区分了程序要件和可罚性的实体要件，确立了诉讼关系之于实体诉求的独立性，也确立了程序抗辩和实体抗辩的二分。但总体而言，诉讼要件理论在刑事诉讼中的影响远不如民事诉讼，多数代表性成果主要还是民事诉讼法学

---

〔34〕 孟涛：《民事诉讼要件理论研究》，重庆大学 2009 年博士学位论文。

〔35〕 德国刑事法学者在这一领域的研究文献，可参见［德］克劳思·罗科信：《刑事诉讼法》（第 24 版），吴丽琪译，法律出版社 2003 年版，第 186 页。

〔36〕 笔者查阅了西班牙较主流的教科书，仅维森特·吉梅诺·森德拉（Vicente Gimeno Sendra）教授的教材将诉讼要件理论作为刑事诉讼的基本范畴进行研究，Vicente Gimeno Sendra, Manual de derecho procesal penal, Ediciones Jurídicas Castillo de Luna, 2018, p. 99. 其余教材也涉及这一概念，对所涵盖的内容也基本类似，但并未作为基本范畴，例如 Víctor Moreno Catena Valentín Cortés Domínguez, Derecho Procesal Penal, Tirant lo Blanch, 9ª Edición, 2019；Pablo Gutiérrez de Cabiedes, Derecho procesal：Parte general, Tirant lo Blanch, 2018。

者[37]所为。这主要是因为刑事诉讼的启动在绝大多数情况下并非私人诉权的结果，而是公权力运行的结果，因此诉讼法律关系形成的程序要件更具有法定性，争议较小，并不如民事诉讼的处分性及灵活性。且至少现在看来，这套理论体系尚未成熟，甚至制度的内涵和外延也有较大的区别。仅以德国和西班牙的刑事诉讼为例，西班牙将刑事诉讼的诉讼要件总结为管辖权要件、当事人要件和先决问题要件，而德国则更为广泛，将追诉时效、被告人的可追诉性等均纳入其中。[38]两个国家对诉讼障碍因素的理解不尽一致。且有些要件究竟为实体要件，还是程序要件，在理论逻辑上尚未自洽，以先决问题要件为例。尽管刑、民或刑、行的要素交叉，可能影响后续的管辖权问题（程序性事项），但法官对诉讼对象的合并或分离取决于犯罪类型要件的完整事实要素，应进行事先和独立的法律评估，而这一评估根本上是实体法层面的评估。追诉时效要件亦如此。德国旧的学说将时效消灭视为实体法上的免刑事由，但较新的学说及判例则认为时效消灭应只具纯粹诉讼法之性格。[39]中国（《刑法》

---

　　[37]　较代表性的作品，例如戈尔德施密特（Goldschmidt）1925 年所著的《作为法律状态的诉讼》（Der Prozess als Rechtslage）；绍尔（Sauer）1919 年出版的专著《诉讼法基础》（Grundlagen des Prozeßrechts）以及 1974 年主编的论文集《民事诉讼中起诉的合法性与正当依据的审查顺序》（Die Reihenfolge der Prüfung von Zulässigkeit und Begründetheit einer Klage im Zivilprozeß）；比洛（O. Bülow）1868 年所著的《诉讼抗辩和诉讼要件论》（Die Lehre von den Prozesseinreden und die Prozeßvoraussetzungen）等。值得一提的是，日本刑事法学者在这一领域进行了较具开拓性的研究，参见徐静村主编：《刑事诉讼法学》（第 3 版·上），法律出版社 2004 年版，第 94~98 页、第 108 页及以下。

　　[38]　德国的学说也有争议，例如伯尔克（Beulke）和罗科信（Roxin）的观点便略有差别。参见［德］克劳思·罗科信：《刑事诉讼法》（第 24 版），吴丽琪译，法律出版社 2003 年版，第 186 页及以下。罗科信认为，诉讼要件是指所有影响整个诉讼程序或者某一诉讼阶段依法进行的事项，主要包括法院的管辖权要件、具体案件的可追诉性（未过追诉时效、不违反"一事不再理"、有合法的起诉和开启主审程序裁定等）、被告人的可追诉性（活着、具有就审能力、达到刑事责任年龄等）三类（Vgl. Roxin/Schünemann, Strafverfahrensrecht, 29. Auflage, Verlag C. H. Beck, München, 2017, S. 149ff.）。伯尔克（Beulke）认为，诉讼要件是指一项实体判决（有罪或者无罪）依法允许作出的前提条件，分为积极的诉讼要件和消极的诉讼要件（也称为诉讼障碍）两类，但就具体的诉讼要件范围而言，与前述罗科信观点基本一致（Vgl. Beulke, Werner, Strafprozessrecht, 12. Auflage, Heidelberg, 2012, S. 187ff.）。

　　[39]　［德］克劳思·罗科信：《刑事诉讼法》（第 24 版），吴丽琪译，法律出版社 2003 年版，第 188 页。

第 87 条）和西班牙（《刑法典》第 130 条）则将时效消灭视为实体法上的免刑事由。因此，将这些事由纳入诉讼要件，至少还存在一定的学术讨论空间，毕竟这些要件具有一定的混杂性，一方面对程序的后续启动具有重要的影响，另一方面又不完全独立于实体要件。

其次，诉讼要件理论较之于其他理论范畴是否具有不可比拟的优势？从要素上看，诉讼要件所涵盖的诸多内容在刑事诉讼领域均具有其他较成熟的理论体系，如管辖权理论、诉讼主体理论、既判力理论等，均较简洁地解释了各诉讼要件的正当依据及制度内容。德国刑事诉讼的主流教材将"诉讼要件"置于总论篇和程序篇之间，对管辖权理论、诉讼主体理论、诉讼时效理论、既判力理论等作一简要罗列，指出这是启动刑事诉讼的基本前提，并未如民事诉讼学者深入研究各诉讼要件对诉讼法律关系的影响。西班牙和中国刑事诉讼的多数教材仅提及这一概念，但并未单独成篇章，诉讼要件的内容散见于管辖制度、当事人制度、立案制度（中国、西班牙未有立案程序）等。但值得一提的是，有两位权威学者进行了非常有益的学术尝试，将诉讼要件单独成篇，甚至进一步提炼为刑事诉讼的基础理论范畴。第一位权威学者是西班牙瓦伦西亚大学的维森特·吉梅诺·森德拉（Vicente Gimeno Sendra）教授。他在《刑事诉讼法》教科书中将"刑事诉讼与宪法"[40]"诉讼要件"和"诉讼对象"作为刑事诉讼的总论，较清晰逻辑地展现了西班牙刑事诉讼的学理体系。另一位权威学者则是中国西南政法大学的徐静村教授。在《刑事诉讼法学》这部经典的教科书[41]中，徐教授将"刑事诉讼的基础理论"概括为"刑事诉讼目的与刑事诉讼结构""刑事诉讼主体与刑事诉讼职能""刑事诉讼状态与刑事诉讼法律关系""刑事诉讼行为与刑事诉讼条件"以及"刑事诉讼客体与裁判的效力"。其中"刑事诉讼条件"便是诉讼要件理论。这两位学者均不同程度受到德国学说（包括间接来自日本学说）的影响，但又结合各自国

〔40〕　这可能是因为维森特·吉梅诺·森德拉曾任宪法法院的法官。

〔41〕　徐静村主编：《刑事诉讼法学》（第 3 版·上），法律出版社 2004 年版。

家刑事诉讼实际情况进行了重新阐释，具有相当的理论解释力。毫无疑问，这种学术尝试值得作进一步探索。

最后，中国刑事诉讼的学术话语体系是否有必要以及如何引入诉讼要件这一概念？总体而言，中国刑事诉讼当下的学术话语体系具有较明显的混杂性。改革开放后的几代学人在学术资源贫瘠的情况下依然凭借无与伦比的创造力构建了独具中国特色的理论体系，并随着国门的逐步打开渐次接触、借鉴及融合主流国家先进的诉讼法理论。因此，在过去四十余年的发展过程中，中国刑事诉讼的学说体系既吸收了英美法系及大陆法系的部分基础理论，也保留了几代学人以来不少原创性且已形成通说的概念，尽管这些理论、学说和概念可能源自不同国家或者本土的创设，较为杂糅，理论的严谨性也略有欠缺，但在几十年的法学教育及司法实践中已形成共识，具有相当的解释力，此时盲目引入新的理论体系未必有益，甚至可能对既有的理论体系产生冲击，形成混乱。这一担忧并非杞人忧天，在多个部门法领域[42]均有前例。但笔者依然认为，中国刑事诉讼学术话语体系的建构应以严谨、周延及对实践问题具有解释力为标准，当下已形成的"通说"可能仅是历史的产物，不能成为阻碍理论创新乃至重塑新学术话语体系的理由。事实上，传统的诉讼价值、诉讼目的、诉讼构造、诉讼模式等通用的学术概念夹杂着太多非学术化的元素，不少是对他国学说（尤其是美国）的想象性嫁接，对中国刑事诉讼缺乏理论指引性。因此，引入或创建更具说服力的新理论，这是值得倡导的学术尝试。[43]当然，如前所述，目前看来诉讼要件还未形成周密的理论体系，因此引入这一概念依然需要做进一步的学术论证。在这一领域，德国、日本和西班牙的学术成果尤其值得中国学术界关注。

---

〔42〕 例如刑法领域中"三阶层"理论的引入及其对传统"四要件"学说的冲击，证据领域中新证据学诸多命题的引入及其对传统证据法的冲击。

〔43〕 笔者新近正从事刑事诉讼基本范畴的研究，旨在正本清源，厘清误读，重构刑事诉讼新的学术话语体系。

刑事起诉制度研究

西班牙设立极其多元化的刑事起诉制度，这在比较法上较为罕见。除检察官外，任何具有法定权利的主体均可向预审法官汇报犯罪信息（notitia criminis），法官有义务作出附理由的判决，决定启动刑事诉讼或者停止审理。这意味着西班牙并未奉行公诉的国家垄断主义，被害人乃至普通公民均可以提起刑事诉讼，但不同的刑事起诉制度的法理依据并不相同：首先，检察官在公共犯罪发生时请求适用刑罚权，旨在保护社会，敦促恢复受犯罪损坏的法律秩序。依通说，检察官提起刑事公诉，并非立足基本权利，而是遵守公共法律义务，是国家公权力行为。因此，检察官不享有"有效保护权"，不得因控告未被受理或者被告人最终被法院判处无罪而提起保护之诉。同时，检察官还应是"公正的机构"，应保证法律的准确适用，履行客观义务（《宪法》第9.2条）。其次，被害人可以作为"个人原告"，在自诉案件中提起控告，在半公诉案件中提出检举或控告。但与检察官不同，个人原告的起诉权，属于《宪法》第24.1条所规定的"有效保护权"，侵害这一权利将导致保护之诉（《宪法》第53.2条）。最后，所有西班牙公民均有权以"控告"的形式提起刑事诉讼，即便他们本身并非犯罪的直接被害人（《宪法》第125条）。这便是西班牙极具特色的公民起诉制度。西班牙公民所享有的这一普遍控告的权利并非《宪法》第24.1条所规定的"有效保护权"，因此侵害这一权利并不会导致保护之诉（《宪法》第53.2条）。

因此，这三种类型的刑事起诉制度也适用不同的程序细则，产生不同的程序效力，引发的争议也各不相同，应分别进行研究。

一、检察官提起刑事公诉：公诉案件

在西班牙刑事司法体系中，刑事诉讼原则上依检举或控告而启动，极其特殊的情况下也可由法院"依职权启动刑事诉讼"及"政府特别启动"（excitación especial del Gobierno）。检察官负责对公诉罪案件提起公诉，在程序上通常包括如下四个环节：

（一）接受检举（la denuncia）或控告（la querella）

检举指适格的公民[1]有义务就其所获悉的公诉罪行为向警察、检察官或法官作出声明（《刑事诉讼法典》第 259 条）。检察官可自行受理检举（《检察院组织法》第 5 条），并启动预先调查（investigación preliminar，《刑事诉讼法典》第 773.2 条及《检察院组织法》第 5.2 条、第 3 条），也可以接受司法警察所提交的调查卷宗。检察官对自行发现的公诉罪行为，也可依职权启动调查。控告则是提起刑事诉讼的行为（《刑事诉讼法典》第 100 条及以下条款、第 270 条），检察官有权对涉嫌实施公诉罪（un delito público）的行为提起刑事诉讼，并有义务在由犯罪被害人所提出的半公诉罪（un delito semipúblico）中出庭支持诉讼请求，但不得在自诉罪（delito privado）中请求启动侦查或出庭（《刑事诉讼法典》第 104 条、第 105 条以及《检察院组织法》第 1 条）。

（二）司法警察调查（atestado）

在公诉罪案件中（自行发现或者被害人检举），司法警察应依职权采取预先调查措施或者适用紧急程序，以确定犯罪行为及其实施者，如有必要应拘留犯罪嫌疑人，保全物证，并在法定期限内移交司法当局。但对于半公诉罪或自诉罪的案件，如果未有被害人的检举，则不会启动警察调查，涉及公共利益的半公诉罪不在此列。在后一种情况下，例如性侵犯、性骚扰和性虐待罪（《刑法典》第 191 条），涉及知识产权和工业产权、市场和消费者的犯罪（《刑事诉讼

---

[1] 关于检举者的资格、检举的程序以及其他程序细则，参见本书下文对预审程序的研究。

法典》第 282.2 条和《刑法典》第 287.2 条）和公司犯罪（《刑法典》第 296.2 条）等，即便未有检举，司法警察亦应依职权启动调查。

（三）检察官调查

在公诉罪及半公诉罪案件中，检察官依可自行调查（公诉罪，《刑事诉讼法典》第 773.2 条）或依当事人的检举（半公诉罪）进行调查，可采取的调查措施规定在《检察院组织法》第 5 条中。但在自诉罪案件中，检察官不得启动调查行为，因为这类案件由被害人向有管辖权的法官提出控告。

检察官可以实施所有不限制基本权利的预审行为，但不得采取预防措施，拘留除外（《检察院组织法》第 5.2 条）。具体而言，检察官有权让犯罪嫌疑人和证人进行对质、强制传唤及听取陈述（《刑事诉讼法典》第 773.2.2 条），有权在未遵循传唤令的情况下颁布拘留令，有权以机构名义向司法警察（《检察院组织法》第 3.5 条）以及第三方发布不服从罪的起诉令，授权某些职能，或要求司法警察和任何公共机构收集信息（《检察院组织法》第 4.3 条和第 4.4 条），有权自行收集信息，并在紧急状况下介入收集犯罪证据，但禁止采取限制基本权利的措施，例如对封闭场所的进入和搜查、通信截取、临时羁押或其他任何预防措施，包括民事预防措施。

如前所述，检察官虽在诉讼中承担控方职能，但在实施预审行为时应客观公正。检察官必须告知犯罪嫌疑人所享有的权利，"指明和评价对犯罪嫌疑人有利和不利的情形"（《刑事诉讼法典》第 2 条）。如果丧失公正性，则检察官有回避义务（《刑事诉讼法典》第 96 条）。

（四）归档不诉或者决定提起刑事公诉

检察官调查程序后存在两种程序结果：一种为归档不诉，一种是向有管辖权的法官提起公诉。

归档不诉，即检察官经调查后决定撤销案件，不提起刑事公诉。依调查程序的启动主体不同，归档不诉的理由也不同。如果检察官的调查程序系依职权启动，则仅在符合法定事由的情况下方可决定归档不诉（《刑事诉讼法典》第773.2条），即所涉事实未符合犯罪构成要件，或者未有证据证明所涉事实具有"刑法意义"（significación penal）。依《检察官法》的解释，所涉事实未具有"刑法意义"，既包括未构成犯罪案件，也包括存在可免除或导致刑事责任消灭的事由。但如果检察官的调查程序系依当事人申请启动（通过检举或警察调查卷宗），则检察官既可依法定事由下令归档不诉，也可以基于起诉便宜或者公共利益保护的一般原则下令归档不诉。

相反，如果检察官不同意撤销案件，即可向有管辖权的法官提出检举（可进一步调查案件事实）或控告（刑事公诉）。

二、被害人启动刑事诉讼：自诉案件与半公诉案件

当事人的诉权，这通常是民事诉讼法学者或行政诉讼法学者所热衷探讨的问题。例如德国法学家萨维尼（Savigny）、温德沙伊德（Windscheid）、瓦赫（Wach）、赫尔威斯（Hellwig）以及歌尔德施密特（Goldschmidt），意大利法学家居奥万达（Chiovenda）、卡尔内卢蒂（Carnelutti），以及法国法学家如奥里乌（Hauriou）、狄冀（Duguit）、耶兹（Jèze）、威茨奥兹（Vizioz）及莫图尔斯基（Motulsky）等均做过非常深入的研究，为诉权理论的体系化提供了卓有成效的智识贡献。但在刑事诉讼法领域，极少有学者论及诉权，因为绝大多数国家奉行公诉的国家垄断主义，"诉"在刑事诉讼中更多是"客观司法情势"（或者说客观法秩序），而非"主观权"。[2]即便设立刑事自诉制度的国家，也鲜有学者将这一权利直接视为主观权。[3]

---

〔2〕 这里借用了法国著名学者卢毕耶（Roubier）的观点。卢毕耶在经典作品《主观权与司法情势》一书中创设性提出了"司法情势"的概念，认为所谓的"司法情势"便是权利和义务的网状体：如果权利要素占据主导地位，则为主观权；如果义务要素占主导地位，则为客观的司法情势。Paul Roubier, Droits subjectifs et situations juridiques, Paris, Dalioz, 1963, n°6, p. 53.

〔3〕 关于诉与主观权的讨论，参见法国学者莫图尔斯基的经典作品《主观权与诉》。Motulsky, Le droit subjectif et l'action en justice, Archives de la Philosophie du droit, 1964, p. 215 et s.

但西班牙是例外，因为《宪法》第24.1条规定了"有效保护权"（有权获得法官和法院的有效保护），这隐含着提起刑事诉讼是公民（被害人）的"基本权利"（el derecho de acción penal），侵犯或妨碍了这一权利，将启动保护之诉。因此，在西班牙，被害人启动刑事诉讼的权利，不仅是主观权，而且是宪法所保障的基本权利。

（一）由被害人启动的刑事案件类型

《刑事诉讼法典》第104条规定了两类应由被害人启动的刑事案件：自诉案件与半公诉案件。自诉，又称为"排他性自诉"（la acción penal privada "exclusiva"），指被害人唯一有权提起刑事诉讼，也是唯一有权放弃对被告人的追诉（《刑事诉讼法典》第106.2条）或者进行宽恕（《刑法典》第130.4条）；而半公诉，又称为"相对性自诉"（la acción penal privada "relativa"），指被害人既可以通过控告也可以通过检举启动刑事诉讼，但检察官并不必然启动刑事诉讼。一旦刑事诉讼启动，被害人便不再具有刑事请求的处置权，检察官负责支持诉讼请求，且检察官有权在一些半公诉案件中进行宽恕或者作出无罪释放的裁决以让程序非正常中止。

1. 排他性自诉

之所以称为"排他性自诉"，是因为在这类刑事案件中，被害人享有绝对的处置权，不仅包括提起刑事诉讼的权利，还包括提出及处分惩罚性主张（la pretensión punitiva）的权利。依《刑事诉讼法典》第104.1条之规定，"对法定强奸（estupro，即与未成年人发生性关系）、诬告陷害和侮辱提起的刑事诉讼，不得由被害人（或法定代理人，1995年《刑法典》增设）之外的人提起，也不得通过《刑法典》相应条款未规定的其他方式提起"。[4]这意味着在这三类刑事

---

〔4〕需要特别注意的是，西班牙新《刑法典》（1995年）第215.1条也规定了自诉罪，但仅涉及诬告陷害和侮辱，并未规定法定强奸，且允许被害人的法定代理人提起刑事自诉。按一般的法理，《刑法典》第215.1条颁布的时间晚于《刑事诉讼法典》第104.1条，后法的效力应优于先法。但在这一问题上，司法实践并未完全遵从新《刑法典》的规定，法定强奸依然属于自诉罪。这是西班牙自诉立法的一大缺陷。半公诉罪则不存在这一问题，适用新《刑法典》的规定。下文有详述。

案件中，仅被害人（或法定代理人）可以提起控告，检察官则无此一权力。且被害人（或法定代理人）仅得以控告的方式启动刑事诉讼，而不得通过检举。

在"排他性自诉"的案件中，被害人（或法定代理人）拥有类似于民事诉讼当事人的绝对处置权，允许被害人（或法定代理人）撤诉而终止诉讼（《刑事诉讼法典》第 106 条），也允许被害人（或法定代理人）在执行刑罚前（《刑法典》第 130.4 条）通过宽恕（《刑法典》第 215.3 条）使刑事责任归于消灭。"排他性自诉"可因诉讼期限届满而终止（《刑事诉讼法典》第 275 条）。

2. 相对性自诉

依《刑事诉讼法典》第 104.2 条之规定，"通过印刷虚假事实或者涉及私生活的广告对个人造成伤害或者侵犯的轻微犯罪行为，以及轻度侮辱的犯罪行为，只能由被害人或者其法定代理人提起刑事诉讼"。这一条款大体勾勒了"相对性自诉"的程序特征，但所涉罪名源自旧《刑法典》，已为新《刑法典》（1995 年）所更正。

依前述条款的界定，"相对性自诉"具有两项特征：其一，被害人及其法定代理人可以（但不必然）提出控告，也可以（但不必然）提出检举；其二，无论是检举，还是控告，检察官均有权介入刑事诉讼（当然也有权不启动刑事诉讼）。一旦刑事诉讼启动，被害人便不再具有刑事请求的处置权，而由检察官取而代之。依被害人的诉讼地位和程序权利，新《刑法典》区分了三种类型的半公诉罪，分别是：具有"公共利益"的半公诉罪（Delitos semipúblicos con "interés público"）、"纯粹"的半公诉罪（Delitos semipúblicos "puros"）和具有"私人利益"的半公诉罪（Delitos semipúblicos con "interés privado"）。

（1）具有"公共利益"的半公诉罪。

此类半公诉罪因涉及"公共利益"，因此极大限制了被害人的诉讼权利，可谓"最相对的"（las más relativas）自诉。被害人仅得提出检举，不能直接进行控告，也不得进行宽恕。这类型的半公诉罪主要包括性侵犯罪、性骚扰罪或迷奸骗奸罪（《刑法典》第191条）、侵犯知识产权及工业产权的犯罪、侵害市场和消费者的犯罪（《刑法典》第287条）和公司犯罪（《刑法典》第296条）。

（2）"纯粹"的半公诉罪。

此类半公诉罪属于最传统的半公诉罪：检察官仅得依被害人的检举而起诉，但被害人不得提起控告（即刑罚请求）。"如果被害人是未成年人、需要特殊保护的残疾人或者无依无靠的人，则检察官也可以进行检举"（《刑事诉讼法典》第105.2条，由2015年第1号组织法所加入）。这类型的半公诉罪主要包括协助生殖罪（《刑法典》第162条）、遗弃家庭成员罪（《刑法典》第228条）、过失且情节不太严重的杀人罪、轻伤害以及轻微的胁迫罪[5]、轻微的家庭暴力伤害（《刑法典》第142.2.4条、第147.4条、第152.2.4条、第172.3.3条及第173.4条，由2015年第1号组织法所加入）以及未涉及公共利益及公共财产的轻罪（《刑事诉讼法典》第963.1.1.1条和第964.2.1条）。《刑法典》对前述罪名亦未规定宽恕制度。

（3）具有"私人利益"的半公诉罪。

此类半公诉罪最类似"排他性自诉"，被害人是启动及消灭刑事诉讼的主体。被害人可自行提起控告，可以选择宽恕。但区别在于，在此类半公诉罪中，被害人未必提出控告，也可以提出检举，检察官据此提出刑事诉讼请求。但如果未有被害人的检举，则检察官不得启动刑事诉讼。这类型的半公诉罪主要包括发现及泄露他人隐私罪（罪名涉及《刑法典》第197条及以下条款）和破坏罪（第267.2条和第267.3条）。

（二）被害人的程序参与

西班牙《刑事诉讼法典》第109条及第110条规定了"被害人"参与刑事诉讼的两种方式：一种是在提出检举或控告时（刑事请求，可能也涉及附带民事请求），通过诉讼邀约，"请求加入诉讼"

---

〔5〕 STS 727/2016, de 30 de septiembre, 13/2016, de 25 de enero.

(llamada a la causa)；一种是在未提出控告时（未有刑事请求，仅得为附带民事请求），在定性程序前，"依附加入诉讼"（intervención adhesiva）。这里需要特别说明两点：其一，第 109 条及第 110 条所规定的"被害人"并非在同一含义上使用。第 109 条的"被害人"（Ofendido），系狭义的被害人，应为犯罪行为的直接被害人，第 110 条的"被害人"（Perjudicado，更严谨的翻译应为"被伤害的人"），系广义的被害人，除犯罪行为的直接被害人外，还包括间接的被害人甚至被害人的继承人（2015 年第 4 号《犯罪被害人法》第 4.2 条）。不过西班牙《刑事诉讼法典》在许多地方（第 109 条、第 110 条、第 761.2 条、第 771.1.a 条……）均混用这两个术语，判例与学说也未进行体系化的区分，这在一定程度上反映了术语使用的不严谨性[6]。其二，"依附加入诉讼"这一措辞容易产生误解，并非指原告和个人起诉者是检察官的"辅佐者"或者次级当事人，而是相对于"刑事请求"而言，附带民事请求具有"依附性"，原告和个人起诉者依然具有独立的请求资格，在刑事诉讼中作为积极的主要当事人参与。

1. 诉讼邀约（el ofrecimiento de acciones）

欧盟理事会 2001 年 3 月 15 日《关于刑事诉讼程序中犯罪被害人地位的框架决定》确立了应保障被害人诉讼地位的基本原则（第 2 条）。西班牙较严格地遵循框架决定所设立的原则，切实保障了被害人与检察官"平等武装"（igualdad de armas）[7]地进入刑事诉讼程序。

依《刑事诉讼法典》第 109 条之规定，预审法官应在听取"被害人"（狭义，Ofendido）第一次陈述时提出诉讼邀约，"应告知其

---

〔6〕 鉴于立法及教义的混乱，本文将进行严格的区分，在易混淆处注明在何种意义上（广义或狭义）使用"被害人"这一概念。如果未作专门注明，则专指狭义的被害人。

〔7〕 "平等武装"通常指检察官和被告人一方的地位平等，但也有西班牙学者认为，该原则也可以指代被害人与检察官在刑事诉讼中的程序地位平等。这一解读有一定的合理性。Vicente Gimeno Sendra, Manual de derecho procesal penal, Ediciones Jurídicas Castillo de Luna, 2018, p.170.

具有参与诉讼、决定是否主张恢复原状、修复损害和补偿由犯罪行为造成的损失的权利,并告知其根据现行法律可以申请相关援助的可能及相关的程序"。最高法院的判例教义认为[8],此处的"被害人"应进行差异化理解:对于刑事请求(检举或控告),应作狭义理解,即自诉罪中的被害人,或者半公诉罪中被害人及其法定代理人。被害人享有排他的诉权,未有检举,不得启动刑事诉讼。而对于民事请求(附带民事诉讼),则应作广义理解(即 Perjudicado),还应包括间接的被害人甚至被害人的继承人(例如被害人死亡的)。

在本质上,诉讼邀约是保障"有效保护权"的诉讼行为(Actos procesales),以可理解的语言让"被害人"(广义)在预审程序中知悉提出刑事请求或民事请求的权利(2015 年第 4 号法律第 6 条)。《刑事诉讼法典》依不同的程序阶段设计了三种具有"诉讼邀约"性质的诉讼行为:①在警察预先调查阶段(las diligencias policiales de prevención),司法警察必须向"被害人"(广义)告知有出庭的权利(《刑事诉讼法典》第 771.1 条);②首次在预审法院出庭时(《刑事诉讼法典》第 109 条),书记员应告知(《刑事诉讼法典》第 109.1 条、第 109.3 条和第 776.1 条)有接受陪审团审判的权利,并告知如果想作为积极的当事人,应在庭审传唤令中明确指控(《宪法法院组织法》第 25.2 条);③在中间阶段,在非常特殊的情况下,如果"被害人"(广义)未作为当事人出现,检察官请求中止审理,在这种情况下,法院可将案件移送"可提起刑事诉讼的利害关系人(即广义的被害人)",以让其决定是否出庭支持其请求(《刑事诉讼法典》第 782.2.a 条)。但严格意义上,仅第二种类型的诉讼行为是诉讼邀约,第一种类型的诉讼行为是简单的预备行为,第三种类型的诉讼行为极为特殊,旨在保障合法性原则。宪法法院通过多个判例指出,如果预审法官违反《刑事诉讼法典》第 109 条和第 761.2 条

---

[8] STS 797/2015, de 24 de noviembre.

的规定，导致被害人（广义）实质上未参加诉讼，则将导致保护之诉。[9]

除诉讼邀约外，预审法官还有义务进行其他权利的告知（Deber de información），主要包括：①有效的司法保护权，有权与代理人及律师一起参与诉讼，和检察官享有同等待遇，其中包括提出指控的权利（《陪审法院组织法》第25.2条），获悉已实施的行动（《刑事诉讼法典》第776.3条）及参与所采取行动的权利（《刑事诉讼法典》第302条），以及延长诉讼期间或者中止诉讼的相关权利（《刑事诉讼法典》第109.3条）；②请求免费法律援助的权利（《陪审法院组织法》第25.2条、《刑事诉讼法典》第119条以及2000年第4号"关于外国人的组织法"第22条）；③在暴力犯罪和侵害性自由犯罪案件中获得医疗和心理救助的权利（1997年5月23日第738号国王法令第15条），以及告知其如何获得保护令；④在前述罪名以及国家有义务向被害人赔偿的所有罪名中（2011年9月22日第29号法律第2.1.b条以及2003年3月7日第288号王室法令，批准了《关于向恐怖主义被害人提供援助和赔偿的条例》），有权从国家预算中获得财政援助的权利（2011年第29号法律第20条以及1997年第738号王室法令第1条）；⑤在秘密的预审和公开的庭审中保护隐私的权利（《刑事诉讼法典》第301条和第681条）；⑥通知并退回其扣押的财物（《刑事诉讼法典》第284条）；⑦告知案件已停止审理或者归档不诉，尽管被害人未出庭，但可以在20天内提出上诉（《刑事诉讼法典》第636条和第779.1.1a条）；⑧告知审判的日期和地点（《刑事诉讼法典》第785.3条），一审判决（《刑事诉讼法典》第789.4条）和上诉判决（《刑事诉讼法典》第792.4条）作出时应通知；⑨告知诉讼行为可能会影响其安全（《刑事诉讼法典》第109.4条，由1999年6月9日第14号组织法增设）。

---

〔9〕 SSTC 108/1983, de 29 de noviembre; 97/1985, de 29 de junio; 37/1993, de 8 de febrero; 98/1993, de 22 de marzo; 278/1994, de 17 de octubre; 140/1997, de 22 de julio; 158/2002, de 16 de septiembre y 136/2002, de 3 de junio.

绝大多数的权利均内容明确，易于理解，这里重点对"告知诉讼行为可能会影响其安全"这一权利稍作解释。1999年第14号组织法强化了对被虐待被害人的保护，在《刑事诉讼法典》第109条加入最后一款，"在任何情形下，对《刑法典》第57条所规定的犯罪案件，预审法官应当告知被害人影响其安全的可能性。"而《刑法典》第57条所规定的是：杀人、堕胎、伤害、侵犯自由、虐待罪、侵犯他人精神纯正、性侵犯、胁迫、侵犯肖像权、侵犯住宅、名誉、财产和社会经济地位的案件。对于这些可能对被害人持续伤害的案件，《刑法典》第57条规定了一些安全措施，例如禁止罪犯靠近或联系被害人，禁止返回犯罪地或者住所。《刑事诉讼法典》第544-1条亦引入了改革，允许在预审程序中预先确立禁令，作为司法监管的临时措施。因此，"告知诉讼行为可能会影响其安全"的内容主要包括：犯罪嫌疑人的"个人情况"，例如是否入狱，或者下落不明，或者已被采取个人预防措施（2015年第4号《犯罪被害人法》第7条）；犯罪嫌疑人的居所、经济状况、健康状况，以及家庭和工作状况；已进行的调查行为可推断存在的加害危险；等等。对于性别暴力受害者，预审法官还可发布人身保护令。[10]

2. 依附参与（La intervención adhesiva）

无论诉讼邀约的结果如何，被害人（广义）均可请求"参与诉讼"而无须提出控告，只要"在定性程序前提出（请求）"即可（《刑事诉讼法典》第110条）。如前所述，被害人具有独立的诉讼地位，可在刑事诉讼中积极支持己方的刑事或民事请求。被害人应通过代理人并在律师的协助下参与刑事诉讼，并有权接受无偿司法救济（《刑事诉讼法典》第119条和第771.1条）。如果存在多名被害人，且有共同的利益，则法官可以命令推举一位代表（《刑事诉讼法典》第113条）。但在言辞庭审中，各方当事人依然可以聘请不同的律师参与诉讼。

这里还应强调"在定性程序前提出（请求）"这一刚性要求。

---

〔10〕 关于西班牙较具特色的人身保护令制度，参见本书对刑事预防措施的研究。

这是因为定性程序和指控程序是存在次序的诉讼行为，很显然应在诉讼对象明确前让指控者参与。如果指控者在定性程序前未提出请求，则产生"排除效力"（efectos preelusivos），不得再次提出依附参与的请求。

但"排除效力"存在例外：在刑事反诉案件中，如果当事人提出新的指控（在交通肇事及伤害案件中极为常见），应允许再次提出依附参与的请求。此外，被害人即便丧失依附参与的权利，不得提出刑事请求或民事请求，但依然有权出庭。因此，宪法法院的判例教义认为，应将停止审理或归档不诉的裁定告知被害人，无论被害人是否出庭。最高法院在 2005 年第 170 号的判决理由书中也反对僵化地适用"排除效力"规则（《刑事诉讼法典》第 109 条），允许被害人在失权后亦可以出庭。

三、公民之诉

西班牙《刑事诉讼法典》第 101 条规定，所有西班牙公民对重罪（delito）及轻罪（delito leve）均有权与检察官一并提起刑事诉讼，直至案件最终定性。在整个刑事诉讼过程中，从预审调查到言辞庭审，公民起诉者均有权以裁决对他所提论点不利为由提起上诉。因此，除公诉和自诉外，西班牙还设有独特的公民起诉制度，这在比较刑事诉讼中几乎是独一无二的存在，与当代主流国家原则上奉行公诉国家垄断主义的做法形成鲜明的对比。奇特的立法例令所有域外法的研究者均感到惊奇，一个合理的追问是：全民"检察官"会不会导致控告成风，让原本肃穆庄严的刑事诉讼沦为公众儿戏，甚至陷入无序的状态？

公民起诉制度创设于 1882 年，是 19 世纪西班牙乐观自由主义的展现。此前，西班牙亦奉行公诉垄断主义，检察官和预审法官主导着刑事诉讼的整个进程。公民起诉制度设立的初衷便是反对刑事诉讼的威权主义。尤其是中世纪以降，传统职权主义所奉行的书面、秘密审判已让公众对刑事司法充满了不信任，因此立法者希望为公民创设公正、和平参与刑事司法的机制，实现对刑事司法权力的监督以及必要时的替代行使。公民起诉与陪审团制度便是在这一背景下产生，并成为宪法所保障的基本权利（也称为"公共主观权"，derecho público subjetivo）。依西班牙《宪法》第 125 条之规定，"公民可以通过公民起诉及陪审团制度，遵循法定的形式以及法定的刑事程序在习惯法院及传统法院参与司法管理"。学说认为，公民起诉的法理基础是社会防护（la defensa de la sociedad）。如德国哲学家黑格尔所言，犯罪一发生，罪犯便扰乱了所属社区的法律良知并侵害了所有人，因此西班牙的所有公民均是犯罪的受害者，可自行起诉以捍卫自身及社会的利益，而不为检察院所垄断。但为避免滥诉，西班牙《刑事诉讼法典》亦设置了启动公民起诉的必要条件。

（一）启动条件

依《司法机构组织法》《刑事诉讼法典》及宪法法院的判例，公民起诉仅限于公诉罪，而不适用于自诉罪。对于需被害人检举方可启动刑事公诉的"半公诉罪"，公民起诉可有限度适用，主要涉及集体利益及分散利益（涉及不特定受害人）的案件。军事犯罪亦不得适用公民起诉。

提起公民之诉的，既可以是自然人，也可以是法人。例如西班牙宪法法院在第 311/2006 号判例中允许巴伦西亚加泰罗尼亚自治区政府在涉及性别暴力的案件中提起公民之诉。但以下人员不得提起公民之诉：①不具有完全民事权利的；②曾两次被终审判决构成诬告罪或者诽谤罪的；③法官或者高级法官（西班牙《刑事诉讼法典》第 102 条）。但前述各项所述的人员可以对侵犯其人身、财产，或者侵犯其配偶、因血缘和婚姻构成尊亲属、卑亲属、兄弟姐妹的人身、财产的犯罪行为或者轻微犯罪行为提起刑事诉讼。上述第二类和第三类人员，可对侵犯其法定看护人的人身、财产的犯罪行为或者轻微犯罪行为提起刑事诉讼。

提起公民之诉，仅得通过控告，而不得是检举。提起控告的时间是刑事案件定性前的任何时候。公民起诉者应提交保证金，具体数额由法官或法院决定，以避免滥诉，如欺诈性起诉、无依据起诉、虚假起诉等。依《司法机构组织法》第 20-3 条及宪法法院、最高法院的判例，保证金的数额应考虑公民可预期的承受能力（la previsible asequibilidad），不得以高额保证金阻止或严重妨碍公民诉讼，这与宪法所保障的公民参与司法管理的权利相悖。公民起诉者的诉求不得涉及刑事案件中的民事部分。在简易程序中，如果公民起诉是唯一启动言辞审判的指控，而其他指控者均请求撤销诉讼，除非有特殊情况，否则法官应出裁定，不得仅依公民起诉便开庭（《刑事诉讼法典》第 782.1 条）。

另一项较具特色的制度是诉讼费用（costas procesales）。西班牙《刑法典》（第 123 条至第 126 条）和《刑事诉讼法典》（第 239 条至第 246 条）规定了各方当事人所应承担的诉讼费用。《刑事诉讼法典》第 240.3 条规定，"自诉人或者附带民事诉讼原告人因轻率或者恶意提起诉讼的，由其承担因此产生的诉讼费用"。这些诉讼费用包括水印纸费用、律师（对方律师）和鉴定人的报酬、需要支付的被传唤证人的补偿费以及案件审理中产生的其他费用（第 241 条）。所以西班牙刑事诉讼的败诉一方除可能的民事赔偿、罚金外，还需要承担额外的诉讼费用，包括对方当事人所聘请的律师费用。但最高法院的判例（2012 年 10 月 30 日第 977/2012 号判例）将公民起诉者排除在外，即在公民起诉的案件中，双方当事人无须承担额外的诉讼费用，这主要是因为多数刑事案件还有检察官共同参与，避免双方当事人增加额外的负担。

（二）是非之争

公民起诉最早主要适用于一些涉及公共利益的刑事案件，例如环境污染、税收欺诈等。宪法法院将法人纳入合法的起诉主体后，一些政府机构及行业协会亦积极参与其中，公民起诉的案件日益增加。近年来，还有些政治党团以选举为目的通过公民之诉抹黑对手，引发了极大的争议。西班牙学界在废除还是保留、限制还是扩大公民之诉的问题上存在较明显的对立，宪法法院及最高法院的立场亦是摇摆不定。一些较具里程碑意义的判例可反映出理论界及实务界对此特色制度的激烈争辩。

首先是西班牙最高法院在 2007 年 12 月 17 日博汀案（Caso Botín）中的立场。博汀是当时西班牙桑坦德银行（Banco de Santander）的行长，被指控通过贷款转移进行大规模的欺诈。本案的检察官随后撤销指控，但公民起诉依然存在。西班牙最高法院援引了《刑事诉讼法典》第 782.1 条规定，认为在本案中"公民起诉是唯一启动言辞审判的指控，而其他指控者均请求撤销诉讼"，不应开庭。核心争点在于，本案并非简易程序审理，《刑事诉讼法典》第 782.1 条是否可类推适用于普通程序，这本身便值得商榷。且如果博汀案代表着最高法院的立场，则意味着公民起诉制度具有依附性，这与《宪法》第 125 条的精神相悖，公民起诉制度存在的价值也大大消减了。此后，最高法院在 2008 年 4 月 8 日阿图克斯案（Caso Atutxa）中再次确认了这一立场。

但在 2016 年 1 月 26 日的诺斯案（Caso Nóos）中，最高法院改变了立场。在该案件中，被告人唐·伊纳基·乌尔丹加林（Don Iñaki Urdangarín）被指控利用诺斯基金会及相关公司实施了两项针对公共财政欺诈的罪名，检察官和代表国家税务总局的国家辩护律师均参与了对被告人的指控，而公民之诉则针对被告人的配偶因凡塔·克里斯蒂娜（Infanta Cristina），后者并未纳入检察官及国家辩护律师的指控范围之列。最高法院支持了对凡塔·克里斯蒂娜的公民之诉，理由是：一方面，与博汀案不完全相同，本案的检察官和国家辩护律师均启动对被告人的指控，因此并不属于《刑事诉讼法典》第 782.1 条所规定的"公民起诉是唯一启动言辞审判的指控"。公民可通过对共同被告人凡塔·克里斯蒂娜的公民之诉对检察官及国家辩护律师进行监督。另一方面，公共财政欺诈涉及"西班牙人在享有良好医疗保健、支付失业金或退休金方面的集体利益"，这符合公民起诉的立法初衷。最高法院强调，《刑事诉讼法典》第 109.3 条（2015年 4 月 27 日第 4 号法律所创设）允许被害人授权他人提起自诉，但并未赋予其否决或阻碍其他合法当事人提起诉讼的资格。正如原最高法院法官、现任国家总检察长马萨先生（Excmo. Sr. Maza）所言，"……（本案）否认启动言辞庭审的合法性是极有争议的，即便是以公民起诉的形式，行使纳税人的权利，与真正的受害方非常接近"。这也代表着西班牙最新的官方立场。

当下，西班牙的公民起诉制度已呈多样化形态，且从原先以公民个人的控告为主，逐渐转变为各种协会、组织甚至政府机构主导。在大量的公民起诉案件中，多数涉及集体利益，但也有不少夹杂着政治目的，甚至以控告作为威胁和敲诈勒索的手段。这显然脱离了立法的初衷。也正因为如此，不少学者建议应剥夺政党及工会进行公民起诉的权利，避免宪法的权利被滥用。但正如20世纪中叶戈麦斯·奥尔贝尼娅（Gómez Orbaneja）所批评的，公民起诉有悖"检察官作为社会利益代表者"的一般原则，容易沦为复仇司法，应审慎对待之。

四、多元化刑事起诉制度的利与弊

西班牙多元化的刑事起诉制度，尤其是赋予被害人及普通公众更广泛的诉讼参与权，在很大程度上是反对刑事诉讼专制主义及乐观自由主义思想的展现。简言之，在经历了百余年的政治动荡及威权司法之后，西班牙人民更信奉主权在民，而非将权力交给国家机构。这样的制度设计是人民的选择，带有浓厚的政治文化传统，本无优劣之分。但立足制度的功能，理想的政治理念并不能取代刑事司法领域一些较普适性的理念。一个直接而不失尖锐的问题是：在民主法治的新时代下，赋予被害人甚至普通公众更广泛的诉讼参与权，甚至排斥公权力机构（检察官）在某些刑事案件中介入，可能在一定程度上提升了私当事人的诉讼地位，但是否更有效地保护被害人的实体权利？适度的比较有助于较直观地理解这一问题。

无独有偶，笔者在撰写本文时，恰逢中国发生一起引发公共舆论关注的刑事案件。2020年7月，浙江杭州谷女士在小区快递点取快递时被附近便利店店主郎某偷拍了视频。郎某随后与朋友何某编造"女子出轨快递小哥"等聊天内容，发至微信群。随后谣言不断被转发，在互联网发酵。谷女士发现该情况后报警。8月13日，杭州市公安局余杭区分局发布警情通报，称郎某和何某捏造聊天内容，并截图发至微信群，造成不良社会影响。依据相应法律规定，警方对二人分别作出行政拘留处罚。10月26日，谷女士向杭州市余杭区人民法院提起刑事自诉，杭州市余杭区人民法院于12月14日决定立案，并依法要求杭州市公安局余杭区分局提供协助。检察机关认为，在此期间，相关视频材料进一步在网络上传播、发酵，案件情势发生了变化，郎某、何某的行为不仅损害被害人人格权，而且经网络社会这个特定社会领域和区域得以迅速传播，严重扰乱网络社会公共秩序，给广大公众造成不安全感，严重危害社会秩序，依据《中华人民共和国刑法》第246条第2款之规定，应当按公诉程序予以追诉。12月25日，根据杭州市余杭区人民检察院建议，杭州市公安局余杭区分局对郎某、何某涉嫌诽谤案立案侦查。[11]本案在实体上涉及对"严重危害社会秩序和国家利益"的理解，在程序上涉及公诉与自诉的界限，具有较高的理论价值及普遍的实务意义。笔者因此以本案为例，借以比较及探讨西班牙多元化刑事起诉制度的利与弊。先提一个假设性问题：如果本案发生在西班牙，会有怎样的处置结果？

　　与中国刑法的罪名略有区别，本案如果发生在西班牙，应适用西班牙《刑法典》第208条所规定的侮辱罪。如前所述，依西班牙《刑法典》第215条之规定，侮辱罪属于"排他性自诉"，仅被害人（或法定代理人）可以提起控告，检察官则无此一权力。且被害人（或法定代理人）仅得以控告的方式启动刑事诉讼，而不得通过检举。可以看到，西班牙《刑法典》并未将"严重危害社会秩序和国家利益"作为将侮辱罪转化为公诉罪的情节。因此，本案尽管已涉及危害不特定个人的声誉，严重扰乱社会秩序，但并不能转化为公诉罪。而相比于检察官和司法警察，被害人所能采取的调查手段极为有限，不能适用预防措施，事实上并不利于实现实体权利的保障，

---

〔11〕 案件的相关材料及程序进展，可查阅"浙江检察"的官方微信公众号。

防止侵害结果进一步扩大化。可见，较之于西班牙，《中华人民共和国刑法》第 246 条第 2 款的规定显然更为合理，对被害人的保护更具力度。

通过上述比较和分析也不难看出，尽管西班牙宪法将被害人的诉权上升为基本权利，强化了被害人的诉讼参与权，但公民个人不可能享有公权力，因此也无法像检察官一样恢复社会秩序、捍卫法律尊严。公诉的国家垄断主义还是时代的主流，尽管也需要以公正、独立、权威的检察体系为前提。当然，任何制度的评价均不宜走向另一个极端，西班牙对被害人程序权利保护的诸多制度设计也值得中国进行认真研究学习，可作为公诉国家垄断原则的适当补充。

刑事辩护权研究

如果说刑事诉讼是一个国家人权保护状况的风向标，则刑事辩护权便是该风向标的指向杆。甚至可以认为，现代刑事诉讼的发展史，便是刑事辩护权的发展史。西班牙《宪法》第 24 条将辩护权列为基本权利，"所有人均享有辩护权"，这里的"所有人"，不仅包括西班牙公民，也包括外国人，不仅包括自然人，也包括法人。辩护权对所有公权力机构均有约束力（《宪法》第 9.3 条、《刑事诉讼法典》第 2 条），侵犯辩护权，可提起保护之诉（《宪法》第 53.2 条）。宪法法院的判例教义还对辩护权进行了拓展，将许多未明确纳入宪法文本的工具性权利纳入其中，例如《刑事诉讼法典》第 520.2 条所列明的被羁押者权利，并非一般的法律权利，只要可能影响辩护权，即视为基本权利。经历佛朗哥独裁政府的威权司法时代后，西班牙几乎所有的有识之士均意识到，未有强有力的辩护权，任何人的自由和生命在强大的公权力面前如同蝼蚁。也正因为如此，西班牙的刑事辩护权值得作一单独主题进行研究。

一、辩护权的界定及类型化

（一）界定

辩护权是刑事诉讼中所有犯罪嫌疑人[1]的基本权利，有广义和狭义之分。狭义的辩护权专指律师的辩护权，指公民一旦涉嫌实施应受刑罚之行为，则有权指定他们信任的律师，或者在符合法定的

---

〔1〕 如前文所述，西班牙刑事诉讼严格区分不同诉讼阶段犯罪嫌疑人的称谓。鉴于辩护权贯穿于刑事诉讼全过程，在不引发中国读者误解的情况下，笔者不过多执着于称谓的严格区分，避免行文过于冗长、复杂。

情况下依职权为他们指定律师。律师作为辩护人和支持者（defensor y patrocinado），可提出无罪或罪轻的证据和事实主张，维护犯罪嫌疑人合法的程序权利和实体权利，并对各种不利的证据、事实和主张提出异议，帮助每一位推定为无罪的公民免予被定罪。广义的辩护权则还包括犯罪嫌疑人的自我辩护权（autodefensa），犯罪嫌疑人在任何时候均有权到庭进行自我辩护，并享有最后陈述的权利。

西班牙的学说认为，辩护权涵盖如下核心要点：①辩护权是宪法所保障的基本权利，侵犯辩护权将导致最严厉的制裁。依《司法机构组织法》第11.2条之规定，"直接或间接侵犯基本权利和自由所获得的证据不会产生任何效力"。因此，侵犯辩护权所获得的证据在言辞庭审一开始时便应予以排除（《刑事诉讼法典》第786.2条），禁止在判决中对该证据进行评价。未保障辩护权的公权力行为，包括各种间接妨碍辩护权行使的公权力行为，均可能导致启动保护之诉。②辩护权以知情权为前提，犯罪嫌疑人在受指控时，应及时获悉与指控相关的各种信息，尤其是涉嫌的罪名。③辩护可由职业律师协助，称之为公共辩护或技术辩护（defensa técnica o pública），也可由被告人自行进行，称之为私人辩护（defensa privada）或自我辩护。辩护权不受剥夺，不可放弃，仅在例外情况下允许缺席审判，但缺席的被告人仍可由律师代为辩护。④辩护的核心内容便是请求及获得调查卷宗，提出主张和证明，质疑指控事实，包括犯罪事实并不存在或者不符合犯罪构成要件，或者主张无须承担刑事责任，或者具有减刑情节。

（二）类型

1. 自行辩护

犯罪嫌疑人在获悉指控后可自行进行辩解，避免定罪或者争取获得较低的量刑。自行辩护的权利规定在西班牙所批准的国际条约（《公民权利和政治权利国际公约》第14.3条和《欧洲人权公约》第6.3条）中，因此可在西班牙直接适用。自行辩护要求犯罪嫌疑人具有必要的辨别能力。如果犯罪嫌疑人患有痴呆症或者精神错误的，则适用《刑事诉讼法典》第 383 条的规定，"犯罪嫌疑人在实施犯罪行为后精神错乱的，无论预审是否结束，具有管辖权的法院应当下令中止审理直到犯罪嫌疑人精神状态恢复正常，并且根据《刑法典》针对精神错乱的情形所作的规定对犯罪嫌疑人进行相关处置。实施同一犯罪行为的其他犯罪嫌疑人无精神错乱的，继续对无精神错乱的犯罪嫌疑人进行单独审理"。自行辩护也包括保持沉默的权利，但西班牙最高法院的判例教义不承认犯罪嫌疑人有说谎的权利，即可以选择沉默，也可以选择辩解或供述，但一旦放弃沉默权，必须如实陈述。[2]

此外，西班牙不允许犯罪嫌疑人仅进行自行辩护，因为这违反了实质的平等原因，犯罪嫌疑人面对职业的检察官不可能进行充分的辩护，必须获得职业律师的协助。《刑事诉讼法典》规定了可由犯罪嫌疑人自行辩护的事项，多数为程序性事项，主要包括：在与外界隔离的状态下（被羁押）口头请求法官回避；参加调查程序；任命鉴定人；请求与指控者在法庭上对质；提起诉讼；提出预先证据；在预审中作出陈述，次数不限；以言辞或书面的形式请求修订临时羁押裁定；同意最严重的定性；在言辞庭审中最后发言的权利（《刑事诉讼法典》第 58 条、第 333 条、第 336 条、第 350 条、第 356 条、第 368 条、第 396 条、第 400 条、第 471 条、第 501 条、第 655 条、第 689 条和第 739 条）。

2. 技术辩护

获得律师协助的权利，既是宪法所规定的基本权利（《宪法》第 17.3 条和第 24.2 条），也是公法上的权利，不可处置，不可放弃，在刑事诉讼的全过程均应获得保障，未有律师的技术辩护，任何人不得被定罪。

技术辩护和自行辩护并行不悖，即便律师和犯罪嫌疑人的观点完全一致，亦不得相互取代。一般认为，获得律师协助的权利包括

---

〔2〕 STC 142/2009, de 15 de junio-La Ley 104341/2009- STS 65/2013, de 29 de enero-caso Miguel Carcaño.

如下四方面的内容：首先，犯罪嫌疑人有权自行聘请自己"信任"的律师；其次，如果犯罪嫌疑人未有足够的经济能力聘请律师，则可以接受法律援助，获得律师的"免费"协助，由官方承担相关费用；再次，犯罪嫌疑人可以随时请求与律师进行自由沟通，获得有效的法律建议，以更好地行使自行辩护权；最后，辩护律师应以保障犯罪嫌疑人的权利和利益为中心，最核心的职能便是获取一切对当事人有利的事实和证据。

但随着恐怖主义犯罪[3]的猖獗，获得律师协助的权利受到了一定的限制，主要包括两方面：一方面，《刑事诉讼法典》第527条规定了秘密拘留或羁押的例外。在恐怖主义犯罪中，犯罪嫌疑人不得自行聘请律师，法官应依职权任命一名律师，并可严格限制犯罪嫌疑人的权利（包括与律师的会谈权、参与诉讼的权利或者与第三人联系的权利）。另一方面，律师并非"司法机构的合作者"（órgano colaborador de la Justicia），具有职业保密义务[4]，不得协助司法机关对犯罪嫌疑人进行定罪（《律师一般法》第42.1条）。但在恐怖主义犯罪中，监狱总局可依1979年第1号组织法第61.2条依司法授权对羁押者与律师的会谈进行监听。

二、辩护权的内容

依《刑事诉讼法典》第118条之规定，"所有被指控实施犯罪行为的任何人均享有辩护权。自获悉对其指控、被拘留或者对其实施其他任何防范措施，或者同意起诉时起，在任何阶段都可以行使辩护权"。该条款系2015年第5号组织法所增加，反映了近年来西班牙刑事诉讼发展的一个趋势，即强化辩护原则和控告原则（principio acusatorio）。依诉讼的进程，辩护权涵盖不同的内容，可逐一作一简要的介绍。

---

〔3〕 关于恐怖主义犯罪及其对西班牙刑事诉讼的影响，参见《西班牙刑事诉讼与证据制度专论》系列书稿的其他卷。

〔4〕 违反职业秘密，严重的，可构成犯罪（《刑法典》第199条）。

（一）当事人地位的形成及知情权

自启动刑事诉讼的裁决书（依检举或控告）作出后，消极主体即被推定为犯罪行为的实施者，甚至已被采取各种类型的预防措施，因此应具有当事人的地位，享有宪法和法律所赋予的权利。此时的辩护权主要体现为知情权，或者说"获悉指控"的权利。《公民权利和政治权利国际公约》第14.3.d条、《欧洲人权公约》第6.3条、2012年5月22日欧洲议会和欧盟理事会第2012/13号《关于刑事诉讼中知情权的指令》以及西班牙《宪法》第24.2条均将"获悉指控"的权利作为强制性的权利，且作了极为清晰地设定，主要包括如下五方面的内容：

（1）公权力机关有义务以可理解的方式告知犯罪嫌疑人所有的权利。《刑事诉讼法典》第2条规定，"所有参与刑事诉讼程序的机构和公职人员应当依职权，指明和评价对犯罪嫌疑人有利和不利的情形。在本法未有明确规定并且犯罪嫌疑人没有辩护人的情形下，应当告知犯罪嫌疑人享有的权利以及可以提起上诉"。《刑事诉讼法典》第118.1条进一步明确了应告知的权利，包括：①告知被指控事实的权利，以及在调查对象及指控事实发生任何相关变化时的知情权。这些信息的提供应足够充分详细，以便有效行使辩护权。②应适当提前告知审查诉讼程序的权利，以维护辩护权，无论如何，权利告知应在作出陈述之前。③根据法律规定在刑事诉讼中行使辩护权的权利。④在不违反第527.1.1条规定的前提下自由聘请律师的权利。⑤在遵循程序及符合条件的情况下请求获得免费法律援助的权利。⑥依第123条和第127条之规定享有免费翻译和口译的权利。⑦持沉默的权利，如果不愿意，可不作陈述，不回答部分或所有问题。⑧不自证其罪及不认罪的权利。除第527条所规定的情形（隔离羁押），犯罪嫌疑人、被告人可以在向警察、检察官或司法机关作出陈述前和律师进行私下的交流和面谈。律师有权参与各种取证程序，有权告知犯罪嫌疑人如果自愿参与某项调查行为可能产生的不利后果（如不行使沉默权，或者自愿配合进行酒精检测，等等）。

（2）在警察或司法讯问前，有义务向犯罪嫌疑人告知相关指控。依《刑事诉讼法典》第 520.1 条之规定，所有被拘留或者逮捕的个人，应以简单易懂且被拘留者或被逮捕者可以立即理解的语言进行书面告知，包括指控事实、被剥夺自由的原因以及可帮助他的权利，尤其是如下权利：①对不愿回答的问题保持沉默的权利，拒绝回答所提问题的权利，声明仅在法官面前进行陈述的权利；②不进行对其不利的陈述的权利，拒绝自认其罪的权利。

（3）以"可理解的语言"告知指控，或者在陈述中接受翻译的协助，费用均由国家承担。依《刑事诉讼法典》第 118.1 条之规定，"本条所提到的权利信息应以易理解和可接受的语言提供。基于这些目的，信息的告知将按接收者的年龄、成熟度、残疾和任何可能改变对所提供信息范围理解能力的其他个人情况而进行调整"。此外，犯罪嫌疑人依第 123 条和第 127 条的规定享有"免费翻译和口译的权利"。

（4）犯罪嫌疑人的身份一旦确定，不得以任何方式规避权利告知的规定。例如如果从预审的状况可以推断出犯罪嫌疑人参加了被指控的行为，则不得将其作为证人询问，否则所获得的证据构成证据评价禁止（prueba de valoración prohibida）。[5]

（5）对犯罪嫌疑人的权利告知应无延迟进行。未在合理期限进行告知的，即视为侵犯了辩护权。

（二）警察调查程序中的辩护权

警察调查程序主要包括两种类型：一种是快速审理程序的预先预审（la preinstrucción en los juicios rápido），另一种则是普通程序的警察调查。

在快速审理程序中，司法警察的职权至关重要，"司法警察应当在必要时间内，特别是在拘留押期间实施下列措施……"（《刑事诉

---

〔5〕 SSTC 135/1989 de 19 de junio, 186/1990, de 15 de noviembre, 149/1997, de 29 de septiembre y 118/2001, de 21 de mayo.

讼法典》第 796.1 条）。"应当告知犯罪嫌疑人，无论是否对其实施拘留，均有权在律师的陪同下前往当值法院。犯罪嫌疑人未特别表达需要律师陪同的，司法警察应当向律师协会要求为其指定一名官方律师"（《刑事诉讼法典》第 796.1.2 条）。一旦启动紧急审理程序，预审法官应当将报告的副本、已经完成的审理部分或者在当值法院完成的审理部分的相关文件移交至辩护律师（《刑事诉讼法典》第 797.3.2 条，由 2009 年第 13 号法律所增设），以保障辩护权的充分行使。

在普通的刑事程序中，"所有被拘留者应立即并以其可以理解的方式被告知其权利和被拘留的理由"（《宪法》第 17.3 条）。但犯罪嫌疑人及律师可否查阅警察的调查卷宗？答案是否定的。最高法院在 2014 年 11 月 20 日的判例教义中明确，查阅警察的调查卷宗不属于辩护权的一部分，向律师或犯罪嫌疑人公开这些材料会妨碍侦查，可能也涉及对证人的隐私权保护（尤其是在有组织犯罪和恐怖主义犯罪案件中）。宪法法院在 2018 年 3 月 5 日的判例教义中支持了这一立场，警察应以书面形式全面地告知"拘留的事实和法律原因"，但不意味着应出示所有的警察调查卷宗，而仅涉及"拘留合法性的关键内容"。西班牙国家司法警察协调委员会（la Comisión Nacional de Coordinación de Policía Judicial）在 2015 年 7 月 15 日的会议上明确了警察调查程序中可告知辩护律师的信息：拘留的地点、日期和时间；实施犯罪的地点、日期和时间；查明犯罪行为以说明拘留的理由，并简要概述犯罪事实；据以推断被拘留者参与犯罪行为的证据（例如某些人的认罪，但不得明确指明这些人的身份；被害人的出现及陈述，但不得明确指明这些人的身份；证人的陈述，但不得告知陈述的内容；DNA 证据；等等）。

（三）检察官调查程序中的辩护权

《检察院组织法》第 5 条明确规定，"检察官的调查程序必须充分尊重辩护权"（2003 年第 14 号法律所创设）。《检察院组织法》第 2.5 条规定，"（检察官）在对犯罪嫌疑人进行讯问时，犯罪嫌疑人应有律师的协助，并告知被调查的内容"。据此可以推断：①如果犯罪嫌疑人在没有律师协助的情况下到案，检察官必须告知他其有权聘任一名所信任的律师或者有权请求获得公职律师的协助。在后一种情况下，律师协会应负责指派公职律师。②律师可以获悉所有已采取的行动。③检察院不能下令程序保密，必须始终向辩方公开。

（四）预审程序中的辩护权

在整个预审程序中，辩方均可采取预审行为，以证明所认定的犯罪事实不存在、不符合犯罪构成要件；犯罪嫌疑人未参与实施犯罪行为、存在刑事责任消灭事由（《刑法典》第130条）或者可以认定免除刑事责任（《刑法典》第20条）。

辩方的预审行为可以分为直接预审行为和间接预审行为：直接预审行为主要针对实体性的请求，例如请求归档不诉或停止审理的行为，而间接预审行为则主要针对程序性的请求，例如请求在平等武装原则下行使辩护权。

（五）言辞庭审中的辩护权

在言辞庭审中，辩方有权进行举证，参与对各种证据形式的质证，例如询问证人，对鉴定意见的可靠性提出异议等。辩护人还有权向合议庭提交无罪或罪轻的意见，对控方的指控意见进行反驳。审判长不得随意打断律师的发言，应保障控辩双方的平等对抗。

（六）最后陈述权（el derecho a la "última palabra"）

依《刑事诉讼法典》第739条之规定，"指控和庭辩结束后，审判长讯问被告人是否有需要向法院表明的主张。被告人有需要说明的主张的，令其进行陈述。审判长应当注意被告人表明其主张时不得违反道德、不得不尊重法院及所有与案件相关的人员，可以在必要时中断其发言"。这便是"最后陈述权"，也是自行辩护权最终体现。最后陈述权不仅可在言辞庭审结束时行使，也可在上诉审或撤销审的庭审结束时行使。

最后陈述并不必然应包含"特定的实质内容"，被告人甚至也可以选择放弃最后陈述权。但如果法院在法定情形之外（如被告人闹庭）剥夺或限制最后陈述权，将构成再审事由。当事人也可以据此提起保护之诉。

三、自行辩护权的放弃：被告人缺席制度（Rebeldía）和缺席审判制度（Contumacia）

被告人与证人不同，并无到庭的义务。在一些情况下，如果被告人拒绝出庭，便会导致自行辩护权尤其是最后陈述权无从行使的问题。因此可以认为，被告人缺席构成了辩护权行使的例外。西班牙刑事诉讼区分了被告人缺席制度和缺席审判制度。如果被告人并不知道对其存在司法指控而导致未出席庭审，则构成了被告人缺席制度。相反，如果被告人（在简易程序中）明知存在司法指控而有意逃避审判，则构成了缺席审判制度。

（一）普通预审程序中的被告人缺席制度

如果被告人未到庭，且没有迹象表明被告人知悉存在司法指控，则预审法官应进行传唤，并可签发拘留令（orden de detención）或强制到案令（mandato de conducción）。如果被告人下落不明，预审法官也可签发搜寻令或逮捕令，由司法警察提供协助，并将被告人带至预审法官前（《刑事诉讼法典》第 512 条、第 514 条和第 836 条）。法官将设定一个期限，要求被告人到案。但如果在上述期限过后被告人没有出现，则法官将宣布其缺席（《刑事诉讼法典》第 839 条），这主要是将导致刑事诉讼中止（《刑事诉讼法典》第 840 条和第 841 条），直至司法警察找到被告人，程序才恢复。可以看到，西班牙《刑事诉讼法典》严格贯彻"任何人未经审判不得定罪"的总原则，要求被告人必须到案，以行使辩护权以及最后陈述权。

（二）简易程序中的缺席审判制度

缺席审判制度系 1988 年第 7 号"关于创设简易程序的组织法"所确立。依《刑事诉讼法典》第 775 条之规定，"犯罪嫌疑人第一次到法官前，书记员应询问所在地址以便发布个人通知，应告知犯罪嫌疑人所提供的地址将用于出庭传唤"。如果他没有出庭（但辩护律师必须出庭），且所判决刑罚为不超过 2 年剥夺自由刑或者行刑期间不超过 6 年的其他性质刑罚，则可直接作出判决（《刑事诉讼法典》第 786.1 条）。因此，犯罪嫌疑人如果未在住所受到传唤，并不适用缺席审判制度，而适用被告人缺席制度，应中止审前程序或者言辞庭审程序（《刑事诉讼法典》第 840 条和第 841 条）。反之，依本法规定方式传唤被告人而无故缺席的，不导致审理的中断且不影响作出裁决。法官依其职权或者应当事人请求认为被告人有必要进行法庭陈述的除外（《刑事诉讼法典》第 791 条）。另外，如果所判决的刑罚超过 2 年剥夺自由刑或者 6 年的其他性质刑罚，同样适用被告人缺席制度。

但法人不适用前述条款。如果法人专门委托的代理人不出庭的，不影响庭审，庭审应当在法人的律师和诉讼代表到庭的情况下进行，可直接作出判决，而无论起诉罪行的严重程度（《刑事诉讼法典》第 786-1.2 条）。

对于缺席审判所作出的判决，被告人可以提起"撤销判决之诉"（recurso de anulación de la sentencia）或者"缺席判决的无罪之诉"（purga de su contumacia），起诉期间自被告人得知该判决之日起计算（《刑事诉讼法典》第 793.2 条）。

（三）部分被告人缺席的情况：分案处理

依《刑事诉讼法典》第 746.2 条之规定，某些被传唤的被告人生病或者未出庭，但法院认为听取其他当事人意见以及决定所依据的理由已经由案卷记载，有充分证据作出决定的，则不因生病或者未出庭而中止庭审。但法院不对缺席被告人作出判决，可进行二次言辞庭审。

无论何种情况，缺席的被告人均有权获得律师的协助。欧洲人权法院在多个判例中重申了此点，"即便经正当传唤的被告人未出庭，也不得剥夺其受律师协助的权利。法院有义务确保程序的公正性，因此应确保辩护律师在被告人缺席的情况下提供协助以保障程序公正"。[6]因此，"所有被告人均有权获得律师的有效辩护，这是

─────────────

〔6〕 SSTE DH de 22 de septiembre de 1994〔casos Lala y Pelladoah〕.

是公正审判的基本要素之一", "被告人不会仅仅因为缺席庭审辩论而利益受损", "即便立法者可阻止不合理的不出庭，但也不得通过废除律师协助权来进行制裁"。[7]

四、余论：无辩护，即无正义

2015 年，西班牙宪法学教授马克·卡里略（Marc Carrillo）在"独裁者佛朗哥死亡 40 年"的系列专题文稿中写道，"历史学家一直非常关注佛朗哥的独裁统治，但极少讨论他利用极权及刑罚手段来镇压政治对手。……从警察逮捕开始，刑罚手段便非常残酷，剥夺人权和酷刑折磨制度化，野蛮程度堪比中世纪。拘留期限可以无限制地延长（一个月以上的拘留极为常见），没有任何司法审查。一批酷吏如克里克斯、科涅萨、波罗令人闻风色变。未有任何程序保障，未有辩护律师的协助，临时羁押与判刑之间可能长达数年之久"。[8]

对于西班牙人民而言，这些刑事司法的场景并非远在中世纪的宗教裁判所，也仅是四十余年前的景象。佛朗哥死亡后，为了避免社会矛盾激化，确保民主化转型的顺利，西班牙颁布了《赦免法案》（1977 年），对佛朗哥时代的政治迫害和犯罪行为既往不咎，但"往者不可谏，来者犹可追"，避免历史悲剧的重演是文明时代的重责。

在西班牙刑事诉讼的海量学术文献中，基本权利保护尤其是辩护权被提升至无可比拟的位置，这是几代人对威权时代集体记忆的反思。无辩护，即无正义，任何人均可能成为专制的受害者。酷吏克里克斯在学习如何对政治异见者施以酷刑时，也未曾想到有一天会因挪用公共资金和滥用职权罪而锒铛入狱。以史为鉴，可以知兴替，西班牙刑事诉讼的发展史，也是一个民族的命运史，从历史的长廊里走过，我们均不应成为失忆者。

---

〔7〕 STEDH de 21 de enero de 1999〔caso Van Geyseghem〕.

〔8〕 https://www.elperiodico.com/es/opinion/20151119/franco-y-su-derecho-represivo-4686619.

论刑事诉讼对象

所谓的刑事诉讼对象（objeto procesal）[1]，即刑事诉讼所拟解决的请求，既包括刑事请求，也可能包括（附带）民事请求。在大陆法系国家中，诉讼对象理论具有重要价值，主要解决两方面的问题：其一，确定法律程序的对象，约束调查和判决的范围；其二，确定既判力的效力范围（争点确定效力）。因此，在西班牙，诉讼对象理论既涉及实体法，也涉及程序法，既涉及刑事程序，也涉及民事程序，这增加了体系化研究的难度。一些重要的学术命题在西班牙理论界和实务界尚有争论，囿于主题和篇幅，本文仅主要围绕通说展开。

一、刑事诉讼对象及其构成要素

依《刑事诉讼法典》第 100 条之规定，"所有的犯罪或者轻微犯罪（falta），其行为人除承担刑事责任外，还应承担恢复事物原状、修复损害以及补偿其行为造成损害的民事责任"。如前所述，在西班牙刑事诉讼体系中，刑事诉讼对象也包括民事请求，但主要为刑事请求。民事请求主要适用《民事诉讼法典》的规定，本文不再赘述，仅在涉及与刑事请求交叉的问题稍作论述，重点还是研究刑事请求。

刑事请求，简而言之，便是适用刑事处罚或保安措施的请求。刑事请求由"主体要素"和"客观要素"构成。"主体要素的同一

---

[1] "Objeto procesal" 也可译为"诉讼客体""诉讼标的"［罗科信教授的《刑事诉讼法》中译本便译为"诉讼标的"，参见 ［德］克劳思·罗科信：《刑事诉讼法》（第 24 版），吴丽琪译，法律出版社 2003 年版，第 179 页］，但"诉讼客体"容易与诉讼主体产生联系并导致错误理解，"诉讼标的"则易与民事诉讼的诉讼标的的产生混淆，故笔者拟译为"诉讼对象"。

性"和"客观要素的同一性"即构成了同一的刑事请求，确定了刑事调查和判决的范围，也形成争点确定效力。

（一）主体要素（los requisitos subjetivos）

如前所述，与民事诉讼的"三种同一性"（las tres identidades，即原告同一、被告同一和诉讼主张同一）[2]理论不同，刑事诉讼的核心对象是指控主张（或定罪判决）。因此，刑事请求的主体要素虽然也可区分法院（裁判权和管辖权必须一致）、控诉方（必须具有诉讼资格和积极主体的地位）和被告人，但决定性要素是被告人，而非法院或控诉方。指控主张（或定罪判决）决定了被告人的身份、指控范围及量刑轻重。从这个意义上讲，刑事诉讼适用"两种同一性"理论（即指控主张同一和被告人同一）。

确定被告人的身份应在预审阶段。依《刑事诉讼法典》第 299 条之规定，"预审是指为庭审做准备，旨在调查和查明案件事实、可能影响定罪量刑的所有情节、犯罪嫌疑人应当承担的刑事责任，对犯罪嫌疑人进行管控，并确定经济赔偿责任的行动"，可见，预审阶段的核心功能之一便是确定"消极主体的合法性"（la legitimación pasiva）。对于特别严重犯罪的普通程序，被告人的身份由"起诉裁定"（auto de procesamiento）予以确定（《刑事诉讼法典》第 384 条），对于简易程序，被告人的身份由"简易程序启动裁定"予以确定。

依宪法法院的判例教义，"未经事先的司法侦查（且经过预审法

[2] 《民事诉讼法典》第 222 条，实质既判力：①最终判决的既判力，无论是支持还是驳回，依法律规定，均不得后续提起相同诉讼对象的诉讼。②既判力涵盖了诉讼主张（las pretensiones de la demanda）和反诉主张，以及本法第 408 条第 1 款和第 2 款所指的要点。关于上述主张的依据，将考虑新的事实及不同的事实，这些事实是在完全排除原诉讼中主张行为之后提出。③既判力将涵盖诉讼当事人、继承者和权利所有者，以及所有虽非当事人、但依本法第 11 条之规定作为主体正当性之权利的所有者。涉及身份状况、婚姻、血缘、亲子关系、母亲身份、丧失能力和恢复能力的判决中，既判力对所有在民事部门登记或记录的人员有效。就反对公司协议所作出的判决将对所有合伙人生效，即便他们尚未提起诉讼。④对于终结诉讼的终局判决，只要既决事由是后续诉讼任何诉讼对象的逻辑先决条件，且两个诉讼具有相同的当事人，或者法律规定既判力可扩及适用，则对后续诉讼的法院具有既判力。

官的聆讯），任何人不受刑事指控"。[3]宪法法院亦认为，在简易程序中，"简易程序启动裁定"的核心功能便是确定消极主体的身份合法性，以保证指控裁定不得针对未实施犯罪行为的个人。[4]

（二）客观要素（Requisitos objetivos）

较之于主体要素，客观要素更为复杂，也存在一些较具争议的问题，需要进行必要的厘清和讨论。在西班牙刑事诉讼的学说体系中，客观要素主要涉及事实依据、法律依据和请求依据。西班牙宪法法院和最高法院的判例教义认为，事实依据和请求依据构成客观要素的组成部分，而法律依据则非必要的构成要素。

1. 事实依据：应受刑罚的事实

刑事请求的事实依据便是被告人实施了应受刑罚的行为。这里存在自然事实（历史事实[5]）与刑法规范的思维过程，即涵摄（subsunción jurídica）[6]。依罪刑法定原则，犯罪构成要件的事实应在外部的现实世界中发生，且侵害了刑法所保护的法益（bien jurídico）。依西班牙最高法院的判例，如果对自然事实的法律定性存在分歧，法院仅得依同一（de carácter homogéneo）法益的犯罪构成要件进行定性，对先前未被指控的不同一法益罪名不得作出有罪判决。这里涉及两个层面的含义：自然事实的不可分性（el hecho natural y su indivisibilidad）与构成要件事实的法益同一性（el hecho típico y la homogeneidad del bien jurídico）。[7]

---

〔3〕 SSTC 118/2001, de 21 de mayo, 19/2000, de 31 de enero; 134/1998, de 29 de junio; 149/1997, de 29 de septiembre; 129 y 130/1993, ambas de 19 de abril.

〔4〕 SSTS 20 de mayo de 2009-La Ley 125086/2009-, 29 de julio de 2002-RJ 2002X6357-, 25 de marzo de 1994-RJ 1994X2588.

〔5〕 与意大利类似，西班牙很多学者将刑事诉讼中的"事实"视为历史事实。

〔6〕 所谓涵摄，指"判断某件刑事案件的具体犯罪事实是否与某一刑法条款的规定相符合而可以适用该条定罪科刑的思维过程"。

〔7〕 日本学者小野清一郎认为应当从静态和动态两方面考察刑事诉讼对象（客体），分别是刑事案件的单一性和刑事案件的同一性。这一观点在日本和中国台湾地区产生了相当的影响。但这一套理论无法很精确地解释刑事既判力理论。前述观点及较详细的介绍，参见徐静村主编：《刑事诉讼法学》（第3版·上），法律出版社2004年版，第113页及以下。

（1）自然事实的不可分性。

自然事实的不可分性，指诉讼前与诉讼后的自然事实不可分，立足相同的指控对象及相同的指控事实，刑事诉讼对象由诉讼前及诉讼后的事实所决定（例如被告人 A 在特定的时间或地点杀人，不是 B，也不是盗窃），这是辩护权、既判力及司法安全原则（principio de seguridad jurídica）的必然要求。

因此，如果在言辞庭审中出现了新的自然事实（并非对同一自然事实的不同法律定性），这将导致庭审中止，必须进行"简易的补充预审"（《刑事诉讼法典》第 747.6 条），也可能导致对新的事实提出新的指控。此外，对于同一自然事实，即便法院在言辞庭审中并未穷尽所有的法律涵摄也不得进行二次刑事定罪，否则违反了一事不再理原则，这亦是《宪法》的要求（第 24.1 条及第 117.3 条）。

与大陆法系国家类似，西班牙亦奉行实质真实及国家职权调查原则，因此刑罚行为的不可处分性是刑事诉讼的主导原则，当事人原则上对自然事实不具有处分权。但随着辩诉交易理念的兴起，西班牙亦允许当事人通过刑事认罪答辩程序（conformidad）[8]对自然事实进行必要的修改，但这仅是例外。

（2）构成要件事实的法益同一性。

自然事实通过涵摄进入刑事裁判领域。依"法官知法"（iura novit curia）的基本原则，法庭负责对《刑法典》相关条款进行解释及个别化适用。但在西班牙，法官对法律规范的适用并非绝对、无条件的权力，应受到指控主张的约束。但如果法官认为自然事实无误，但法律涵摄对应着同一法益保护的另一刑事规范，则可以修改控方所提出的法律定性。宪法法院认为，"法益同一性"（homogeneidad del bien jurídico）可充分保障律师的辩护权，避免突袭指控。而这一判例教义反映在《刑事诉讼法典》第 789.3 条中，即"判决不得判处高于指控所请求的刑罚，也不得判处与指控罪名保护法益不同的其他罪名或者对追诉事实作出实质性的改变，除非提起控告一方在

---

[8] 关于西班牙刑事认罪答辩程序，参见本书下文的研究。

庭审中已经向法官或者法院提出本法第 788.3.2 条规定的主张"。

2. 法律依据：判决的资格（título de condena）

依《刑事诉讼法典》第 650.2 条之规定，定性书应"包含对应受制裁行为的法律定性并确定构成的犯罪"。这里存在一个问题，如果主体要素同一、构成要件事实同一（法益同一），但法律定性存在差异，该定性是否属于刑事诉讼的对象？如前所述，宪法法院的判例教义认为，法律定性错误并不影响构成刑事诉讼对象，当事人不得以此为由提起保护之诉。

3. 请求依据：刑罚请求

最高法院在解释控告原则时指出，如果法院对被告人科以控方未请求的主刑，则违反了《宪法》第 24.2 条的规定。因此，在这一种情况下，法院仅得依职权适用附加刑。请求依据也构成了刑事诉讼的对象。

（三）形式要求

刑事诉讼与民事诉讼对诉讼对象的形式要求并不相同：在民事诉讼中，起诉和诉讼请求同时出现在起诉状（escrito de demanda）中，而在刑事诉讼中，检举、控告和定性书存在一定的阶段间隔。

1. 预审阶段：临时定性书（escrito de calificación provisional）

依《刑事诉讼法典》第 299 条，预审阶段既应确定"主体要素"，也应确定"客观要素"。依无罪推定原则，控方应负证明责任，有责任查明消极主体及事实依据，并提交临时定性文书（简易程序则为起诉书）以让刑事请求正式化。依《刑事诉讼法典》第 650 条和第 781.1 条之规定，临时定性书应包含对应受刑罚行为的描述（第 650.1 条和第 650.4 条），被告人的身份（第 650.3 条），应受刑罚行为的法律定性（第 650.2 条）和所请求的刑罚（第 650.5 条）。可见，临时定性书确定了刑事诉讼的对象，也确定了言辞庭审中的证明对象。

2. 言辞庭审阶段：最终定性书（las conclusiones definitivas）

在言辞庭审中，律师可以提出不同的定性意见，控方也可能变更定性意见（如前所述，如果检察官增加新的指控，将导致诉讼请求发生实质变更，此时法官应中止审判，进行简要的补充预审）。依《刑事诉讼法典》第 732 条之规定，"完成证据审理之后，可以对临时定性书结论中的内容进行修改"，新的结论应以书面形式提交审判长。这一新的结论即为最终定性书，一经确定，法官仅得依最终定性书中的刑事请求作出判决。

二、刑事诉讼对象的争点确定效力（la litispendencia）

争点确定效力是诉讼既判力的前提或映象（antecedente o proyección），也是诉讼对象理论的核心功能。如前所述，刑事诉讼的对象适用"两种同一性"理论，即消极主体的同一性和指控主张（causa petendi）的同一性。刑事诉讼对象的争点确定效力可分为程序上的争点确定效力和实体上的争点确定效力。

（一）程序上的争点确定效力

程序上的争点确定效力包括积极效力（efecto positivo）与消极效力（efecto negativo）。

积极效力，又称为"永久管辖"（perpetuatio iurisdictionis）效力，西班牙最高法院在 2014 年 12 月 10 日的判决中宣称，一旦刑事诉讼启动，依永久管辖原则，法官并不会因议员辞职而丧失管辖权（por el hecho de la renuncia al acta de diputado），这可以避免权贵阶层操纵法定法官原则。依积极效力，预审法官有义务发布载明理由的"犯罪信息"（Notitia criminis）裁决，可被接受，可不被接受。一旦被接受，预审法官可进一步作出停止审理的裁决，或者在普通程序中作出终止预审的裁决并移送言辞庭审，或者终止审前程序，启动言辞庭审，将案件移送审判机关，适用简易程序。

消极效力，指不得对同一被告人及同一指控事实启动第二次刑事诉讼。依消极效力，其他预审法官不得对正在进行的、针对同一被告人及同一指控事实启动新预审。如果出现这种情况，则后一位预审法官应将案件移送首先启动程序的预审法官（《刑事诉讼法典》第 759.1.1 条），或者提出管辖权争议（《刑事诉讼法典》第 19 条及以下）。消极效力并不涉及任何辩护异议，仅是诉讼要件，因此可在预审阶段依职权进行确认及评价，这并不影响控辩双方在后续程序中依《刑事诉讼法典》第666.1条（普通程序）或第786.2条（简易程序）提出管辖权异议，这是因为刑事管辖与民事管辖不同，不得进行扩展（《刑事诉讼法典》第8条）。

（二）实体上的争点确定效力

实体上的争点确定效力主要体现为时效中断（la interrupción de la prescripción）。对于这一问题，宪法法院和最高法院的判例教义存在争议，这直接导致了2015年3月30日第1号组织法对《刑法典》第132条进行了如下修改：

1. 前条所规定的期限自应受刑罚的犯罪行为实施之日起计算。对于连续犯、继续犯和惯犯，分别自最后一次实施犯罪、停止犯罪状态或者犯罪行为终止之时起计算。

在蓄谋杀人、强制堕胎、伤害、贩运人口、侵犯自由、酷刑及侵害精神完整、强奸和性伤害、侵害隐私、肖像权以及非法入侵住宅，如果被害人是未成年人，则追诉时效自被害人成年起计算；被害人在成年前死亡的，自死亡之日起计算。

2. 如果诉讼针对犯罪责任人，则诉讼时效中断，已经过的时间归于无效。诉讼时效将自程序中止（se paralice）时重新开始计算，或者根据下列规则在未作出判决的情况下终结：

（1）如果在开始处理案件或随后发布附判决理由的司法裁决，认为特定人员涉嫌参与实施可能构成犯罪的行为，则视为对该人员提起诉讼。

（2）尽管有上述规定，但向司法机关提出控告或检举，认为特定人员涉嫌参与实施可能构成犯罪的行为，则最长自提出控告或检举之日起6个月内，诉讼时效的计算中止。

如果在上述期限内，对被控告者、被检举者或与犯罪行为有牵连的其他任何人发布了第132.2.1条所规定的任何司法裁决，则诉讼时效的中断应回溯至提起控告或检举之日起。

相反，如果自提交控告或检举之日起 6 个月内，未有最终的司法裁决驳回控告或起诉，或者决定不起诉被控告者或被检举者，则诉讼时效自提交控告或检举之日起计算。

3. 就本条的效力而言，被起诉的个人应在司法裁决中充分确定，或者通过直接的识别，或者通过数据，可在之后对实施犯罪行为的组织或团体内进行识别。

《刑法典》新的第 132 条依然存在诸多漏洞，例如混淆了"诉讼时效中断"和"诉讼时效消灭"两个概念，忽视了《刑事诉讼法典》除检举和控告外，还规定依职权追诉犯罪的可能（第 308 条）。另外，"未启动诉讼"（停止审理和归档不诉）的情况也未考虑在列。第 132.2.3.1 条所规定的"其他任何人"忽视了"确定"与"识别"的区别。但仅就实体上的争点确定效力而言，第 132 条还是非常明晰地规定了向法院提交控告或检举即构成诉讼时效中断事由（最长自提出控告或检举之日起 6 个月内，诉讼时效的计算中止）。如果在上述期限内对被控告者、被检举者或与犯罪行为有牵连的其他任何人发布了第 132.2.1 条所规定的任何司法裁决，则诉讼时效的中断应回溯至提起控告或检举之日起。但这一规定并未完全被最高法院[9]所接受，也与宪法法院的判例教义发生一定的冲突。

（三）争点确定效力的起始时间

如前所述，刑事诉讼与民事诉讼不同，提起诉讼与提交诉讼请求存在时间节点的差异，因此争点确定效力在刑事诉讼不同阶段并不相同。

程序上的争点确定效力自接受"犯罪信息"处理时开始，因为这将导致启动预审（普通程序）或初期审理程序（简易程序）的裁定。此时，刑事诉讼对象的同一性便应完全确定，但不包括法律定性。而实体上的争点确定效力则参见前述《刑法典》第 132 条的规定。

---

〔9〕 Acuerdos no jurisdiccionales del Pleno de la Sala 2a del TS, de 26 de Octubre de 2010 y 27 de abril de 2011.

三、附带民事诉讼中的诉讼对象

西班牙沿袭了罗马法关于债之原因的传统教义，"民事责任可能源自刑事犯罪"（《民法典》第 1089 条）。因此，为提高诉讼效率，由刑事犯罪所导致的民事责任，可附带在刑事诉讼中提出（当然也可以单独提起民事诉讼）。这里便存在刑事附带民事诉讼中的诉讼对象问题。

附带民事诉讼中的诉讼对象主要适用《民事诉讼法典》的相关规定（如前文所论及的第 222 条），但可能涉及《刑事诉讼法典》的其他规定（如第 100 条、第 106.2 条及后续条款，以及《刑法典》第 109 条至第 126 条）。依《刑事诉讼法典》第 100 条之规定，"所有的犯罪或者轻微犯罪，其行为人除承担刑事责任外，还应承担恢复事物原状、修复损害以及补偿其行为造成损害的民事责任"。从该条款可以概括出附带民事诉讼中诉讼对象的核心要素：

（一）主体要素

与刑事诉讼对象不同，民事诉讼对象要求原告及被告的同一性（《民事诉讼法典》第 222.3 条）。依 2015 年第 4 号法律第 2.1.1 条之规定，"任何人身或财产遭受损害或损失，尤其是因犯罪行为直接造成的身体伤害、心理伤害、情感伤害或经济损失"的自然人或法人均可成为附带民事诉讼的原告。因此，可提出附带民事请求的原告，主要指被害人，但不限于被害人，例如被害人的近亲属、因犯罪行为受到侵害的第三人等也可成为原告。相应地，附带民事诉讼的被告多数为犯罪行为的实施者，也可能是应负民事责任的第三人（例如保险公司）。无论是附带民事诉讼的原告，还是被告，均应符合民事诉讼的具体诉讼要件，包括具有当事人的资格、具有起诉及推动诉讼的能力、作为积极主体或消极主体的合法性以及具体的诉讼请求。依《民事诉讼法典》第 4 条之规定，"既判力及于原告及被告双方"。

（二）客观要素

附带民事诉讼对象的客观要素包括"依据"（la fundamentación）

和"诉求"（petitum）。

1. 依据

附带民事诉讼对象的决定性"依据"并非仅是犯罪，也包括各种违法行为、过失、过错或疏忽（《民法典》第 1089 条），而最为重要的是，这些犯罪、违法、过失、过错或疏忽行为损害了民事主体的人身、财产或精神。因此，即便存在《刑法典》第 20 条及第 130 条所规定的刑事责任消灭事由，并不影响提起民事请求，例如刑事诉讼可因犯罪嫌疑人或被告人的死亡而终止（《刑事诉讼法典》第 115 条），但被害人及权利继受者依然可以提起民事诉讼。同样，犯罪嫌疑人或被告人可能因精神错乱而免除刑事责任，但仍得因加害行为承担民事责任。所以在司法实践中，刑事法官可能判处无罪或者免除刑事责任，但仍可以判处承担民事责任（这里并不考虑刑、民证明标准差异的问题）。

2. 诉求

附带民事诉讼应有明确的诉求。较之于刑事诉讼，附带民事诉讼的诉求具有两项特征：一方面，刑事诉求不可分割、不可处分（indivisible e indisponible），而附带民事诉讼的诉求具有可处分性，可以放弃（《刑事诉讼法典》第 106.2 条和第 108 条）。当事人的诉求对法官具有约束力。另一方面，附带民事诉讼的诉求具有"给付"（dar）的性质。依《刑事诉讼法典》第 100 条及《刑法典》第 110 条之规定，附带民事诉讼的目的便是"恢复原状、修复损害及赔偿损失"，即通常情况下它要求"给付"。

（1）恢复原状。

恢复原状，即恢复至犯罪发生前的原始状况，或者将财物归还给合法的所有者。因此，恢复原状是针对财产型犯罪的民事诉求，例如盗窃、抢劫、诈骗、欺诈性破产或侵占等。即便是第三人获得被盗的赃物，也可主张归还，但善意第三人在符合法律要求且不可撤销的情况下不在此列（《民法典》第 102 条）。恢复原状的诉求也可能体现为宣告无效，例如请求法院判处虚构的交易无效，自始无效。

（2）修复损害。

修复损害指提供个人服务，以减轻或补救犯罪行为所导致的损害。依《刑法典》第 112 条之规定，"在恢复原状时，法官或者法院应该根据犯罪性质、罪犯的个人情况和财产状况确定罪犯是否应通过给付、作为或者不作为的方式使受损物体恢复原有状态或者补偿其价值"，允许法官依《民事诉讼法典》第 709 条之规定下令由被定罪者进行恢复原状，设立强制性的罚金，除非执行者选择另一种形式的损害赔偿。

（3）赔偿损失。

赔偿损失指判处支付足以偿还所有犯罪损失的金额。例如在无法恢复原状的情况下，法官按所毁损财物的市场价格要求犯罪行为实施者支付赔偿金。当然，除有形损害外，法官也可判处犯罪行为实施者支付精神损害赔偿。损害赔偿金的数额应在诉求中明确，不得是"有待计算"（a reserva de liquidación，参见《刑事诉讼法典》第 650.2.1 条、第 142 条和第 742.2 条）。

（三）形式要求

附带民事诉讼的请求应体现在临时定性书中（《刑事诉讼法典》第 650.2 条），且最终定性书不得进行实质性修改，即所谓的禁止请求扩张原则（prohibición de ampliación de la demanda）。这是因为"请求扩张"将导致民事责任的辩护缺位。定性书确定了民事诉讼的对象，法院应就定性书所涉及的民事责任问题作出判决（《刑事诉讼法典》第 742.2 条）。在定性书作出前，民事主体同样可以请求预审法官进行查封或者责令对方当事人缴纳保证金，以保证承担民事责任的有效性（《刑事诉讼法典》第 589 条及以下）。

（四）检察官提起民事诉讼

依《宪法》第 124.1 条之规定，检察官应承担"维护公民权利"的职责。因此，如果被害人未放弃提起民事诉讼或者声明另行提起民事诉讼，则检察官有义务代为提起民事诉讼，以保障弱势群体的权利（《刑事诉讼法典》第 108 条）。即便被害人已提起附带民事诉讼，检察官也可一并提起民事诉讼，这是西班牙刑事附带民事诉讼较具特色的一项制度设计。[10]这里便存在"多个当事人"（pluralidad de partes）的问题。

西班牙学说认为，如果被害人和检察官共同提出附带民事诉讼，则诉求资格（capacidad de postulación）存在差异，仅被害人可以完全行使处分权，包括放弃民事诉讼。检察官的民事请求对于法院而言仅具有证明赔偿请求合理的解释效力。此外，仅被害人有权对民事判决提起上诉，检察官不得单独提起。但如果被害人已提起上诉，则检察官可以加入。

这里存在两种非常特殊的情况：其一，检察官提出的赔偿数额高于被害人，且获得法院的认可，这里便存在"额外请求"不一致（una incongruencia «extra petita»）的情况。尽管极为罕见，但这是允许的。其二，检察官如果认为被害人的民事请求无依据，也可反对给予赔偿（《检察院组织法》第3.4条）。

四、评论：诉讼对象理论作为刑事诉讼基础理论的必要性

在中国传统的刑事诉讼教科书中，诉讼对象极少作为专门的基础理论进行探讨。[11]这与传统大陆法系国家的刑事诉讼教科书有较明显的差异。[12]当然，任何理论的创设或引入均以必要性为原则，没必要生搬硬套一堆貌似深奥实则空洞的理论话语。因此，诉讼对象理论的必要性值得我们作进一步的讨论。

早在1999年，刑诉学界便曾密集地探讨过诉审的关系问题，这源自当年重庆綦江彩虹桥垮塌案的判决。重庆市人民检察院起诉某被告人（赵某忠）玩忽职守罪，而法院经审理后径行判决被告人犯

---

〔10〕 司法实践中还经常出现一种情况，即被害人一开始并未提起附带民事诉讼，检察官代为提起民事诉讼，而此后预审法官又通过诉讼邀请被害人进入诉讼程序。

〔11〕 就笔者所阅读的教材中，仅徐静村教授的《刑事诉讼法学》将诉讼对象作为基础理论进行解读。多数教材甚至并未提及诉讼对象（诉讼标的或诉讼客体）。参见徐静村主编：《刑事诉讼法学》（第3版·上），法律出版社2004年版，第112页及以下。

〔12〕 例如［德］克劳思·罗科信：《刑事诉讼法》（第24版），吴丽琪译，法律出版社2003年版，第179页及以下。

工程重大安全事故罪，不少学者质疑这一做法违反了正当程序原则，也引发了对《最高人民法院关于执行〈中华人民共和国刑事诉讼法〉若干问题的解释》原第 176 条第 2 项（现改为第 295 条第 1 款第 2 项）的质疑，即"人民法院应当根据案件的具体情形，分别作出裁判：……起诉指控的事实清楚，证据确实、充分，指控的罪名与人民法院审理认定的罪名不一致的，应当作出有罪判决"。这一争议本质上便是诉讼对象的问题，简而言之，玩忽职守罪与工程重大安全事故罪是否属于同一客观要素（法益）？答案显然是否定的，因此法院不得随意对指控罪名进行实质性修改，否则将损害辩护权的行使。尽管这一观点在中国学术界得到了相当多的支持，但很少有学者自觉且系统地研究诉讼对象这一套较为成熟的理论，并对诉审关系进行体系化的梳理。更多的学者仅是引用了欧陆国家《刑事诉讼法典》的某些条款或判例进行参照。

笔者在几年前也曾系统地研究过刑事既判力理论[13]，但在研究中也深深地感受到中国刑诉学界并未严格区分诉讼对象，也难以确定既判力的效力范围。在一次面试中[14]，有清华大学教授曾对笔者的论文及观点进行了批判，但其并不清楚刑事既判力与民事既判力存在一定的区别，且日本的学说也非欧陆的通说。因此，今天我们在谈到刑事诉讼中很多貌似公理的命题，背后却隐藏着诸多模糊地带，理论的阐释也颇为单薄。例如禁止双重危险原则，指的是什么样的"双重危险"？刑事判决之于民事判决的既判力，在范围上应如何确定？原理何在？这些问题本质上便涉及诉讼对象理论，德国、法国、意大利、西班牙和日本的主流学说均有区别，也各有利弊。因此，我们理应对诉讼对象理论进行更周延及更深入的研究。

---

〔13〕 施鹏鹏：《刑事既判力理论及其中国化》，载《法学研究》2014 年第 1 期。

〔14〕 2016 年中组部顶尖人才的答辩。

论警察调查

一、引论：刑事诉讼的启动

与中国不同，西班牙刑事诉讼未设严格的立案程序，具有鲜明的"反形式主义"（antiformalista）特征。法官无论通过何种途径（检举、控告或者自行发现）获得任何的"犯罪信息"，均"有义务依职权作出处理"，"预审法官或者治安法官获悉犯罪行为后，其法院书记员应当立即告知相应的省级法院检察官，并在开始审理后 2 日内向其递交立案报告，立案报告应当简明扼要地说明案件事实、情节以及犯罪嫌疑人的情况"（《刑事诉讼法典》第 308 条）。因此，刑事诉讼的启动原则上[1]并不需要符合严格的程序要求，不需要当事人符合法定的程序要件（例如作为积极主体或消极主体的资格或能力），法官甚至无管辖权也可依职权启动。学说认为，这是起诉法定原则及职权调查原则的必然结果。这里需要区分"刑事诉讼的启动"与"诉讼请求可受理"（la admisibilidad de la pretensión）两个完全不同的概念。如前所述，"刑事诉讼的启动"仅是启动预审调查程序，无需遵循严格的程序要件，但这并不意味着"诉讼请求可受理"。法官如果需要对实质性的法律冲突作出实体判决，则应严格遵循诉讼要件[2]的要求。

一般而言，刑事诉讼依检举及控告启动，特殊情况下也可"法

---

[1] 也有例外，例如某些类型的自诉案件，必须有合格当事人的控告。
[2] 关于诉讼要件，参见本书其他部分的研究。

官依职权启动"[3]或者"政府特别启动"（excitación especial del Gobierno）。但在司法实践中，后两者情况并不多见。

（一）检举

1. 检举人和被检举人

所谓检举，便是声明知悉（conocimiento）以及在必要情况下表明有意愿（de voluntad）将构成犯罪的行为信息交给司法机关、检察官或具有司法警察职能的机构（《刑事诉讼法典》第259条及第264条）。

对于公诉罪，检举者无任何资格限制，任何自然人均可将犯罪信息提交职权机构。[4]即便是无行为能力的自然人，依然有权提出检举。[5]检举者的身份应进行查明及核实（《刑事诉讼法典》第267条及第268条），据此推断西班牙并不允许"匿名检举"（denuncias anónimas）。检举可以以言辞或书面形式，可以由检举者本人进行检举，也可以通过授权特别代理人进行检举（《刑事诉讼法典》第265条）。

目击证人原则上有检举义务（《刑事诉讼法典》第259条），但如下情况例外：①未成年人和心智不健全的人无检举义务（《刑事诉讼法典》第260条）；②近亲属无检举义务（《刑事诉讼法典》第

---

〔3〕 "依职权启动"规定在《刑事诉讼法典》第308条中，"预审法官或者治安法官获悉犯罪行为后，其法院书记员应当立即告知相应的省级法院检察官，并在开始预审后2日内向法院院长（Presidente）递交预审报告（formación del sumario），预审报告应当简明扼要地说明案件事实、情节以及犯罪嫌疑人的情况"。在司法实践中，"依职权启动"通常涉及一些恶名昭著的罪行（例如媒体广泛报道的案件）以及在诉讼中实施了违反司法管理的罪行（例如伪证或者不服从命令等）。涉及违反司法管理的罪行，法院院长可先依《刑事诉讼法典》第684.4条和第638条之规定进行法庭训诫，形成相应的"个人证言"（testimonio de particulares），情节特别严重的可以启动刑事诉讼。但需要特别指出的是，这里容易存在误读。因为《刑事诉讼法典》第102.3条明确规定，"法官或者高级法官不得提起刑事诉讼"，似乎与"法官依职权启动刑事诉讼"存在矛盾。事实上，更严谨的表述应是"法官依职权发现犯罪信息"，启动刑事诉讼的权力仍然交由检察官（《刑事诉讼法典》第308条，法院书记员应当立即告知相应的省级法院检察官，而非自行启动）。

〔4〕 但对于某些自诉罪或半公诉罪，则检举者仅得是被害人或者被侵害的人及其法定代理人（《刑法典》第191.1条）。

〔5〕 依《刑事诉讼法典》第260条之规定，"第259条所规定的检举义务不适用于未成年人和心智不健全的人"，但"未成年人和心智不健全的人"依然有权进行检举。

261 条，第 416 条则重申了近亲属无作证义务）；③律师（《司法机构组织法》第 542.3 条和《律师一般法》第 32 条）、代理人（《代理人一般法》第 39.5 条）和教职人员（天主教徒，参见《教会法》第 983 条和第 984 条）无检举义务。尤其是律师，检举客户的行为构成犯罪（《刑法典》第 199.2 条和第 466 条）。因此，辩护律师没有义务与"防资本洗钱及金融犯罪委员会执行机构"合作，以检举客户可能已经进行的洗钱活动（1993 年第 19 号法律第 3.4.b.2 条，由 2003 年第 19 号法律所修改）。

公务员或者具有公法上身份的证人，检举义务属于加重的义务（obligación cualificada），未进行检举可能导致罚款（较为轻微，25 比塞塔至 250 比塞塔，《刑事诉讼法典》第 259 条和第 263.3 条），以及行政责任、纪律惩戒责任甚至刑事责任（《刑法典》第 407 条及第 408 条）。

检举并不需要确定和查明犯罪嫌疑人，这是预审阶段的核心功能之一（《刑事诉讼法典》第 299 条）。如果公民获悉犯罪嫌疑人的具体信息，则应交给相关的职权机构，以提出正式的检举。一旦确定犯罪嫌疑人的身份，则必须进行权利告知（《刑事诉讼法典》第 118 条）。犯罪嫌疑人也可以"自行检举"（auto denuncia），这构成《刑法典》第 21.4 条所规定的"自愿坦白"（arrepentimiento espontáneo）的减刑情节。

2. 管辖机构

检举可向法官、检察官或警察提出，但程序存在差别。

如果检举向有管辖权的法官提出，法官认为存在犯罪事实，即可启动"初期审理程序"。反之，如果法官认为不存在犯罪事实（虚假检举）或者既有事实不构成犯罪，即可驳回检举，且应载明理由。但如果涉及刑事责任消灭事由，仍应启动预审程序。

如果检举向无管辖权的法官（包括级别管辖或地域管辖）提出，则应进行初步调查程序（primeras diligencias）（《刑事诉讼法典》第 13 条），并立即向有管辖权的预审法官报告（《刑事诉讼法典》第

308 条）。如果法官认为构成犯罪，则应在最长时间 3 天内移送有管辖权的法官（《刑事诉讼法典》第 307 条），并可依案件的情况决定将拘留提升为羁押，且在该期限内将被羁押者移送有管辖权的法官处置（《刑事诉讼法典》第 498 条及后续条款）。

如果检举向检察官提出，则"检察官可以受理，并将检举移送司法机构，或者就他们认为未有提起诉讼理由的案件作出归档不诉的决定。在后一种情况下，应告知检举人相关决定"（《检察院组织法》第 5 条）。《刑事诉讼法典》第 773.2 条及《检察院组织法》第 5.2 条、第 3 条赋予检察官进行预先调查（investigación preliminar）的权力。

如果检举向警察（司法警察）提出，则警察将进行预先调查（diligencias de prevención），并依《刑事诉讼法典》第 284 条及后续条款立即告知司法机关或检察官（《刑事诉讼法典》第 284 条和第 295 条）。同时，警方有权（亦有义务）通过证明书检举犯罪行为（《刑事诉讼法典》第 297.1 条）。

（二）控告[6]

与检举完全不同，控告是提起刑事诉讼的行为（《刑事诉讼法典》第 100 条及以下条款、第 270 条），有更严格的主体、事由及程序要求。

1. 主体

依控告类型的不同，控告主体也有不同的资格要求。在公诉案件中，检察官负责提起控告（《刑事诉讼法典》第 105 条），这是国际通例，未有争议。除公诉案件外，《刑事诉讼法典》第 104 条规定了两类应由被害人启动的刑事案件：自诉案件与半公诉案件。自诉，又称为"排他性自诉"，指被害人唯一有权提起刑事诉讼，也是唯一有权放弃对被告人的追诉（《刑事诉讼法典》第 106.2 条）或者进行宽恕（《刑法典》第 130.4 条）。而半公诉，又称为"相对性自

---

〔6〕 本书对刑事起诉制度另行做了更详细的研究。出于体系的完整性，此处进行了部分的重述，但行文从简。

诉"，指被害人既可以通过控告也可以通过检举启动刑事诉讼，但检察官并不必然启动刑事诉讼。一旦刑事诉讼启动，被害人便不再具有刑事请求的处置权，检察官负责支持诉讼请求，且检察官有权在一些半公诉案件中进行宽恕或者作出无罪释放的裁决以让程序非正常中止。

2. 事由

控告书必须明确控告人的姓名及身份，在必要的情况下还得核实或查明被控告人的身份（《刑事诉讼法典》第277条）。控告书还应有事实的详细描述以及意愿声明。

（1）事实的详细描述（La relación circunstanciada del hecho）。

依《刑事诉讼法典》第277.4条之规定，"控告书作为正式文书，应当包括：……犯罪事实的详细描述，如果获知实施行为地点、具体日期和具体时刻的，还应指明地点、日期和时刻"。这一条款的措辞蕴含着两种情况：其一，控告人应尽可能提供翔实的犯罪信息，避免控告被驳回；其二，在更多的情况下，控告人可能无法提供完整的犯罪信息，需要启动预审程序进行调查取证。因此，法官对"详细描述的事实"应进行评估。

（2）意愿声明。

控告还是一种认知行为。依《刑事诉讼法典》第277.6条之规定，"控告书作为正式文书，应当包括：……提出受理控告、开展前项所述调查、逮捕以及关押犯罪嫌疑人或者要求提供保释金、扣押必要数量的财产等请求"。

依判例教义，如果控告书未涵盖前述核心内容，则仍具有检举效力。

3. 程序

（1）缴纳保证金（la fianza）。

并非所有类型的控告均需要缴纳保证金，原则上仅自诉案件需要缴纳保证金。保证金制度的核心功能在于：一方面，可避免肆意的诬告陷害，在控告者放弃或撤回控告时可保证其承担责任（《刑事诉讼法典》第274.2条）；另一方面，控告人或者附带民事诉讼的原告人因轻率或者恶意提起诉讼的，应承担因此产生的诉讼费用。（《刑事诉讼法典》第240.3条）。但保证金制度也存在重要的缺陷，尤其是过高的保证金可能妨碍诉权的行使，损及宪法所规定的"有效保护权"。因此宪法法院的判例教义要求"保证金的数额应与控告者的财产相适应"（比例原则）。宪法法院的判例教义部分已转化为立法。依《司法机构组织法》第20.3条之规定，"不得因保证金不足而阻止提起公民诉讼，公民诉讼应免费提起"。

保证金应依《刑事诉讼法典》第591条所规定的某一形式（担保可采用人保、质押、抵押或者通过他可兑现的方式，或者通过由信贷机构或社会互助担保机构提供的无期限并且应当偿付的共同担保，或者法官和法院认为可保证立即支付所需金额的其他担保方式），并以《民事诉讼法典》所规定的方式进行（《刑事诉讼法典》第764.2条）。如果未在法院指定期限内缴纳保证金，将产生"放弃控告"的效力（《刑法典》第275条和第276条）。

（2）受理及评估（Admisión y estimación）。

与检举不同，控告应提交有管辖权的法院进行审查（《刑事诉讼法典》第272条及第313条）。法官应依职权对管辖权事项进行审查。如果控告因管辖权问题未被受理的，则转化为检举。如果该检举涉及公诉罪，则应移送有管辖权的法官。

此后，法院应对控告的依据进行审查，可作出不予受理、驳回或者接受控告的裁决。

A. 对启动诉讼行为不予受理的裁决（Autos de inadmisión de los actos de iniciación del proceso）。

不予受理的裁决既可适用于检举，也可适用于控告。该类型的裁决并不产生既决事由的所有实质效力，但仍将产生一定的拘束力，即对于相同的事实陈述亦不予受理。

"检举不予受理"规定在《刑事诉讼法典》第269条中，严格限定了两种不予受理的事由：①因为无犯罪事实（"检举明显是虚假的"）；②不符合犯罪行为的犯罪构成要件（"不构成犯罪"）。在未成年人刑事诉讼中，检察官可因"未有被告人"而不受理检举（2000 年第 5 号组织法第 16.2 条）。

"控告不予受理"的事由则较为广泛：①无管辖权或不符合犯罪构成要件（《刑事诉讼法典》第 313 条）；②法官认为"控告不恰当"（《刑事诉讼法典》第 312 条）。所谓"控告不恰当"，便包括控告者未具法定条件、控告者身份不明、未符合程序要件（例如未有《刑法典》第 215.2 条所规定的"许可"）或者存在争点确定效力，等等。

B. 驳回（Desestimación）的裁决。

驳回亦可适用于检举和控告。对于检举，法官可以以"检举明显错误"为由予以驳回（《刑事诉讼法典》第 269 条），而对于控告，法官仅可以以"未符合犯罪构成要件"为由予以驳回（《刑事诉讼法典》第 313 条）。这里应区分"驳回裁决"（auto desestimatorio）和"停止审理的裁决"："驳回裁决"作出时并未完全启动预审程序，而"停止审理的裁决"则在完全启动预审程序后方可作出。

不予受理的裁决或者驳回的裁决将导致犯罪时效恢复（《刑法典》第 132.2.3 条），由控告人支付费用（《刑事诉讼法典》第 239 条）。对于此类裁决，指控人可以提出修改请求（recurso de reforma, vide MFTS de 1899）以及上诉（《刑事诉讼法典》第 313.2 条）。

C. 接受控告的裁决。

如果控告符合程序要件及实体要求，则法官应作出接受控告的裁决，正式启动刑事诉讼。在司法实践中，刑事诉讼的运行往往首先起源于警察的调查。这也是为何我们在研究警察调查前先对刑事诉讼的启动作一简要地介绍。

二、警察调查的界定、核心内容及程序

（一）警察调查的界定

警察调查（atestado），是司法警察的程序行为，指警察因知悉犯罪事实而采取的预先调查措施，适用准确而紧急的程序以查明犯

罪事实及其实施者，如有必要应拘留犯罪嫌疑人，保全物证，并在法定期限内移交司法机构（《刑事诉讼法典》第282条、第297条、第770条、第772条及第796条）。

因此，警察调查的对象是犯罪事实：如果涉及公诉罪事实，则警察调查可直接启动。但如果涉及半公诉罪或者自诉罪事实，则仅在被害人提出检举的情况下，警察调查才可启动。具有公共利益的半公诉罪事实，如性侵犯、性骚扰和性虐待罪（《刑法典》第191条），涉及知识产权和工业产权、市场和消费者的犯罪（《刑事诉讼法典》第282.2条和《刑法典》第287.2条）和公司犯罪（《刑法典》第296.2条），警察调查也可直接启动。

《刑事诉讼法典》第282条明确了警察调查的核心功能，"司法警察有义务调查其辖区内发生的刑事案件，根据其职权范围开展调查以核实案件事实并发现犯罪嫌疑人，将收集到的所有存在灭失危险的案件相关物品、工具或者证据交与司法当局"。而警察的这一调查程序称为"初步调查程序"（primeras diligencias），核心的举措包括"保存可能消失的犯罪证据、搜集和保管能核实和查明犯罪嫌疑人的相关证据、在必要情况下拘留犯罪嫌疑人，并且可以采用本法第544-1条规定的预防性措施和第544-2条规定的保护令保护被害人或者被侵犯人及其家人或者其他相关人员"（《刑事诉讼法典》第13条）。

这里有必要对西班牙刑事诉讼的各种调查程序进行术语的说明。西班牙现行的《刑事诉讼法典》颁布于1882年，较为陈旧，精密度及严谨性无法与现代的法典相提并论，尤其是这部法典在近150年的时间内历经无数次改革，包括特别程序的设立，导致每种调查程序的称谓及内容均有差别，且随着改革的不断推进，各种调查程序的内容也在发生变化。例如在最早版本的法典里，司法警察在"初步调查程序"中仅得收集犯罪对象证据（cuerpo del delito）[7]、专家报告和证人证言（《刑事诉讼法典》第293.2条）。对被拘留者的

---

[7]　如被害人、被盗窃的物品或被毁坏的财物。

讯问只能由预审法官在调查陈述（declaraciones indagatorias）程序中进行（《刑事诉讼法典》第 385 条及后续条款）。但随着提升打击犯罪效率的要求，司法警察逐渐获得了对被拘留者进行讯问的权力。1988 年的简易程序改革则进一步扩大了司法警察的权力。这些繁芜且略显无序的改革本身便较为庞杂，尤其是留下了诸多含义略近但存在一定区别的专业术语，这让域外的读者产生了许多没必要的混淆。[8]

依主体及内容的不同，应区分如下概念：①警察的初步调查程序（primeras diligencias）或者预先调查程序（investigación preliminar），规定在《刑事诉讼法典》第 282 条至第 298 条中，即司法警察依职权或者接受检举或控告时应进行的警察调查；②检察官的调查程序（las diligencias informativas）或者预先调查程序（investigación preliminar），规定在《刑事诉讼法典》第 773.2 条和《检察院组织法》第 5 条，检察官在预审程序启动前也可对犯罪信息进行调查；③预防性司法调查程序（diligencias judiciales de prevención）或者初步调查程序（primeras diligencias），由未有管辖权的预审法官负责，临时查明应受刑罚的行为（《刑事诉讼法典》第 13 条以及第 307 条），"保存可能消失的犯罪证据、搜集和保管能核实和查明犯罪嫌疑人的相关证据、在必要情况下拘留犯罪嫌疑人，并且可以采用本法第 544-1 条规定的预防性措施和第 544-2 条规定的保护令保护被害人或者被侵犯人及其家人或者其他相关人员"（《刑事诉讼法典》第 13 条）；④由普通预审法官和特别预审法官所进行的预审；⑤在未成年刑事诉讼中检察官的预审；⑥代理法官（los Jueces Delegados）和法警（Comis-

---

〔8〕 最令域外研究者感到棘手的是，西班牙《刑事诉讼法典》经常交替使用含义并无区别的不同术语。从尊重法典文本的角度，似乎应进行差别化的翻译，毕竟使用了不同的术语，但这又容易给中国的读者造成误解。因此，笔者尽可能在主文中提前说明各种术语及其含义。西班牙《刑事诉讼法典》因时间久远所造成的各种瑕疵甚至错误，引发了较大的批评，呼吁制订新法典的声音时而有之。但新近的一些改革，似乎也未有化繁为简的功效，例如被告人的称谓，参见 Ildefonso Manuel Gómez Padilla, Diferencias conceptuales entre imputado, investigado, procesado y encausado. Derecho de defensa. https://ficp. es/wp-content/uploads/2017/06/G%C3%B3mez-Padilla. -Comunicaci%C3%B3n. pdf。

ionados）所进行的调查。

如前所述，在早期，警察调查的手段极为有限，这可以有效地实现控权，但也影响了打击犯罪的效率。鉴于司法警察作为侦查主体的专业性及便利性，以及许多刑事案件对快捷取证的迫切要求，西班牙《刑事诉讼法典》逐渐扩大了警察的调查权，但也引发了对取证合法性的担忧。例如警察讯问制度（el interrogatorio policial），在相当长的一段时间里使口供成为刑事诉讼的"证据之王"（regina probatorum）。在司法实践中，警察的办案思路便是尽快获取被拘留者的口供，因为只要轮值法官核准了犯罪嫌疑人的口供，则该口供将成为检察官起诉书的首要结论，并最终成为有罪判决所确认的事实。直至 1981 年 7 月 28 日，西班牙宪法法院通过非常著名的第 31 号判例，重塑了《刑事诉讼法典》第 297 条，规定警察调查仅具有检举的一般效力，任何公民不得仅因在警察前的唯一有罪供述而被定罪。而刑事拘留制度的改革则从 1997 年开始，一直持续至 2015 年（《刑事诉讼法典》第 520 条）。

在对警察的调查手段进行详尽的研究前，这里还应区分"调查行为"（actos de investigación）、"预设证据"（prueba preconstituida）和"预先证据"（prueba anticipada）三个概念[9]，这也是西班牙刑事证据理论中较具特色的一种类型化。[10]

依西班牙刑事证明理论，调查行为所收集的仅是"犯罪信息"，一开始仅作为指控判断的事实依据，其次再作为起诉书的依据。但调查行为所获得的"犯罪信息"不能直接作为定罪依据，而仅得经过言辞庭审的重构，方可成为定案的证据。警察所能实施的调查行为，包括被拘留者的陈述、证人陈述和专家报告。

相反，预设证据和预先证据则可直接作为定案的证据，但具有

---

〔9〕 因为警察的取证权较为有限，仅可能涉及"调查行为"和"预设证据"。但此处基于体系的完整性，笔者亦将介绍"预先证据"。但更详细的理论区分，参见本书《论预审》部分关于预审行为的研究。

〔10〕 法国也有类似的概念（即 La preuve préconstituée），但并未和"调查行为"区分开来，含义上也与西班牙的"预设证据"或"预先证据"有较明显的区别。

非常严格的适用条件，包括[11]：①实质要求——不可重复性，即无法在言辞庭审中重复这一证据行为；②主体要求——取证机构的独立性以及对席的可能性；③形式要求——宣读文件（la lectura de documentos），预先证据和预设证据应通过《刑事诉讼法典》第730条所规定的宣读文书进入言辞庭审。但预设证据和预先证据之间也存在区别，具体而言：在证据形式方面，预设证据仅得是"公共文件"，而预先证据则是个人证据（例如证人证言和鉴定报告）；在取证主体方面，预设证据的取证主体可以是预审法官，在紧急情况下（如现行犯案件）也可以是司法警察和检察官，而预先证据涉及公民的基本权利，取证主体仅得是预审法官。警察可收集的预设证据涉及犯罪对象证据、酒精测试证据、视频监控记录、地理位置证据、身体检查证据、电子交通证据以及 DNA 证据等。

（二）警察调查的核心内容

无论调查行为，还是预设证据，均主要由预审法官负责，因此为避免内容重复，笔者拟主要在《论预审》一文中对各种取证手段作更详细的介绍。下文笔者拟重点介绍西班牙刑事司法实践中最典型的一种警察调查行为，即询问证人及被害人。此外，除普通程序的警察调查外，快速审理程序的预先预审（la preinstrucción en los juicios rápido）则是相对独立且较为特殊的警察职权，亦应作一专门介绍。

1. 询问证人及被害人（广义）

如前所述，随着正当程序理念的勃兴，口供不再成为西班牙刑事诉讼中的"证据之王"，犯罪嫌疑人享有沉默权。因此，证人及被害人（广义）的陈述在警察调查阶段的重要作用毋庸讳言。依《刑事诉讼法典》第770条之规定，"司法警察应当记录在案发现场出现的人员的个人信息及地址，以及其他任何有助于确定该人员身份和所在位置的信息，如工作地点、固定电话或者移动电话号码、传真

---

〔11〕 更详细的介绍，参见本书《论预审》部分关于预审行为的研究。

号码或者电子邮箱地址"。"参与警察调查程序的在场人员、鉴定人及证人应当在各自对应的事项部分签字"（《刑事诉讼法典》第293条）。如果所调查的事实属于快速审理的适用范围，则应移送当值法院。依《刑事诉讼法典》第796.1.4.1条之规定，司法警察"应传唤证人、被害人（广义）在指定的日期和时刻到达当值法院，并告知其不应传的后果"。

对于被害人（广义），警察还应进行权利告知（《刑事诉讼法典》第771.1.1条），主要内容包括：①无须提起控告，便可作为案件的当事人（《刑事诉讼法典》第771.1条），与检察官平等武装，有权获悉案件的进展情况，并依合法权利提出要求（《刑事诉讼法典》第771.1条和第776.3条），有权参与诉讼全过程（《刑事诉讼法典》第302条），诉讼不得进行回溯（《刑事诉讼法典》第109.3条）；②如果符合接受无偿法律援助的条件，有权要求指派官方律师（《刑事诉讼法典》第771.1条和第119条）；③被害人（广义）在其不作为案件当事人参与审理、不撤销或者仅保留民事诉讼权利时，在相应情形下由检察院行使该权利（《刑事诉讼法典》第771.1条、第105条和第108条）；④在暴力犯罪和侵害性自由犯罪的情况下获得医疗和心理救助的权利（《刑事诉讼法典》第776.2条、第771.1.1条以及1997年第738号王室法令第15条）；⑤在暴力犯罪、侵害性自由犯罪以及在国家有义务向被害人（广义）提供赔偿的所有罪名中（参见1997年第1221号王室法令，为1998年第1734号王室法令所修改，涉及恐怖主义犯罪中对被害人的援助和赔偿），有权从国家预算中获得财政援助（1997年第738号王室法令第1条）；⑥有权获悉"可能影响其安全的程序行为"（《刑事诉讼法典》第109.4条，由1999年6月9日第14号组织法引入）；⑦告知现有的恢复性司法或调解制度（2015年第4号法律，即《犯罪被害人法》第5.1.11条）。如果满足起诉便宜原则的前提，警察还必须告知与犯罪嫌疑人刑事和解的可能性（mediación penal，《刑事诉讼法典》第3条）。

信息告知应以"书面形式"作出（《刑事诉讼法典》第771.1

条），但可在询问前，也可在询问后（这与犯罪嫌疑人有明显的不同，对犯罪嫌疑人的权利告知必须在讯问前）。

2. 快速审理程序的预先预审

西班牙《刑事诉讼法典》第 3 编第 2 章"司法警察的职权"仅设一条，即第 796 条，规定了司法警察在快速审理程序[12]中的预先预审。立法者之所以进行这样的条款设置，是因为司法警察在普通程序中的调查权主要还是依附于预审法官，而在快速审理程序中，则调查权相对独立且至关重要：警察调查是启动快速审理程序的基本前提（《刑事诉讼法典》第 795 条），且在轮值法官的预审中，如果司法警察未采取某些预先预审行为，则无法推动后续程序的进行。依《刑事诉讼法典》第 796.1 条之规定，司法警察应当在必要时间内（如果已拘留，最长时间为 72 小时；如果犯罪嫌疑人尚未被拘留或者发现的，最长的期限可达至 5 天[13]），特别是在拘留期间实施下列措施：

（1）医疗救助及预设书证。

在必要时，如果犯罪性质需要，司法警察可要求任何可以提供帮助的医生或者医疗人员对被害人进行适当的救治（《刑事诉讼法典》第 770.1 条）。司法警察有权向医生或者医疗人员索取对被害人实施救助的报告副本，以便将此文件归入警方调查卷宗中（《刑事诉讼法典》第 796.1.1 条）。这份实施医疗救助的报告副本将证明医疗救助的真实性，发生的地点、日期和时间，以及所评估伤害的性质，可以作为预设书证。

（2）传唤及询问证人及被害人（广义）。

司法警察可传唤并询问《刑事诉讼法典》第 796 条所规定的所

---

[12] 快速审理程序是西班牙刑事诉讼法典所规定的一种特别程序，适用于 5 年以下监禁刑或者 10 年以下不同性质、单处、补充或替代刑罚的特定案件（《刑事诉讼法典》第 795 条及以下）。顾名思义，快速审理程序更为简便快捷，赋予司法警察及当值法官更大的程序及实体的处置权。关于快速审理程序更详细的研究，参见《西班牙刑事诉讼与证据制度专论》系列书稿的其他卷。

[13] 2003 年第 15 号组织法第 4 条。

有个人和实体，包括第 796.1.3.1 条所规定的警察调查卷宗中未被拘留的被检举者、第 796.1.4.1 条所规定的证人和被害人（广义）以及第 796.1.5.1 条所规定的保险机构、责任人和被害人。

（3）鉴定调查（Diligencias periciales）。

依《刑事诉讼法典》第 796.6.1 条之规定，"司法警察查获的物品与案件相关的，应当将其提交至毒物学研究院、司法医学研究院或者相关实验室。以上机构应当立即开始进行所申请的分析并将结果以最快的方式提交至当值法官，并且应当在前述规定传唤的日期及时刻前提交。在此期间无法提交分析报告的，司法警察可以自行进行分析，并且不影响其行使必要的司法监督"。但如果司法警察自行作出的鉴定分析，不得作为预设证据，应在言辞庭审中接受质证。

（4）保障辩护权。

刑事辩护权的强化，是西班牙刑事诉讼正当化的重要标志。依《刑事诉讼法典》第 796.1.2 条之规定，"应当告知犯罪嫌疑人，无论是否对其实施拘留，均有权在律师的陪同下前往当值法院。犯罪嫌疑人未特别表达需要律师陪同的，司法警察应当向律师协会要求为其指定一名官方律师"。为了保障其辩护权，一旦开始紧急审理，预审法官应当将报告的副本、已经完成的审理部分或者当值法官所完成审理部分的相关文件移交至辩护律师（《刑事诉讼法典》第 797.3.2 条，由 2009 年第 13 号法律引入）。

（三）警察调查的程序

1. 启动调查

依《刑事诉讼法典》第 284.1 条之规定，"一旦司法警务人员受理公诉案件或者被请求对某些自诉案件启动调查，司法机构及检察院代表应立即参与调查，但预先调查并不停止。如果司法机关或者检察院代表的参与会导致预先调查的停止，则在调查结束后再参与案件"（经 2015 年第 4 号及第 41 号组织法修改）。"除不可抗力外，司法警务人员均应当在 24 小时内向司法机关或者检察院汇报其所调查的情况"（《刑事诉讼法典》第 295 条）。[14]

2. 结束调查

如果无法确定和识别犯罪嫌疑人，则司法警察应将警察调查笔录交由检察院和司法机关处理，但在下列情况下，无须移送（《刑事诉讼法典》第 284.2 条）：

（1）涉及危害生命、危害形体完整、危害性自由和性自主（contra la libertad e indemnidad sexuales），或与腐败有关的犯罪。

（2）警察调查已进行了 72 个小时，采取了各种调查措施仍无结果。

（3）检察院或司法机构要求推迟的。

依《犯罪被害人法》第 6 条（即 2015 年 4 月 27 日第 4 号法律）所规定的权利，如果在 72 小时内未查明犯罪嫌疑人，则应告知检举者，诉讼程序不会转移至司法机关，但并不影响检举人再次向检察官或预审法官进行检举的权利（《刑事诉讼法典》第 284.2.3 条）。结合《刑事诉讼法典》第 963.1.1 条的规定，司法警察可在无法发现犯罪行为实施者的情况下决定归档不诉，这有助于解决司法实践中的未决案件的堵塞问题，但并不妨碍检举者再次进行检举。

如果司法警察已确定并查明犯罪嫌疑人，则存在调查期限问题：已采取拘留措施的，最长的期限为 72 小时（《刑事诉讼法典》第 520.1.2 条），司法警察应在该期限内决定释放被拘留人或者将其移送司法当局；在其他情况下，最长的期限为 5 天。在未拘留也不知犯罪嫌疑人下落但能快速确定其身份及位置时，应当继续进行已经开始的调查并将犯罪嫌疑人的此情形一同记入警察调查报告中。一旦犯罪嫌疑人被拘留或者按照前列各项规定被传唤时，应当在 5 日内将警察调查报告提交全当值法院。在此情形下，预审将仅交出接收警方调查报告的当值法院负责（《刑事诉讼法典》第 796.4 条）。

---

〔14〕 这些条款最早均在 1882 年确立。当时，警察预先调查程序的启动仅得通过马夫传信告知预审法官。因此，法典对告知的时间有较严格的要求。当下，互联网技术已极为成熟，司法警察完全可以通过 LEXNET 系统（西班牙司法系统的内部网络）进行即时通信。但在司法实践中，西班牙警方主要还是通过文书、传真或电子邮件与法院保持联系。

三、警察调查的效力：警察调查卷宗

西班牙的学说认为，警察调查在紧急状况下进行，司法警察仅是司法机构的代理人（因为法官的人数不如警察多）。因此，一旦启动警察调查行为，则必须"立即"通知法官和检察官（《刑事诉讼法典》第284.1条），如果预审法官到警察局进行预审，"任何机构和警务人员均应当停止所有正在实施的预先调查，并将案件连同其收集的证据交由该法官。犯罪嫌疑人已被拘留的，也应当一并移交"（《刑事诉讼法典》第286条）。

但这并不意味着警察调查不重要。在刑事司法实践中，警察调查具有高效、便捷及专业等特点，可尽快保存犯罪证据，及早发现犯罪嫌疑人并采取各种强制措施。警察调查卷宗也具有一定的诉讼效力（Valor procesal del atestado），在特定情况下甚至可成为预设证据。因此，法律对警察调查卷宗的形式及保密性作了较严格的规定，对警察调查卷宗在庭审中的应用也作了不同的设定。

（一）警察调查卷宗的形式要求

《刑事诉讼法典》对警察调查卷宗的形式要求规定极少，仅在第292条中有所体现，"司法警务人员应当用水印纸或者普通纸签发其参与调查的汇报，其中应当尽可能准确地说明所调查的案件事实、写明收集到的供词和申辩、记录所有观察到的情形以及可能的犯罪证据或者痕迹"。但司法实务则有较严格的要求，以保证警察调查的严肃性和规范性。例如警察调查笔录必须页码连续（包括页面背面或对开翻页）。如果内容存在错误或者遗漏，则应以"我说……"（"digo…"）或"他想说……"（"quiere decir…"）指明错误，并在后文中标注。如果在警察调查阶段结束后才发现调查卷宗存在疏漏或错误，则应出具专门的说明以指出疏漏或错误所在。但随着 LEXNET 电子通信系统的普及，调查卷宗的形式将有新的规定。

在内容上，警察调查卷宗应至少包括如下几个部分：

1. 开头（Encabezamiento）

警察调查卷宗的开头应标明调查警员及书记员的身份、职业编号、所隶属的行政单位等。如果警察调查源于检举，则开头应注明检举人、国家身份文件及住所（《刑事诉讼法典》第 762.7.1 条）。如果犯罪嫌疑人已被拘留，则应列明被拘留和释放的地点、日期和时间，或者列明已经交给司法机关。

如果是书面检举，则检举人应在书面材料上进行签名，警察将在所有页面上签字，并将其附加在调查笔录上（《刑事诉讼法典》第 266 条）。如果是口头检举，则"收到检举的机构或者警察应当制作笔录，以声明的形式写明检举人所了解的与检举事实及其情形相关的所有信息，并由双方在该记录上签字。检举人无法签字的，应当请人代签"（《刑事诉讼法典》第 267 条）。

2. 事实描述

警察调查卷宗的主文为事实描述，这也是发挥调查卷宗功能的基础所在。因此，对案件事实的描述应客观、公正、真实及准确，详细及符合逻辑地列明案件的时空及人物要素，既要描述对犯罪嫌疑人不利的事实，也要叙述对犯罪嫌疑人有利的事实。

3. 法律定性

司法警察还应依《刑法典》的相关规定在警察调查卷宗中列明对应受刑罚行为的法律定性，但这一法律定性对检察官和预审法官并不具有约束力。

4. 附录

附录应列明警察调查程序中所采取的各种调查行为、预设证据行为、程序裁决、技术报告等，包括且不限于[15]：检举人的陈述、目击证人的陈述、拘留文件及被拘留者的权利文书（聘请律师、专门的拘留通知、身体检查……），拘留记录、传唤记录和搜寻指令的报告（《刑事诉讼法典》第 292.2 条），犯罪嫌疑人的确认及身份查

---

〔15〕 Manuel López Sánchez, A. Nicolás Marchal Escalona, Policía y seguridad pública: manual de intervención policial, Aranzadi, 2011, p. 227.

明（照片辨认或由直接证人的现场辨认），警察对犯罪嫌疑人的讯问和对证人的询问，犯罪嫌疑人的权利告知以及鉴定报告（如道路安全的草图和照片、商品的鉴定、麻醉药品分析、指纹、DNA等）。

在所有调查程序结束后，参与调查的警察及书记员应在调查卷宗中签名。参与警察调查程序的在场人员、鉴定人及证人，应当在各自对应的事项部分签字。不签字的，应当说明原因（例如在场人员为涉案当事人，则未有作证的义务）（《刑事诉讼法典》第293条）。签名有一定的顺序：最上方为调查人员，接下来则按参与程序的先后签名，最后为书记员。书记员不仅要核实程序，还要核实此前的签名。

如果涉及非常复杂的刑事案件，则通常还会在调查卷宗的末尾设索引，便于预审法官进行查阅及核实。

（二）警察调查卷宗的秘密属性

警察调查卷宗具有秘密属性，参与调查的任何公职人员均有保密义务（《刑事诉讼法典》第302条）。违反该保密义务的，可能导致纪律惩戒责任，甚至是刑事责任（《刑法典》第442条）。社会公众及新闻媒体亦无权查阅警察调查卷宗，以防止侦查信息泄露，影响诉讼的后续进行。此外，媒体过早介入刑事诉讼，也可能导致未决先定，损害无罪推定原则，造成所谓的"平行审判"（juicios paralelos）悲剧。因此，欧洲议会和欧洲理事会在2016年3月9日所发布的第2016/343号指令第5.1条便规定，"成员国应采取必要措施，确保在依法证明犯罪嫌疑人或被告人有罪之前，公共当局所作出的公开声明和非定罪法院的裁决均不得涉及将该人定罪"。

但之于犯罪嫌疑人，警察调查卷宗则具有相对的开放性，以保障辩护权的有效运行。依《宪法》第17.3条之规定，"所有被拘留者应立即并以其可以理解的方式被告知其权利和被拘留的理由"。2015年4月27日第5号组织法（系对2012年5月22日欧洲议会和欧洲理事会第2012/13号指令第7条的转化）对《刑事诉讼法典》第118.1.1条进行了修改，规定"（犯罪嫌疑人）有被告知指控事实的权利，以及在调查对象及指控事实发生任何相关变化时的知情权。这些信息应足够充分详细，以便有效行使辩护权"。此外，依《刑事诉讼法典》第 520.2.1 条之规定，"应告知被拘留者被指控的行为以及剥夺其自由的理由"。这里便涉及一个"知情权范围"的问题：即是否向犯罪嫌疑人完全开放调查卷宗？答案是否定的，警察并不会让犯罪嫌疑人完全知悉调查细节，这一方面是避免犯罪嫌疑人妨碍侦查，另一方面则可能涉及其他基本权利，如证人的隐私权。在有组织犯罪中，证人的身份或者住址一旦曝光，则可能受到胁迫甚至人身报复。最高法院在 2014 年 11 月 20 日的判例中明确指出，了解警察的情报依据并不属于辩护权的一部分。在讯问前，警察应立即以书面形式全面告知"拘留的事实和法律原因"，但并不意味着向被拘留者展示所有的调查卷宗，而仅是保障"犯罪嫌疑人可对拘留的合法性提出反对意见"（宪法法院 2018 年 3 月 5 日的判决）。特别是在有组织犯罪及恐怖主义犯罪中，依《刑事诉讼法典》第 302 条之规定（经 2015 年第 5 号组织法修改），"检察院应请求预审法官作出相关裁决书，对当事人全部或部分保密，以保护上述的宪法权利和利益"。甚至在特殊情况下，检察官可以请求进行隔离拘留（《刑事诉讼法典》第 509 条）。

但无论如何，被拘留者均有"了解被指控行为简要描述"的权利（第 506.2 条），包括实质指控的确定性因素（应受刑罚的行为以及参与的主体）和拘留的形式要件（拘留的日期和时间、权利告知等）。西班牙国家司法警察协调委员会（la Comisión Nacional de Coordinación de Policía Judicial）在 2015 年 7 月 15 日的会议上形成一致决议，应告知辩护律师如下信息，"拘留的地点，日期和时间；实施犯罪的地点，日期和时间；查明犯罪行为以说明拘留的理由，并简要概述犯罪事实；据以推断被拘留者参与犯罪行为的证据（例如某些人的认罪，但不得明确指明是谁；被害人的出现及陈述，但不得明确指明是谁；证人的陈述，但不得告知陈述的内容；DNA 证据；等等）"。

（三）警察调查卷宗的效力

依调查行为和预设证据的不同，警察调查卷宗具有不同的效力：

1. 检举效力

在绝大部分的情况下，警察调查属于"调查行为"，调查笔录仅具有启动预审的检举效力（《刑事诉讼法典》第297条），所获得的指控证据"仅得提交言辞庭审进行质证和确认，适用平等、对席、直接和公开原则"，这也为宪法法院及最高法院的判例所多次确认（最早的判例为宪法法院1981年第31号判例）。司法警察对自己所认知之事实的声明，视为证人证言，应出庭作证。宪法法院同样在多次判决中明确禁止"未经庭审直接依据警察调查卷宗作出有罪判决"。

2. 预设证据效力

在符合下列情况下，警察调查卷宗具有预设证据效力：①证据调查行为不可重复，无法在言辞庭审中重现，例如血液中的酒精不可能在人体内长期存留，因此对驾驶员血液中酒精含量的测试也不可能在庭审中重复；②因必要或紧急，司法机关无法及时介入；③遵循对席原则，如果犯罪嫌疑人有律师协助，则警察应事先通知，让律师参与，并提出相关意见；④涉及犯罪对象证据或DNA证据的，应保证保管链条的真实性。如果警察调查卷宗符合预设证据的要求，则可直接在庭审中进行宣读（《刑事诉讼法典》第730条），并具有完全的证据资格（STC 24/1991）。如果警察伪造调查笔录，则构成了《刑法典》第390.1条和第391条所规定的罪名。

综上，我们不难看出，尽管所使用的学术话语体系很不相同，但西班牙对警察调查权的设定与欧陆邻国差别不大，即严格限制警察独立的调查权，包括设立较严格、周密的司法审查体系，以及犯罪嫌疑人的各种基本权利保障体系。除快速审理程序外，警察调查权主要还是依附于预审法官。具有强制性的调查手段均应由预审法官进行事先授权。警察调查笔录多数情况下仅具有启动预审的检举效力。

从本质上讲，刑事诉讼的权力结构属于司法制度（宪法）层面的问题，涉及侦查权、起诉权和审判权（含司法审查权）的定位、配置及制约机制。自1808年《重罪法典》颁布以后，各主要职权主义国家均意识到，侦、诉、审应进行隔离式的权力配置，赋予不同性质的主体，以在刑事诉讼不同阶段进行分权制衡。但在各国重组权力结构的改革过程中，一个貌似简单甚至不言自明的共识问题值得做进一步思考：为什么更相信法官，而不相信警察？这就回归西方法治的一个重要元命题：法官的独立性及中立性。本文囿于主题及篇幅，不再进一步展开，但西班牙及欧陆诸国对警察权的警惕及限制，对于中国刑事司法权的优化配置极具比较法上的参考价值。

论预审

一、引论

预审制度创设于法国，并很快通过拿破仑战争扩及整个欧洲大陆，成为欧陆传统职权主义刑事诉讼的重要象征。因身兼侦查、审查起诉及审判等数种重要职权，预审法官号称"最具权势的人物"，几乎掌握了公民的生杀予夺大权。法国文豪巴尔扎克在《交际花盛衰记》中曾感叹，"人间任何权势，无论是国王、掌玺大臣，还是首相，都不能侵犯一位预审法官的权力。什么都不能阻止他，不能指挥他。这是一位至高无上，只服从自己良心和法律的人"。但预审法官几乎不受限制的权力容易被滥用，极大地削弱了被告人的辩护权，容易造成程序的不平等、不公正以及实体上的冤错案件。因此，自诞生起，预审制度便受到理论界及实务界不同程度的批评，并在欧陆诸国产生了差异化的改革模式：较极端的改革模式便是直接废除预审法官和预审制度，较具代表性的国家如德国和意大利。德国于1877 年对本国刑事诉讼进行了自由主义改革，颁布了《德意志帝国刑事诉讼法典》，确立了"半职权主义"（halber Inquisitionsprozeß）的诉讼结构。为避免重蹈覆辙，新法典确立了诉审分立原则，由检察官负责侦查、起诉，庭审则交由法官。预审制度虽然并未废除，但预审法官的职能仅限于重罪案件及部分法定案件的公诉审查，不再兼具其他权力。1975 年，德国正式废除预审程序，预审法官的权力由中间法官取而代之。意大利则在1988 年对本国刑事诉讼进行了较极端的当事人主义改革，最早废除了职权主义的象征——预审法官，并以预先侦查法官（Giudice per l'indagine preliminare，GIP）取而代之。与预审法官相比，预先侦查法官的核心职责是对可能严重损及公民基本权利的侦查行为（如搜查、扣押、窃听等）或强制措施（如拘留、羁押、住所逮捕、强制性措施或者禁止性措施等）进行司法审查，而不涉及其他权力。而较为轻缓的改革模式则是限制预审法官的权力或者限制预审制度的适用范围，较具代表性的国家如法国和西班牙。在法国，也有不少权威学者主张废除预审法官（如戴尔玛斯·玛蒂教授），但更多的代表性学者（如布拉戴尔教授）认为，预审法官是法国法律传统的重要组成元素，宜改不宜废。近几十年来，法国的预审制度呈较明显的衰微之势，集中体现为：一方面，预审案件的数量逐渐减少，立法者重新界定了"严重犯罪"和"复杂犯罪"，缩小强制预审和选择性预审的适用范围。当下预审法官大概只受理5%的刑事案件[1]，约为《重罪法典》时期的1/10。另一方面，预审法官的权力也逐渐缩小，侦查权逐渐交由司法警察和检察官，且立法明确禁止预审法官参与其所预审案件的后续庭审。西班牙的改革趋势有一定的类似之处，但也存在明显的不同：一方面，《刑事诉讼法典》确立了控告原则，并为宪法法院的判例教义提升为基本权利，纳入"程序保障权"之中。控告原则的一项基本内容便是"预审程序及言辞庭审程序应交由不同的司法机构负责"，预审法官不得兼任本案的庭审法官。但另一方面，尽管警察和检察官享有一定的调查权，但仅具有补充性，预审法官和预审法院（含中央预审法院）原则上负责所有案件的预审（反妇女暴力法院管辖的案件除外）。当值法官（由预审法官担任）甚至还负责对"快速审理"和"初期审理"程序中的指控作出认罪答辩判决（《刑事诉讼法典》第801条，《司法机构组织法》第87.1条及第14.3条）。可见，西班牙仅是限制了预审法官的一小部分权力，但并未限制预审法官的侦查权，也未限制预审制度的适用范围。预审制度仍是西班牙刑事诉讼最重要的组成要素。如笔者在前文中多次提及，

---

〔1〕 J. Dallest, l'ouverture d'une information judiciaire, une nécessité résiduelle, AJ pénal, dossier, oct. 2004, p. 346.

与德国、法国和意大利不同，西班牙经历了更长时期的威权统治，因而对警察和检察官怀着更天然的警惕之心，总体而言更信任中立、独立和权威的法官。在比较法上，这种因历史环境或其他要素不同而导致的制度认知及制度选择的差异化现象，笔者统称为法律制度建构的"不确定性"。这也可以解释为何全球化发展至今，许多国家的刑事诉讼却几乎均有所谓的"例外"现象[2]。比较刑事诉讼的乐趣和价值在很大程度上便是寻求这种"不确定性"，并解读及分析其背后的决定性要素。

近几十年来，受英美法的影响，国内理论界及实务界往往对庭审程序投以更大的关注，并认为刑事诉讼改革的根本在于"以审判为中心"或者"庭审实质化"。事实上，"预审制度"是职权主义区别于当事人主义的关键所在，其重要意义及研究价值不在"庭审制度"之下。唯有深刻理解预审制度的精髓，方可精准把握职权主义的内核。有鉴于此，本文将以预审行为为核心，不惜笔墨地对西班牙预审制度进行系统的介绍。笔者也将适度地将西班牙预审制度与其他代表性国家（如德国、法国、意大利和中国）的类似制度进行比较，总结其基本特点，并分析西班牙立法者和学者在思考预审制度时的逻辑起点及基本判断。笔者相信，更多维的比较法研究视角，有助于我们更深入地理解制度建构的"不确定性"。

二、预审的基础理论

（一）术语的必要说明

在对预审的基础理论进行解读前，有必要对专业术语进行厘清，避免问官答花，陷入无意义的概念之争。

第一，就专业术语的精确性而言，中文"预审"一词并不能很

---

〔2〕 例如比较刑事诉讼中的美国例外，Oscar G. Chase, "American 'Exceptionalism' and Comparative Procedure", 50 *Am. J. Comp. L.* 277（2002）；比较刑事诉讼中的法兰西例外，Jean Pradel, Y aura t-il encore dans l'avenir une spécificité de' la procédure pénale française?, in Mélanges Blanc-Jouvan, Société de législation comparé, 2005, p. 789 et s. 更详细的研究，也可参见施鹏鹏主编：《现代刑事诉讼模式：对话与冲突》，中国政法大学出版社 2021 年版。

好地指代"l'instruction"（法语）或"la instrucción"（西语）。因为这很容易让中文世界的读者望文生义，认为"预审"便是"预先审查"[3]或者"公诉审查"，类似于英美法的"preliminary hearing"（国内也有学者译为"预审"）。但在原义上，"l'instruction"或"la instrucción"的根本含义是"查明"，更接近于中文中的"（法官）侦查"，而非"预审"。当然，"l'instruction"或"la instrucción"也包括"公诉审查"。意大利的改革便可以较清晰地显示这种差别。1988 年的意大利《刑事诉讼法典》废除了预审法官，将预审职能一分为二：侦查权改由检察官领导司法警察行使。预先侦查法官不再行使侦查权，仅负责对强制性侦查行为的司法审查。而公诉审查权则交由初步庭审法官。需要特别指出的是，在法国和西班牙，"l'instruction"或"la instrucción"的主要职能还在于侦查，公诉审查仅是对侦查结果的确认，因此中文的读者应更多在"侦查"意义上理解"预审"，而非"公诉审查"。

第二，西班牙现行的《刑事诉讼法典》在近 150 年的时间内历经无数次改革，不同时代的立法者使用不同的术语来指代"预审"，且这些术语同时保留了下来，有些完全可以互相替代，有些则有特殊的意涵。例如"sumario ordinario"（普通预审），指对 9 年以上剥夺自由刑且不采用陪审团审判刑事案件的预审（《刑事诉讼法典》第 757 条）。"la Instrucción Complementaria"（补充预审），指对陪审团审判案件的预审。为尽可能精确地描述西班牙刑事诉讼的原貌，笔者在行文中保留了这些五花八门的"称谓"，但中文的读者仅需明白，这些纷繁复杂的"称谓"在多数情况下并没有太多实质的区别，均属于"预审"，适用类似的原理，无须过多地关注用语上的差别。涉及特殊程序类型的预审，笔者会进行必要的交代和说明。还要进一步说明的一点是，在 1882 年最初的法典版本中，预审程序主要规定在《刑事诉讼法典》第 2 卷中（第 259 条至第 648 条）。但在后续的诸多改革中，涉及预审的补充性规定散见于第 4 卷中，包括第 757

---

［3］ 中国的公安机关原先也设预审部门，负责对案件的事实和法律进行预先审查。

条至第784条关于"简易程序"的规定（第4卷第2编第1章至第4章），以及第795条至第781条关于"快速审理"的规定（第4卷第3编第1章至第4章）。这些规定尽管设于"简易程序"或者"快速审理"的编章中，但多数可适用于所有的普通程序。因此，中文的读者很难仅通过中译本的西班牙《刑事诉讼法典》获得对西班牙刑事诉讼全面、准确及深刻的理解。[4]

第三，在不同的语境下，"la instrucción"也可以指代一般意义的调查。例如警察、检察官和辩护律师也享有一定的调查取证权，但这显然有别于预审。因此，尽管《刑事诉讼法典》和一些权威教材也时常在一般意义上使用"la instrucción"，但笔者将进行差别化翻译。

（二）界定

依通说，预审便是预审法官所实施的一系列查明真相的调查行为，以确定犯罪嫌疑人及应受刑罚的行为，为言辞庭审或者停止审理作准备，以及采取各种刑事或者民事的预防措施或者临时措施，以确保生效判决随后得到遵守（可参照《刑事诉讼法典》第299条）。

依这一界定，我们可以将预审的基本内涵概括如下：

1. 预审的核心功能是查明真相

在西班牙刑事诉讼中，预审具有三项主要功能：其一，查明真相的功能。预审法官应客观公正地收集各种证据，以查明犯罪构成要件事实以及各种量刑事实，为后续的言辞庭审或者停止审理作准

---

〔4〕 在中国学术界，囿于语言能力，比较刑事诉讼的研究较依赖于各国中译本的法典。这样的比较法研究具有较明显的缺陷：一是研究的准确性取决于翻译的准确性。恕笔者直言，当下法典翻译的质量参差不齐，很多译者并非专业研究者，很难准确地翻译法典。二是许多欧陆国家的法典较为陈旧，术语、结构及逻辑并不严谨，未阅读原始的立法说明书或者借助权威学者的解读（如立法评论或权威教材），很难准确把握各法条的关系，很多时候差之毫厘，谬以千里。三是目前的法典译本多数仅涉及立法部分，忽视了条例、适用通令等，后几者往往更为具体，直接指导着司法实践。四是欧陆国家的判例虽不具有法源效力，但对于指导司法实践非常重要，这也是无法在法典中直接获取的。林钰雄曾试图将德国《刑事诉讼法典》的评论（Kommentar）引入我国台湾地区，因为他非常清楚仅有法典的文本根本无法深入了解德国的刑事诉讼。但似乎到目前为止，这一学术尝试尚未完成。

备。其二，采取各种刑事预防措施或者临时措施，保证诉讼后续的顺利进行。其三，采取各种民事预防措施或者临时措施，保证民事赔偿责任得以实现。在这三项功能中，查明真相是最核心的功能，决定是否继续言辞庭审，或者停止审理。也是在这个意义上，审查起诉亦是查明真相功能的一部分。

2. 预审的核心内容是预审行为

相应地，预审的核心内容便是各种预审行为，也是后文重点介绍的内容。除预审行为外，在特定情况下，预审法官也可采取预审证据行为（包括预先证据和预设证据）以及预防措施和临时措施。

依"引入必要事实"的来源，预审行为可分为控方预审行为（Actos instructorios de las partes acusadoras）、辩方预审行为（Actos instructorios de la defensa）以及预审法官的预审行为（Actos del Juez de Instrucción）。[5]这里存在一个不太严谨的术语混用问题，应予以特别澄清，避免发生误解。依界定，预审行为仅得由预审法官实施，控辩双方在预审阶段自然也有权调查取证。但在更多的情况下，控辩双方仅是提供了"必要的事实"。而这一事实是否成为诉讼对象，以及是否得以证实，由预审法官通过采取各种预审行为进行认定。因此，控方预审行为和辩方预审行为在一定程度上涵盖了控辩双方的调查取证行为及启动预审行为的请求（详见下文），不能解读为控方或辩方也可实施预审行为，否则便陷入术语的自相矛盾之中。

（1）控方的预审行为。

控方的预审行为，指在普通预审程序或初期审理程序中控方提出刑事请求的必要事实，旨在从预审法官处获得认定犯罪嫌疑人应受刑事处罚的裁决，并启动言辞庭审程序。

控方的预审行为又可分为直接的预审行为和间接的预审行为。直接的预审行为指引入或扩展"犯罪信息"的行为，包括启动刑事

---

〔5〕 这一类型化并不严谨，且容易造成术语误读，但在西班牙刑事诉讼中颇为盛行，故笔者尽可能依原貌进行解读。

诉讼的行为（检举及控告）、提交扩展检举的文书（例如在《刑事诉讼法典》第 109 条所规定的诉讼邀约程序中提交被害人的陈述）或扩展控告的文书、请求采取预防措施或起诉裁定等。间接的预审行为则指所有请求预审法官实施特定预审行为的行为（《刑事诉讼法典》第 311 条和第 315 条）。预审法官同意的，应亲自到场并安排，控方可参与，当然预审法官也可予以拒绝（例如无必要，或者不具备条件）。可见，"控方直接的预审行为"更妥帖的表述应是"控方的调查行为"，而"控方间接的预审行为"更妥帖的表述则是"请求启动预审的行为"。

（2）辩方的预审行为。

相应地，辩方的预审行为，指在预审程序中辩方提出犯罪事实不存在、不符合犯罪构成要件或者犯罪嫌疑人未参与实施犯罪行为，或者存在刑事责任消灭事由（《刑法典》第 130 条）或在预审阶段可以认定免除刑事责任（《刑法典》第 20 条），旨在从预审法官处获得认定犯罪嫌疑人未构成犯罪或者不应追究刑事责任决定，裁决停止审理。辩方的预审行为亦可分为直接的预审行为和间接的预审行为。直接的预审行为主要包括辩方对启动刑事诉讼的辩护状，提交被告人的陈述，反对适用预防措施或提起公诉的辩护行为，请求归档不诉或停止审理的行为。而间接的预审行为则指在平等武装背景下所有请求预审法官实施特定预审行为的行为（《刑事诉讼法典》第 310 条），辩方也可请求参与其中，但存在预审保密事由的除外（《刑事诉讼法典》第 302 条）。

当然，西班牙刑事诉讼奉行无罪推定原则，检察官和预审法官均有客观义务，即便辩方未进行调查取证，或者未提出预审请求，亦应全面取证，既应收集控方证据，也应收集辩方证据。而辩护人则无此义务。

（3）预审法官的预审行为。

受法国《重罪法典》的影响，西班牙刑事诉讼亦明确区分审前程序和庭审程序。审前程序以"职权调查"为原则，而庭审程序则以"当事人平等对抗"为原则。[6]因此在公诉罪中，预审法官均有必要采取各种预审行为，以决定启动言辞庭审，或者裁决不予受理、归档不诉或者停止审理。从根本而论，预审的负责人及主导者是预审法官，而非双方当事人。预审行为专指由预审法官专门实施和作出声明的行为，这也是本文研究的重中之重。

但在对这些预审行为进行全面研究前，还需进行若干要点的说明：其一，预审行为与证据应用规则紧密相关。在大陆法系绝大多数的国家中（意大利除外），《刑事诉讼法典》未设"证据"的篇章，证据应用规则散见于侦查、预审或庭审的章节中。西班牙亦不例外。有些证据应用规则规定在《刑事诉讼法典》第 2 卷（预审），有些证据应用规则规定在《刑事诉讼法典》第 3 卷（审判），例如证人证言及鉴定意见的多数证据应用规则便规定在预审卷，而其他证据形式则多数规定在庭审卷。因此，本文对预审行为的研究，可能会与本书对证据应用规则的专门研究部分重复。笔者将按论述的侧重点进行繁简设置，既保证体系的完整性，又避免行文的冗余。其二，预审法官的职责并不限于预审行为，还包括预审证据行为（包括预先证据和预设证据）以及预防措施和临时措施。囿于篇幅及主旨，本文将侧重研究预审行为和预审证据行为，预防措施和临时措施将另行专门研究。其三，随着法庭科学及物证技术的发展，西班牙《刑事诉讼法典》近年来也引入了一些新型的预审行为，例如2003 年第 13 号组织法在《刑事诉讼法典》中引入了第 363.2 条，涉及生物样本的采集，2007 年 10 月 8 日第 10 号组织法则引入了 DNA 检测及数据库对比。可以预见，在不久的将来，新型的预审行为会不断增多，本文仅对现行的预审行为进行研究。

---

〔6〕 大陆法系国家将这种诉讼结构称为"混合式"刑事诉讼，但英美法系国家普遍认为，这依然是职权主义刑事诉讼，因为庭审程序依然以法官为主导。笔者则认为，这属于"新职权主义"，既不同于传统的职权主义，也不同于当事人主义。关于两大法系在这一问题上的分歧以及笔者的观点，参见施鹏鹏主编：《现代刑事诉讼模式：对话与冲突》，中国政法大学出版社 2021 年版。

三、主要预审行为研究

依西班牙《刑事诉讼法典》的规定，主要预审行为包括：犯罪嫌疑人的辨认、调查陈述、询问证人、鉴定、卧底侦查和线人侦查、酒精（精神药物）检测、视频监控录像、司法警察对麻醉药品（毒品）的分析、人身检查、地理定位、司法现场勘验检查、物证的收集与保存、身体干预、进入、搜查和通信截取。

（一）犯罪嫌疑人的确定、辨认及识别（la determinación, el "reconocimiento en rueda", identificación）[7]

在西班牙刑事诉讼的话语体系中，犯罪嫌疑人的确定、辨认及识别是完全不同的概念。"犯罪嫌疑人的确定"泛指查明犯罪行为实施者的一系列调查行为。在刑事诉讼中，确定犯罪嫌疑人是预审程序的核心目标之一（《刑事诉讼法典》第 299 条）。此外，确定犯罪嫌疑人，将导致诉讼时效的有效中断（《刑法典》第 132.2 条[8]，经 2015 年 3 月 30 日第 1 号组织法修改）。"犯罪嫌疑人的辨认"则是《刑事诉讼法典》目前所明确规定的确定犯罪嫌疑人的唯一方法

---

〔7〕 与犯罪嫌疑人个人状况有关的证据，还包括"良好品行"报告（los informes "de buena conducta"）、刑事前科的证明以及精神健康状况报告。但这些证据形式的获取，往往不限于某一预审行为。因此，笔者将在《西班牙刑事证据制度的一般原理》中进行介绍。

〔8〕 《刑法典》第 132 条（2015 年 3 月 30 日第 1 号组织法进行了修改）：①前条所规定的期限自应受刑罚的犯罪行为实施之日起计算。对于连续犯、继续犯和惯犯，分别自最后一次实施犯罪、停止犯罪状态或者犯罪行为终止之时起计算。在蓄谋杀人、强制堕胎、伤害、贩运人口、侵犯自由、酷刑及侵害精神完整、强奸和性伤害、侵害隐私、肖像权以及非法人侵住宅案件中，如果被害人是未成年人，则追诉时效自被害人成年起计算；被害人在成年前死亡的，自死亡之日起计算。②如果诉讼针对犯罪责任人，则诉讼时效中断，已经过的时间归于无效。诉讼时效将自程序中止（se paralice）时重新开始计算，或者根据下列规则在未作出判决的情况下终结：A. 如果在开始处理案件或随后发布附判决理由的司法裁决，认为特定人员涉嫌参与实施可能构成犯罪的行为，则视为对该人员提起诉讼。B. 尽管有上述规定，但向司法机关提出控告或检举，认为特定人员涉嫌参与实施可能构成犯罪的行为，则最长自提出控告或检举之日起 6 个月内，诉讼时效的计算中止。如果在上述期限内，对被控告者、被检举者或与犯罪行为有牵连的其他任何人发布了第 132.2.1 条所规定的任何司法裁决，则诉讼时效的中断应回溯至提起控告或检举之日。相反，如果自提交控告或检举之日起 6 个月内，未有最终的司法裁决驳回控告或起诉，或者决定不起诉被控告者或被检举者，则诉讼时效自提交控告或检举之日起计算。③就本条的效力而言，被起诉的个人应在司法裁决中充分确定，或者通过直接的识别，或者通过数据，可在之后对实施犯罪行为的组织或团体内进行识别。

（事实上远远不止这一方法，例如可通过绰号、形体、拟人、指纹或DNA 等确定犯罪嫌疑人），指直接证人（testigo directo）在一群人中确定被指控者，指认其为犯罪嫌疑人的预审行为。最后，"犯罪嫌疑人的识别"是指查明犯罪嫌疑人的身份数据，包括姓、名及税收识别号（Número de identificación fiscal，NIF）。在刑事诉讼中，犯罪嫌疑人的识别并无特别的法律意义。作出起诉裁决书、指控裁决书、搜寻或逮捕令，甚至是有罪判决，确定犯罪嫌疑人的身份便已足够，并不需要识别。《刑事诉讼法典》允许"以惯用名或者自报名（甚至昵称）"称呼被指控者（《刑事诉讼法典》第 376.2 条）。《刑事诉讼法典》第 384.1 条也使用了"确定特定个人"的措辞，"从预审结果得出合理证据（indicio racional）可确定特定个人涉嫌犯罪，则应发布诉讼宣告裁决（auto declarándola procesada，此处指起诉裁决书）"。

因此，犯罪嫌疑人的确定和犯罪嫌疑人的识别并非专指某种预审行为，往往是一系列预审行为的总称。例如通过确定犯罪现场的毛发是犯罪嫌疑人的行为，该行为便涉及物证的收集与保存及鉴定。而犯罪嫌疑人的识别，则可通过讯问（《刑事诉讼法典》第 388 条），或者调查出生证明和洗礼证明（《刑事诉讼法典》第 373 条至第 376 条）。仅犯罪嫌疑人的辨认属于较为典型的预审行为。

1. 辨认的性质

如前所述，辨认是直接证人确定犯罪嫌疑人的预审行为，可通过现场辨认、照片辨认，甚至通过"画像机器人"完成。在辨认程序中，被拘留的犯罪嫌疑人应获得律师的协助。依宪法法院及最高法院的教义，辨认原则上仅是一般的调查行为，不构成预设证据，因为辨认在言辞庭审程序中并非不可重复。

但在特殊情况下[9]，辨认也可成为预设证据：①至少存在一名被控方指控的犯罪嫌疑人。依《刑事诉讼法典》第 368.1 条之规定，"对某一特定人员提起指控的，预审法官、控告人或者该犯罪嫌疑

---

〔9〕 最高法院 2016 年 2 月 2 日第 35 号判例。

认为应当进行身份辨认的，辨认人应当按照司法程序辨认"。这意味着辨认的对象仅得是"被指控的特定人员"，即犯罪嫌疑人。②不可重复。辨认无法在言辞庭审中重复进行，例如直接证人去世或出国。③遵循对席辩论原则。犯罪嫌疑人应获得律师的协助，律师有权就辨认问题向预审法官陈述意见。

2. 辨认程序

辨认程序详细规定在《刑事诉讼法典》第 369 条至第 372 条中，大体包括如下要求：①犯罪嫌疑人应与其他具有类似特征的人一起接受辨认（例如肤色相同、身高相近等），穿着类似（《刑事诉讼法典》第 369 条、第 371 条和第 372 条）。②证人"应当以法官认为最适当的当众或者隐蔽的方式"进行辨认，如果证人是未成年人或者受过任何形式的胁迫，则应以隐蔽的方式进行辨认。③多名辨认人对同一辨认对象进行辨认的，应分别单独进行，且相互之间不得沟通交流。一名辨认人对多名辨认对象进行辨认的，可以一次性辨认（《刑事诉讼法典》第 370 条）。④司法行政部门律师应制作证据笔录，所有参与者包括辩护律师都应在上面签名。

（二）调查陈述（las declaraciones indagatorias[10]）

1. 界定

调查陈述，即对被宣布起诉的人所进行的司法讯问，又可称为"对犯罪嫌疑人的司法讯问"（el interrogatorio judicial del imputado）。调查陈述规定于《刑事诉讼法典》第 385 条至第 409 条中，具有两大根本的特征：其一，调查陈述仅得由有管辖权的预审法官负责，有别于警察对被拘留者的讯问（《刑事诉讼法典》第 520 条）；其二，调查陈述以作出起诉裁决书为前提，也有别于预审法官的"传唤到庭陈述"（《刑事诉讼法典》第 486 条）。简而言之，在起诉裁决书作出前，预审法官可以传唤犯罪嫌疑人听取其陈述，但不能称

---

〔10〕 "las declaraciones indagatorias"（调查陈述）这一术语来自传统职权主义，更精确的翻译为"侦讯供述"，旨在获得犯罪嫌疑人的认罪供述。但随着正当程序理念在西班牙的勃兴，犯罪嫌疑人、被告人不再是侦讯的客体，而享有辩护权尤其是沉默权，但这一术语在 1882 年《刑事诉讼法典》中被保留了下来，因此笔者作了更中性的翻译。

为调查陈述。仅在起诉裁决书作出后，预审法官方可进行调查陈述。这种区别并非仅是技术层面的，因为理论上，犯罪嫌疑人在调查陈述中享有更广泛及全面的权利。当然，随着正当程序理念在西班牙的勃兴及外延的拓展，这些区别的意义正在减小，因为调查陈述所具有的程序保障（即《刑事诉讼法典》第385条至第409条）也一并适用于警察对被拘留者的讯问以及预审法官的"传唤到庭陈述"。

2. 司法性质

调查陈述具有多重属性，既是调查取证行为，也是辩护行为：一方面，预审法官通过调查陈述，目的在于获取指控证据（在犯罪嫌疑人配合的情况下），尽快查明真相（《刑事诉讼法典》第385条）；另一方面，犯罪嫌疑人在调查陈述中也可以提供无罪或罪轻的证据和线索（《刑事诉讼法典》第396条和第400条）。宪法法院在多个重要判例中明确指出，犯罪嫌疑人在调查陈述中的辩护权尤其是沉默权应得到最大限度的保障。例如不得以证人的身份传唤犯罪嫌疑人，以获得对其不利的证据，因为证人有到案及说出真相的义务，否则可能构成伪证据，而犯罪嫌疑人则享有沉默权。因此，如果证人在作证时涉及对其本人不利的犯罪证据，则预审法官必须中止询问，制作起诉裁决书，在告知权利及起诉裁决书制作完成后重新进行调查陈述，否则构成证据使用禁止。但如果证人陈述不涉及对其本人不利的犯罪证据，则即便后来亦成为犯罪嫌疑人，亦不侵犯基本权利（最高法院2017年3月29日的判例）。

3. 调查陈述的启动

依《刑事诉讼法典》第385条之规定，调查陈述可以依职权或依当事人的请求作出：

（1）依职权启动的调查陈述。

第一次调查陈述，或者起诉裁决书发布后的第一次司法讯问，应依职权启动。通常情况下，第一次调查陈述为"被指控人被拘留后的24小时内"，"情节严重的，可以通过裁决将上述期间延长48小时"（《刑事诉讼法典》第386条）。

除了第一次调查陈述外，预审法官还可以在整个预审程序中下令进行其认为可能与查明真相有关的调查陈述，以确定犯罪嫌疑人及应受刑罚的行为。

（2）依当事人请求启动的调查陈述。

尽管依《刑事诉讼法典》第 385 条之规定，仅检察官和个人控告者可以请求启动调查陈述，但结合第 400 条之规定，"犯罪嫌疑人可以自愿进行多次供述。供述与案件相关的，法官应当及时听取"，因此可以得出结论，各方当事人均有权请求预审法官启动调查陈述。这里存在一个问题：附带民事诉讼的当事人是否可请求启动调查陈述？依《刑事诉讼法典》第 385 条之规定，"预审法官讯问犯罪嫌疑人时，由预审法官决定自诉人或者民事原告人是否在场"，这是否意味着附带民事诉讼的当事人可请求启动调查陈述？通说认为，附带民事诉讼的当事人仅在涉及民事责任部分有权请求预审法官进行调查陈述，而不得涉及刑事责任部分。这也符合《刑事诉讼法典》第 320 条的规定，即"附带民事诉讼的原告人仅参与预审法官自行裁量的、认为有助于其胜诉的预审调查活动"。

对于适格当事人请求启动的调查陈述，预审法官可予以拒绝，但当事人可以提起上诉（《刑事诉讼法典》第 311 条）。但如果预审法官同意进行调查陈述的，有异议的当事人不得提起上诉。

4. 调查陈述的制度保障

如前所述，在传统职权主义制度下，犯罪嫌疑人完全"客体化"，口供是证据之王，调查陈述并未设过多的制度保障。但随着人权保护及正当程序理念的普及，犯罪嫌疑人获得了刑事诉讼的主体资格，预审法官对犯罪嫌疑人的司法讯问受到了实体及程序的双重限制。

（1）实体层面的制度保障。

预审法官对犯罪嫌疑人所提出的问题与特征事实应直接相关（《刑事诉讼法典》第 389.2 条）、清晰精确（《刑事诉讼法典》原第 387 条[11]），并允许辩解（《刑事诉讼法典》第 396 条）。

---

[11] 已被 2015 年第 13 号组织法所废除。

直接相关，指所提出的问题应与待证事实相关，可用于查明案件事实，当然既包括有罪事实（《刑事诉讼法典》第389.1条），也包括无罪事实（《刑事诉讼法典》第396条）。这里需要特别指出的是，依《刑事诉讼法典》第389.2条之规定，"讯问应当直截了当，任何情形下均不得进行诱导性或者暗示性的讯问"。

清晰精确，既指预审法官所提出的问题应具有明确的指向性，不模棱两可，不存在歧义，也指预审法官应告诫犯罪嫌疑人如果希望供述，则应准确、清晰。需要特别指出的是，《刑事诉讼法典》原第387条已被废除，这主要是因为原条款还规定了犯罪嫌疑人如实供述的义务，这与沉默权相悖，但在司法实践中，清晰精确的要求并未因此而废除。

允许辩解，指预审法官应允许犯罪嫌疑人对案件事实作出申辩或者解释，不得据此作出不利推定。但西班牙最高法院的判例教义不承认犯罪嫌疑人有说谎的权利，即可以选择沉默，也可以选择辩解或供述，但一旦放弃沉默权，必须如实陈述。[12]犯罪嫌疑人也可自行作出书面供述。如果没有，则司法行政部门律师将制作笔录，"尽可能使用与供述相同的词句"（《刑事诉讼法典》第397条，由2009号第13号法律修改）。

（2）程序层面的制度保障。

犯罪嫌疑人在接受讯问时享有各种程序保障，包括沉默权、休息权、律师协助权等。[13]例如《刑事诉讼法典》第393条规定，"预审法官如果对犯罪嫌疑人讯问时间过长或者问题过多，导致犯罪嫌疑人难以理智冷静地回答其他问题的，可依职权或依辩方之请求，应当暂停审讯，给予必要的时间使犯罪嫌疑人得以休息和恢复平静"，"审讯时长应当记入讯问笔录"。犯罪嫌疑人因疲倦而认罪的，所获得的口供禁止使用，所达成的认罪协议归于无效。

---

〔12〕 STC 142/2009, de 15 de junio-La Ley 104341/2009- STS 65/2013, de 29 de enero-caso Miguel Carcaño.

〔13〕 更详细的研究，参见本书《刑事诉讼中基本权利的保护之诉》《刑事起诉制度研究》及《刑事辩护权研究》等三篇文章。

5. 调查陈述程序的参与

2015 年第 5 号组织法对《刑事诉讼法典》第 302 条进行了修改，确立了所谓的预审"相对公开"（la publicidad relativa）原则，即原则上，"当事人各方有权了解诉讼进展情况，并参与诉讼的所有阶段"（第 302.1 条）。但"对于公诉罪案件，预审法官可依职权或者应检察院、任何一方当事人请求，如果认为有必要防范如下风险，则应当在 1 个月内通过裁决书对各方当事人全部或部分保密案件情况：①严重威胁他人生命、自由或人身安全；②防止可能严重损害调查或诉讼结果的情况"。但在司法实践中，预审法官常常以安全隐患或者影响调查为由对各方当事人全部或部分保密，也因此时常受到理论界及律师的批评。对于有组织犯罪及恐怖主义犯罪，预审法官还可下令进行隔离关押。

如果预审法官没有裁定预审保密，则所有刑事当事人均可以参加对犯罪嫌疑人的调查陈述程序。但西班牙禁止当事人直接向犯罪嫌疑人发问，仅得向预审法官提出问题建议。如果预审法官认为所建议的问题相关且恰当，则可以向犯罪嫌疑人提问，反之则予以拒绝。这既有别于言辞庭审（在言辞庭审中，当事人可直接向犯罪嫌疑人发问），也有别于其他国家的通常设置。例如法国《刑事诉讼法典》第 120 条规定（2000 年 6 月 15 日"关于加强无罪推定及被害人权利保护的法律"所修改），"预审法官指挥讯问、对质和听审。共和国检察官和当事人的律师可提问或发表简短的意见说明"。依德国《刑事诉讼法典》第 168c 条之规定（经 2017 年 9 月 5 日修改）："①法官询问被指控人时，准予检察院和辩护人在场。在询问之后，他们有机会发表声明或者向被指控人提出问题。不合适的或者不属于事实方面的问题或者声明可以被拒绝。②法官询问证人或鉴定人时，准予检察院、被指控人和辩护人在场。在询问之后，他们有机会发表声明或者向证人或鉴定人提出问题。不合适的或者不属于事实方面的问题或者声明可以被拒绝。第 241a 条相应适用"。

如果预审法官裁定预审保密，则依《刑事诉讼法典》第 302.2

条之规定，法官可以拒绝犯罪嫌疑人或其律师接触预审材料。在这种情况下，犯罪嫌疑人只能阅读其先前的陈述（《刑事诉讼法典》第396.2条）。但律师依然有权参与对其委托人的所有讯问（《宪法》第17.3条以及第24.2条）。仅在隔离关押的情况下，犯罪嫌疑人被剥夺自行聘请律师的权利（仅得官方指定律师）以及和律师会见的权利（《刑事诉讼法典》第527条）。

6. 在调查陈述中"认罪"（confesión）的效力

在调查陈述中，如果犯罪嫌疑人放弃沉默权且主动认罪，则应如何进行效力认定？这里可区分三种情况：预审阶段的认罪效力、言辞庭审阶段的认罪效力以及认罪答辩程序中的认罪效力。

（1）预审阶段的认罪效力。

1882年的《刑事诉讼法典》摒弃了"口供作为证据之王"的传统做法，规定"预审法官不得因犯罪嫌疑人认罪，而免除其为确认认罪真实性和犯罪存在所作的必要调查"（《刑事诉讼法典》第406条）。"为此，预审法官应当讯问已经认罪的被指控者，让其说明案件的所有情节以及所有可以证实认罪内容的情形，确定犯罪嫌疑人是否为主犯或者共犯，是否有证人或者案件知情人"（《刑事诉讼法典》第406.2条）。

（2）庭审阶段的认罪效力。

在庭审阶段，调查陈述并不构成任何形式的预先证据或预设证据，因此所获得的认罪口供应进行公开的对席质证。法官对证据评价适用"理性评价"（自由心证），因此如果仅有认罪口供而未有其他证据，则并未达到定罪的证明标准，不得判处有罪判决（《刑事诉讼法典》第406条）。即便存在其他证据，这些证据也应与认罪口供形成稳定、真实的证据链条，法官方可据此作出有罪判决。

在司法实践中，还经常存在一种情况，即被告人在言辞庭审阶段突然翻供，如何评价预审阶段的"认罪"？最高法院的判例认为，应首先审查预审阶段的调查陈述是否遵守宪法及《刑事诉讼法典》的各种程序保障。如果调查陈述充分保障了犯罪嫌疑人的各种权利，则审判长应下令宣读书面供述，观察被告人尴尬或惊讶的表情，以对认罪或翻供的真实性进行判断。[14]可见，西班牙奉行"口供可分性原则"（源自法国[15]），法官既可采纳翻供前的口供，也可采纳翻供后的口供。但新近西班牙最高法院的判例似乎更倾向于采纳审前的认罪供述。无论如何，法官均应结合其他证据对被告的口供进行评价。

（3）认罪答辩程序中的认罪效力。

1988 年 12 月 28 日，西班牙通过第 7 号组织法设立了简易程序（procedimiento abreviado），以"隐含"的方式鼓励"认罪从宽"的理念：一方面，控辩双方可以就认罪事宜达成共同的书面协议，这暗示着程序外的协商成为可能，传统"正式"且"官僚"化的起诉模式开始松动。另一方面，控方还可在庭审开始前的任何时候修改指控意见，以获得被告人的认罪答辩。这意味着检察官可以在正式庭审前变更（降低）刑罚请求，增加交易筹码，以获得被告人的认罪。2002 年 10 月 24 日，西班牙又通过了第 38/2002 号法律以及第 8/2002 号组织法（后经 2003 年 11 月 25 日第 15/2003 号组织法进行了修改），除对原有刑事认罪答辩制度进行了修改和完善外，还引入了一种新的程序机制，即快速审判程序（los juicios rápidos）。与简易程序相比，快速审判程序的认罪答辩制度鼓励犯罪嫌疑人在预审调查阶段便认罪，可享受当值法官 1/3 的量刑折扣。如果犯罪嫌疑人在预审调查阶段未认罪，而在中间阶段、庭审准备阶段或者正式庭审开始前又想认罪，亦可适用认罪答辩制度，但不再享受 1/3 的量刑折扣。因此，在认罪答辩程序中，"认罪"具有特殊的程序效力

---

〔14〕 SSTS 65/2013, de 29 de enero caso Miguel Carcaño, 1073/2012, 29 de noviembre.

〔15〕 "口供可分性原则"（principe de divisibilité de l'aveu）源自法国，指法官可以在总体上评价口供的证明力，也可以仅对他认为有证明力的部分进行评价，一切取决于犯罪发生时的主观情境及客观情境。因此，法国刑事诉讼法典及最高法院刑事庭的判例允许被告随时翻供，甚至是在庭审辩论结束后。翻供不影响法官对口供效力的认定。换而言之，依刑事口供的可分原则，法官应结合其他证据对被告的口供进行评价，既可采纳翻供前的口供，也可采纳翻供后的口供。参见施鹏鹏：《口供的自由、自愿原则研究——法国模式及评价》，载《比较法研究》2017 年第 3 期。

和实体效力。鉴于西班牙的认罪答辩程序较为复杂，笔者将另行撰文研究。

（三）询问证人

1. 界定

询问证人的规则分别规定在《刑事诉讼法典》第 410 条至第 450 条（预审阶段）和第 701 条至第 722 条（言辞庭审阶段）中。如前所述，1882 年的《刑事诉讼法典》历经多次改革，法典的结构及法条的逻辑次序并不严谨，因此言辞庭审中询问证人的规则可补充适用于预审程序。

在西班牙刑事诉讼中，证人采用最广义的界定，即犯罪嫌疑人以外的、可以以自身获悉的案件情况提供证言以证明案件事实的自然人均可为证人，包括一般的证人，也包括被害人（广义）以及警察。

2. 类型化

依标准的不同，证人可作不同的分类：

（1）普通证人与"被害人"证人（testigo-víctima）。

与中国不同，西班牙并未将被害人陈述作为单独的证据形式。因此，无论被害人是否以私人控告者的身份参与刑事诉讼，均以"证人"的身份作证。考虑到被害人与犯罪嫌疑人之间的特殊关系（仇恨、对立），最高法院的判例要求对"被害人"证人所作出的陈述进行更严格的审查。例如在性暴力犯罪中，最高法院要求在审查"被害人"证人的陈述时应注意：①被害人未因与犯罪嫌疑人的先前关系而产生不信任，从而可能导致虚假动机、怨恨、报复或仇恨；②被害人陈述的真实性，应由其他具有客观性的外围证据所补强；③被害人陈述应具体、准确、连贯且无矛盾；④在言辞庭审中，如果被害人因近亲属豁免而拒绝作出陈述，则不得对其在预审阶段所作出的指控证词进行评价；⑤如果被害人"下落不明"，则庭审法院可依据其在预审阶段所作出的陈述进行评价。[16]

---

〔16〕 STS 685/2012, de 27 de septiembre, STS 282/2018, de 13 de junio.

（2）直接证人和间接证人（传闻证人）。

与多数国家类似，西班牙刑事诉讼亦区分直接证人和间接证人。所谓直接证人，指目睹案件事实的证人，而间接证人，则是通过直接证人的信息而了解案件事实的证人。依直接言辞原则，在言辞庭审中，原则上仅直接证人所作的陈述可作为判决证据。仅在采取各种措施后直接证人仍无法到庭的情况下，才可使用间接证人。立法者对间接证据的使用进行了非常严格的限定：其一，所谓"采取各种措施"，包括以预先证据或预设证据的形式事先固定直接证人（例如证人即将死亡）的证言，也包括在言辞庭审中使用视频会议技术进行作证（例如证人在国外，《刑事诉讼法典》第731-1条）。在这两种情况下，不得以间接证人取代直接证人。其二，"证人应当说明其所阐述信息的理由。信息属于引用的，应当指明消息来源方或者得到该消息的地点及得知该信息的人"（《刑事诉讼法典》第710条）。当事人应对消息的准确性展开对席辩论，法院据此作出裁判。其三，间接证人的证言必须有其他的证据进行补强。

（3）普通证人和特权证人。

依证人身份与作证义务之间的关系，证人可分为普通证人和特权证人。公民原则上均有义务对所知道的案件情况如实提供证言，这便是普通证人。但依《刑事诉讼法典》第411条及第412条之规定，一些国家机构人员（如首相及内阁其他组成成员、众议院主席和参议院主席、宪法法院院长、国家总检察长、两院议员……）及特殊身份的人员（如国王、女王、国王或者女王的各自配偶、王储及摄政王……）在预审阶段可不提供证言，这些人员称之为"特权证人"。但无论是普通证人，还是特权证人，均有义务在言辞庭审中出庭作证，因为"被告人有权参与对自己有利或不利证人的询问及反询问"（《欧洲人权公约》第6.3条以及《公民权利及政治权利国际公约》第14.3.5条）。

3. 证人的义务和权利

在刑事诉讼中，证人具有三项义务：出庭的义务、作证的义务以及如实作证的义务（《宪法》第 118 条，"按法官和法院在审理过程中和执行判决时可能的要求协作"）。

证人的首要义务，便是在指定日期和时间到预审法官前作证，但国王、女王、国王或者女王的各自配偶、王储、摄政王及外交机构除外（《刑事诉讼法典》）。在一般情况下，依《刑事诉讼法典》第 175 条所规定的方式对证人进行传唤。紧急情况下，可由司法警察进行口头传唤（《刑事诉讼法典》第 430 条及第 431 条）。在快速审理程序中，同样可以由司法警察进行口头传唤（《刑事诉讼法典》第 796.3 条）。如果证人经第一次传唤后未到庭，可能处 200 至 5000 欧元的罚款，并可能被公共力量强制带至法官面前，以妨害司法罪起诉（《刑事诉讼法典》第 420 条）。

证人到庭后，还有义务作证。如果证人拒绝作证，则可因妨碍司法罪和严重不服从罪被起诉（《刑事诉讼法典》第 420 条）。但这一规则具有某些例外，符合如下条件的证人可不作证：①因身体或者精神原因无行为能力的人（《刑事诉讼法典》第 417.3 条），但不包括未成年人（《刑事诉讼法典》第 706 条）。②因职务有义务保密的人员无义务作证，但也可以自愿作证，如律师（《刑事诉讼法典》第 416.2 条）、公职人员（《刑事诉讼法典》第 417.2 条）、持不同信仰的教士和宗教人员（在行使职能过程中发现案件事实的，《刑事诉讼法典》第 417.1 条）。③犯罪嫌疑人的直系尊卑亲属、配偶或者结成类似婚姻关系的伴侣、血亲兄弟姐妹、二代以内旁系血亲兄弟姐妹以及《刑事诉讼法典》第 261.3 条所提及的亲属（《刑事诉讼法典》第 416.1 条）。但如果前述亲属在预审中作出了指控证言，但在言辞庭审中推翻了前面的证言，则法院可以将评价证据的范围扩及这一指控证言。如果配偶已然离婚，则法官有义务宣布其为受虐待的被害人。但如果调查的对象是"危害国家安全、公共秩序或者亵渎国王或者其继承者的重大刑事案件"（《刑事诉讼法典》第 418.2 条），则不受前述限制，仍应有义务作证。④《刑事诉讼法典》第 412 条所规定的机构人员对法官的传唤享有豁免权，但因其职位原因所了解的事实，应提交书面证言，代替言辞作证。

最后，证人还有义务如实作证。在西班牙，证人仅在言辞庭审中作出虚假证言的，方可科以伪证罪（《刑事诉讼法典》第 715 条），但在预审阶段作伪证的，并无处罚措施。这显然存在一定的偏颇之处，因为预审阶段的虚假证言可能导致犯罪嫌疑人被错误地适用临时羁押措施或者其他具有强制性的预防措施，并非全无损害。

证人有获得足够的"补偿金"的权利，以支付其差旅费（《刑事诉讼法典》第 121 条和第 722 条）。但即便未获得足够的"补偿金"，证人也不能以此为由拒绝履行作证的义务。

4. 作证程序

预审法官可依职权或依当事人请求传唤证人。如果证人居住在司法管辖区，则由预审法官传唤出庭作证。但如果证人住在司法管辖区外，则预审法官须通过司法协助，通过委托书获得证言，但法官应通过载明理由之裁决书说明证人作证确有必要（《刑事诉讼法典》第 422 条）。证人涉及军人的，也可以采取类似的取证措施（《刑事诉讼法典》第 429 条）。如果证人居住在国外，可寻求国际司法协助（《刑事诉讼法典》第 424 条）。

证人到庭后，应宣誓（《刑事诉讼法典》第 433 条至第 434 条），单独且秘密地在预审法官和司法行政部门律师面前陈述证言（《刑事诉讼法典》第 435 条）。被害人可以由其法律代表陪同。"未成年人证人或者作证能力发生法律上变化的证人，预审法官在考虑到被害人不成熟，有必要避免造成严重损害，可同意专家及检察官参与。为此，预审法官可同意由专家直接向被害人提问，甚至排除或限制当事人到被害人作证现场。在这种情况下，法官将尽可能安排必要条件以便于当事人转达提问或者要求被害人作出澄清"（《刑事诉讼法典》第 433.3 条和第 433.4 条）。

询问从"法律的一般性问题"开始，预审法官应让证人陈述所有知悉的案情。此后，法官将询问证人他认为相关的问题（《刑事诉讼法典》第 436 条）。不得对证人提出诱惑性或者暗示性的问题，也不得以强迫、欺骗、承诺或诡计来强制或诱导证人以某种方式提供证据（《刑事诉讼法典》第439条）。证人应口头回答问题，并能够查阅笔记或者记录（《刑事诉讼法典》第437条）。如果法官认为妥当，证人可以在犯罪发生地作证（《刑事诉讼法典》第438条）。如果证人不懂西班牙语，无论他是否为外国人，均应为其指定翻译（《刑事诉讼法典》第440条）。如果证人为耳聋者的，则应当为其指定一名手语翻译（《刑事诉讼法典》第442条）。

询问笔录应如实载明证人的回答，无论对被告人是否有利（《刑事诉讼法典》第445条）。作证结束后，法官应当提醒证人在审核前有亲自阅读询问笔录的权利（《刑事诉讼法典》第443条及第444条）。法院书记员还应当告知证人有义务在再次被传唤时前往相应法院作证。证人在审判前更换住址的，应当告知法院书记室。未履行该义务的，对其处以200至1000欧元的罚金，构成犯罪的，依法追究其刑事责任（《刑事诉讼法典》第446条）。

随着视频会议的推广应用，西班牙现在也允许证人以视频会议的方式作证（《司法机构组织法》第229条，《刑事诉讼法典》第306.4条、第325条以及第731-1条）。例如证人出庭"存在其他特别严重或者造成重大损害的事实"（《刑事诉讼法典》第325条），例如证人"在地理上很遥远的地方"（如国外）。但对该条款的解释不宜过于宽泛，否则容易损及对质权，例如不能以证人受到囚禁为由禁止其到庭作证。对于"未成年人或需要特殊保护的残疾人"，"可出于必要性、安全性以及公共秩序因素使用各种可能的技术手段完成作证"（《刑事诉讼法典》第707.2条，2006年第8号组织法引入，第448.3条重复了这一规定，最高法院2015年6月17日第398号判例支持了这一立场）。

5. 对质程序（la diligencia de careo）

所谓"对质"（careo），指如果被告人之间、证人之间或被告人和证人之间的陈述结果存在矛盾时，预审法官让相互之间进行面对面陈述的一种调查行为（《刑事诉讼法典》第451条）。总体而言，西班牙对"对质"这种调查方法并不信任，《刑事诉讼法典》第 455 条规定，"仅在无其他方式可证明案件事实或者犯罪嫌疑人的犯罪行为时，方可进行对质"。判例则认为，对质并不是真正的证据形式，是可选的、例外的，预审法官拒绝适用对质程序并不能成为撤销之诉的缘由。

对质原则上不得适用于未成年证人，除非预审法官认为不可或缺，且经鉴定后认为不会损及前述证人的利益（《刑事诉讼法典》第 455.2 条）。法官不允许对质者之间出现相互辱骂或者威胁的行为（《刑事诉讼法典》第 454 条）。在对质时，如果法官发现有参与者在撒谎，可以劝诫他说出真相，并说明构成伪证罪的后果及刑事处罚（《刑事诉讼法典》第 452 条）。

6. 受保护的证人（testigo protegido）

西班牙于 1994 年 12 月 23 日颁布了《刑事诉讼中证人及鉴定人保护的法律》（LOPTP），确立了一种对可能受胁迫或威胁的证人进行特殊保护的法律制度，即"受保护的证人"。具体而言，如果法官"合理地认为对证人、拟保护之人的自由或财产、其配偶、类似情感关系的人、长辈、后代及兄弟姐妹存在严重危险时"，可以赋予其受保护证人的地位（《刑事诉讼中证人及鉴定人保护的法律》第 1 条）。例如在有组织犯罪中，预审法官认为，证人亲自出庭将带来安全隐患，则可以适用特殊的作证制度。这里还需要特别指出的是，"受保护的证人"范围较为宽泛，既包括普通证人，也包括被害人，还包括提供不利证词的共同被告人。最高法院的判例认为，共同被告人的供述具有"混合性"：涉及本人刑事责任的陈述为"被告人供述"，而涉及其他共同被告人刑事责任的陈述，则属于"证人证言"，又称为"不完全确切的证人证言"（testimonio impropio）。[17] 如果提供不利证词的共同被告人可能给自己或近亲属带来严重危险，

---

[17] SSTS 3 de febrero de 2003-RJ 2003/1141-; 21 de enero de 2003-RJ 2003/1128-; 4 de febrero de 2002-RJ 2002/2673-; 3 de marzo de 2000-RJ 2000/1112-; 5 de diciembre de 2000-RJ 10166/2000-; 21 de mayo y 17 de junio de 1986; en el mismo sentido STC 137/1988 y SAN de 27 de septiembre de 1994.

一并适用受保护证人制度。

受保护证人的身份信息适用专门的保密制度。证人证言中不会出现任何可能泄露其身份信息的内容，名字将用数字或密码代替，证人的地址将被隐去，以法院的地址取而代之。作证时在特殊的窗口或者使用专门的声讯设备，避免与被告人进行直接的视觉接触（《刑事诉讼中证人及鉴定人保护的法律》第 2 条）。在极其特殊的情况下，受保护证人还将由警察进行专门的保护，给予新的身份，改变工作和场所，提供经济支持等（《刑事诉讼中证人及鉴定人保护的法律》第 3 条）。

受保护证人制度本质上涉及两个方面的基本权利冲突：一方面是证人的生命权和形体完整权（《宪法》第 15 条），另一方面则是社会或媒体传播真实信息的权利（第 20.1.4 条），尤其是在公开程序中的辩护权以及询问控方证人的权利（《宪法》第 24.2 条，《欧洲人权公约》第 6.1 条和第 6.3.4 条）。在这些基本权利中，生命权和形体完整权更为重要，具有"霸权性"（carácter hegemónico），可限制"社会或媒体传播真实信息的权利""辩护权"或"询问控方证人的权利"的适用。

需要指出的是，预审阶段获得受保护证人身份的，并不必然在言辞庭审阶段"匿名作证"。庭审法官可以在"评估宪法所保护的权益后"保留或修改预审法官所采取的措施（《刑事诉讼中证人及鉴定人保护的法律》第 4 条）。换而言之，如果庭审法官认为，受保护证人的身份并无必要，则可以要求其出庭作证，保障被告人的对质权。当然，在更多的情况下，庭审法官会保留受保护证人的身份。无论匿名作证与否，辩方均可以对证人证言的可靠性和可信度提出质证意见。匿名证言应得到其他证据的补强。[18]

（四）鉴定

1. 界定

鉴定的规则规定在《刑事诉讼法典》第 339 条至第 363 条（物

---

〔18〕 STC 75/2013；STS 157/2015, de 9 de marzo.

证调查程序)、第 456 条至第 485 条（预审程序中的鉴定规则）及第 723 条至第 725 条（言辞庭审程序中的鉴定规则）中。

在西班牙刑事诉讼中，鉴定指具有特定知识的专业人员以其专业的科学、技术或艺术知识认知，经法官任命，协助或提供经验法则（máximas de la experiencia），以便更好地了解事实的性质、犯罪构成要件事实以及犯罪行为实施者的刑事责任。[19] 依《刑事诉讼法典》第 456 条之规定，"为认知或者评价预审中的重要事实或情节，应当进行科学或者技术鉴定的，经法官决定批准鉴定"。

2. 类型化

依认证资质，鉴定人可分为有认证资质的鉴定人和未有认证资质的鉴定人。有认证资质的鉴定人指持有科学或技术领域的官方证书且业务工作应遵守行政规章的鉴定人。而未有认证资质的鉴定人则指不持有科学或技术领域的官方证书，但具备该领域的专业知识或实践经验的鉴定人。依《刑事诉讼法典》第 458 条之规定，法官优先任命有认证资质的鉴定人。

依委任主体，鉴定人可分为官方鉴定人和私人鉴定人。由法官委任的鉴定人，为官方鉴定人（《刑事诉讼法典》第 467 条及以下）。由当事人任命的鉴定人，为私人鉴定人。在普通的预审程序中，官方鉴定人为 2 名（《刑事诉讼法典》第 459 条），而在简易程序中，官方鉴定人为 1 名（《刑事诉讼法典》第 778.1 条）。理论上，私人鉴定人仅得在官方鉴定人不能替换或不可替代的情况下进入刑事诉讼（《刑事诉讼法典》第 459 条）。例如本地仅有 1 名官方鉴定人且被请求回避，则可以由当事人任命鉴定人代为履行鉴定职责（《刑事诉讼法典》第 471 条）。但在司法实践中，尤其是在言辞庭

---

〔19〕 这一界定来自维森特·吉梅诺·森德拉教授的教材，Vicente Gimeno Sendra, Manual de derecho procesal penal, Ediciones Jurídicas Castillo de Luna, 2018, p. 367, 并非通说，存在一定的争议。例如有观点认为，科学法则与经验法则不同，科学法则可在两个自然事实之间形成统计学上的显著关系，具有普遍性、可实验性以及可控性的特征。但也有观点认为，科学法则仅是更具普遍性、可实验性以及可控性的经验法则。关于鉴定与科学法则、经验法则的关系，更权威的论述，参见 Michele Taruffo, La Prueba, Artículos y Conferencias, etropolitana, 2012, p. 87, p. 159。

审程序中，除官方鉴定人外，各方当事人往往也各自聘请私人鉴定人，以更好地行使辩护权。

3. 鉴定人的义务和权利

与证人相同，鉴定人有义务与预审法官合作（《宪法》第118条，"按法官和法院在审理过程中和执行判决时可能的要求协作"），接受鉴定任务并客观公正地提交鉴定报告，否则将接受与证人一样的处罚（《刑事诉讼法典》第463条以及相关联的第420条）。但与证人不同的是，鉴定人是法官的助手和合作者，向法官提供专业知识，因此如果鉴定人与犯罪嫌疑人构成《刑事诉讼法典》第416条所规定的亲属关系，则应进行回避（《刑事诉讼法典》第464条）。如果鉴定人未将相关情况告知法官，则可能受到200至5000欧元的罚款。构成犯罪的，将追究刑事责任（《刑事诉讼法典》第464.2条）。

鉴定人有权获取报酬，"如果国家、省或市未规定此类鉴定人的固定薪酬，则鉴定人有权主张合理的报酬或者补偿"（《刑事诉讼法典》第465条）。

4. 鉴定程序

预审法官首先在鉴定人名单中遴选鉴定人。如前所述，预审法官优先任命有认证资质的鉴定人，但在特殊情况下，也可以任命无认证资质的鉴定人。在官方鉴定人不能替换或不可替代的情况下，双方当事人也可以聘请私人鉴定人。因此，西班牙任命鉴定人的模式属于混合模式，既非纯粹的市场模式（如美国），也非纯粹的官方认证模式，与法国、德国和意大利基本类似。[20]

鉴定人任命后，法院书记员应通知当事人各方。但仅在鉴定证据无法在言辞庭审中重复的，当事人才可以对预审阶段指定的鉴定人提出回避申请（《刑事诉讼法典》第466条和第467条）。回避事由包括：①与自诉人或者被告人具有四代以内血亲或者姻亲关系的；

---

〔20〕 参见法国《刑事诉讼法典》第160条，德国《刑事诉讼法典》第73条第2款，意大利《刑事诉讼法典》第221条第1款。

②与案情或者类似情形具有直接或者间接利益关系的；③与当事人具有亲密友情或者明显敌对关系的。《刑事诉讼法典》第416条所规定的证人作证豁免事由，亦适用于鉴定人（主动回避）。

鉴定人接受任命后，法官通过普通传票传唤（《刑事诉讼法典》第460条），情况紧急的，也可以口头传唤或者通过司法警察进行传唤（《刑事诉讼法典》第461条）。无充分理由，所有鉴定人均有义务在指定的日期和时间出庭（《刑事诉讼法典》第462条和第463条）。

鉴定人应进行宣誓（《刑事诉讼法典》第474条）。法官清晰、明确地告知鉴定人鉴定报告的对象（《刑事诉讼法典》第475条），包括被羁押犯罪嫌疑人（《刑事诉讼法典》第476条）在内的所有当事人均可参加鉴定调查，并可发表他们认为适当的意见（《刑事诉讼法典》第480条）。法官也可以提出自己的意见（《刑事诉讼法典》第483条）。鉴定活动应当由预审法官或者经预审法官授权的市级法院法官主持，也可以根据《刑事诉讼法典》第353条的规定，指派司法警察主持鉴定活动。参与案件审理的法院书记员应当协助鉴定活动（《刑事诉讼法典》第477条）。但如果鉴定报告构成预先证据，则仅得由法官亲自主持。

鉴定报告应尽可能包含《刑事诉讼法典》第478条所规定的以下内容："①对作为鉴定对象的人员或者物品所处状态或者存在方式进行描述。根据鉴定人的指示，由法院书记员制作描述文件，并由所有参与者签字。②鉴定人进行的所有鉴定活动与鉴定结果的详尽关系，以上述同样方式进行制作和确认。③基于前述的鉴定所得数据，鉴定人作出的符合科学或者技术原则和规则的鉴定结论"。

如果证据应予以销毁（例如毒品、爆炸物等），则应保留部分样品，"以便在必要时（例如任何一方当事人在言辞庭审中对鉴定报告提出异议）可以进行重新分析"（《刑事诉讼法典》第479条，与第338条相关联）。

因为鉴定人为2名，司法实践中也存在2名鉴定人意见分歧的情况。依《刑事诉讼法典》第484条之规定，"鉴定人之间有分歧并且其人数为偶数无法形成一致意见的，法官应当再指定 1 名鉴定人。新任命的鉴定人参与鉴定活动后，应当尽可能重复之前已经进行的鉴定活动，并开展其认为适宜的其他鉴定活动。新任命的鉴定人既不可能重复之前的鉴定也不可能作出其他鉴定的，只能就已作的鉴定与其他鉴定人进行商讨，以形成与其中一方一致的结论。与任何一方均未能达成一致的，则单独作出其认为合理的结论"。

（五）卧底侦查和线人侦查

为应对有组织犯罪，西班牙引入了卧底侦查和线人侦查。这两种预审行为较为特殊，除涉及宪法和法律层面的基本权利、正当程序外，还可能涉及职业伦理与社会道德等。因此，各国在适用卧底侦查及线人侦查时均作了诸多设置，避免扩大化适用导致肆意侵权及过度打击。

1. 卧底侦查与诱惑侦查

（1）一般的卧底侦查。

西班牙通过 1999 年 1 月 13 日第 5 号组织法在《刑事诉讼法典》中创设了第 282-1 条（后经 2015 年第 13 号组织法进行了修改），确立了"卧底侦查"这一预审行为。正如立法者在立法理由书中所写，大型犯罪集团在组织结构上日趋严密，唯有采用隐藏的特殊调查手段，方可达到有效打击的效果。在法典结构的设计上，"卧底侦查"纳入司法警察的相应章节中，立法者认为，这是为了强调卧底警察（los agentes encubiertos）在这种特殊预审手段中的重要作用。但这一结构设计存在严重的误导性，卧底侦查作为极其特殊的预审行为，必须经预审法官的严格批准，显然更应放在预审程序的编章中。

仅司法警察可担任卧底警察，其他任何类型的警察均无此资格。司法警察应自愿承担渗透犯罪组织的任务而不受任何强迫。卧底侦查自一开始便应获得检察官或预审法官的授权。检察官进行授权的，亦应立即向预审法官报告。

依比例原则的要求，卧底侦查仅适用于"3 人或者 3 人以上通过合作，长期或者反复实施（有组织犯罪，《刑事诉讼法典》第 282-1.1

条）可产生下列结果的某项或者多项犯罪行为"：①《刑法典》第156-1 条所规定的非法获取、贩卖以及移植人体器官的行为；②《刑法典》第 164 条至第 166 条规定的绑架人质的行为；③《刑法典》第 177-1 条规定的贩卖人口的行为；④《刑法典》第 187 条至第 189 条规定的与卖淫相关的行为；⑤《刑法典》第 237 条、第 243 条、第 244 条、第 248 条及第 301 条规定的损害财产以及扰乱社会经济秩序的行为；⑥《刑法典》第 270 条至第 277 条规定的与知识产权或者工业产权相关的行为；⑦《刑法典》第 312 条及第 313 条规定的损害劳动者权利的行为；⑧《刑法典》第 318-1 条规定的危害外国公民权利的行为；⑨《刑法典》第 332 条及第 334 条规定的贩卖濒危动植物的行为；⑩《刑法典》第 345 条规定的贩卖核材料及放射性物质的行为；⑪《刑法典》第 368 条至第 373 条规定的危害公共安全的行为；⑫《刑法典》第 386 条规定的伪造货币的行为，以及第 399-1 条规定的伪造信用卡或者借记卡或者旅行支票的行为；⑬《刑法典》第 566 条至第 568 条规定的贩运和储存武器、弹药或者爆炸物的行为；⑭《刑法典》第 572 条至第 578 条规定的恐怖主义行为；⑮1995 年 12 月 12 日"关于打击走私的第 12 号组织法"第 2.1 条规定的危害历史遗产的行为（《刑事诉讼法典》第 282-1.4 条）。

可见，卧底侦查仅适用于非常严重的有组织犯罪，这是因为卧底警察通过内政部所提供的虚假身份混入犯罪组织，尽管可以非常高效地了解已实施以及正准备实施的犯罪，还可较便利地收集被调查对象及其亲属的私人数据，但这涉及严重侵犯个人的隐私权，因此应符合比例原则的要求，故卧底侦查权的适用不仅须获得预审法官的授权，还仅限适用于最严重的有组织犯罪。

2015 年第 13 号组织法还创设了"通信卧底警察"（los agentes encubiertos informáticos），"预审法官可授权司法警察官员在封闭的通信渠道中以虚假的身份进行通信以查明犯罪"和"通信卧底警察应获得特殊的授权，以根据内容交换或发送非法的文件，并分析用于识别所述非法文件算法的结果"（《刑事诉讼法典》第 282-1.6 条）。

在司法实践中，非常常见的一种情况是：卧底警察为固定证据，往往还需实施偷拍、偷录、入侵住宅等非法的行为。对此，《刑事诉讼法典》第282-1.7条规定，"在通过卧底警察所进行的调查过程中，有管辖权的法官可以授权获取图像，并录制卧底警察和犯罪嫌疑人在预定会面时的对话，即便这些对话在住所内进行"。

在更极端的情况下，卧底警察在犯罪团伙中甚至还可能实施犯罪行为。对于这一问题，《刑事诉讼法典》第282-1.5条作了非常模糊的规定，"卧底警察只要把握调查的尺度，不煽动实施犯罪行为，则享有因调查行动不承担刑事责任的豁免权"，"相关法官在审理因开展调查活动引起的刑事案件时，应当在审理卧底警察的相关行为时，向授权虚假身份的机关要求提供授权报告，根据该报告作出适当裁决"。这意味着法官有必要对每个具体案件进行相应的评价。理论上，只要犯罪行为是卧底侦查的必然结果，与侦查目的保持适当的比例，且不构成犯罪诱因，则卧底警察对在侦查过程中所犯下的罪行不承担责任。但事实上，在具体的个案中，法官对"是否合乎比例"的判断并非易事。

卧底警察属于前文所论及的"受保护的证人"，因此在整个诉讼过程中身份信息均保密，证言中不会出现任何可能泄露其身份信息的内容，名字将用数字或密码代替，证人的地址改为法院的地址。作证时在特殊的窗口或者使用专门的声讯设备，必要时可由警察进行专门的保护，给予新的身份，改变工作和场所，提供经济支持等（《刑事诉讼中证人及鉴定人保护的法律》第3条）。在言辞庭审中，如果当事人请求了解卧底警察的身份，则司法机构仅得提供虚假身份，绝不能揭露其真实身份。

（2）诱惑侦查。

诱惑侦查，是卧底侦查的一种特殊形式，指由卧底警察［又称为"诱惑侦查警察"（agente provocador）］所激发的自愿犯罪行为。这一界定非常重要，明晰了诱惑侦查的两个重要特征：其一，犯罪行为系由卧底警察所激发。如果犯罪行为的准备工作已经开始，则卧底警察的工作便仅是查明正在进行犯罪计划，而不构成诱惑侦查。其二，犯罪行为系犯罪主体自愿实施，卧底警察的行动仅是激发了其先前、已自由选择的决定（una decisión previa y libremente adoptada）。因此，诱惑侦查尤其应与"煽动犯罪"区分开来，后者并不能追究犯罪主体的刑事责任。西班牙最高法院刑二庭的判例教义认为，仅在实施犯罪的意图并非犯罪主体自由产生，而源自卧底警察的刺激，方构成"煽动犯罪"。但这一立场并不明晰，因而司法实践的操作也比较模糊。[21]

在比较法上，诱惑侦查的合法性认定标准分为主观标准与客观标准。所谓主观标准，指的是在侦查人员实施诱惑侦查前，以被侦查对象是否存在犯罪倾向或意图为标准，来判定其是否应承担刑事责任：如果此前有犯罪倾向，则无论诱惑侦查的强度如何，被侦查对象均应承担刑事责任，辩方无权主张诱陷抗辩（煽动犯罪）；反之则构成诱陷抗辩（煽动犯罪），被侦查对象无须承担刑事责任。在美国，从1932年美国联邦最高法院首例承认诱陷抗辩的索瑞斯案，直至1992年的雅克布森案，主观标准始终是联邦法院系统以及多数州法院系统中的主流观点。[22]但对于证明犯罪意图的具体指标要素，美国法上没有统一标准。部分法院总结的判断因素包括：被告人对引诱的回应是否积极；引诱前被告人的主观心态；被告人先前的类似犯罪活动；被告人是否对被引诱的犯罪已经有犯罪计划；被告人的声誉；与引诱人协商时被告人的行为；被告人是否表示过拒绝引诱的意思；被指控的犯罪的性质；警方引诱是否使用了胁迫以及引诱的方式与性质。法官应在综合考量这些因素的基础上判断卧底警察有无犯罪倾向。[23]而所谓客观标准，则指的是在诱惑侦查启动后，

---

〔21〕 Vicente Gimeno Sendra, Manual de derecho procesal penal, Ediciones Jurídicas Castillo de Luna, 2018, p. 366.

〔22〕 关于美国诱惑侦查的合法性认定，参见程雷：《诱惑侦查的程序控制》，载《法学研究》2015年第1期；熊秋红：《秘密侦查之法治化》，载《中外法学》2007年第2期；林钰雄：《国家犯罪挑唆之认定与证明——评三则"最高法院"九十二年度之陷害教唆判决》，载《月旦法学杂志》2004年第111期。

〔23〕 程雷：《诱惑侦查的程序控制》，载《法学研究》2015年第1期。

以侦查人员取证行为是否正当为标准，来判定被侦查对象是否承担刑事责任。英国是奉行客观标准的代表性国家，判断标准主要为：①是否具有合理的怀疑；②是否遵循了相应的授权、监管程序；③引诱手段是否提供了正常的犯罪机会。[24]法国、德国和欧洲人权法院则采用混合标准，综合考虑取证行为的正当性以及被侦查对象的犯罪倾向。[25]例如法国总体"以客观标准为主、主观标准为辅"。[26]西班牙大体也是混合标准，但似乎客观标准与主观标准并存，难分主辅。

2. 线人侦查

线人，又称为"警察线人"（los confidentes policiales），是刑事当局在犯罪团伙中所安插的眼线，在初步调查程序中以获取经济利益或诉讼利益为目的向刑事当局提供与犯罪相关的信息。尽管线人侦查在世界范围内极为普遍，在西班牙的警务实践中也颇为常见，但西班牙《刑事诉讼法典》及相关法律对线人的相关制度却均未涉及，这里便存在法律空白的问题。最高法院的判例教义确立了若干框架：其一，线人在预审阶段身份信息可以保密，但在言辞庭审中，如果必须作为证人在法庭上作证，则必须公开真实的身份。对于线人因暴露身份而可能受到报复性袭击的，可获得"受保护证人"的待遇。其二，警察不得替代线人就所获得的信息在言辞庭审中作证，这属于间接证据（传闻证据），违反了辩护权、对席辩论原则以及无罪推定原则的要求。正如西班牙古老的谚语（antiguo brocado）所云，"谁遮住了指控者的脸，也遮住了他所指控的真相"（quién oculta su rostro para acusar, también es capaz de ocultar la verdad de lo que acusa）。其三，仅有线人的证词，不得作出有罪判决。[27]在司法实践中，警察线人一旦身份暴露，不仅可能带来人身危险，更会毁掉未

---

〔24〕 程雷：《诱惑侦查的程序控制》，载《法学研究》2015 年第 1 期。

〔25〕 林钰雄：《国家犯罪挑唆之认定与证明——评三则"最高法院"九十二年度之陷害教唆判决》，载《月旦法学杂志》2004 年第 111 期。

〔26〕 施鹏鹏：《诱惑侦查及其合法性认定——法国模式与借鉴意义》，载《比较法研究》2016 年第 5 期。

〔27〕 STS 412/2015, de 30 de junio.

来的侦查信息来源，因此除非必要，控方不会让警察线人作为证人出庭。

（六）酒精（精神药物）检测（los métodos alcoholimétricos）[28]

酒精（精神药物）检测指在暂时拘留或剥夺自由的过程中，通过测量犯罪嫌疑人的呼吸、唾沫或者进行人身检查，以确定是否摄入酒精或精神药物，以及摄入的程度。本质上，酒精（精神药物）检测属于鉴定，但因使用频率较高，且适用的法律框架较为特殊，故可单独作一介绍。

酒精（精神药物）检测最早并未规定在《刑事诉讼法典》中，而是规定于效力层级较低的条例，即 1967 年《关于预防和处罚危害道路交通安全犯罪的条例》。[29]这种立法设置源自相关人员工作方式，因为酒精（精神药物）检测通常由交通警察负责，用于道路交通临检。但随着程序法定原则的确立，与刑事犯罪[30]相关的调查手段均应由组织法予以规定，因此 2002 年第 38 号组织法在《刑事诉讼法典》中引入了第 796.7 条，参照道路安全法规进行了立法的设置，酒精（精神药物）检测的工作交由交通司法警察负责。

依新条款的规定，"酒精（精神药物）检测应当按照道路安全法规进行。测试机动车及两轮机动车驾驶人员是否服用毒品、麻醉性物质、精神治疗药物时，应当由经过专业训练的交通司法警察根据道路安全条例进行。驾驶人员应当接受唾液测试，若呈现阳性结果或者显示驾驶员有服用过前述物质的迹象时，驾驶人员应当被强制提取足够量的唾液并将唾液在被认可的实验室进行分析，并确保对该驾驶人员进行监管。所有驾驶人员都可以申请血液、尿液或者

---

〔28〕 "Los métodos alcoholimétricos" 的本意为"酒精检测"，但西班牙《刑事诉讼法典》中的"Los métodos alcoholimétricos"也包括精神药物检测，包括毒品、麻醉性物质和精神治疗药物等。

〔29〕 RD 1967/1981, de 8 de mayo, que fue objeto de desarrollo por la OM de 29 de julio de 1981.

〔30〕 2007 年第 15 号法律在《刑法典》中创设了第 379.2 条，将醉驾罪改为公共秩序犯罪，只要"呼出空气中的酒精含量大于 0.6 毫克/公升"，"血液酒精含量大于 1.2 克/公升"，即构成犯罪。

其他相似物质的检验。进行此类检验时，应当要求警务人员以最快的方式完成检验，并在前述规定的传唤日期和时刻前将检验结果递交至当值法官"。驾驶员拒绝配合的，情节较为轻微的，构成行政违法行为，情节较为严重的，可以扣留车辆（1990 年第 339 号王室法令/法律第 65.4.4 条和第 70 条，以及《道路交通一般条例》第 25.2条和第 26.2 条），情节最为严重的，则可能构成不服从罪（《刑法典》第 383 条）。应利害关系人的请求或司法机关的命令，可出于结果对比的目的重复进行检查，包括血液、尿液或其他相似物质的检查。

从条款的内容可以看出，酒精（精神药物）检测包括如下类型：呼气检测、唾沫检测、血液、尿液或者其他相似物质的检验。不同类型的检测对被检测人权利的限制或侵犯并不相同，呼气检测和唾沫检测，属于强制性最低的调查行为，原则上不需要严格的适用条件或者履行必要的法律审批程序，血液、尿液或者其他相似物质的检验，则可能涉及限制公民的自由权（《宪法》第 17.1 条）及形体完整权（《宪法》第 15 条），需要较严格的适用条件或者履行必要的法律审批程序。但西班牙的立法、学说及判例并未进行非常严谨的区分，仅强调公民的配合义务。

更为特殊且较具争议的是酒精（精神药物）检测的性质问题。迄今为止，宪法法院的判例教义均未达成统一：一种立场是，警察经酒精（精神药物）检测所形成的调查卷宗，应视为《刑事诉讼法典》第 297.1 条中的检举，并遵循相同的程序规定，即警察应在言辞庭审中作为证人出庭作证；[31]另一种立场是，鉴于酒精（精神药物）检测结果的不可重复性，警察经酒精（精神药物）检测所形成

〔31〕 SSTC 31/1981, de 28 de julio; 160/1988, de 19 septiembre; 5/1989, de 19 enero; 217/1989, de 21 diciembre; 3/1990, de 15 de enero; 222/1991, de 25 de noviembre; 33/2000, de 14 de febrero; 188/2002, de 14 de octubre; SSTS 26 de abril, 1 de junio, de septiembre y 16 de noviembre de 1982; 9 de abril de 1985, 14 de junio de 1985; 1 de octubre de 1986 y 14 de diciembre de 1987; ATS 4 de abril de 2001-RJ 2001X8990-; SAP Sevilla 15 de diciembre de 2003-JUR 2004X67552-; SAP Álava 14 de enero de 2004-RJ 2004X107025-; SAP Valencia 16 de diciembre de 2002- JUR 2003X82512.

的调查卷宗应视为预设证据。[32] 目前而言，后一种立场获得绝大多数学者的支持，可视为通说。

如果将酒精（精神药物）检测视为预设证据，则应充分保障在检测阶段对席抗辩的可能。因此，警察在检测时应告知驾驶员接受此类检查所可能造成的不利后果，尤其是可请求进行临床抽血分析的权利。如果警察未进行信息及权利告知，则侵犯了驾驶员的辩护权，据此所获得的证据应予以禁止，不得作为有罪判决的依据。

（七）视频监控录像

1. 一般的视频监控录像

西班牙通过 1997 年第 4 号组织法（后经 1999 年第 596 号王室法令所扩充）确立了视频监控录像制度，规定国家安全力量在获得行政授权[33]后可在公共场所安装摄像机，以确保公民安全并预防犯罪。2015 年 3 月 30 日第 4 号 "关于保护公民安全的组织法" 第 22 条授权司法警察使用摄像机，"政府机构以及在必要情况下的安全力量和机构可以依现行立法使用所批准的固定或移动视频监控摄像机记录人员、地点或物体"。而授权将视频监控录像作为犯罪调查手段的是 2015 年第 13 号组织法（《刑事诉讼法典》第 588 - 4.1 条），"①司法警察可以通过任何技术手段获取和记录被调查对象在公共场所或公共空间时的图像，如有必要，可进行识别，定位犯罪工具或物品或者获取查明事实的相关数据。②即便该措施影响了犯罪嫌疑人以外的其他人，只要监控的有用性大幅降低，或者存在充分的证

---

〔32〕 SSTC 100/1985, 30 de octubre; 88/1988, de 9 de mayo; 89/1988, de 9 de mayo; 138/1992, de 13 de octubre; 303/1993, de 25 de octubre; 173/1997, de 14 de octubre, en la que, después de negar al test alcoholimétrico el valor de denuncia, se afirma que constituye una prueba "pericial e indiciarla", el Auto de 4 de julio de 1988 en el que se otorga el valor de "prueba pericial preconstituida"; en el mismo sentido las SSTC 161/1997, de 20 de octubre; 173/1997, de 14 de octubre; 234 /1997 y 252/1994, de 19 de septiembre; 24/1992, de 14 de febrero; 89/1988, de 9 de mayo; 107/1985, de 7 de octubre; 145/1985, de 28 de octubre y STS 21 de diciembre de 1987; SSAP Orense 18 de febrero de 2003-JUR 2003X124902- y-4 de junio de 2003-JUR 2003X185274.

〔33〕 即视频监控保障委员会。严格意义上讲，这是个 "混合部门"，由行政机构和司法机构共同组建。

据可证明该人与犯罪嫌疑人及作为对调查对象的事实存在关联，则亦可以适用"。

这里需要特别注意的是，视频监控录像仅涉及在"公共场所或公共空间"采集数据，这里并不涉及《宪法》第18.2条所规定的隐私权，可由司法警察直接进行适用。但如果对特定电子设备（《刑事诉讼法典》第588-3.1条）或者私人场所（例如警察使用双筒望远镜或者无人机调查犯罪嫌疑人在住宅里所进行的非法活动）进行数据采集，则应获得司法授权，否则构成证据禁止。[34]

当然，警察在对视频监控录像进行图片截取或者声音转录时，也应遵循比例原则，遵守1982年第1号组织法关于名誉、隐私和自我形象的规定。如果在适用1997年第4号组织法时（行政机构的录音）发现犯罪事实，则应将相关电子载体纳入警察调查卷宗中，并在录制后的72小时内交给当值法官（1997年第4号组织法第7条）。

对于视频监控录像（包括录像带、DVD或电子媒体）的性质，最高法院的判决将其作为警察调查卷宗的一部分，构成了"可依职权审查的官方公共文书"（《刑事诉讼法典》第726条）。因此，视频监控录像亦构成了预设证据，甚至警察在私人机构（例如银行或商业机构）所获得的视频监控录像也构成预设证据，只要这些视频监控设备安装在公共场所。

2. 隐藏的摄像机（la cámara oculta）

西班牙最高法院曾就"隐藏的摄像机"[35]作出判例。新闻记者在进行调查性新闻报道时，未经拍摄对象的同意，以隐藏的摄像机拍下了一些犯罪证据，并提交给司法机关。最高法院明确指出，"隐藏的摄像机"严重侵犯了被调查对象的形象权、私生活权和隐私权，所获得的证据应予以禁止。但新近的判例有所松动，即如果所拍摄

---

〔34〕　STS 329/2016, de 20 de abril, 200/207, de 27 de marzo.

〔35〕　STC 12/2012, de 30 de enero, cuya doctrina se ha visto reiterada en las SSTC 24/2012, de 27 de febrero y 74/2012, de 16 de abril.

到的犯罪行为严重威胁或损害个人的基本权利（尤其是生命权或形体完整权），则所获得的证据亦可使用，但应"存在合法目的，符合比例原则、必要原则和理性原则"。[36]

（八）司法警察对麻醉药品（毒品）的分析

对麻醉药品（毒品）的分析本质上属于鉴定，但《刑事诉讼法典》作了单独的规定，因麻醉药品（毒品）的性质也比较特殊，故可单独作一介绍。

在麻醉药品（毒品）犯罪中，司法警察往往涉及两种调查行为，一种是查获麻醉药品（毒品）并固定证据，另一种则是对麻醉药品（毒品）进行分析，这两种调查行为的性质是截然不同的。司法警察在查获麻醉药品（毒品）中所获得的证据不可重复，因而构成预设证据，但对麻醉药品（毒品）的分析可重复进行，仅构成一般的调查行为，当事人可在言辞庭审中提出重新分析。

依《刑事诉讼法典》第796.1.6.1条之规定，"司法警察查获的物品与案件相关的，应当将其提交至毒物学研究院、司法医学研究院或者相关实验室。以上机构应当立即开始进行所申请的分析并将结果以最快的方式提交至当值法院，并且应当在前述规定传唤的日期和时刻前提交。在此期间无法提交分析报告的，司法警察可以自行进行分析，并且不影响其行使必要的司法监督"。因此，司法警察对麻醉药品（毒品）的分析仅具有辅助作用，仅在"毒物学研究院、司法医学研究院或者相关实验室无法提交分析报告"的情况下，方可自行进行分析。

对所查获的麻醉药品（毒品），应直接转交给相应的药物管制部门，法院可以随时调取（《刑事诉讼法典》第282条、第334条、第336条和第770.3条，以及1967年4月8日的法律）。如前所述，司法警察对麻醉药品（毒品）的分析仅构成一般的调查行为，如果当事人在言辞庭审中提出重新分析，法院应允许。

---

[36] STS 793/2013, de 28 de octubre, 198/2016, de 10 de marzo, 440/2017, de 19 de junio.

（九）人身检查（las inspecciones corporales）

人身检查[37]，指司法警察对犯罪嫌疑人的形体进行外部及表面的检查。因此，需要进入人体内部的检查（如检查阴道、肛门等），并不属于"人身检查"。警察收集与犯罪嫌疑人有关的外部物质（如粪便、尿液、头发、指甲、唾液、烟蒂或痰等），亦不属于"人身检查"。最后，进行放射学和超声波检查，同样不属于"人身检查"（1988 年第 6 号总检察令，最高法院第二法庭在 1999 年 2 月 5 日的全体会议协议中予以确认）。

2015 年 3 月 30 日第 4 号"关于保护公民安全的组织法"第 20 条对"人身检查"作了较为全面规定，"①如果有合理的证据表明进行人身检查可能发现法律所赋予安全力量及安全机构调查及预防职能有关的工具、物品或其他对象，则可以对人的形体进行外部及表面的检查。②对警察（los agentes）存在严重且迫在眉睫的风险而导致的紧急情况：其一，在进行人身检查时应由同一性别的警察进行记录。其二，如果需要使通常被衣物覆盖的身体部位保持可见状态，则应在秘密地方进行，且不要让第三方所见。人身检查的程序、原因以及进行人身检查的警察应保留书面证明。其三，外部的人身搜查将遵守第 16 条第 1 款的原则以及最低限度干预原则，以对相关人员的隐私及尊严造成最小损害的方式进行，并应立即以可理解的语言告知实施人身检查的原因。其四，依合适、必要及比例原则，本条所规定的人身检查可违反被检查者的意愿，并采取必要的强制措施"。

因此，人身检查可由司法警察进行，所获得的与犯罪有关的"工具、物品或其他对象"可构成预设证据。但人身检查依然应遵循"合适、必要及比例原则"，必要时可采取强制措施。相反，如果需

---

［37］ 1992 年 2 月 21 日第 1 号"关于保护公民安全的组织法"第 19.2 条还规定一种人身检查，即"人身搜查"程序（diligencia de "cacheo"），指在暂时剥夺犯罪嫌疑人自由权又不构成警察羁押的情况下，警察可以进行人身外部的搜查，以收集物证。但"人身搜查"不得适用于行政违法（infraccione administrativa）、轻微的犯罪以及 2 年以下剥夺自由刑的犯罪，除非被搜查对象有犯罪前科。"人身搜查"并不适用特殊的法律制度，因此本文也不再赘述。

要进入人体内部的检查（身体干预，下文有详述），或者收集与犯罪嫌疑人有关的外部物质[38]，则需要获得司法授权。例如 2007 年 10 月 8 日第 10 号"警察依 DNA 数据库甄别犯罪嫌疑人"的组织法第 3 个附加条款（Disposición Adicional Tercera）规定，"在对第 3.1.1 条所规定的罪名[39]进行调查时，司法警察可从警察'嫌疑人'、被拘留者或者犯罪嫌疑人以及犯罪现场采集样本和体液。在未经利害关系人同意的情况下需要进行人身检查、检测或干预的，无论如何均应依《刑事诉讼法典》之规定获得法官依载明理由之裁决书所作出的司法授权"。

（十）地理定位（la geolocalización）

地理定位是新兴的调查手段，指司法警察可通过全球定位系统（GPS）或其他设备（例如移动电话设置）对交通工具和人员进行精确的位置搜寻或实时定位，以为查明案件事实提供必要的证据。例如犯罪嫌疑人的在场或不在场证明，被绑架的被害人的准确位置等。《刑事诉讼法典》第 588.4.2 条和第 588.4.3 条对地理定位的使用作了较详细的规定。地理定位的使用应符合必要且合乎比例原则的要求。法官应通过载明理由的裁决书，明确所使用的技术手段、措施和目的、所涉及的人员以及设备所处的位置等。紧急情况下，司法警察也可以使用地理定位设备，但必须在 24 小时内向法官报告，法官将确认或否决采取这一措施（《刑事诉讼法典》第 588-4.2.4 条）。司法警察应向法官提交"初始载体或者真实的电子副本，包含提出请求时以及在任何情况下调查结束时所收集的信息"（《刑事诉讼法典》第 588-4.3.2 条）。

最高法院第二法庭在 2007 年 6 月 22 日的判例中确认，在船桥

---

〔38〕 2006 年 1 月 31 日最高法院刑事分庭非裁判性的全体会议协议（El Acuerdo del Pleno no jurisdiccional de la Sala de lo Penal del TS）曾授权警察"收集犯罪嫌疑人遗弃的基本或生物样本，而无需获得司法授权"，后为 2007 年第 10 号组织法所修改。

〔39〕 涉及损害生命、自由、侵犯性自主、侵犯性自由、名誉、暴力夺取财物，以及对他人实施暴力或恐吓行为的犯罪，以及《刑事诉讼法典》第 282-1.4 条所罗列的其他严重或者有组织犯罪。

上安装信标并不会损害隐私权。但欧洲人权法院在 2010 年 9 月 9 日的判例（Caso Uzun vs Alemania）中指出，"（地理定位）这种干预行为应限定在偶然且在短时间内完成"。西班牙《刑事诉讼法典》第 588-4.3 条规定了最长 3 个月的适用期，但经特别的延长最终可长达 18 个月。这一期限设定是否符合欧洲人权法院的要求，目前在西班牙学术界仍有争议。

最后，提供给法院的信息应妥善保管，并在无罪开释或停止审理时予以销毁。如果判决有罪，则信息从判决执行或宣判之日起保存 5 年（《刑事诉讼法典》第 588-3.4 条）。

（十一）司法现场勘验检查（reconocimiento judicial）

现场勘验检查指对犯罪场所亲临查看、了解、检验与检查，以发现和固定犯罪活动所遗留下来的各种痕迹和物品。西班牙《刑事诉讼法典》使用"目击检查"（inspección ocular）一词来指代"现场勘验检查"，这显然缩小了范围，在很多情况下，调查人员不仅仅是"目击"，还包括使用其他检验与检查的手段。现场勘验检查可由司法警察进行，但司法警察所进行的现场勘验检查仅是一般的调查行为，不能成为证据（《刑事诉讼法典》第 282 条，1987 年第 769 号王室法令第 28 条）。仅预审法官所进行的现场勘验检查，可称为"司法现场勘验检查"，构成预设证据（因为现场勘验检查无法在庭审中重复），以宣读文书的形式进入言辞庭审，法官可以据此作出判决。《刑事诉讼法典》第 2 编第 5 卷第 2 章（第 326 条至第 333 条）对司法现场勘验检查的程序细则进行了详实的规定。

《刑事诉讼法典》第 326 条规定，"如果被追诉的犯罪在实施时留下了犯罪痕迹或者实质性证据，预审法官或者代为履职的人员应当下令将其收集保存，以备审判使用。预审法官应当勘验检查并描述所有与案件事实存在及其性质有关的情节"，"为此，应当在裁决书中载明犯罪地点、证据发现地及其被发现时的状态、地形变化或者住所状况，以及其他所有可以用来起诉和辩护的细节"。因此，司法现场勘验检查的对象应仅限于"犯罪场所"，既包括犯罪行为实施地，也包括犯罪行为准备地。司法现场勘验检查应相关且必要（《刑事诉讼法典》第 311.1 条），如果预审法官认为案件事实已经查清，证据已经极为充分，或者犯罪现场已被摧毁，或者司法现场勘验检查对查明案情并无帮助，则可下令不实施这一调查行为。

司法现场勘验检查后将形成证据笔录，以描述犯罪场所所发现的所有证据。通常而言，预审法官在进行现场勘验检查后，还会收集和保存物证。如前所述，司法现场勘验检查不可重复，构成预设证据，因此进行现场勘验检查时必须事先通知辩方和检察官（《刑事诉讼法典》第 333 条），以保障对席辩论原则。依《刑事诉讼法典》第 733 条之规定，"司法行政部门律师有义务传唤犯罪嫌疑人[40]到案"，以便参与司法现场勘验检查。律师可以提出其认为适当的意见，律师的意见应载入笔录。符合这些条件后，司法现场勘验检查笔录可在言辞庭审中宣读，作为定案的证据（《刑事诉讼法典》第 730 条）。

（十二）物证的收集与保存（la recogida y conservación del cuerpo del delito[41]）

1. 界定

物证的收集与保存，是极为常见的预审行为，指预审法官对所发现的可能证明犯罪事实的相关物品、工具或者证据进行收集和保存，以作为定案的证据。物证的收集与保存是物证调查程序的核心所在，《刑事诉讼法典》第 334 条至第 337 条对该预审行为进行了较详细的规定，并将权力赋予预审法官。依《刑事诉讼法典》第 334 条之规定，"预审法官应当在第一时间下令收集与犯罪有关、在犯罪行为实施场所或附近，或者在犯罪嫌疑人被抓获的地点，或者在其他相关地点发现的武器、工具及物品"。

---

[40] 《刑事诉讼法典》第 733 条所使用的术语为"被宣告起诉的人"（persona declarada procesada）。但依《刑事诉讼法典》第 118 条的规定，应理解为"犯罪嫌疑人"（imputada judicial）或当事人。

[41] "cuerpo del delito"很容易按字面意思误译为"犯罪构成要件"或"犯罪构成要件证据"，实际应为"物证"。关于误译，参见《世界各国刑事诉讼法》编辑委员会编译：《世界各国刑事诉讼法·欧洲卷（下）》，中国检察出版社 2016 年版，第 1570 页。

需要指出的是，司法警察同样"有义务调查其辖区内发生的刑事案件，根据其职权范围开展调查以核实案件事实并发现犯罪嫌疑人，将收集到的所有存在灭失危险的案件相关物品、工具或者证据交与司法当局"（《刑事诉讼法典》第282条）。且依《刑事诉讼法典》第13条，"所谓初步调查（primeras diligencias），是指保存可能消失的犯罪证据、搜集和保管能核实和查明犯罪嫌疑人的相关证据、在必要情况下拘留犯罪嫌疑人，并且可以采用本法第544-1条规定的预防性措施和第544-2条规定的保护令保护被害人或者被侵犯人及其家人或者其他相关人员"。因此，只要情况紧急，司法警察也可及时对物证进行收集与保存，但此后应交给预审法官。

预审法官可依职权或依当事人请求进行物证的收集与保存。在司法实践中，物证的收集与保存往往伴随着其他的预审行为，例如预审法官在搜查或司法现场勘验检查时发现可证明案情的证据，并决定予以收集和保存。如果所收集和保存的物证并非无主物，而可能为犯罪嫌疑人、第三人或者被害人所有，这里则可能涉及物品的所有权的问题。《刑事诉讼法典》第334.3条和第334.4条规定，"受扣押影响的个人可以随时向预审法官提出上诉。如果是犯罪嫌疑人以外的第三人提起上诉，则无须律师的参与。如果受该措施影响的相关人员或者成年亲属在适用该措施时表示不同意，则应视为已提起上诉"，"属于犯罪被害人的物品将立即归还，除非在特殊情况下应将其保留作为证据或者为其他调查所使用，但也不影响尽快归还。如果应保留作为证据或者为其他调查所使用，物品也应尽快归还，物品所有人可要求法官或法院履行保护义务。无论何种情况，被害人均可根据前款的规定对该决定提出上诉"。西班牙最高法院在2006年2月14日的判例中指出，犯罪嫌疑人扔出的烟头是"无主物"（res nullius），因此预审法官和司法警察完全有权以调查犯罪为由收集和保存物证，在烟头中提取DNA进行鉴定，并与犯罪现场所收集的某些服装中所发现的生物残留物的DNA进行对比。

2. 物证的类型及特殊规定

与言辞证据不同，物证的类型颇为繁多，收集和保存的方法也存在明显的差别。《刑事诉讼法典》及一些单行法作了较详细的规定：

（1）物证为犯罪武器或工具的，预审法官应下令予以扣留，并存放于适合存放这些物品的机构。如果保存这些物品极其危险，则应在听取检察官的意见后商定销毁（1976年10月15日第2783号王室法令第334条和第338条）。

（2）物证为有毒药物的，预审法官应听取检察官意见，先保存样品，再发送至毒理学研究所以对有毒药物纯度进行专家分析，此后下令予以销毁。

（3）在涉及侵害财产的犯罪中，应确定作为物证之财物的独特性（《刑事诉讼法典》第364条）及经济价值。在快速审理程序中，司法警察可以准备这一报告（《刑事诉讼法典》第796.1.8条）。

（4）如果调查对象涉及伤者，则应首先进行医疗救助，评估伤害的严重程度以及病因，并将涉及伤害的相应部分物证移交法院（《刑事诉讼法典》第350条、第352条和第355条）。

（5）如果发生人员死亡，在可以推断实施侵害个人生命犯罪的情况下，应进行尸体鉴定（《刑事诉讼法典》第341条至第342条），并在充分考虑《刑事诉讼法典》第340条至第350条的情况下由法医进行尸检。

3. 物证与鉴定报告

物证还往往需要进行鉴定，法医、官方鉴定机构、毒理学研究所等与司法警察、检察官均属于"司法管辖区的合作者"，应向预审法官提交与物证相关的鉴定报告。

（1）尸检报告。传统上，法医在"尸体解剖"后应向预审法官提交鉴定报告。1882年《刑事诉讼法典》仅规定了这一类型的鉴定报告（《刑事诉讼法典》第343条及以下）。但随着法庭科学的发展，鉴定的范围大大拓展了。官方科研机构或实验室将向预审法官提供各领域的鉴定报告。

（2）DNA 分析报告。2003 年第 15 号组织法对《刑事诉讼法典》进行了改革，允许相关的官方机构进行身体采样，以进行 DNA 的保管和分析（《刑事诉讼法典》第 326.2 条和第 363 条）。2007 年 10 月 8 日第 10 号组织法委托内政部对 DNA 数据库进行维护，但应受司法机关的监督，并交由司法机关使用。DNA 分析报告应向预审法官提交。

（3）麻醉物品报告。"官方认可的实验室根据相关法律通过的科学协议书而完成的鉴定，其提交的关于麻醉物品的性质、剂量、纯度的报告具有文书证据的效力"（《刑事诉讼法典》第 788.2.2 条，为 2002 年第 9 号组织法所新增）。

（4）其他报告。司法警察（国家及城市警卫队）还设有笔迹、指纹、弹道的专家实验室和研究所等，由这些机构所发布的鉴定报告，可成为预设证据。

4. "物证的收集与保存"的性质

对物证的收集和保存，既可能构成预设证据，也可能仅是一般的预审行为。如果构成预设证据，则应始终保障对席辩论。预审法官应将取证行为的时间及地点通知犯罪嫌疑人及其律师，保证他们可以参与，并提出适当的意见（《刑事诉讼法典》第 336.2 条、第 333 条和第 569 条）。在司法实践中，物证时常连同鉴定报告提交言辞庭审，双方当事人可以进行质证，包括聘请专家协助质证，也可请求重新鉴定或者要求鉴定人出庭接受询问。

（十三）身体干预（las intervenciones corporales）

身体干预，指强制从犯罪嫌疑人身体上提取某些有机元素（DNA、血液等），进行专家分析，以查明案件事实的调查手段。在西班牙刑事诉讼中，身体干预与人身检查尽管均与人的形体相关，但属于两种完全不同的调查行为：身体检查可由司法警察负责，主要涉及《宪法》第 18.1 条所规定的隐私权，而身体干预则由预审法官负责，主要涉及《宪法》第 15 条所规定的形体完整权。相比而言，中国刑事诉讼并未作如此精细的区分[42]，但依然可以从调查行为的形态上作一大体的参照：总体而言，西班牙的人身检查接近于中国刑事诉讼中的体表搜查，强制力较弱；而西班牙的身体干预则更接近于中国刑事诉讼中的体内搜查以及强制取样，强制力较强。随着法庭科学技术的不断发展，身体干预这一调查手段的适用越发频繁，但相关的法律制度并不完善，散见于《刑事诉讼法典》《刑法典》及相关单行法中，且主要涉及 DNA 检测。

最早的立法为 2003 年第 13 号组织法，在《刑事诉讼法典》中增设了第 326.3 条，规定"如果生物检验有助于查清犯罪痕迹或者证据，在不违反本法第 282 条规定的情形下，预审法官应自行或者下令司法警察或法医采取必要措施，在确保其真实性的情形下收集、保管、检验所得的证据材料"，而第 363.2 条规定，"预审法官有可证实的正当理由，可以作出载明理由之裁决，决定采集犯罪嫌疑人的生物样本，如果这对于进行 DNA 检测不可或缺。为此，他可以依比例原则及合理性原则决定进行勘验检查、司法勘验检查以及形体干预"。此外，2007 年 10 月 8 日第 10 号"警察依 DNA 数据库甄别犯罪嫌疑人"的组织法第 3 个附加条款规定，"在对第 3.1.1 条所规定的罪名进行调查时，司法警察可从警察'嫌疑人'、被拘留者或者犯罪嫌疑人以及犯罪现场采集样本和体液。在未经利害关系人同意的情况下需要进行人身检查、检测或干预的，无论如何均应依《刑事诉讼法典》之规定获得法官依载明理由之裁决书所作出的司法授权"。

前述条款确立了采取身体干预的基本要求：其一，应有助于"查清犯罪痕迹或者证据"，且对"进行 DNA 检测不可或缺"；其二，应由预审法官作出决定，司法警察和检察官并无此一权力；其三，预审法官应遵循比例原则及合理性原则。之所以作出更严格的

---

[42] 中国刑事诉讼并没有严格区分体表搜查和体内搜查，甚至也没有区分人身搜查和场所搜查，其实这几项调查行为的适用强度不同，所侵犯的基本权利也不同，理应予以严格区分。当然，中国对侦查行为不进行司法审查，这大大减少了进行精细化区分的意义。

限定，是因为身体干预对基本权利的损害更大，在适用时应更审慎地进行必要性审查。如果身体干预对于查明案件事实并无助益，或者已有足够的其他证据可证明案件事实，或者身体干预对基本权利的侵害与拟查明之犯罪行为不成比例，则不宜进行适用。西班牙的法律及判例对身体干预的强度未作更精细的划分，但一般认为，按对人身完整性损害的程度，身体干预可进一步区分为轻度干预与严重干预：轻度干预指对形体取样不会带来极大的痛苦甚至危及生命，如头发或指甲，一般认为采血也构成轻度干预（当然，如果犯罪嫌疑人是血友病患者，则另当别论）；而严重干预则指可能危害健康权或给被采集者带来极大痛苦的形体取样，例如腰椎穿刺或抽取脑脊液。

此外，《刑法典》还包括 DNA 在数据库内登记的规定，"如果实施了损害生命、形体完整、自由、性自由或性自主、恐怖主义的严重犯罪，或者任何其他严重威胁生命、健康或人身安全的严重犯罪，如果从事实情节、前科、人格评估或其他可获得的信息，可以评估存在重复犯罪的严重危险时，则法官或法院可以同意对这些人员进行生物采样，并进行分析以获得 DNA 标识符，记录在警察的数据库中。仅在提供 DNA 标识符并进行必要分析才能获取该人身份和性别时，才可进行这一分析"。"如果所涉当事人反对进行生物采样，则可通过必要且最低限度的强制性措施予以强制执行。这些强制性措施无论如何应与案件的情节成比例，且尊重当事人的尊严"（《刑法典》第 129-1 条，为 2015 年第 1 号组织法所引入）。

如前所述，西班牙涉及身体干预的相关法律制度并不完善，集中体现在：其一，身体干预并非以获取 DNA 为唯一目的，因此不宜将生物取样与 DNA 分析等量齐观，否则将极大缩小了身体干预的适用范围。例如在司法实践中，生物取样还时常用以进行毒物分析，以甄别死因。且 DNA 分析属于鉴定，是对所获生物材料的专家判断，与身体干预（获取物证的手段）虽有一定的联系，但属于不同的预审行为，应进行严谨地区分。其二，法典及判例对身体干预的强度未进行精细的类型化，这容易导致法官对比例原则的理解和适用存在偏差。其三，司法警察、法医等在身体干预中的功能、地位和作用并未作更明晰的规定。其四，对 DNA 数据库的规定也比较单薄，存在很多空白领域，例如当事人可否请求在 DNA 数据库内删除相关记录？是否存在救济途径？等等。

（十四）进入

西班牙对场所搜查区分了两种调查行为，一是进入，二是搜查。具体而言，预审法官或现行犯案件中的司法警察为查明犯罪事实有权进入既定场所，并进行搜查。尽管在司法实务中，"进入"与"搜查"的调查行为时常合二为一（这也是为何《刑事诉讼法典》第545 条及后续条款集中规定了"进入和搜查"程序），但这一区分具有相当的理论及实务价值，因为"进入"涉及的往往是"住所不受侵犯的权利"，而"搜查"则涉及更广泛的"隐私权"。[43]

依《宪法》第 18.2 条和《刑事诉讼法典》第 545 条之规定，"住所不受侵犯。未经屋主许可或司法裁决，不得进入或搜查住所，但现行犯除外"。几乎在主流法治国家，"住所不受侵犯的权利"均属于最核心的基本权利（《世界人权宣言》第 12 条、《公民权利和政治权利国际公约》第 17 条和《欧洲人权公约》第 8 条），因此对该权利的干预或限制在绝大多数的情况下需要法律的明确规定且应进行司法审查。

西班牙《刑事诉讼法典》第 545 条允许"在法律所明确规定的情形下"依法定的形式进入。依场所的不同，"进入"又可分为一般的进入和特殊的进入。顾名思义，一般的进入，针对的是一般的场所；而特殊的进入，则针对诸如使馆、议院等特殊的场所。[44]

---

[43] 当然两者均可能还涉及职业秘密、工业秘密等。例如对律师事务所或者公司的进入和搜查。

[44] 如果未专门指出，下文的"进入"，均指"一般的进入"。

1. 一般的进入

（1）主体要素：积极主体和消极主体。

因涉及最核心的基本权利，一般的进入受"司法独占"（exclusividad jurisdiccional）原则的约束，原则上公共行政机关不得以"自我保护"（autotutela）[45]来限制这一基本权利。因此，原则上仅预审法官有权决定一般的进入。但在紧急情况下（例如现行犯、反恐等），司法警察也可一般的进入。而住所所有人，既可以是自然人，也可以是法人。

A. 主要的积极主体：预审法官。

依《刑事诉讼法典》第 546 条之规定，"如果有证据表明在公共建筑及场所可找到犯罪嫌疑人、犯罪物品和工具、文书文件或者其他有助于发现或者证实案情的物品的"，在未获得利害关系人同意的情况下，"受理案件的法官或法院"有权下令进入。在未成年人案件中，由未成年人法院下令进入（2000 年第 5 号组织法第 23.3 条）。在"行政"进入的情况下，则由有地域管辖权（《行政诉讼法院法》第 14 条）的行政诉讼法官批准（《司法机构组织法》第 91.2 条以及《行政诉讼法院法》第 8.5 条）。

如果进入对象的不动产在有地域管辖权的预审法官的司法管辖区之外，则可以委托管辖区的法官进入（《刑事诉讼法典》第 563.2 条和第 310 条），但如果距离不远且拖延会造成危险，也可以自行进入（《司法机构组织法》第 268.2 条和《刑事诉讼法典》第 323 条）。预审法官还可以委托司法管辖区内的治安法官进入（《刑事诉讼法典》第 563.1 条）。

预审法官可以授权检察官或司法警察进入（《刑事诉讼法典》第 563 条）。但有权下令进入的，依然是预审法官，且授权令状应当明确、具体，详细说明进入的实质依据以及具体的对象（《刑事诉讼法典》第 558 条），不得进行一般性的授权。检察官和司法警察无权

---

〔45〕自我保护（权），指公共行政机关可单方面自行对相对人强加权利或义务的权力，而无须获得法院的批准。这一概念主要在意大利和西班牙的行政法中使用。

下令进入。

B. 例外的积极主体：司法警察。

依《刑事诉讼法典》第 553.1 条之规定，"对已经发布羁押令的对象，或者现行犯被捕的，或者被执法人员追捕而藏匿或躲避于某住所，或者情况紧急或特殊，符合本法第 384-1 条规定的犯罪嫌疑人，无论其藏匿或躲避于何地或何住所，在收集物证（registro）过程中找到与案件相关的物品或者工具的，警察可自行授权立即实行拘留"。该条款规定了进入的两种情况，即司法警察发现"已发布羁押令（例如搜寻令和逮捕令）的对象"和"现行犯"的藏身之地，即可进入而无须获得司法授权。对于第一种情况，理论及实务均不存在争议。但对于第二种情况，自《刑事诉讼法典》原第 779 条被废除后（1988 年第 7 号组织法），学说和判例对何为"现行犯"便存在争议：第一种观点认为，从术语的原意看（"flagrare"原意是"像火或火焰一样燃烧或发光"），现行犯应以"对犯罪行为的感官认知"为特征，因此有些常见的罪名（例如危害公共健康或者存放武器或爆炸物）不易为感官所认知，因此不得以现行犯为名限制基本权利。西班牙最高法院在 1993 年第 34 号判例中指出，"（现行犯）应证明存在犯罪事实且情况紧急"，但并未列明应有"对犯罪行为的感官认知"。第二种观点[46]（获得更多学者的支持）则是部分吸收了《刑事诉讼法典》原第 779 条、《军事司法法典》第 650 条以及1988 年第 2 号《军事程序法》第 398 条对"现行犯"界定的某些要素（正在实施犯罪行为或者刚完成犯罪行为），并融入一些实务要素（在实施犯罪行为后立即被抓捕或者在实施犯罪行为后立即发现犯罪

---

[46] SSTS 31 de enero de 1994-RJ 1994/594-；4 de febrero de 1994-RJ 1994/667-；4 de marzo de 1994-RJ 1994/1696-；13 de julio de 1994-RJ 1994/1491-；29 de junio de 1994-RJ 1994/1339-；22 de noviembre de 1994-RJ 1994/2057-；5 de diciembre de 1994-RJ 1994/2128-；19 de mayo de 1999-RJ 1999/5408-；15 de octubre de 1998-RJ 1998/8067-；22 de abril de 1997-RJ 1997/3257-；1 de abril de 1996-RJ 1996/2845-；18 de septiembre de 2000-RJ 2000/1179-；18 de septiembre de 2000-RJ 2000/8001-；10 de septiembre de 2001-RJ 2001/7698-；15 de noviembre de 2002-RJ 2002/10479-；15 de septiembre de 2003-RJ 2003/6983-；10 de marzo de 2003-RJ 2003/2069- y 14 de enero de 2002-RJ 2004/674.

实物证据的）。依这一新的判例教义，现行犯包括三方面的要求：其一，时间的立即性，犯罪行为正在实施或者刚完成；其二，人身的即时性，即犯罪嫌疑人在犯罪行为实施地或附近；其三，情况紧急，导致司法警察无法立即从当值法官处获得限制基本权利的相关授权，否则将无法实现刑事诉讼的目的。

除前述两种情况外，司法警察在紧急情况下，或者涉嫌恐怖分子的案件中，亦可以在未有司法授权的情况下进入。依 2015 年第 4 号"关于保护公民安全的组织法"第 15.2 条之规定，"在发生灾难、灾祸、毁坏或其他类似极端紧急事由的情况下，为避免对人身或财产造成迫在眉睫的严重伤害，这是进入房屋的充分正当理由"。

在程序法层面，司法警察违反前述规定所获得的证据，构成证据禁止，不得作为判决的依据。在实体法层面，《刑法典》第 202.1 条规定，"未在此居住的个人，违背房屋居住者意愿，侵入他人住所或者经常居住地的，处 6 个月以上 2 年以下徒刑"。

C. 消极主体。

依《刑事诉讼法典》第 550 条及第 569 条的规定，进入的消极主体是"利益关系人或合法代表"。消极主体应在进入及搜查时在场，否则调查行为无效。对于何为"利益关系人"，立法及判例教义进行了多方面的界定：

首先，"利害关系人"原先仅得是自然人，但 2011 年第 37 号"关于程序精简的法律"在《刑事诉讼法典》[47] 第 554 条新增了第 4 款，规定"犯罪嫌疑人为法人的，构成法人领导中心的空间、其主要办公场所及从属建筑，或者是保存公司文件的其他场所，或者维持日常活动并且对第三人知情权予以保留的地点"，这视为住所。据此，法人也可能成为消极主体。

其次，"利害关系人"可以是西班牙本国的国民，也可以是外国人。《刑事诉讼法典》第 545 条和第 550 条将住宅保护的范围扩大到

---

〔47〕《横向财产法》（第 9 条）、《专利法》（第 129 条和第 130 条）和现行《民事诉讼法典》第 261.5 条亦有类似的设置。

外国人。此外，《宪法》第 13 条以及 2000 年第 4 号 "关于外国人在西班牙的权利和自由及其社会融入的法律" 第 3 条重申了外国人在西班牙的住宅不受侵犯。

最后，"利害关系人" 必须是封闭场所的占有者。占有者不一定是所有人，可以仅是事实上的占有人（如承租人和擅自占地者）。[48]《刑事诉讼法典》并不要求长时间或不间断的占有。据此，判例认为，酒店房间（宪法法院 2002 年第 10 号判例，认定《刑事诉讼法典》第 557 条违宪）或轮船（最高法院 2008 年 5 月 15 日第 229 号判例）、帐篷，亦属于封闭场所。

（2）客体要素。

学说及判例教义认为，进入的实质客体（objeto material）为 "任何封闭的地方"，不仅包括一般意义上的住宅，即 "建筑或封闭的场所，或者其中的部分，主要作为任何西班牙公民或者居住在西班牙的外国人及其家庭的居住地"（《刑事诉讼法典》第 554.2 条）。依此一界定，任何附属于住宅的建筑，均可构成进入的实质客体，例如住宅的花园。[49]如前所述，判例教义亦认为，酒店房间、轮船和帐篷亦构成进入的实质客体。[50]但轮船仅限于寝舱，不包括船舱和甲板。[51]汽车包括旅行车[52]则不属于住宅，没有建筑的小块土地亦不属于住宅。[53]

（3）程序要素。

A. 说理。

进入损害了《宪法》第 18.2 条所规定的基本权利，因此应遵循合法性原则及比例原则。预审法官应在裁决书中进行专门的说理（《刑事诉讼法典》第 558 条），说明 "有证据表明在公共建筑及场

---

〔48〕 STS 301/2017, de 27 de abril, 719/2013, de 9 de octubre.

〔49〕 但最高法院 2015 年 7 月 16 日第 268 号判例判定车库不构成附属于住宅的建筑。

〔50〕 STS 16 mars 2004—RJ 2004 \ 2936. SSTS 154/2017, de 10 de marzo, 1803/2002, de 4 de noviembre.

〔51〕 最高法院 2008 年 5 月 15 日第 229 号判例

〔52〕 最高法院 2013 年 4 月 15 日第 334 号判例。

〔53〕 最高法院 2015 年 7 月 9 日第 429 号判例。

所可找到犯罪嫌疑人、犯罪物品和工具，文书文件或者其他有助于发现或者证实案情的物品"（《刑事诉讼法典》第546条）。同时，裁决书还应载明进入的目的和时间，以及负责执行的机构（《刑事诉讼法典》第558条）。禁止使用格式文书或者依指控请求的"参阅理由"（motivación por remisión）。

如果国家安全部队和官员在获得授权后进入，《刑事诉讼法典》第553条对裁决书的形式未作规定，因此可以采用言辞形式。但如果利害关系人依第551条之规定（住宅不受侵犯的权利）对进入提出异议，则前述公务人员应在警察调查卷宗或者以合适的言辞详细说明该措施的相关性（第293条至第294条），或者其进入符合《刑事诉讼法典》第553条所规定的前提。

B. 告知。

如果涉及私人住所，则裁决书应以《刑事诉讼法典》第566条所规定的方式告知利害关系人，包括进行个人告知。在任何情况下，法官均应采取适当措施（拘留）以防止犯罪嫌疑人逃逸以及销毁证据（《刑事诉讼法典》第567条）。如果涉及公共场所（如公共建筑及场所、集会场所、娱乐场所等），则应正当通知该地当局及场所负责人（《刑事诉讼法典》第564第和第565条）。司法警察在"已发布羁押令""现行犯"及"恐怖主义犯罪"的案件中进入相关场所并搜查的，"应当立即告知有管辖权的法官所实施的搜查，以及进行搜查的原因和搜查的结果。实施拘留的，应当作出特别说明。同时，应当注明参与搜查的个人及所出现的各类情况"（《刑事诉讼法典》第553.2条）。

C. 时间。

一般的进入，原则上仅能在"白天"进行（《刑事诉讼法典》第546条、第550条、第567条和第570条）。仅在特殊的紧急情况，方可"夜间"进入。在后一种情况下，无论裁决书的理由如何，只要利害关系人提出异议，法官均必须说明存在"紧急理由"（《刑事诉讼法典》第550条），且应在二十四小时内告知。对于何为"夜间"，判例并非采用语义或天文学的解释[54]，而采用更广义的系统解释，这是因为判例教义认为，"夜间"进入之所以受到严格限制，是因为犯罪嫌疑人在睡觉时意志更为脆弱，因此即便在"白天"进入，但依经验法则可推断犯罪嫌疑人正在睡觉，也视为"夜间"进入。

2. 特殊的进入

对于一些特殊的场所，因消极主体享有豁免权，因此进入应首先获得法定的许可，预审法官方可作出授权的裁决。这些类型的进入称为"特殊的进入"。

进入以下场所需要获得事先的许可：

（1）进入和搜查议会两院的，法官应事先获得各自议长的批准（《刑事诉讼法典》第 548 条）。

（2）国王居住于王宫内时进入和搜查王宫搜查的，法官应当通过皇室总管申请皇家特许令（《刑事诉讼法典》第 555 条）。

（3）进入和搜查使馆的，法官应通过官方渠道请求派驻人员准许（《刑事诉讼法典》第 559 条至第 560 条，《维也纳公约》第 31 条和第 33 条以及 1961 年 4 月 18 日《维也纳外交关系公约》第 22 条、第 24 条和第 30 条）。

（4）进入和搜查外国船只的，包括商船（《刑事诉讼法典》第 561.1 条，船长许可）和战船（《刑事诉讼法典》第 561.2 条，船只所属国的大使或参赞许可）。

（5）进入和搜查领事馆，法官应事先获得"接待许可"（recado de atención）（1963 年 4 月 24 日《维也纳公约》第 562 条、第 31 条和第 33 条）。

此外，天主教堂的礼拜场所和档案馆"不受侵犯"（1979 年 1 月 3 日西班牙与罗马教廷之间的协定第 1.5 条和第 1.6 条）。

---

〔54〕 例如法国便采用天文学的方法界定夜间搜查，即六时前或二十一时后所进行的搜查。

（十五）搜查（la diligencia de registro）

1. 界定

搜查，指进入住所后"收集犯罪物品和工具"的调查手段。在司法实务中，进入住所后往往伴随着对人（拘留）及对物（搜查）的调查手段或强制措施。因此，搜查和进入在很多国家并没有细分。但如前所述，搜查比进入可能涉及更广泛的隐私权，因此同样应遵循司法独占原则，由法官通过裁决书予以授权。依场所的不同，搜查同样分为一般搜查和特殊搜查，适用不完全相同的程序规则。

2. 一般搜查

（1）主体。

依《刑事诉讼法典》第 574 条之规定，"因预审需要，法官可下令收集犯罪工具、犯罪物品、案卷、文件或者找到的其他任何物品"。据此可以推断，搜查的积极主体为预审法官。司法警察和检察官无权自行决定搜查，必须经过预审法官的司法授权。

搜查的消极主体为犯罪嫌疑人。依《刑事诉讼法典》第 569.1 条之规定，"应当在与案件具有利害关系的人或者其法定代理人在场时进行搜查"。如果利害关系人为犯罪嫌疑人，最高法院的判例教义认为，即便该犯罪嫌疑人已被拘留，也应带至搜查现场。预审法官在犯罪嫌疑人未到现场情况下搜查所获得的证据禁止使用。犯罪嫌疑人可以指定辩护律师作为代表到搜查现场见证（《刑事诉讼法典》第 118.3 条）。"无法找到与案件具有利害关系的人或者其不愿到场也不愿委托代理人的，应当在与案件具有利害关系人的一名成年家属在场的情形下进行搜查"（《刑事诉讼法典》第 569.2 条），"没有找到前述利害关系人的成年家属的，搜查应当有两名邻居作证"（《刑事诉讼法典》第 569.3 条）。此外，司法行政部门的律师也应在场，记录搜查结果、过程和突发状况，所有到场的人应当在其文书上签字。

（2）程序细则。

在搜查中，司法行政部门的律师应制作详尽的证据笔录，注明执行搜查的法官或其代表、其他参与搜查的人员名字、搜查的具体行为、搜查开始及结束的时间、作出搜查的原因以及搜查结果（《刑事诉讼法典》第572条）。如果搜查由司法警察执行，则应当立即告知有管辖权的法官所实施的搜查行为，以及进行搜查的原因和搜查的结果。实施拘留的，应当作出特别说明。同时，应当注明参与搜查的个人及所出现的各类情况（《刑事诉讼法典》第553.2条）。

搜查应以必要为限度，充分保障犯罪嫌疑人的隐私权。适用于进入的各种程序保障同样适用于搜查（《刑事诉讼法典》第576条）。如果利害关系人及其法定代理人、家人以及证人阻碍搜查进行的，将构成不服从罪。

3. 特殊搜查

特殊搜查不仅规定在《刑事诉讼法典》，还规定在某些特别法中。

（1）《刑事诉讼法典》中的特殊搜查。

依《刑事诉讼法典》第573条之规定，"不得下令查阅犯罪嫌疑人或者其他人的账目文件，但有明显证据表明可发现或者证实案件事实或者案件重要情节的除外"。这是因为会计或商业账簿涉及重大的商业信息，受《商业法》的特殊保护（第32条和第33条）。类似的法理逻辑同样适用于公证文书、财产登记处文书以及民商事登记处文书。依《刑事诉讼法典》第578条规定，"对公证文书进行搜查的，应当遵守《公证法》的规定"，这主要涉及《公证法》第32条；"对财产登记处文书进行搜查的，应当遵守《抵押法》的规定"，这主要涉及1944年7月2日的条例（经1984年6月8日第1209号王室法令修改）；"对民商事登记处文书进行搜查的，应当遵守与之相关的法律法规的规定"，这主要涉及1957年6月8日《民事搜查法》第31条以及1958年11月14日批准的条例第101条。

（2）特别法中的特殊搜查。

特别法中也规定了多种特殊搜查，而最重要的当属对一般律师事务所的搜查和对工业产权律师事务所的搜查。

在几乎所有的法治发达国家，搜查律师事务所均应遵循特殊的程序规则，这主要是因为律师具有职业豁免权以及律师与客户之间的信息享有免受司法机构的干预的权利。依西班牙《律师一般法》第32.2条（2001年6月22日第658号王室法令）之规定，预审法官下令搜查律师事务所的，应立即告知律师事务所主任。在搜查的整个过程，律师事务所主任应全程在场进行监督，以保证对职业秘密造成最小的损害。如果搜查过程中未遵守这一程序细则，或者未符合比例原则的要求，则违反了《欧洲人权公约》第8条的规定。[55]

对工业产权律师事务所的搜查亦遵循特别法的规定，即1986年3月20日第11号法律第130条及第131条。这一特殊搜查同样遵循严格的告知程序及比例原则，以保证对工业产权造成最小的损害。

（十六）通信截取

1. 概论

随着各种通信技术的发展，传统通信及现代通信的截取已成为非常重要的预审行为。依《宪法》第18.3条之规定，"通信秘密，特别是邮政、电报和电话的秘密，受法律保障，但有法院裁决的除外"。从条款的设置看，通信秘密权隶属于广义的隐私权（第18条），但有别于狭义的隐私权。首先，学说及判例在形式（formal）意义上理解这一基本权利（2013年1月11日国家总检察长行政通令），即对各种类型通信的截取，无论其内容是否涉及个人隐私，均侵犯了通信秘密权。因此，《宪法》第18.3条所保护的是权利所有人维护私人信息的"秘密"性，禁止任何第三人干预通信过程，以获悉通信载体所包含的观点、思想和信息。其次，通信秘密权既适用于自然人，也适用于法人。对法人间的通信截取，也侵犯了《宪法》第18.3条所规定的通信秘密权。最后，通信秘密权保护的是通信，但不保护通报。因此，如果通信内容系由通信主体之一发布，即不构成侵犯通信秘密权，但可能构成侵犯隐私权。

通信截取的积极主体极为受限，仅在恐怖主义犯罪案件中可由

---

〔55〕 STDEH, de 21 de enero de 2010, asunto XAVIER DA SILVEIRA c. Francia.

司法警察适用，其余所有案件（包括现行犯案件及紧急情况的普通案件，司法的排他性显然严格于其他预审行为，例如进入和搜查）均遵循司法独占原则，由法官通过裁决书予以授权。即便在恐怖主义犯罪案件中，通信截取的适用也遵循极为严格的审批程序，"在紧急情况下，如果所调查的犯罪涉及武装团伙或恐怖分子，且有充分的理由认为本条前款所规定的措施不可或缺，则内政部部长可以下令采取这一措施。内政部部长无法履职的，则由安全部部长代为下令。该措施应立即告知有管辖权的法官，且无论如何应在 24 小时以内告知，说明采取该措施的理由、所采取的措施、措施实施的方式及结果。有管辖权的法官将在下令适用该措施起的 72 小时内批准或者否决该行为，同样也应说明理由"（《刑事诉讼法典》第 579.3 条）。

通信截取的消极主体及实质客体极为广泛。消极主体不仅包括自然人，也包括法人，既包括享有广泛权利的普通公民，也包括在监狱服刑的囚犯。例如监狱中心的管理人员无权截取囚犯和狱政监督法官（Juez de Vigilancia）之间的往来邮件。实质客体则包括任何纸质、磁性或电子介质的通信手段，如传统的书信、磁带、录像带、硬盘，以及现代的电子邮件、无线电、远程信息处理等。

西班牙《刑事诉讼法典》关于通信截取的规定变化较大，这主要是因为近代通信技术的发展日新月异，技术特点的差异导致对通信秘密权的侵犯程度也不同。最早的《刑事诉讼法典》仅在第 579 条至第 588 条中规定了邮政和电报的截取。1988 年第 4 号组织法在第 579 条中增加了第 2 款至第 4 款，规定了电话截取和窃听。2007 年 10 月 18 日第 25 号"关于电子通信和公共通信网络数据保存的法律"允许对电子通信数据进行截取。2015 年第 13 号组织法又对《刑事诉讼法典》进行了全面的改革，涉及前面所论及的所有预审行为。下文将分别对这些预审行为进行研究。

2. 邮政和电报的截取

（1）概念及法律规定。

邮政和电报的截取明确规定在《刑事诉讼法典》第 579.1 条和

第 580 条至第 588 条中，2015 年第 13 号组织法进行了全面且深入的修改。刑事诉讼中的邮政和电报的截取，指如果有充分的理由怀疑犯罪嫌疑人实施了特别严重的罪行，则预审法官可通过载明理由之裁决，下令由司法警察或类似人员扣留犯罪嫌疑人的邮政或电报通信，通过这些信件查明应受惩罚的事实，并在遵循直接、对席、抗辩的原则下进行宣读。一旦这些内容正式进入卷宗，便成为预设证据。

（2）适用范围。

《刑事诉讼法典》第 579.1 条以量刑标准及罪名清单限制了这一预审手段的适用范围，即特别严重的罪行，仅包括：①处 3 年以上监禁刑的故意犯罪；②在犯罪集团或组织内实施的犯罪；③恐怖主义犯罪。因此，邮政和电报的截取原则上仅适用于重罪或较重罪，而不适用于轻罪。但如果涉及有组织犯罪或恐怖主义犯罪，即便仅是轻罪，也可采取这一预审行为。

（3）司法裁决。

《刑事诉讼法典》第 583 条与《宪法》第 18.3 条的规定完全一致，要求扣留及截取通信必须通过"载明理由的裁决书"。因此，"不得以任何预先审查的方式限制通信秘密权"（《宪法》第 20.2 条）。

（4）期限和保密。

依《刑事诉讼法典》第 579.2 条之规定，"法官应以载明理由之裁决，同意在最长为 3 个月的期限内对犯罪嫌疑人的邮政通信、电报以及为实现犯罪目的的通信进行检查，这一期限可以延长，每次为 3 个月，但最长不超过 18 个月"。"请求和与请求措施有关的后续行为将在单独、秘密的文件中进行说理，但并无必要明确提及案件的秘密性（sin necesidad de que se acuerde expresamente el secreto de la causa）"（《刑事诉讼法典》第 579.5 条）。

（5）主体。

如前所述，有权适用通信截取的积极主体仅得是有管辖权的预审法官，但在实施过程中往往需要其他人员的配合。在司法实践中，邮政和电报的截取分成两个阶段，即扣留和开封。扣留可由预审法官委托他人进行，例如其他预审法官（司法委托）、司法警察和邮政和电报管理局的官员（《刑事诉讼法典》第563条及第580条）。此外，依《宪法》第118条之规定，任何人均有义务与司法行政部门合作，因此尽管《刑事诉讼法典》未作明文规定，但私人邮件公司的雇员亦可接受预审法官的委托代为扣留。开封则不然，仅得由有管辖权的预审法官进行，而不得委任任何机构或个人代为实施（《刑事诉讼法典》第586条）。

（6）客体。

截取的客体为邮政包裹和电报，但并非所有的邮政包裹均构成这一预审行为的客体。最高法院的判例教义对《刑事诉讼法典》第579条及以下条款设置了若干例外，包括宣告存放货物的邮政包裹、带有"绿色标签"的包裹（即事先声明放弃通信秘密的包裹，《世界邮政协定》第117.1条、《邮政联盟条约》第104条、1964年5月14日《邮政服务条例》第31条以及《海关条例》第123条和第124条）等。对于这些包裹，海关官员甚至警察均可以在火车、公共汽车或机场进行检查，而无须获得司法授权。因此，《刑事诉讼法典》新的第579.4条吸收了判例教义的观点，规定"在下列情况下，无需司法授权：①由于自身的外部特性，邮寄物品通常不使用单个的信件，而用于货物的运输及交易，或者内容记录在外部。②其他类型的信件邮寄方式，以开放通信的合法形式进行，其中必须包含外部的内容陈述，或者包含授权检查的明确标识。③依海关法规进行检查，或者按照对某些类型货物进行监管的邮政法规进行检查时"。同理，很多为个人物品提供邮政服务的公司，其所运输的任何货物或物品，包括手提箱、洗漱包、旅行袋、行李箱等，均不受通信秘密权的保护。检查这些包裹的目的是监管毒品及其他非法物质（《刑事诉讼法典》第263-1条）。

（7）宣读通信。

在性质上，邮政和电报的截取构成预设证据，因此应在遵循直接、对席、抗辩的原则下进行宣读。这与电话窃听完全不同，后者必须在"利害关系人不在场"的情况下进行。宣读时，法官、司法行政部门律师（书记员）、犯罪嫌疑人及律师均必须在场（《刑事诉讼法典》第584条、第585条、第586条及第588条）。"法官亲自开启信件并自行阅读，选出与案件事实有关联及需要留存的部分"（《刑事诉讼法典》第586.1条）。需要留存的信件放入密封的信封中，由所有参与者签名，并附于预审材料中（《刑事诉讼法典》第586.2条）。无关的信件将退还给犯罪嫌疑人（《刑事诉讼法典》第587条）。在整个过程中，司法行政部门的律师应制作笔录，由参与的预审法官、司法行政部门的律师及其他在场人员签字（《刑事诉讼法典》第588条）。如果司法警察在没有法官、司法行政部门律师或辩护人在场的情况下打开信件，则禁止使用所获得的证据。

3. 电话或电子截取

（1）概念及法律规定。

电话或电子截取，指如果有充分的理由怀疑犯罪嫌疑人实施了特别严重的罪行，则预审法官可通过载明理由之裁决，下令由司法警察对犯罪嫌疑人的电话、电子邮件或数据通信进行录制或记录，以形成预设证据。与邮政和电报这些传统的通信方式不同，电话、电子邮件或数据通信属于现代的通信方式，由于使用的通信技术日新月异，因此这方面的法律变动较为频繁。最早的"秘密电子截取"概念规定在《刑法典》（1984年第7号组织法）中，作为实体法上的犯罪要件，即"未经授权擅自进入计算机系统中包含的数据或计算机程序……"。1988年第4号组织法修改了《刑事诉讼法典》第579条，正式将电话截取纳入预审行为。但第579条的规定留下了大量的空白，例如在手段上未涵盖通过"互联网"的远程通信以及电子邮件的外部数据，在程序细则上未明确可进行电话截取的前提、适用对象、可持续的时间、转录、保存及销毁的细则，违反相关规定所获得之证据的价值，等等。这导致 2003 年 2 月 18 日欧洲人权法院在"普拉多·布加洛诉西班牙"（Prado Bugallo c. España）一案中判处西班牙败诉。

为遵守欧洲人权法院上述判例的要求并填补《刑事诉讼法典》在此一问题上的法律空白，西班牙通过了 2015 年第 13 号组织法，明晰了各种电话或电子截取的手段及其程序细则，分别涉及：电话和远程信息截取（《刑事诉讼法典》第 588-1.1 条至第 588-1.15 条），数据通信（《刑事诉讼法典》第 588-1.16 条至第 588-1.17 条），通过数据访问识别用户、终端和连接设备（《刑事诉讼法典》第 588-1.18 条），使用电子设备捕获和记录口头交流（《刑事诉讼法典》第 588-2.1 条至第 588-2.8 条），用于跟踪、定位和捕获图像的设备（《刑事诉讼法典》第 588-3.1 条至第 588-3.4 条），对大容量信息存储设备的搜查（《刑事诉讼法典》第 588-4.1 条至第 588-4.3 条）和对信息设备的远程搜查（《刑事诉讼法典》第 588-5.1 条至第 588-5.3 条）。

（2）指导原则。

《刑事诉讼法典》第 588-1 条规定了适用电话或电子截取的若干重要指导原则，可适用于前述各种类型的通信技术手段，即特定性原则、适用性原则、例外原则、必要性原则及比例原则。

特定性（especialidad）原则，指"所采取的措施应与特定犯罪的调查相关。如果目的在于预防、发现犯罪或者明确犯罪嫌疑而未有客观依据的，则不得进行司法授权"（《刑事诉讼法典》第 588-1.1.2 条）。因此，特定性原则禁止"预期干预"（intervenciones prospectivas），即禁止在未有充分客观依据的情况下，仅凭臆测便适用电话或电子截取以获取"预期"的犯罪证据。

适用性原则，"要求依用途确定措施的客观范围、主观范围以及期限"（《刑事诉讼法典》第 588-1.1.3 条）。因此，批准该措施的司法裁决书至少应包括如下几项内容：①作为被调查对象的刑罚事实及其法律定性，指明采取措施所依据的理性证据；②犯罪嫌疑人的身份以及所有已知受该措施影响的其他人的身份；③干预措施的范围，明确其适用范围，以及遵守第588-1条a所规定之指导性原则的理由；④负责实施干预措施的司法警察部门；⑤措施持续的时间；⑥申请人告知法官有关措施结果的形式和周期；⑦采取措施的目的；⑧如果已知，则应列明被采取措施之义务主体，并在必要情况下明确告知其有合作义务和保密义务，违反义务将构成不服从罪（《刑事诉讼法典》第588-1.3.3条）。

例外原则、必要性原则及比例原则（狭义）在学说上亦被归为比例原则（广义），具体包括如下三项内容：①对犯罪嫌疑人、被告人基本权利损害较小且对查明事实同样有用的其他措施，因其特征而无法用于调查的；②未采取这一措施，将对被调查事实的发现或核实、确定犯罪行为的一个或多个实施者或者确定犯罪行为实施者或犯罪物品的位置等构成严重阻碍（《刑事诉讼法典》第588-1.1.4条）；③在考虑了案件的所有情况后，如果适用措施所牺牲的权利和利益不超过公共利益及第三人利益，则本章所规定的调查措施方可视为合乎比例（《刑事诉讼法典》第588-1.1.5条）。

（3）适用前提。

依前述指导原则，电话或电子截取的适用应同时符合实体前提和程序前提。

A. 实体前提。

依《刑事诉讼法典》第588-2.1条之规定，"仅在调查本法第579.1条所规定之罪名的情况下，或者通过信息设备或其他信息或通信技术或通信服务所实施的犯罪，才可授权进行电话和远程信息通信的截取"。如前所述，《刑事诉讼法典》第579.1条所规定的罪名包括：①处3年以上监禁刑的故意犯罪；②在犯罪集团或组织内实施的犯罪；③恐怖主义犯罪。这符合特定性原则的要求，即"所采取的措施应与特定犯罪的调查相关"。

需要强调的是，并非所有符合罪名清单或者量刑标准的刑事案件均可以适用电话或电子截取，其还应遵循例外原则、必要性原则及比例原则（狭义）的要求，例如"适用措施所牺牲的权利和利益不超过公共利益及第三人利益"。因此，电话或电子截取不得适用于调查行政违法，原则上也不适用于调查轻罪及过失犯罪。

B. 程序前提。

电话或电子截取仅得在预审程序中适用，包括普通预审、陪审团的补充预审以及简易程序的某些初期审理程序中[56]，但不得适用于警察的初步调查程序或者预先调查程序、检察官的调查程序或者预先调查程序、非典型的"不确定诉讼程序"（las atípicas "diligencias indeterminadas"）[57]或者轻微犯罪的诉讼程序中。

检察官和司法警察均应获得预审法官的授权。检察官如果向预审法官提出适用电话或电子截取的请求，则必须停止正在进行的程序，并依《刑事诉讼法典》第773.2条的规定移送所有已完成的调查行为。对于非典型的"不确定诉讼程序"，预审法官未能充分进行司法审查，因此亦不符合《宪法》第18.3条的规定，但宪法法院和最高法院的判例在很长一段时间容忍这一实践的非法性，以避免秘密的调查被公开。直至2013年4月18日，最高法院在第301号判例中进行了转向：对于"不确定诉讼程序"中的电话截取，仅在紧急结束时才有效，转化为初期审理程序，并告知检察官。检察官应向预审法官提出适用请求，否则所获得的证据禁止使用。

（4）裁决说理。

依司法排他原则（又称为"司法保留原则"），有管辖权的预审法官应以载明理由之裁决决定适用电话或电子截取。《刑事诉讼法典》对说理义务及裁决书的形式和内容均有明确的要求。如果未履行说理义务或者未依法定的形式或内容要求进行说理，则视为未符合司法审查原则的要求，侵犯了《宪法》第18.3条所规定的基本权利。

---

[56] 关于预审程序的分类，参见下文。
[57] 即调查程序性质不明的诉讼程序。

A. 说理义务。

依《刑事诉讼法典》第 579.2 条之规定，"法官应以载明理由之裁决，同意对犯罪嫌疑人的邮政通信、电报以及为实现犯罪目的的通信进行检查"。为保证预审法官可进行充分的审查及详实的说明，《刑事诉讼法典》对检察官和司法警察适用请求书也有严格的要求。"如果检察官或司法警察向预审法官请求适用技术侦查措施，则请求书应包含如下内容：①调查对象事实的描述，以及犯罪嫌疑人的身份或者该措施所涉及其他人的身份；②依据第 588-1 条所规定的指导性原则以及在请求批准适用这一干预行为之前侦查中所发现的犯罪证据，详细说明有必要采取这一措施的理由；③犯罪嫌疑人或被告人的识别数据，如有必要，还包括适用这一措施之通信手段的识别数据；④措施的范围，并明确内容；⑤负责实施措施的司法警察部门；⑥措施的执行形式；⑦所请求之措施的期限；⑧执行该措施的责任对象，如果该责任对象已知"（《刑事诉讼法典》第 588-1.2条）。"除第 588-1.2 条所规定的条件外，司法授权的请求还应包括如下要素：①用户号码、技术终端或标签的标识；②所截取之连接对象的标识；③识别相关电信设备所需的数据。为确定措施的范围，司法授权请求可涵盖以下任何要点：①通信内容的记录和录制，表明所涉的通信形式或类型；②进行通信时获悉其来源地或目的地；③对通信的来源地或目的地进行地理定位；④获悉其他相关或不相关、但对于通信具有附加价值的信息交换数据。在这种情况下，请求须明确拟获取的特定数据"（《刑事诉讼法典》第 588-2.4.1 条）。

如果司法警察有意隐瞒或玩弄策略导致预审法官错误了解干预措施的实际情况，则视为违反《宪法》第 18.3 条的规定，所获得的证据禁止使用。司法警察仅依线人的线报请求进行电话截取，而未有实施犯罪的"实质证据"，亦违反了《宪法》第 18.3 条的规定（最高法院 2015 年 6 月 30 日第 412 号判例）。

B. 裁决书的要求。

预审法官不得以"参阅（司法警察、检察官请求书）理由"

（motivación por remisión）或格式文书批准适用电话或电子截取。《刑事诉讼法典》第588-1.3.3条对裁决书的主文作了非常详细的规定，包括主体要求、客体要求和时间要求。

a. 主体要求。

裁决书应列明措施拟适用的消极主体以及任何可能受影响的当事人（如果已知）。在司法实践中，消极主体主要为犯罪嫌疑人，但也不尽然，有时候可能也需截取被害人的电话。所截取的电话未必是私人电话，有时也可能对公共电话（如公司或旅馆的电话）进行截取，在后一种情况下应剔除消极主体以外的电话内容。

b. 客体要求。

如前文所述，"司法裁决书至少应包括如下几项内容：①作为被调查对象的刑罚事实及其法律定性，指明采取措施所依据的理性证据；②犯罪嫌疑人的身份以及所有已知受该措施影响的其他人的身份；③干预措施的范围，明确其适用范围，以及遵守第588-1条a所规定之指导性原则的理由；④负责实施干预措施的司法警察部门；⑤措施持续的时间；⑥申请人告知法官有关措施结果的形式和周期；⑦采取措施的目的；⑧如果已知，则应列明被采取措施之义务主体，并在必要情况下明确告知其有合作义务和保密义务，违反义务将构成不服从罪"（《刑事诉讼法典》第588-1.3.3条）。此外，裁决书还应反映"用户号码、技术终端或标签的标识、所截取之连接对象的标识以及识别相关电信设备所需的数据"（《刑事诉讼法典》第588-2.4.1.1条）。

《刑事诉讼法典》第588-1.1.2条及第579-1.3条明确禁止所谓的"覆盖许可"（licencias de cobertura），即不得在裁决书所列明的客体外增加新的调查罪名，即便这些罪名可能存在相互紧密的关联。如果司法警察拟对任何偶发新增的罪名适用电话或电子截取措施，则必须重新提出请求。

c. 时间要求。

裁决书还必须明确措施的适用时间（《刑事诉讼法典》第588-

1.5 条），原则上不得超过 3 个月，最多可延长至 18 个月（《刑事诉讼法典》第 588-2.7 条）。"申请人应告知法官有关措施结果的形式和周期"（《刑事诉讼法典》第 588-1.3.3.6 条）。无论初始请求，还是延长请求，均应获得预审法官的批准及接受预审法官的有效监督。如果在授权期限届满后且在延期授权之前进行电话监听的，所获得的证据禁止使用。

裁决书应在检察官或司法警察提出截取请求之日起 24 小时内作出（《刑事诉讼法典》第 588-1.3.1 条）。

（5）截取程序。

预审法官一旦批准进行电话或电子截取，则司法警察将在相应的磁性或电子媒介上进行监听和录音，原始内容必须移交给法院，以便法官可以听取这些录音，或者由司法行政律师进行转录。违反这些规定并不会侵犯《宪法》第 18.3 条所规定的通信秘密权，而是侵犯了第 24.2 条关于"获得各种程序保障的权利"。

《刑事诉讼法典》第 588-2.5 条和第 588-2.6 条规定了基于"电信合法拦截系统"（SITEL）的通信截取程序。"电信合法拦截系统"为 2005 年第 4247 号王室法令及 2007 年第 25 号法律所创设，是一套"现代化、自动化、简约化及更具保障"（2009 年 11 月 5 日最高法院的判例）的电话及电子截取系统，以内政部的中央档案取代了先前由警官所进行的单独及个人的录音，用 DVD 替换了以往的磁带，可有效地预防人为操纵或剪辑录音，因为任何人为处理的操作均会留下记录。最高法院在多个判决中承认了这套系统的合法性。

依《刑事诉讼法典》第 588-2.5 条之规定，"①所有电信服务提供者、电信网络或者信息社会服务网络的访问提供者，以及以任何方式通过电话或任何其他方式、远程信息处理、逻辑或虚拟通信系统等进行通信的所有人员，均有义务向法官、检察官和指定采取措施的司法警察人员提供必要的协助和配合，以促成遵守电信截取的裁决书。②有配合义务的主体有义务对当局要求的活动保密。③有配合义务的主体未遵守上述义务的，可构成不服从罪"。因此，司法警察在获得预审法官的授权后有权要求电信服务提供商及相关人员配合电信截取，相关信息将存储在司法警察相应的数据库中。

"依第 588-1.7 条之规定，司法警察应定期就不同数字载体向法官提供他认为感兴趣段落的转录以及所有已进行的完整录音。司法警察应指明每一份材料的来源和目的，通过先进的密封系统、电子签名或足够可靠的警示系统，以保障所记录的通信信息从中央计算机传输到数字媒体的真实性和完整性"（《刑事诉讼法典》第 588-2.6 条）。

检察官和司法警察可要求电信服务提供商将整个录音保存 90 天，必要时可以再延长 90 天（《刑事诉讼法典》第 588-2.7 条）。如果数据存储在另外的注册表（registro）中，则可在紧急情况下进行扩大截取，但应在 24 小时内通知法官，由法官确认或撤销这一扩大的通信截取（《刑事诉讼法典》第 588-5.3.3 条）。

通信截取遵循前述《刑事诉讼法典》588-1.4 条的规定，即"请求和与请求措施有关的后续行为将在单独、秘密的文件中进行说理，但并无必要明确提及案件的秘密性"。一旦通信截取的期限届满，则不再保密，"录音及转录的副本应交由当事人"（《刑事诉讼法典》第 588-2.9 条）。这里的"录音及转录的副本"应理解为涉案的所有录音材料，但应剔除私生活和职业秘密的部分。当事人各方在对整个录音与其所涉及的有关录音进行比较之后，可以请求法官将他们认为相关但此前被排除的通信纳入录音中（《刑事诉讼法典》第 588-2.9.2 条）。

一旦作出最终的裁决（归档不诉、停止审理或者判决），则必须销毁录音。在这种情况下，有管辖权的法官可以保留一份副本（依最高法院 2011 年第 293 号判决），直至量刑执行后 5 年或者犯罪、量刑时效届满（《刑事诉讼法典》第 588-1.11 条）。

（6）电话或电子截取材料在言辞庭审中的应用。

在言辞庭审中，合议庭可以有两种方式获悉电话或电子截取材料：一种是阅读司法行政律师的卷宗记录（如果卷宗记录中有录音的转录材料）；另一种是在言辞庭审中直接听取电子媒体。后一种情况在司法实践中更为常见。

如果电话或电子截取严格遵守《宪法》和《刑事诉讼法典》的规定，则形成预设证据。但与其他预设证据不同，此类证据一般并不通过"阅读文件"进入言辞庭审，而是通过 DVD 在法庭上直接播放（经当事人申请，只要磁带的来源和真实性经专家鉴定得以确认），从而保证最严格地遵守直接、言辞和对席原则。但如果当事人未作申请，法庭也可以对书面转录进行宣读及评价，只要在司法行政部门律师的参与下进行即可。

（7）被禁止之证据的反射效力（Eficacia refleja）。

违反电话或电子截取相关规定而获得的证据禁止使用，这在西班牙学说和判例中并无争议。但以窃听为线索所获得的证据（西班牙学说又称为"反射证据"，即"毒树之果"）是否可用？比较法上大概有三种立场：可采说（又称为"直接学说"）、排除说（又称为"反射学说"）及裁量说。西班牙《司法机构组织法》第 11.1条采用了排除说，即"侵犯基本权利和自由而直接或间接获得的证据归于无效"，这也是欧陆诸国（如德国、法国和意大利）的通常做法。但颇为有趣的是，西班牙最高法院的判例教义持不同观点，主张以"非法联系"（la relación jurídica de antijuricidad）为基础的直接学说。具体而言，如果禁止评价的原始证据和反射证据之间不存在"非法联系"，评价该反射证据并未损及任何实质性的基本权利，则原始证据禁止评价的效力不及于反射证据。例如通过电话窃听锁定犯罪嫌疑人，但犯罪嫌疑人的供述完全自由表达，未有任何胁迫或欺骗，则该口供可作为定案依据。但如果犯罪嫌疑人的供述系受到胁迫，或者未进行权利信息告知，或者未有律师协助，则不得作为定案依据。此外，"不可避免的事实"（hechos inevitables）也具有切断上述"非法联系"的效力。例如基于对犯罪嫌疑人健康安全的考虑对肠道进行手术，结果发现藏在体内的毒品。[58]但学说和

---

〔58〕 STS 927/2012, de 27 de noviembre.

宪法法院的判例在此一问题上似乎有不同的立场，本文囿于篇幅不再展开，将另行撰文研究。

4. 获取交换数据

（1）概念及法律规定。

获取交换数据属于新兴的预审手段，为 2015 年第 13 号组织法所创设，体现在《刑事诉讼法典》第 588 - 2.10 条至第 588 - 2.13 条中。

对于何为交换数据[59]，《刑事诉讼法典》第 588 - 2.2.2.3 条进行了界定，"信息交换或相关的电子数据，应理解为通过电子通信网络所进行的通信、可交由用户使用以及提供类似性质的信息社会服务或远程通信所产生的所有电子数据"。因此交换数据是"通信过程中所产生或者处理的数据"，或者说"接收者或者发布者电子通信载体的识别数据"（包括国际移动用户识别码、国际移动设备识别码和IP 地址等），而非通信的实质内容。例如在固定和移动网络电话中，识别数据为电话号码以及订户或注册用户的名称和地址，在互联网接入、电子邮件和互联网电话中，识别数据为分配的用户标识、电话号码以及订户或注册用户的名称和地址。

（2）司法保留原则。

依《刑事诉讼法典》第 588 - 2.2.2 条及第 588 - 2.10 条之规定[60]，"①由服务提供商或通信提供人员所保存的电子数据，或者为遵守电子通信相关数据的保存法规，或者因商业或其他原因而主动进行数据保存，或者因与通信过程产生联系而进行数据保存，只有在获得司法授权的情况下，才可以在诉讼中使用这些数据。②如果了解这些数据对于调查必不可少，则应向有管辖权的法官提出请

---

〔59〕 对交换数据更技术性规定，参见 2003 年 11 月 3 日第 32 号《电信法》第 33 条以及2007 年 10 月 18 日第 25 号"关于电子通信和公共通信网络数据保存的法律"第 3 条。

〔60〕 这在 2007 年 10 月 18 日第 25 号"关于电子通信和公共通信网络数据保存的法律"第 1 条及第 6 条，以及 2002 年 5 月 6 日第 2 号"关于在国家信息中心前的司法审查规定组织法"第 1 条（也是唯一的一条，规定对于向国家信息中心请求进行信息截取的，应由最高法院法官进行批准）中亦有类似的设置。

求，以收集服务提供商自动文档中所包含的信息，包括数据的交叉或智能搜索。申请应明确拟获悉的数据以及进行数据转让的原因"。因此获取交换数据必须获得司法授权。

（3）司法保留原则的例外。

《刑事诉讼法典》第588-2.12条规定了司法保留原则的例外，即"如果在调查的程序框架下不可能获得某一订户号码，且这对于调查必不可少，则司法警察可以使用技术设备以获得标识码，或者电信设备及任何组件的技术标签，例如国际移动用户识别码和国际移动设备识别码，以及在通常情况下的所有技术设备，可依其技术水平查明所使用的通信设备或者用于访问电信网络的卡"。

此外，判例（最高法院2010年3月18日）允许警察和检察官在没有服务器（例如P2P程序）的情况下进行交换数据，前提是该数据不涉及通信秘密权且未损及隐私权的核心。

5. 使用电子设备获取和记录言辞交流（Captación y grabación de comunicaciones orales mediante la utilización de dispositivos electrónicos）[61]

（1）概念及法律规定。

"使用电子设备获取和记录言辞交流"规定在《刑事诉讼法典》第588-3.1条至第588-3.8条中，指"设立和使用电子设备，以在公共道路或其他开放空间，住宅或任何其他封闭场所，收听和记录犯罪嫌疑人所进行的直接口头交流"（第588-3.1.1条）。简而言之，"使用电子设备获取和记录言辞交流"便是在公共场所或封闭场所进行录音录像。这一预审行为可能侵害《宪法》第18.1条的隐私权、第18.3条的通信秘密权，并可能限制第18.2条所规定的住所不受侵犯的权利，因此适用司法保留原则。依《刑事诉讼法典》第588-3.3条之规定，"授权该措施的司法裁决，除应遵守第588-1条c所规定的要求外，还必须特别提及地点、房间以及犯罪嫌疑人将要受到监视的会见"。

---

〔61〕 这里依西语原意进行直译，但容易造成误解，以为该措施仅限于录音。实际上，这里的"电子设备"具有录音录像功能，可以截取图像，当然最主要的功能是录音。

（2）适用前提。

依《刑事诉讼法典》第588-3.2条之规定，"使用电子设备获取和记录言辞交流"具有三个适用前提："①使用前条所规定的设备应针对犯罪嫌疑人和其他人一次或多次会面的交流，且在调查中有证据可预见这一交流；②所调查的事实涉及如下罪名：处3年以上监禁刑的故意犯罪，在犯罪集团或组织内实施的犯罪，恐怖主义犯罪；③可以合理预期使用这些设备将提供与证明相关的重要数据，以查明事实和识别犯罪行为实施者"。

（3）形式要求。

该措施仅得由检察官或司法警察提出请求，个人指控者无此一权利（《刑事诉讼法典》第588-3.3条，援引了第588-1.2条）。检察官或司法警察的请求书应详细列明符合措施适用的上述前提。如果预审法官同意这一请求，则应作出载明理由之裁决书，详细说明适用的原因以及相关细则。"请求和与请求措施有关的后续行为将在单独、秘密的文件中进行说理，但并无必要明确提及案件的秘密性"（《刑事诉讼法典》第588-1.4条）。

（4）实施细则。

依《刑事诉讼法典》第588-3.4条之规定，"依第588-1.7条之规定，司法警察应向司法机关提交录音及图像的初始载体或者真实的电子副本，并附上其认为有价值的谈话转录"，"该汇报应列明参与该措施执行及后续追踪的所有人员"。如果录音录像设备是卧底警员所放置，则预审法官有必要说明理由，授权在上述住所或私人场所获得图像和录音（《刑事诉讼法典》第282-1.7条）。预审法官也可以对通信卧底警察进行特殊的授权，让其根据内容交换或发送非法的文件，并分析用于识别所述非法文件算法的结果（《刑事诉讼法典》第282-1.6条）。

"如果因第588-1.10条所规定的任何原因而终止适用该措施，则对于其他会见场合的谈话录音或者在此时的图像拍摄，必须进行新的司法授权"（《刑事诉讼法典》第588-3.5条）。

6. 大容量信息存储设备的记录（Registro de dispositivos de almacenamiento masivo de información）

（1）概念及法律规定。

"大容量信息存储设备的记录"规定在《刑事诉讼法典》第588-5.1条至第588-5.3条中，指"经司法授权由司法警察对电脑、电话、远程信息通信设备、大容量数字信息存储设备或者远程信息数据存储库所包含的信息进行截取"（《刑事诉讼法典》第588-5.1条和第588-5.2条）。

（2）司法保留原则。

对大容量信息存储设备信息的截取并不必然损及《宪法》第18.3条所规定的通信秘密权以及第18.1条所规定的隐私权，但立法者依然确立了较严格的司法保留原则。在2015年立法改革前，司法警察可以在进行住宅搜查时对住宅内的计算机硬盘进行搜查，但当下已为立法所禁止（《刑事诉讼法典》第588-5.1.2条）。新法要求"对任何设备的一般扣押，并不能使查阅其内容合法化，但这不影响有管辖权的法官此后授权进行查阅"。而这一禁令同样适用于在犯罪嫌疑人住所以外场所所扣押的设备（《刑事诉讼法典》第588-5.2条）。

但"在紧急情况下，如果存在正当的宪法利益，导致适用本条前几款所规定的措施不可或缺，则司法警察可对扣押设备中所包含的数据进行直接检查，并应在最长24小时内向有管辖权的法官提交书面理由，说明采取措施的依据、所采取的措施以及实施方式和后果。有管辖权的法官同样应说明理由，在下令采取措施之日起最多72小时内予以撤销或者确认"（《刑事诉讼法典》第588-5.3.4条）。涉及其他信息系统检查的，亦是如此，"依本部分之规定搜查或者访问信息系统或者部分信息系统，如果搜查人员或者访问人员有充分的理由认为所寻找的数据存储在其他的信息系统或者部分信息系统，且数据可以通过初始的系统进行合法的访问或者使用，则可以扩大这一搜查。这一扩大的搜查应获得法官的授权，但如果初始授权已允许，则不在此列。在紧急情况下，司法警察或检察官可以进行上述搜查，但应立即将所采取的行动、行动的方式及结果告知法官，且无论如何不得超过24小时"（《刑事诉讼法典》第588-5.3.3条）。

（3）适用范围。

与获取交换数据类似，法典对大容量信息存储设备信息的截取并未作适用范围的设定。但一般认为，预审法官在进行司法授权时仍应遵循比例原则，例如"如果扣押会对持有人或所有人造成严重损害，且可在保证数据真实和完整的条件下获得副本，则不得对包含信息数据或文件的物理载体进行扣押。但属于犯罪对象或工具，或者有其他正当理由的不受此限"（《刑事诉讼法典》第588-5.3.2条）。例如如果对商人硬盘的信息截取将损及其商业活动，即构成"严重损害"。

（4）实施细则。

该预审行为由司法警察在经司法授权后执行，司法警察"可以命令所有知道信息系统操作或者了解信息数据保护的所有人提供必要的信息，但不得造成不成比例的负担。应告知，不服从命令的，构成不服从罪"（《刑事诉讼法典》第588-5.3.5条）。但该规定不适用于"犯罪嫌疑人和被告人，因亲属关系而未有作证义务的人员以及依第416.2条之规定因职业秘密不得作证的人员"（例如辩护律师）。

7. 对信息设备的远程搜查

（1）概念及法律规定。

"对信息设备的远程搜查"规定在《刑事诉讼法典》第588-6.1条至第588-6.3条中，指"司法警察在获得明确司法授权的情况下，可在犯罪嫌疑人的信息设备中加入'木马'，以获取查明事实的证据"。

（2）司法保留原则。

"对信息设备的远程搜查"适用极其严格的司法保留原则，"有管辖权的法官可以授权使用识别数据和代码以及安装软件，以远程信息传送的方式，在计算机内容的所有者或用户不知情的情况下，远程检查电子设备、信息系统、大容量信息数据储存设备或者数据库……"（《刑事诉讼法典》第588-6.1条）。即便在紧急情况下，司法警察也不得在未有司法授权的情况下进行远程搜查。

（3）适用范围。

"对信息设备的远程搜查"仅适用于对如下犯罪的调查："①在犯罪组织内所实施的犯罪；②恐怖主义犯罪；③对未成年人或法律资格能力变化人员所实施的犯罪；④违反《宪法》、叛国及与国防相关的罪行；⑤通过信息设备、其他信息技术、电信或通信服务所实施的犯罪"（《刑事诉讼法典》第588-6.1.1条）。未纳入这一罪名清单的，无论是重罪还是较重罪，均不得适用远程搜查。

（4）司法裁决的内容。

"授权搜查的司法裁决应明确如下事项：①进行搜查的计算机、电子设备、信息系统或者其中的一部分、信息数据储存载体或者数据库，以及适用该措施的数据或其他数字内容；②搜查的范围、访问及扣押与案件相关的数据及信息档案的方式以及进行信息监控的软件；③授权执行这一措施的人员；④在必要时授权制作及保留信息数据副本；⑤保护所存储数据完整性的确切措施，以及删除前述已访问信息系统数据或者保证其不可再访问的确切措施"（《刑事诉讼法典》第588-6.1.2条）。

（5）实施细则。

该预审行为由司法警察在经司法授权后执行，运营商和服务提供者有义务配合，但该规定不适用于"犯罪嫌疑人和被告人，因亲属关系而未有作证义务的人员以及依第416.2条之规定因职业秘密不得作证的人员"（例如辩护律师）。"适用该措施的最长期限为1个月，可延长，但最长不得超过3个月"（《刑事诉讼法典》第588-6.3条）。

（6）数据的保管。

"检察官或司法警察可以要求任何自然人或法人（例如电话运营

商）对他们所拥有的信息储存系统中的特定数据或信息进行保存及保护，直至获得相应的司法授权并依前述条款的规定进行转移"（《刑事诉讼法典》第588-9条）。

依2007年10月18日第25号"关于电子通信和公共通信网络数据保存的法律"第5条，数据保管的期限可长达1年，特别情况下可长达2年。但2014年4月8日，欧盟法院大法庭撤销了2006年第24号的欧盟指令，宣布长时间保管数据的行为归于无效。因此，《刑事诉讼法典》第588-9.2条撤销了前述法律，缩短了数据的保管期限，"数据最长可保留90天，仅可延长一次，直至获得授权或者180天的期限届满"。

四、预审证据行为研究

在《论警察调查》一文中，笔者已非常简洁地对"调查行为""预设证据"和"预先证据"这三个较具西班牙特色的概念进行了必要的界定和区分，这里不再赘述。但在研究预审证据行为时，有必要结合各种预审行为以更广阔的视角进行更广泛深入的研究，而不拘泥于警察调查的有限手段。

依西班牙刑事证明理论，调查行为所收集的仅是"犯罪信息"，一开始仅作为指控判断的事实依据，而后再作为起诉书的依据。但调查行为所获得的"犯罪信息"不能直接作为定罪依据，而仅得经过言辞庭审进行重构，方可成为定案的证据。相反，预设证据和预先证据则可直接作为定案的证据，但具有非常严格的适用条件。在前文的研究中，笔者已对作为调查行为的各种预审手段进行了较详细的介绍，在下文中笔者将重点研究预设证据和预先证据。

（一）预设证据和预先证据的适用条件

依《刑事诉讼法典》第741条之规定，"法院根据庭审中的举证、指控和辩护的理由、被告人的供述，依内心进行评价，在本法规定的期间内作出判决"。宪法法院和最高法院在多个判例中强调，判决原则上仅能依据"在言辞庭审中进行证明的证据"。但在例外情况下，判决也可立足预设证据和预先证据，但应符合如下三项要求：

1. 实质要求：事实的不可重复性

无论预设证据，还是预先证据，均具有紧急性和临时性，无法在言辞庭审中重复这一证据行为。例如一位无可替代的证人或鉴定人有死亡危险或即将出国，则《刑事诉讼法典》允许在保障直接、平等、对席、抗辩等原则的基础上采取预审证据行为，并以此作为法官将来判决的依据（第448条和第476条）。但如果证人并无出庭的障碍，则不得采取预审证据行为，以庭前陈述取代证人证言，因为这严重侵犯了被告人的对质权。依《欧洲人权公约》第6.3.4条之规定，"被告人有权在公开及具有各种保障的程序中询问不利于他的证人，并在与不利于他的证人具有相同的条件下，让有利于他的证人出庭接受询问"。但如果证人在言辞庭审中的证言与在预审程序中的证言相互矛盾，则法官可以查阅庭前的证言笔录。

"事实的不可重复性"容易让比较法学者将西班牙的预先证据、预设证据与一般国家均设有的庭前证据保全方式（作为直接言辞原则或传闻证据规则的例外）相提并论[62]，例如意大利的附带证明（incidente probatorio）制度[63]。但事实上，西班牙的预设证据（预先证据则仅是个人证据，例如证人证言和鉴定报告）所涉及的适用范围更广，甚至可将很多一般性的预审行为纳入其中。例如对于物证的收集和保存、司法现场勘验检查、身体干预、进入、搜查及通信截取等预审行为，西班牙学说认为，这些预审行为无法在庭审中重复，可作为预设证据。这一理论建构具有一定的合理性：一方面，很多预审行为确实无法在言辞庭审中原样重现，符合"事实的不可重复性"的要件要求；另一方面，预设证据要求在预审程序中强化辩方的参与，有利于保障审前程序的平等对抗。但所造成的混淆也

---

〔62〕 笔者在研究西班牙刑事证据制度时也曾一度将预先证据和预设证据作为一般性的证据保全机制。

〔63〕 附带证明是意大利1988年新《刑事诉讼法典》所创设的程序机制，指如果证人面临特殊情况（如受到威胁或者身患重病）无法在庭审程序中出庭作证，则检察官或者犯罪嫌疑人应在预先侦查程序中提出申请，由法官提前组织对证人的听审程序。附带证明程序与普通的庭审程序完全相同，控辩双方可对证人进行交叉询问（l'esame incrociato）。证人的陈述会记录在案，相应的笔录将作为证据在后续的庭审中宣读，并可作为最终判决的依据。

是令域外研究者难以理解的，因为这些预审行为所获得的证据依然需要在庭审中进行充分的质证，而不得仅进行笔录宣读。从理论的严谨性上看，西班牙的预设证据将"事实的不可重复性"与"质证的不可能性"混为一谈。例如物证的收集和保存自然无法在言辞庭审中重复进行，但当事人双方依然有权对物证的合法性（包括证据未被禁止使用、证据形式合法性和证据调查程序合法性）和关联性（证据的适合性、事实主张的证明必要性以及证明力）进行质证。这些质证也不完全仅针对卷宗笔录，还可请求司法警察出庭作证，可以与其他证据结合进行综合判断等。因此，预设证据的范围不宜作过于宽泛的设定。

2. 主体要求：取证机构的独立性以及直接、平等、对席及抗辩的可能性

一方面，西班牙要求预设证据或预先证据必须由预审法官参与。检察官尽管也负有客观义务，但学说和判例认为，检察官是诉讼当事人，并未与行政机关保持绝对的独立性，因此不得取代预审法官成为独立的取证机构。司法警察（检察官）在紧急的情况下也可以取证，但仅限于特殊的个案（例如未及时进行酒精测试，则酒精便会在人体中消解），且应获得预审法官的事后确认。

另一方面，应保障犯罪嫌疑人和律师充分参与预审证据行为的权利。在实施预审证据行为时，预审法官应及时告知犯罪嫌疑人及其律师，并通知其及时参与。犯罪嫌疑人被拘留且未聘请律师的，预审法官应依职权为其指定一名律师，但犯罪嫌疑人尚未确定或者尚未被拘留的除外（犯罪嫌疑人缺席的，也应为其指定一名律师）。犯罪嫌疑人和律师在预审证据行为实施过程中有充分发表意见的权利。例如在证人可能死亡或缺席的情况下（《刑事诉讼法典》第448条），犯罪嫌疑人和律师可以在预审程序中进行询问和交叉询问。如果是司法警察（检察官）在紧急的情况所实施的预审行为，例如物证的收集与保存、尸检或者现场勘验检查，此时预审法官无法及时参与，但仍应保障律师的及时参与，并无延迟地告知预审法官。

3. 形式要求：宣读文件（la lectura de documentos）

预设证据和预先证据通过《刑事诉讼法典》第 730 条所规定的宣读文书进入言辞庭审，否则各方当事人无法"重复"这些证据，法官也无法依职权进行调查（《刑事诉讼法典》第 726 条）。宣读文件的目的在于将预设证据和预先证据作为可定案的证据纳入刑事庭审，并作为公开的文件在适当的卷宗中体现，进一步保障言辞庭审的对席抗辩。双方当事人可进一步证明预先证据和预设证据的真实性、合法性及关联性。但如前所述，很多类型的预先证据和预设证据的质证并不仅仅局限于卷宗文件。

这里还存在两个例外：第一个例外是通信截取。电话或电子截取一般并不通过"阅读文件"进入言辞庭审，而是通过 DVD 在法庭上直接播放（经当事人申请，只要磁带的来源和真实性经专家鉴定得以确认），从而保证最严格地遵守直接、言辞和对席原则。第二个例外是陪审团审判。依《陪审法院组织法》第 34.2 条规定，预先证据和预设证据仅得是特殊的证人证言，这些特殊的理论上的证人证言应纳入预审法官启动言辞庭审的裁决书中，原则上仅这些"证言"而非所有的预审材料应移交陪审团。"在预审阶段所作出的陈述，除预先证据和预设证据外，其陈述的事实没有证据价值"（《陪审法院组织法》第 46.5.2 条）。不难看出，陪审团审判下的预先证据和预设证据，更接近于各主要法治国家的证据保全制度。

（二）预先证据和预设证据的类型化

依前述广义的界定，西班牙的预先证据和预设证据可作如下类型化：

（1）预先证据是个人证据，包括证人证言和鉴定报告。

（2）司法警察在预先调查阶段中的预设证据（紧急情况下），主要包括酒精（精神药物）检测、视频监控录像、司法警察对麻醉药品（毒品）的分析、人身检查和地理定位。

（3）司法警察经司法审查下的预设证据，主要包括卧底侦查和线人侦查（含控制下交付）、电话和电子截取、获取交换数据以及司法警察依 DNA 进行身份识别的数据库管理。

（4）预审法官在预审阶段中预设证据，主要包括司法现场勘验检查、物证的收集与保存、身体干预、进入、搜查和通信截取。

五、预审程序研究

除预审行为和预审证据行为外，我们还须进一步研究预审程序的相关细则，包括预审程序的启动、预审卷宗、预审秘密原则和预审的期限。

（一）预审程序的启动及预审卷宗

预审程序的启动明确规定在《刑事诉讼法典》第308条中，"预审法官或者治安法官获悉犯罪行为后，其法院书记员应当立即告知相应的省级法院检察官，并在开始预审后2日内向法院院长（Presidente）递交预审报告（formación del sumario），预审报告应当简明扼要地说明案件事实、情节以及犯罪嫌疑人的情况"。可以看到，第308条区分了两种启动方式：一种是无管辖权的法官所启动的预审，另一种则是有管辖权的法官所启动的预审。

1. 由无管辖权的法官所启动的预审程序

这里的"无管辖权的法官"，在司法实践中主要指"治安法官"，当然也包括未有客观管辖权或地域管辖权的预审法官。无管辖权的法官在启动预审程序时，并不妨碍其实施《刑事诉讼法典》第307条所规定的预先调查行为[64]，尤其是涉及最紧急的事项时。在这种情况下，书记员应将预审程序的启动事项通知有管辖权法院的检察官和有管辖权的预审法官。之所以应通知检察官，是确保检察官能尽快对最紧急的事项进行预先调查。而通知有管辖权的预审法官，则是为了尽快将案件移交，保障预审程序的顺利进行。

2. 有管辖权法官启动的预审

有管辖权的法官可依当事人申请或依职权启动预审。但西班牙

---

[64] 西班牙对不同权力主体所行使的不同调查行为设置了非常复杂的称谓，具体可参见《论警察调查》一文。

《刑事诉讼法典》设置了许多不同类型的程序[65]，不同类型的程序适用不完全相同的预审程序，称谓也颇为复杂。为了便于中文读者理解，笔者大体作了如下归纳：①普通预审（sumario ordinario），适用于剥夺自由刑9年以上且不属于《陪审法院组织法》适用范围的刑事案件；②补充预审（la Instrucción Complementaria），适用于陪审团审判的刑事案件；③简易程序的初期审理（Diligencias Previas），适用于剥夺自由刑9年以下、由刑事法院及省级法院管辖的刑事案件；④紧急调查程序（las Diligencias Urgentes），适用于快速审理程序（《刑事诉讼法典》第795条）以及符合特别程序适用前提的普通程序；⑤未成年案件的预审（las Diligencias instructoras），适用于未成年刑事案件的预审，包括快速审理的审判和轻罪的普通审判。

各种类型预审程序的启动大体类似。以普通预审为例[66]，如果相关的检举和控告符合犯罪的构成要件，可判处的量刑为9年以上（《刑事诉讼法典》第779条），则有管辖权的预审法官应作出"启动预审的裁决"。有管辖权法院的检察官有权进行直接审查（la inspección directa，《刑事诉讼法典》第306.1条），并提出意见和请求（《刑事诉讼法典》第306.2条）。

预审程序的启动不仅涉及主要犯罪，还涵盖牵连犯罪（Los delitos conexos），但可能"导致诉讼过度复杂或迟延"的除外（《刑事诉讼法典》第17.1.2条）。

3. 预审卷宗的组成（las "piezas del sumario"）

在比较刑事诉讼层面，卷宗制度一直是区分职权主义与当事人主义的重要标签，具有重大的研究价值。但大陆法系少有国家（意大利除外[67]）将卷宗的组成规定在《刑事诉讼法典》中，多数仅是实践的约定俗成，或者规定在非常零散的操作规范中，因此笔者

---

[65] 读者可参照《诉讼要件理论研究》一文进行理解。

[66] 关于陪审团的补充预审程序，参见《宪制下的平民司法：西班牙陪审制研究》一文。

[67] 关于意大利的卷宗制度，参见施鹏鹏：《意大利"双重卷宗"制度及其检讨》，载《清华法学》2019年第4期。在文中，笔者亦介绍了法国的卷宗制度。

在此处多费笔墨，简要介绍西班牙预审卷宗的组成。

西班牙《刑事诉讼法典》同样未对"预审卷宗的组成"作明文规定，但司法实践的做法大体类似。预审卷宗包括四部分：①主体部分（la pieza principal），也是最为重要的部分，包含了所有的预审行为以及预审证据行为的笔录和文件（如犯罪嫌疑人的供述、证人的陈述、鉴定报告、进入和搜查记录等），旨在查明应受刑罚的行为以及犯罪嫌疑人；②个人情况部分（la pieza de situación personal），涵盖了与刑事预防措施有关的所有文件，如羁押裁决、临时释放裁决和监狱保释金（fianzas carcelarias），等等；③民事责任部分（la pieza de responsabilidad civil），主要包括刑事附带民事诉讼中民事请求的保障措施，如民事责任部分财产的查封和担保；④第三方责任部分（la pieza de terceros），主要包括与民事责任第三人相关的文件，例如保险公司的保单。除了这些部分外，对于有些特殊的案件（例如恐怖主义犯罪），2015年第13号组织法规定了预审卷宗的秘密部分，涉及邮件及电报的拦截、地理定位、信息储存设备的记录以及计算机设备的远程记录，等等。

（二）预审秘密原则[68]

传统上，预审秘密是刑事诉讼的基本原则，这与预审程序的功能紧密相关。[69]如前所述，预审的核心功能是为了查明犯罪事实并确定犯罪嫌疑人，而预审信息的公开将导致犯罪嫌疑人及其同案犯毁灭、伪造证据，串供、胁迫证人以及逃逸等，从而严重阻碍诉讼的顺利进行。1808年法国的《重罪法典》确立了所谓的"混合式诉讼"，即"庭审程序公开，预审程序秘密"，这几乎成为欧陆诸国刑事诉讼结构的基本模版。1882年西班牙的《刑事诉讼法典》沿袭了这一立法设置，奉行预审的绝对秘密，不仅对社会公众保密，也对犯罪嫌疑人保密。直至1978年第53号法律的改革（修改了《刑事

---

〔68〕 预审秘密原则适用于所有的公诉罪和半公诉罪，但不适用于自诉罪。本文囿于篇幅，不讨论自诉案件。

〔69〕 当然也有其他要素的考量，例如担心舆论干预司法。

诉讼法典》第 302 条），预审秘密原则方有所松动，从绝对秘密走向相对秘密。预审秘密原则的发展，背后隐藏着实质真实、辩护权以及社会知情权等诸项基本价值的冲突。

1. 原则：预审程序的绝对秘密

预审程序的绝对秘密规定在《刑事诉讼法典》第 301 条中，"言辞庭审前，预审内容将保密，不得公开"。因此，在进入言辞庭审前，不得将预审材料公之于众或者泄露给当事人之外的第三人。立法因此设定了泄密的两种法律责任：①律师和诉讼代理人的纪律惩戒责任（《刑事诉讼法典》第 301.2 条和第 301.3 条，比照《刑法典》第 466.1 条[70]），可处以 500 至 10 000 欧元的罚款；②公职人员的刑事责任（《刑事诉讼法典》第 301.4 条，适用《刑法典》第 417 条[71]）。

但这里要特别注意的是，预审程序的绝对秘密并非指预审中的所有诉讼行为均应保密。事实上，预审秘密原则应遵循保密的两项标准：其一，时间标准。预审程序始于启动预审的裁决，终于结束预审的裁决或初期审理程序的裁决，因此仅发生在这两个裁决之间的诉讼行为适用预审秘密原则。各种形式的预防措施（包括警察、检察官和无管辖权预审法官所采取的预防措施）仅在预审程序中作出，方遵循预审秘密原则，如果在预审程序前作出，则不受预审秘密原则的约束。其二，实质标准。仅调查行为所包含的信息（即预审卷宗的主体部分）适用预审秘密原则，其余部分（即预审卷宗的个人情况部分、民事责任部分和第三方责任部分）均不适用预审秘密原则。

---

[70] 《刑法典》第 466.1 条规定，律师或者代理人公开被司法当局宣布为秘密诉讼案件的案情的，处 12 个月至 24 个月的罚金，并剥夺其担任职位或者公职、从事职业或者任务的权利 1 年至 4 年。《刑事诉讼法典》第 301.2 条和《刑法典》第 466.1 条所规定的情况并不相同。如果司法机构宣布预审秘密，适用《刑法典》第 466.1 条的规定，如果司法机构未宣布预审秘密，则适用《刑事诉讼法典》第 301.2 条的规定。但这一区分在理论上并不严谨。

[71] 《刑法典》第 417 条规定，当局或者公务员公开因其职务获悉的不应传播的秘密的，处 12 个月至 18 个月罚金，并剥夺其担任公职或者从事职业 1 年至 3 年。

2. 例外：预审程序的相对秘密

随着辩护权（知情权）的兴起，预审情况应向当事人公开已成为世界各主要法治国家[72]的通例。西班牙《刑事诉讼法典》第302条规定，"当事人各方有权了解诉讼进展情况，并参与诉讼的所有阶段"。依这一规定，除预审法官宣布为预审秘密事项外（例如严重威胁他人生命、自由或人身安全，防止可能严重损害调查或诉讼结果的情况，《刑事诉讼法典》第302条），所有正式的当事人均有权获得预审阶段的所有信息，包括警察证明笔录、非典型不确定的调查程序及检察官预先调查的信息。但警察情报（inteligencia policial）不在此列。当事人可以自行阅读预审材料，进行必要的摘抄和记录，甚至还可应书记员的要求，提供个人适当的证词（《司法机构组织法》第234条）。但获得预审信息的当事人不得泄露给第三方，否则将承担《刑事诉讼法典》第301条所规定的纪律惩戒责任和刑事责任。

3. 禁止相对公开

如前所述，预审法官也可通过宣布"预审秘密事项"，禁止当事人（不包括检察官）获得某些预审材料。依《刑事诉讼法典》第302条（2015年第5号组织法修改）之规定，"对于公诉罪案件，预审法官可依职权或者应检察院、任何一方当事人请求，如果认为有必要防范如下风险，则应当在1个月内通过裁决书对各方当事人全部或部分保密案件情况：①严重威胁他人生命、自由或人身安全；②防止可能严重损害调查或诉讼结果的情况。预审秘密应至少在预审结束前10天公开。本条的规定不得违反第595.3.2条的规定"。可以看到，第302条设置了"禁止相对公开"相对严格的适用条件，包括形式要件、主体要件、实质要件及时间要件。

（1）形式要件。

预审法官应以详细载明理由的裁决作出"预审秘密"声明，而

---

[72] 例如2012年5月22日欧洲议会和理事会第2012/13号指令第7条规定，"犯罪嫌疑人有权了解卷宗内容"。

不得采用格式表格。预审法官应详细说明存在优先于辩护权（知情权）的事项及理由。

（2）主体要件。

裁决可以依职权或依当事人请求作出（《刑事诉讼法典》第302.2条）。裁决的效力扩及检察官以外的所有当事人。也有观点认为，"禁止相对公开"是因为犯罪嫌疑人"可能严重威胁他人生命、自由或人身安全"或者"防止可能严重损害调查或诉讼结果的情况"，因此裁决的效力应只针对犯罪嫌疑人，而不应扩及个人指控者或者公民起诉者。

（3）实质要件。

如前所述，预审秘密的范围仅限于"严格意义上"的调查行为。预审法官的保密声明可以是全部保密，即包括所有调查行为，也可以部分保密，仅涉及一项或多项调查行为。在司法实践中，部分保密主要涉及一些较为特殊的取证手段，例如卧底侦查、线人侦查、邮件及电报的拦截、电话窃听、获取地理位置、截取信息储存设备的记录以及获取计算机设备的远程记录等。

但即便是全部保密，预审法官所作出的声明也不得省略对被起诉事实的简要描述以及适用临时羁押的理由。依《刑事诉讼法典》第506.2条之规定，"预审保密被解除的，应当立即将完整的裁决书内容通知犯罪嫌疑人和被告人"，以便相关当事人可以提起上诉。保密声明也不得扩及预先证据和预设证据，因为如果宣布此类预审行为保密，辩方便无法参与其中，违反了预审阶段的对席抗辩原则。

（4）时间要件。

预审保密期限为"不超过1个月"，且"应至少在预审结束前10天公开"。这里存在一个规则的漏洞，在司法实践中时常为实务人员所利用，即辩方并不知情的"不确定调查"。例如预审法官对犯罪嫌疑人进行电话窃听，按法律规定适用时间长达3个月，最多可延长至18个月（《刑事诉讼法典》第588-2.7条），但"请求和与请求措施有关的后续行为将在单独、秘密的文件中进行说理，并无必要明确提及案件的秘密性"（《刑事诉讼法典》第588-1.4条）。

最高法院的判例教义认为，"预审相对公开中的辩护权并不属于《宪法》第24.2条所规定的程序公开的权利"，因此不当延长预审保密期限并不构成"司法运行中的恶意延迟"（retraso malicioso en la Administración de Justicia），也不会因为违反《刑事诉讼法典》第302.2条的规定而导致预审行为无效。如果据此作出有罪判决，犯罪嫌疑人、被告人的辩护权应如何得到保障？最高法院的判例教义尚未明确。但学说一般认为，不当延长预审保密期限，违反了《刑事诉讼法典》第302条及第118条的规定，所获得的证据应禁止评价（《司法机构组织法》第11.1条）。如果有罪判决立足于被禁止评价的证据，则应撤销，反之则应维持。

（三）预审的期限

2015年第41号法律对《刑事诉讼法典》第324条进行了改革，确立了预审期限制度：在期限届满后，预审应结束。

1. 决定因素：预审的复杂性

简单预审的期限为6个月，复杂预审的期限为18个月（《刑事诉讼法典》第324.1条和第324.2条）。这里的期限为最长期限，即并非每个案件的预审均需要期限耗尽，只要"法官认为预审已达到目的"（《刑事诉讼法典》第324.4条），便可终止预审。

对于何为复杂预审，《刑事诉讼法典》第324.3条进行了明确规定，"依前项所规定之目的，在下列情况下，预审被认为是复杂的：①涉及犯罪集团或组织；②对象是众多应受刑罚的行为；③涉及大量的被告人或受害者；④鉴定涉及审查大量文档或复杂分析；⑤涉及在国外实施预审行为的；⑥需要对公法人或私法人的管理进行审查；⑦恐怖主义犯罪"。具体而言，"犯罪集团或组织"，便指《刑事诉讼法典》第282-1.4条所规定的罪名；"对象是众多应受刑罚的行为"，指一名或多名被告人实施了多项罪行，为进行全面的调查，必须进行极为广泛的预审调查；"涉及大量的被告人或受害者"，例如1981年的油菜籽中毒案件，导致2万余人受害，约1100余人死亡；

"鉴定涉及审查大量文档或复杂分析"，例如涉及复杂的经济、税收或社会保障犯罪案件，需要查阅大量的会计文件；"涉及在国外实施预审行为的"，例如向避税天堂国家发送委托调查函；"需要对公法人或私法人的管理进行审查"，主要涉及法人犯罪，尤其是危害社会经济秩序的罪行；"恐怖主义犯罪"则指《刑法典》第 570-1 条至第 580 条所规定的罪名。

2. 延长期限

因预审复杂请求延长期限的，应符合如下条件：①检察官明确的书面请求；②在普通期限内且至迟为预审结束前 3 天提交请求；③"听取当事人的意见"（《刑事诉讼法典》第 324.2 条）。这里的"当事人"，仅指刑事诉讼的当事人，不包括民事当事人。因此，预审法官应传唤所有的刑事当事人，听取他们对预审复杂性及是否存在不适当的延误所提出的反对意见。

3. 特别的延长（la prórroga extraordinaria）

所谓"特别的延长"，指"例外情况下，在前几款所规定的期限届满前，如果检察官或任何一方当事人提出请求，预审法官在听取其他各方当事人的意见后，如果认为理由合理，则可以再次设定结束预审程序的最长期限"（《刑事诉讼法典》第 324.4 条）。

这里的"理由合理"，不局限于案件的复杂性，还可能是因为辩方违反了辩护诚信（例如不当的拖延），导致无法按期完成预审，甚至可能仅是因为法官身体原因而无法近期完成预审。"特别的延长"不受任何期限的限制，由法官自行决定。

4. 期限的中断

《刑事诉讼法典》第 324.3 条规定了两项期限中断的事由：①在期限中确定了预审保密；②确定了案件的临时停止审理。第 2 项期限中断事由争议不大，但第 1 项期限中断事由饱受争议，因为在实务中容易刺激预审法官作出不合理的预审保密裁决。

如果预审保密得以解除，或者诉讼程序重新启动，则预审将继续进行，直至前款所规定的截止期限为止，且不影响依下一款之规定进行延期（《刑事诉讼法典》第 324.3.2 条）。

5. 期限届满

"法官认为预审达到目的，便应结束预审程序。预审最长期限届满或者经延长的期限届满，预审法官将作出结束预审的裁决书，或者在简易程序中依第 779 条作出相应的裁决书。如果预审法官未依本条规定作出裁决书的，检察官应请求法官作出其认为合适的裁决。在这种情况下，预审法官应在 15 天对请求作出裁决"（《刑事诉讼法典》第 324.6 条）。

预防措施体系研究

在西班牙传统的刑事诉讼体系中，诉讼行为主要包括三种类型：调查行为（主要为预审调查，也包括警察调查和检察官调查）、证据行为（预先证据和预设证据）和预防措施。所谓预防措施，顾名思义，便指为保障诉讼顺利进行或者将来判决可以有效执行的一系列措施，既包括刑事预防措施，也包括民事预防措施。但随着被害人保护理念的兴起，在一些诸如"性别暴力"犯罪、经济犯罪、"政治腐败"犯罪、毒品犯罪的案件中，西班牙确立了一种新型诉讼行为，以限制犯罪嫌疑人、被告人的某些基本权利为手段，强化对被害人的保护。这一新型的诉讼行为称为"程序裁决"（resoluciones procesales，因其临时性故又称为"临时裁决"）。程序裁决与传统预防措施在功能上并不相同，但也存在类似之处，即均具有一定的"预防性"，都旨在保障实现诉讼的某些目的。因此，本文将两者合并研究，统称为"预防措施体系"。

一、预防措施体系概述

预防措施体系包括传统的预防措施和程序裁决，两者存在一定的共性，但也有较明显的差异，可分别进行研究。

（一）预防措施

1. 概念和依据

刑事诉讼从启动到结束，往往需要历经较为漫长的时间，一般的案件通常为数月，较为复杂的案件则可能长达数年甚至更长。且随着正当程序理念的勃兴及刑事辩护权的强化，诉讼冗长现象呈明显加剧趋势。这里便存在一种极大的风险：犯罪嫌疑人、被告人在如此漫长的诉讼周期里可能逃逸或者转移个人财产，以达到阻碍诉讼顺利进行或者规避民事赔偿的目的。因此，立法者不得不设置一系列预防措施，对犯罪嫌疑人、被告人的自由及财产进行必要的限制，以保障判决达到预期的刑事效果和民事效果。当然，任何限制自由及财产的措施，均可能侵犯宪法所保障的基本权利，因此必须设置明确的适用前提。

2. 适用前提

预防措施的适用应符合两个基本前提，即"获得胜诉可能"（fumus boni iuris）和"延误风险"（periculum in mora）。

（1）获得胜诉可能：刑事指控。

在刑事诉讼中，"获得胜诉可能"可具体化为"刑事指控"。无论是刑事预防措施，还是民事预防措施，适用的实质前提均是刑事指控。未有刑事指控、未有犯罪嫌疑人，就不可能适用预防措施，包括涉及人身的预防措施，也包括涉及财产的预防措施。

（2）延误风险。

"延误风险"则指存在阻滞要素，将导致诉讼无法顺利进行，或者判决无法执行。在西班牙刑事法律体系中，"延误风险"具有明显的定量特征，即如果即将科处的刑罚为非自由刑或者缓刑，则应假定被告人没有逃逸的风险，不得适用剥夺人身自由的预防措施（羁押）。对"延误风险"的判断还应结合其他标准，例如前科记录、被告人的家庭和社会背景以及应受惩罚行为的特征等。

3. 特征

预防措施具有四大特征：司法性、工具性、临时性及同质性。

（1）司法性。

预防措施的适用遵循司法保留原则，即原则上仅是有管辖权的法院有权决定采取这些措施。但在一些例外的情况下，司法警察也有权下令采取某些"临时性"预防措施，例如刑事拘留。

（2）工具性。

预防措施的适用服务于刑事诉讼（包括附带民事诉讼），必将因刑事诉讼的终止（无论是有罪判决，还是停止审理）而结束。

（3）临时性。

预防措施的适用遵循"情势变更"（rebus sic stantibus）规则。如果适用这些措施的前提及情况发生变化，则应终止适用或者变更为其他措施。即便情势并未发生变更，因为这些措施涉及犯罪嫌疑人、被告人的自由或财产等基本权利，立法者也规定了适用的最长期限。超期适用预防措施的，可以提起保护之诉。

（4）同质性（Homogeneidad）。

预防措施与拟预先下令（preordenar）的执行措施具有同质性，都旨在保证判决的未来效果。因此，审前羁押的时间应折抵刑期。但也有观点认为[1]，这一特征有悖无罪推定原则，例如适用羁押措施并不必然意味着将来应判处监禁刑，因此"应然法"（De lege ferenda）应保障预防措施与判决的相对独立性。

（二）程序裁决

1. 概念和性质

在刑事诉讼中，程序裁决指为保障国家"刑罚权"的适用以及为保护被害人而由法官下令采取的一种新型强制性行为，将对犯罪嫌疑人、被告人设立某些程序性义务，并由此限制了犯罪嫌疑人、被告人的某些基本权利。在形态上，程序裁决与传统的预防措施极为相似，也以"获得胜诉可能"和"延误风险"为基本前提，具有司法性、工具性及临时性等特征，绝大部分的基本条件和要求均类似于传统的预防措施。但程序裁决的目的与传统的预防措施存在较明显的区别，例如程序裁决和随后的判决不具同质性，主要目的不在于保障被告人在言辞庭审中出庭，因此程序裁决与传统的预防措施可以一并研究，但不可同日而语。

---

［1］ Vicente Gimeno Sendra, Manual de derecho procesal penal, Ediciones Jurídicas Castillo de Luna, 2018, p. 459. 笔者赞同该观点。从某种意义上讲，中国亦有类似的倾向，导致羁押率高居不下。

2. 类型化

依时间顺序，西班牙刑事诉讼中的程序裁决大体包括如下类型：

（1）性暴力犯罪犯罪嫌疑人的居住禁止。

这项程序裁决由 1999 年 6 月 9 日第 14 号"关于修改《刑法典》保护受虐待被害人规定的组织法"所确立，最终纳入《刑事诉讼法典》第 544-1 条中，"在调查《刑法典》第 57 条所规定的犯罪（基本上均是针对配偶或事实婚姻关系人的犯罪）时，如果出于保护被害人的严格需要，则法官和法院可以说明理由，预防性地对被告人适用禁令，禁止被告人在特定地点、区域、城市、省份及其他当地单位或者自治区居住"，"在相同条件下，也可采取预防性禁令，禁止被告人去特定的地点、区域、城市、省份、其他当地单位或者自治区，以明确的分级方式禁止被告人接近特定人员或者与之进行交流"。

这一居住禁令，连同对被害人的医疗照顾、安全、社会和法律援助，构成了"保护令"（órdenes de protección）的基本内容。"保护令"由 2003 年第 27 号法律引入，由反妇女暴力法院这一专门法院负责发布，可禁止犯罪嫌疑人在家中或工作地点接近被害人。法院也可在被害人与犯罪嫌疑人之间设定一个最短的距离，低于这一距离即视为违反禁令。为保障遵守相关规定，预审法官甚至会强迫犯罪嫌疑人携带电子元件，以实时确定犯罪嫌疑人的直接位置（2004年第 1 号组织法第 64.3 条）。

消极主体违反上述禁止交流或居住禁令的，可启动临时羁押的预先审理（la audiencia previa），决定对犯罪嫌疑人适用羁押措施，情况严重的，甚至可以追究其不服从罪的刑事责任。

（2）逃逸风险以外原因的临时羁押。

2003 年 10 月 24 日第 13 号组织法增加了逃逸风险以外两项适用临时羁押的新原因（《刑事诉讼法典》第 503.1.3 条），分别为存在毁灭证据（包括隐匿、篡改或者破坏证据）的风险和重复犯罪的风险。因为这两类临时羁押的目的并非为了保障被告人在言辞庭审中出庭，因而不具有预防措施的特征，可归为程序裁决。

A. 因存在毁坏证据的风险而适用临时羁押。

在 2003 年改革前，西班牙的判例教义便承认因"隐匿、篡改或者破坏证据"而对犯罪嫌疑人、被告人适用临时羁押。因此，2003 年的改革仅是效仿国外立法例[2]将判例转化为立法。依新法，预审法官如果认为存在有充分依据的风险，即当犯罪嫌疑人可能会强迫证人或鉴定人作出不公正的陈述或者对辩护有利的报告时，亦可下令对其进行临时羁押。"为评估存在这一风险，应考虑犯罪嫌疑人自行或通过第三人接触证据来源的能力，或者影响其他犯罪嫌疑人、证人或鉴定人的能力"。在司法实践中，此类羁押事由通常发生在经济犯罪、政治腐败犯罪或者有组织犯罪中，犯罪嫌疑人往往具备强大的资源动员能力，可影响证人、鉴定人或者同案犯，也可隐匿、篡改或者破坏文书证据、电子证据等。

B. 因存在重复犯罪的风险而适用临时羁押。

宪法法院的判例教义一直主张，犯罪嫌疑人、被告人有重复犯罪风险的，应予以羁押。2003 年的改革吸纳了这一观点。依《刑事诉讼法典》第 503 条之规定，犯罪嫌疑人、被告人有重复犯罪风险的，分为两种：一是一般情况，即"避免犯罪嫌疑人、被告人实施其他犯罪行为的危险"（《刑事诉讼法典》第 503.2 条）；二是特殊情况，"防止犯罪嫌疑人、被告人侵犯被害人的合法权益，尤其当被害人属于《刑法典》第 173.2 条中所述的人员时（即性暴力犯罪的被害人）"（《刑事诉讼法典》第 503.1.3.3 条）。这两类案件均是为了保护当下或未来的被害人，但也存在区别。前一类仅针对"应科以两年及以上量刑"的犯罪嫌疑人、被告人，后一类则无此一要求，即便犯罪嫌疑人、被告人所涉罪行轻微，如果可能对被害人重复犯罪，亦应进行羁押。

---

〔2〕 例如德国《刑事诉讼法典》第 112.3.1 条规定，（待审羁押的前提条件；羁押理由）"……被指控人行为，构成下列重大嫌疑：①毁灭、改变、匿除、藏匿或伪造证据材料……"法国《刑事诉讼法典》第 144 条亦类似。关于法国临时羁押制度，参见施鹏鹏、王晨辰：《法国审前羁押制度研究》，载《中国刑事法杂志》2016 年第 1 期。

（3）其他非预防性的程序裁决。

此外，《刑事诉讼法典》还规定了一些非预防性的程序裁决，包括警察的酒精测试、人身检查和身体干预、完成戒毒方案以取代临时羁押（吸毒者）、在预审中剥夺驾照、对处于临时羁押状态并涉嫌属于恐怖主义组织的公职人员临时中止其职务[3]、临时关闭公司或者暂时中止公司活动以及信息传播禁令并没收出版物（媒体类犯罪）等。

3. 特征

程序裁决具有两项主要特征：其一，程序裁决对犯罪嫌疑人、被告人设定了程序义务；其二，这些程序义务对犯罪嫌疑人、被告人的基本权利构成了限制。因此，程序义务与基本权利之间存在一定的冲突和张力。

（1）程序义务。

程序裁决往往为犯罪嫌疑人、被告人设定了积极或消极的程序义务，例如：①居住禁令，犯罪嫌疑人、被告人负有避免接近被害人居住地点及工作地点的消极义务，未遵守这些义务将构成不服从罪（2004年第1号组织法第64.3条）或者适用临时羁押；②逃逸风险以外原因的临时羁押，犯罪嫌疑人、被告人负有诚实义务，不得隐匿、篡改或者破坏证据，也不得重复犯罪；③完成戒毒方案以取代临时羁押，犯罪嫌疑人、被告人负有履行戒毒方案的义务，否则将继续适用临时羁押；④对醉酒者的酒精测试、人身检查和身体干预，犯罪嫌疑人、被告人不遵守这些程序义务将构成不服从罪；⑤吊销驾驶执照，犯罪嫌疑人、被告人有义务向警察提交驾照（1990年3月2日第339号王室法令第59.3条）；⑥临时停止公司和企业营业，特别是取缔和禁止编辑和传播犯罪出版物，犯罪嫌疑人、被告人有义务服从并以将来不从事此类活动为前提，否则构成不服从

---

〔3〕《刑事诉讼法典》第384-1条规定，"公职人员与武装团伙或者恐怖分子、叛乱分子共同实施犯罪或者构成牵连犯罪而被提起诉讼并被实施临时羁押措施的，在监禁期间自动暂停其职务"。

罪（《刑事诉讼法典》第816条、第822条和第823-1条）。

（2）基本权利的限制。

这些程序义务无疑会限制犯罪嫌疑人、被告人的某些基本权利，例如，居住禁令限制了《宪法》第19条所规定的自由迁徙权；临时羁押剥夺了《宪法》第17条所规定的自由权；酒精测试限制了《宪法》第24.2条所规定的无罪推定权[4]；人身检查和身体干预限制了《宪法》第18.1条及第15条所规定的私生活权及形体完整权；对涉嫌恐怖主义犯罪的公职人员暂停其公职的行为，限制了《宪法》第23.2条所规定的担任公职的权利；临时停止公司和企业营业，限制了《宪法》第22条所规定的结社权以及第38条所规定的企业自由权；禁止出版，剥夺了《宪法》第20条所规定的表达自由权；等等。

（3）冲突与解决。

程序裁决所拟达到的目的与犯罪嫌疑人、被告人的基本权利形成内在的冲突。例如对犯罪嫌疑人、被告人适用临时羁押或居住禁令，尽管剥夺或限制了犯罪嫌疑人、被告人的自由，但却保护了实质真实以及被害人的安全。且很多程序义务的设定也具有宪法依据，例如《宪法》第118条规定，"必须执行法官和法院的判决及其他决定，同时，按法官和法院在审理过程中和执行判决时可能的要求协作"。因此，预审法官在决定适用程序裁决时应进行利益权衡，严格遵守比例原则。

下文将逐一对预防措施体系的核心内容（既包括传统的预防措施，也包括程序裁决；既包括刑事预防措施，也包括民事预防措施）进行介绍。

---

〔4〕 西班牙宪法法院认为，接受酒精含量测试并没有侵害驾驶员自证其罪的权利以及无罪推定权，因为这一做法并不必然意味着有罪判决，这是中立的方法（即如果血液中有酒精，则可能被定罪，如果没有，则证明无罪）。据此，宪法法院得出结论，每位驾驶员均有义务接受酒精测试。

二、警察拘留

（一）界定

所谓"警察拘留"（la detención policial），指司法警察对可能逃脱的犯罪嫌疑人所适用的临时剥夺人身自由的措施。依这一界定，警察拘留具有如下构成要素：

1. 主体

可采取警察拘留措施的主体主要为司法警察（《安全力量及安全部队组织法》第 29 条至第 36 条、第 38.2.2 条和第 53.1.5 条，1987年第 769 号王室法令第 79 条和 1987 年第 1668 号王室法令），但也包括经法律明确授权可以逮捕并执行"警察预防程序"的其他机构。这些机构最常见的当属检察院。依《检察院组织法》第 5.2.1 条之规定，检察官有权进行"预防性拘留"（detención preventiva）。在西班牙的司法体系中，检察官不属于司法机构，仅是法院的合作机构，因此"预防性拘留"性质上属于"警察拘留"（《刑事诉讼法典》第492 条至第 496 条），而非"司法拘留"[5]（《刑事诉讼法典》第 497条至第 501 条）。

监狱管理机构的公职人员也属于司法警察，因此有权适用警察拘留措施（《刑事诉讼法典》第 283.7 条），可在严格遵守对囚犯各种保障的前提下采取预防措施（1996 年第 190 号《监狱条例》/王室法令第 232 条，以及 1986 年第 3 号国家总检察长令）。

另外，依 1992 年第 23 号法律第 11 条以及 1978 年 3 月 10 日王室法令第 18 条之规定，作为私人保安的宣誓卫兵（los guardas jurados）也有权适用警察拘留措施，但他们不属于机构，属于立法的例外。

2. 性质

学说认为，警察拘留并不是司法警察的"权力"，而是"义务"（《刑事诉讼法典》第 492.1 条），源自"发现犯罪及推定为犯罪行为实施者"的特定职责（《刑事诉讼法典》第 282 条）。警察拘留本

---

[5] 关于司法拘留，参见下文。

质上是临时剥夺人身自由的措施，这既有别于羁押（长时间剥夺人身自由），也有别于逮捕（极短暂限制人身自由）。

3. 目的

警察拘留属于预防措施，因此核心目的是保障诉讼的顺利进行，以便在可预期的将来进行准确的事实认定和法律适用。此外，法令授权司法警察执行预防措施以完成"警察调查报告"（《刑事诉讼法典》第284条至第298条），因此司法警察在拘留过程中可以同时采取某些侦查行为（《刑事诉讼法典》第523条），例如讯问及辨认。

（二）适用前提

适用警察拘留的前提是：存在指控（"获得胜诉可能"）和逃逸的风险（"延误风险"）。

1. 指控

《刑事诉讼法典》第492条（援引了第490条关于个人拘留的规定）规定了警察拘留的适用条件。这些适用条件尽管涉及多种情况，但均有一个共同点，即存在对特定人员的指控。未有指控，不得适用警察拘留，否则构成《刑法典》第167条所规定的非法拘禁罪。

2. 逃逸的风险

仅有指控，并不必然适用警察拘留。司法警察必须依案件的具体情况或犯罪嫌疑人、被告人的人格推定其有逃逸的风险，方可予以适用。对此，《刑事诉讼法典》第492条使用了极为繁琐的措辞，可作进一步明晰：①公民被指控实施了可判处3年以上刑罚的严重犯罪且法官尚未确定其自由的，则司法警察可推断该公民将有逃逸风险，并予以拘留。如果有搜寻及逮捕令的，则必须予以拘留。②公民被指控实施了3年以下刑罚的犯罪且未有司法指控（imputación judicial）[6]的，则司法警察可在对案情（如参与实施犯罪的事实以

---

〔6〕 司法指控，指预审法官决定对特定人启动预审时的指控，分为临时指控和最终指控，有别于警察、检察官的指控及来自个人检举者或者控告者的指控。关于西班牙较为独特的指控体系，笔者将另行撰文介绍。

及犯罪事实的构成要件）及逃逸风险进行理性判断后适用警察拘留。但犯罪嫌疑人可以提供保证金避免被拘留（《刑事诉讼法典》第493.3.2条）。③对于轻微的犯罪（即不判处剥夺自由刑的犯罪），原则上不得适用警察拘留，但存在两项例外：其一，犯罪嫌疑人住址不明且无法缴纳拘留机构所要求的"保证金"（《刑事诉讼法典》第495条）。其二，侵害了公共秩序。依2015年第4号"关于保护公民安全的组织法"第16.2条之规定，司法警察可对危害公共秩序的公民适用警察拘留，但不得超过6小时。

（三）警察拘留的期限

如前所述，警察拘留具有临时性。依《宪法》第17.2条规定："预防性拘留不得超过旨在查明事实所严格需要的侦查时间，在任何情况下，应在72小时内释放被拘留者或将其移送司法机关"。但这里应澄清的一点是，"查明事实所严格需要的侦查时间"，并非指完成预审程序的所有调查行为（这通常要长达数月甚至数年之久，仅得适用临时羁押），而仅指完成警察典型的调查行为，即《刑事诉讼法典》第520条所规定的"查明身份"（reconocimiento de identidad）及听取被拘留者的供述。即便司法警察无法完成这些调查行为，拘留最长的时间也不得超过72小时，但存在例外（特殊期限）。期限届满，或者期限虽未届满，但司法警察已完成调查行为，则必须无延迟地释放被拘留者或者移交司法机构。

1. 普通期限

这里存在一个明显的法律冲突。如前所述，《宪法》第17.2条规定了最长的拘留期限为72小时，《刑事诉讼法典》第520.1.2条也明确了这一最长的拘留期限。但《刑事诉讼法典》第496条自1882年起以便将"24小时"作为警察拘留的最长期限。如此重大的立法缺陷，历经多次法律改革却未进行修补，这实在令人匪夷所思。对于这一冲突，有观点认为，《刑事诉讼法典》不得与宪法相悖，因此最长的拘留期限为72小时；也有观点认为，《宪法》只规定最长的拘留期限为72小时，但并没有禁止《刑事诉讼法典》可减少拘留期限，毕竟这有利于保护犯罪嫌疑人的人权。但无论何种观点，都无法解释为何《刑事诉讼法典》会同时设置两个完全矛盾的条款。

2. 特殊期限

特殊的拘留期限规定在1981年6月1日第4号"关于警戒、例外及围困状态的组织法"第16条以及《刑事诉讼法典》第520-1条中。在被围困的情况下，警察拘留的时间可长达10天。涉及恐怖主义案件的，警察拘留的时间可长达5天。

超期拘留的，犯罪嫌疑人、被告人可以提起"人身保护令"诉讼（1984年5月24日第6号组织法第1条），也可以对实施上述拘留的警察提起刑事诉讼，罪名是《刑法典》第530条所规定的非法拘禁罪（超过期限的非法拘留）。

（四）将被拘留者移送司法机关

依《刑事诉讼法典》第496.1条之规定，司法警察在实施拘留后的24小时内，如果未予以释放，则应将其移交至"距拘留地点最近的法官"。这里需要特别说明的是，第496.1条制订于1882年，当时西班牙仅得通过马车进行移送，因此法条规定司法警察应将被拘留者移交至距拘留地点最近的法官（包括治安法官或预审法官，只要更接近拘留者即可），而非有管辖权的预审法官。时下，交通工具的问题已然解决，因此该条款显然过时，司法警察应将被拘留者移送有管辖权的预审法官，尽管在有些情况下，中央预审法官在地理位置上可能与拘留地点相距较远。

（五）被拘留者的权利及保障[7]

拘留是剥夺公民基本权利的预防措施，且自拘留起，司法警察可能对被拘留者实施重要的调查行为，因此《宪法》及《刑事诉讼法典》（第118条和第520条）规定了被拘留者的权利体系及其保障机制，以确保被拘留者在这一阶段可有效行使辩护权。

---

[7] 关于这一问题的详细研究，参见本书《刑事辩护权研究》部分。为避免重复，此处从简。

1. 告知义务

对于未有律师协助的犯罪嫌疑人，司法警察具有一般的告知义务（《刑事诉讼法典》第 520.2 条），包括被拘留者的宪法权利（尤其是沉默权）以及指控的基本内容。告知应在"最短的时间内""以容易理解及可接受的语言"进行（《刑事诉讼法典》第 118.1 条）。

此外，被拘留者有权要求司法警察通知其家庭成员其正在适用拘留以及拘留的地点（《刑事诉讼法典》第 520.2.5 条）。在司法实践中，这对于被拘留者启动"人身保护令"程序至关重要。如果被拘留者是未成年人或者一般意义上的无行为能力人，则司法警察有义务通知未成年人的法律代表和检察官。如果被拘留者是外国人，则司法警察有义务通知该国的领事馆（《刑事诉讼法典》第 520.2 条、第 520.3 条以及第 520.4 条）。但这一权利不适用于隔离羁押的被拘留者。

2. 沉默权和不得强迫自证其罪的权利

犯罪嫌疑人有权保持沉默，司法警察有义务进行权利告知。司法警察违反告知义务的，所获得的供述禁止使用，但不具有反射效力（即不涉及"毒树之果"）。

3. 获得免费翻译协助的权利

如果被拘留者不懂西班牙语（包括不懂西班牙语的西班牙人），则必须为其免费（1983 年第 14 号组织法新增）聘请翻译，"以他能理解的语言"说明指控以及询问的整个过程（《刑事诉讼法典》第 118.1.1 条）。感官残障人士也有权获得免费协助的权利（《刑事诉讼法典》第 520.2.8 条）。

4. 辩护律师参与的权利

被拘留者有权聘请律师或者获得官方所指派律师的协助。在西班牙以往的刑事司法实践中，司法警察和律师的关系较为紧张，时常为律师参与辩护设置障碍，受到律师协会的强力谴责。1983 年第 14 号组织法一改以往司法实践的乱象，明确辩护律师参与的权利不可放弃，不受阻碍。但被拘留者受到隔离羁押的，仅得依职权为其指定律师（在司法实践中主要涉及恐怖主义犯罪）。依职权指定的律师，在收到律师协会通知后的 3 小时内（2015 年 4 月 27 日第 5 号组织法进行了修改，原为 8 小时）应到达羁押场所。

辩护人在这一阶段的参与仅限于身份识别和警察讯问（《刑事诉讼法典》第 520.6 条）。《刑事诉讼法典》并未赋予律师直接向被拘留者提问的权利，但律师可以进行权利告知，在犯罪嫌疑人供述前与其秘密交谈，参与警察的调查行为（作出保密声明的除外），告知犯罪嫌疑人同意或拒绝相关调查行为的后果，请求将调查过程中发生的事件载入笔录（否则可拒绝在笔录中签名）。对于被隔离羁押的犯罪嫌疑人，如果警察讯问结束，应授权律师秘密会见其当事人。

5. 接受法医检查的权利（Derecho a ser reconocido por el médico forense）

该权利最早创设于法国[8]，后由 1983 年第 14 号组织法引入西班牙。依西班牙《刑事诉讼法典》第 520.2.6 条之规定，"被拘留者有权要求就医，在法医或者其合法替代者无法诊治的情形下，由羁押场所的医生或者由国家及其他公共管理部门的医生诊治"。"接受法医检查的权利"是防范酷刑的一项基本权利。因此，法官可能因人身保护令程序或为查明酷刑的事实而指定医生对被拘留者进行体检。在这种情况下，预防程序将立即终止，被拘留者将移送至法官处（《刑事诉讼法典》第 286 条），或者法官要求被拘留者"出庭"（1984 年第 6 号组织法第 7.1 条）。

（六）警察讯问的程序保障

《刑事诉讼法典》第 297.3 条、第 388 条至第 405 条共同规定了警察讯问的各种程序保障：

---

〔8〕法国的刑事拘留制度在近年来历经了多次改革，但被拘留者"接受法医检查的权利"一直被规定在法典中，参见法国《刑事诉讼法典》第 63-3 条第 2 款。关于法国刑事拘留制度的介绍，参见施鹏鹏：《控权模式下的真相发现：法国拘留制度述评》，载《比较法研究》2010 年第 6 期。

1. 禁止使用法律所禁止的调查行为

《刑事诉讼法典》第 297.3 条作了一般性的禁止规定，司法警察"不得使用法律未授权的侦查手段"。这些非法的侦查手段主要包括：酷刑、任何形式的"胁迫"或"威胁"、药物（"真相血清"[9]、催眠药等[10]）等。违反法律规定所获得的证据禁止使用。相关的司法警察可能构成《刑法典》第 173 条至第 177 条及第 609 条所规定的"酷刑"罪。

如果被拘留者同意，可以进行身体干预，以进行 DNA 检测。但如果被拘留者不同意，或者身体干预可能对人身健康造成严重损害的，则司法警察应获得司法授权后方可进行强制取样（《刑事诉讼法典》第 520.6.3 条）。

2. 保障讯问自愿性的措施

司法警察所提出的问题应是直接的，不得使用诱导性或者暗示性的问题（《刑事诉讼法典》第 389.1 条和第 389.2 条）。"对犯罪嫌疑人讯问时间过长或者问题过多，导致犯罪嫌疑人难以理智冷静地回答其他问题的，应当暂停审讯，给予必要的时间使犯罪嫌疑人得以休息和恢复平静"（《刑事诉讼法典》第 393 条）。被拘留者有权进行有利于自己的辩护，并记录在案，不得因此对被拘留者提出指控或者反诉（《刑事诉讼法典》第 396 条），更不得因被拘留者拒绝配合或说谎而科以"伪证罪"。该罪名仅适用于证人。讯问结束后，被拘留者有权要求阅读笔录，或者请求宣读以进行核实（《刑事诉讼法典》第 402 条和第 404 条）。

（七）恐怖主义犯罪及叛乱集团案件中的特殊拘留制度

1988 年第 4 号组织法在《刑事诉讼法典》中引入了第 520-1 条，确立了涉及恐怖主义犯罪及叛乱集团的特殊拘留制度，主要包括延长警察拘留期限以及隔离羁押。

在恐怖主义犯罪及叛乱集团案件中，警察通常的拘留期限为 72

---

〔9〕 即便被拘留者主动要求使用这些药物以自证清白，亦不得如此为之。

〔10〕 吸毒者在戒毒时可以使用药物进行辅助，但不得以药物来获取口供。

小时。但如果司法警察提出请求，则可以再延长 48 小时，即最长的拘留期限为 5 天。中央预审法官对此类案件具有管辖权，应以载明理由的裁决作出延长拘留时间的决定（《刑事诉讼法典》第 88 条以及第 65.6 条）。

如果司法警察提出请求，则可依《刑事诉讼法典》第 520-1 条对被拘留者进行隔离羁押。司法警察应说明隔离羁押的必要性（如防止被拘留者与组织其他成员进行联系妨碍调查目的的实现），中央预审法官应在 24 小时内以载明理由的裁决作出决定。中央预审法官未作出任何裁决的，视为拒绝隔离羁押的请求。

但 2015 年 4 月 27 日第 5 号组织法对隔离羁押的特殊拘留制度进行了改革，在很大程度上弱化了这一制度的特殊性，一方面，立法进一步提高了隔离羁押的适用门槛，除应是恐怖主义犯罪外，还应符合如下要求："①迫切需要避免对生命、自由及形体完整造成严重的不利影响；②负责侦查的机构迫切需要立即采取行动，以避免严重损及刑事诉讼"（《刑事诉讼法典》第 509.1 条）。另一方面，预审法官应以例外的方式明确限制以下权利："①聘请律师的权利；②与所有或部分人员进行沟通的权利，但司法机构、检察院和法医除外；③和律师进行秘密会谈的权利；④本人或律师参加诉讼程序的权利，但提出重要证据、以对拘留合法性提出异议的除外"（《刑事诉讼法典》第 527.1 条）。但无论如何，被拘留者均有权请求启动"人身保护令"程序，由中央预审法官进行审查。

（八）警察讯问的证据价值

关于警察调查卷宗的证据价值，笔者已在《论警察调查》一文中进行了非常详尽的研究，此处不再赘述。这里拟重点探讨非法讯问的非法证据排除问题。西班牙判例教义区分了两种类型的非法讯问，适用不同的非法证据排除规则：

第一，如果司法警察采用法律未授权的手段进行讯问，则所获的口供禁止使用，并具有反射性效力（《司法机构组织法》第 11.2 条），扩及"毒树之果"。

第二，如果司法警察违反其他程序保障进行讯问，所获的口供亦禁止使用，但不具有反射效力。法官依口供所获得的其他证据材料依然可作为判决的依据（《刑事诉讼法典》第406条）。

三、"人身保护令"程序

（一）界定

西班牙的"人身保护令"程序创设于1984年（1984年5月24日第6号组织法），指有管辖权的法院有权撤销任何人或司法机构外的任何机构所进行的非法拘留，从而恢复公民在宪法上的自由权。《宪法》第17.4条将"人身保护令"程序作为"个人自由权"的重要保障，"依法实行'人身保护令'措施，以使所有被非法拘留者当即被送达司法当局，依法决定临时监禁的最长期限"。

就性质而言，"人身保护令"是一种特殊、优先和快速的程序，可作如下解析：

（1）"人身保护令"既不是预审程序，也不是上诉程序，并不解决案件的实体问题，仅涉及与拘留合法性有关的事项。

（2）"人身保护令"是极大加速的程序，目的是让特定失去自由的人迅速获得司法裁决。

（3）"人身保护令"是对宪法权利的"普通司法保护"。如果保护请求未得到支持，即可认为符合辅助原则（principio de subsidiariedad），公民可直接向宪法法院提起保护之诉，而不必以"耗尽普通司法程序"为前提（《宪法法院组织法》第44.1条）。

（二）程序要素

因性质特殊，"人身保护令"也具有极为特殊的程序要素。

1. 主体

积极主体主要为自由权受到侵犯的个人，消极主体为实施拘留的个人或机构，客体则为非法的拘留行为。

（1）积极主体。

积极主体必须为自然人，可以是被拘留的个人，也可以是有资格申请启动"人身保护令"程序的其他个人（1984年组织法第3

条）。外国人也可以申请启动"人身保护令"程序（例如在驱逐程序中）。但法人不得成为积极主体。

（2）消极主体。

消极主体既可以是自然人，也可以是法人。在司法实践中，法人（例如具有宗教性质的法人、精神病院或者养老院）实施非法拘留的状况并不罕见。

2. 客体

客体为非法拘留，因此积极主体要证明三个重要事项：其一，存在拘留这一事实；其二，拘留并非由司法机构下令；其三，拘留是非法的。

首先，存在拘留这一事实。这里应在功能意义上理解"拘留"，即剥夺公民行动自由的任何措施，而无论冠以何种名称（如扣留、身体干预或者纪律处分）。因此，这里的拘留，既包括《刑事诉讼法典》所规定的"一般拘留"，也包括各种特别法所规定的"特别拘留"，如囚禁无行为能力的人、逮捕外国人、军事机构进行纪律逮捕等。

其次，拘留的决定并非由司法机构作出。司法机构所作出的拘留裁决不适用"人身保护令"程序，犯罪嫌疑人对于司法拘留、临时羁押或者监禁等仅得提起普通上诉（未决犯）、向狱政监督法官的上诉（既决犯）以及保护之诉。

最后，拘留必须是非法的。以下三种情况构成非法拘留：其一，未有指控或者未有充分的指控；其二，超期拘留；其三，拘留过程中未遵循法律所规定的保障程序。

3. 诉讼主张

"人身保护令"程序的诉讼主张是请求恢复自由的基本权利；或者立即释放被拘留者，让其全面恢复自由（1984年组织法第8.2.1条）；或者改变被拘留者的羁押状况（1984年组织法第8.2.2条）；或者交由司法机关处置（1984年组织法第8.2.3条）。

（三）管辖

"人身保护令"程序的管辖权规则规定在1984年组织法第2条

中，可分述如下：

1. 客观管辖（级别管辖）

（1）预审法官。

一般而言，"人身保护令"由预审法官负责管辖，这是因为该程序具有紧急性和优先性，应在 24 小时内完成。预审法官不得委托治安法官代为管辖（《刑事诉讼法典》第 310 条）。拘留对象为未成年人的，"人身保护令"亦由预审法官管辖（《规范未成年人刑事责任的组织法》第 17.6 条）。

（2）中央预审法官。

涉及武装集团或恐怖分子（《宪法》第 55.2 条）提起的"人身保护令"请求，由中央预审法官负责管辖（1984 年组织法第 2.2 条）。

（3）军事法院（Los Juzgados Togados Militares）。

拘留地点在军事管辖区的，"人身保护令"由军事预审法官负责管辖（1984 年组织法第 2.3 条）。此外，城市警卫队（西班牙具有军事性质的武装机构）成员所提起的"人身保护令"请求，亦由军事预审法官管辖。

2. 地域管辖

1984 年组织法第 2.1 条规定了地域管辖权的一般规则和两个补充规则：有地域管辖权的预审法官为拘留地的预审法官；如果拘留地未有预审法官，则由实施拘留地的预审法官管辖；如果未有前述两类预审法官，则由有拘留者下落消息的预审法官管辖（《规范未成年人刑事责任的组织法》第 17.6 条亦作了类似的规定）。

3. 职能管辖

宣告和执行均在预审法院、中央预审法院或军事法院（1984 年组织法第 8.2 条），不得上诉。

4. 程序的启动

依 1984 年组织法第 3 条之规定，"人身保护令"可以依"当事人"（广义的当事人，包括被拘留者本人、亲属、代表，检察官及公民捍卫者）的请求启动，也可以由法院依职权启动。

（1）依当事人的请求启动。

"人身保护令"可依当事人的请求启动。1984 年组织法第 3 条在宽泛意义上设定当事人，即除了被拘留者外，他的亲属和代表也有权提出"人身保护令"请求，这是因为司法实践中，被拘留者往往被剥夺行动自由，难以自行保障权利。但被拘留者的亲属和代表既不是主要当事人，也不是次要当事人或者依附当事人，参与机制类似于检举者，但适用不同的诉讼费用制度（1984 年组织法第 9.3 条）。

检察官具有"确保尊重基本权利"的特殊职责（《检察院组织法》第 3.3 条），因此可在不损及启动起诉的前提下提出"人身保护令"的请求，并参与整个诉讼程序。

依《宪法》第 54 条之规定，"公民捍卫者是捍卫基本权利……的国会高级代表"，因此可以提出适用"人身保护令"的请求（1984 年组织法第 3.3 条），在任何情况下也可提起保护之诉（《宪法》第 162 条、《公民捍卫者组织法》第 29 条）。对于涉及非法拘留犯罪的，则有义务将"犯罪信息"告知国家总检察长（《公民捍卫者组织法》第 25 条）。

（2）依职权启动。

预审法官依职权启动"人身保护令"程序的，应依同一裁决下令相关机构立即移交被拘留者。

5. 启动、审理及裁决

（1）程序的启动。

依 1984 年组织法第 6 条之规定，"一旦提出'人身保护令'的请求，则预审法官应立即审查该请求是否符合条件，并移送检察院"。预审法官应通过载明理由的裁决同意或者拒绝启动该程序。如果预审法官同意启动"人身保护令"程序，则应在裁决的主文中体现如下内容：或者"要求采取拘留措施的机构或个人到庭说明情况，不得有任何借口或延误"；或者在"被拘留者所在地开庭"（1984 年组织法第7.1条）。如果预审法官要求相关机构或个人到庭说明情况，则该机构或个人必须立即将被拘留者移交，否则构成不服从罪。如果预审法官决定到拘留者所在地开庭（通常而言，这种情况属于最严重的非法拘留，可能还涉及酷刑），"预审法官或者市级法院法官开始预审的，任何机构和警务人员均应当停止所有正在实施的预先调查（diligencias de prevención），并将案件连同其收集的证据交由该法官。已拘留犯罪嫌疑人的、也应当向法官移交该犯罪嫌疑人"（《刑事诉讼法典》第286条）。

（2）审理。

被拘留者移送至法官处，或者法官到达拘留场所，将启动审理程序。当事人在提出诉讼主张时也应一并提出适当的证据，这些证据除应具有相关性外，还应有"当场"审核并接受的可能性（1984年组织法第7.3条）。如果被拘留者无行为能力，则法官将听取其法定代表人的意见，如有必要，也可听取其所聘请律师的意见。随后，检察官提出主张，最后则是听取下令或实施拘留的机构和个人以及被剥夺自由者的意见（1984年组织法第7.2条）。从程序启动开始，主张及证明阶段不得超过24小时（1984年组织法第7.3条）。

（3）裁决。

审理结束后，预审法官应"毫不拖延地"作出裁决（《刑事诉讼法典》第198.1条）。裁决应"载明理由"（1984年组织法第8.1条），并符合比例原则的要求。

如果裁决驳回诉讼请求，则法官应下令"归档停止诉讼，宣布剥夺自由以及剥夺自由的情节符合法律规定"（1984年组织法第8.1条）。

如果裁决同意诉讼请求，则必须包含宣告性的声明，即宣告所实行的"拘留非法"，并应作出符合请求"主张事由"的裁决书，包括：立即释放被拘留者、变更羁押或者移送司法机构。一般而言，如果预审法官认为拘留的实体要件完全缺失（例如没有指控罪名），则应作出立即释放被拘留者的裁决书；但如果拘留存在实体要件，仅是未遵循各种程序保障，则应作出变更羁押的裁决书；如果拘留超期，或者预审法官认为警察程序已经结束，或者必须交由司法机关继续进行，则也没必要耗尽所有拘留期限，应立即作出移送司法机构的裁决书。

如果非法拘留行为涉及犯罪的（可能涉及多个罪名，除非法拘禁罪外，也可能是虚假检举罪或不服从罪），则法官会正式确定合适的"个人证言"（1984 年组织法第 9.1 条）。

诉讼费用由法官依职权予以确定〔1984 年组织法第 9.3 条，主要依"轻率"（temeridad）的标准〕。

四、司法拘留

（一）界定及类型

司法拘留是司法机关在刑事诉讼中所下令的临时、较短时间（最长可达 72 小时）剥夺人身自由的措施，包括依职权所进行的司法拘留和批准的司法拘留。

1. 依职权所进行的司法拘留

如果相关人员不遵守传唤令（《刑事诉讼法典》第 487 条及第 420 条），或者对特定人员提起指控（《刑事诉讼法典》第 494 条），或者相关人员不遵守"法庭秩序"（policía de vistas）规则（《刑事诉讼法典》第 684.3 条），则法官可依职权决定进行司法拘留。

2. 批准的司法拘留（la detención judicial confirmatoria）

法官还可对个人或警察已经实施的拘留进行确认或延长，从而转化为司法拘留。如前所述，因时代久远，《刑事诉讼法典》第 496 条仅授权个人或司法警察将被拘留者移交给离逮捕地点最近的法官，而非有管辖权的预审法官。因此，《刑事诉讼法典》区分了两种情况：第 497 条规定了将被拘留者移送有管辖权法官的情况；第 498 条和第 499 条规定了将被拘留者移送无管辖权法官的情况。

（1）将拘留者移送有管辖权的法官。

在这种情况下，预审法官应在 72 小时内决定被拘留者的处境：释放、将拘留提升至临时羁押，或者采取另外的预防措施（《刑事诉讼法典》第 497.1 条、第 506 条和第 529 条）。预审法官应在核实"犯罪信息"可信性的基础上作出上述裁决。如果决定临时羁押的，应在裁决作出前 24 小时内听取被拘留者意见。

（2）将拘留者移送无管辖权的法官。

在这种情况下，预审法官应对被拘留者进行司法讯问，如有必要，可将拘留提升至临时羁押，并在 72 小时内将所有材料和被拘留者移交给有管辖权的法官（《刑事诉讼法典》第 499 条）。如果在实施拘留时仅存在指控，则预审法官还必须对被拘留主体进行识别，并了解拘留的原因（《刑事诉讼法典》第 498 条）。

如果拘留是依司法指控（起诉或定罪等）作出，且被拘留者已经从监狱中心逃脱，则必须将被拘留者转交给监狱中心而无需进行任何调查工作（《刑事诉讼法典》第 500 条）。

将拘留提升为羁押的裁决书必须告知所有正式的当事人，包括被拘留者本人。法律赋予被拘留者"本人"请求修改裁决书的权利（《刑事诉讼法典》第 501 条）。上诉或异议（在简易程序中）需要律师的签名（《刑事诉讼法典》第 221 条，与第 517.2 条、第 518 条及第 787.1 条相关联）。

（二）欧盟拘留及移交令（la orden europea de detención y entrega）

欧盟拘留及移交令属于欧盟司法协作的一部分，是欧盟成员国司法机构所作出的一种司法裁决，旨在请求另一成员国对犯罪嫌疑人进行司法拘留及移送，以提起刑事追诉，或者适用刑罚及剥夺自由的保安处分措施。在西班牙，欧盟拘留及移交令由 2003 年第 3 号组织法所创设，并经 2014 年第 23 号法律（第 34 条及以下条款）修改。

欧盟拘留及移交令涉及两个机构，一是"签发的司法机构"，即受理案件的法官；另一则是"执行的司法机构"，由中央预审法院和国家法庭刑事庭予以确定（《司法机构组织法》第 65.4 条和第 88 条，2003 年第 2 号组织法第 2 条以及 2014 年第 23 号法律第 35.2 条），并将中央权力机构的地位交由司法部。

在如下情况下，西班牙的司法机构可以发布欧盟拘留及移交令：①涉及《刑法典》所规定的、剥夺自由刑的犯罪或者至少 12 个月保安处分措施的犯罪，拟提起刑事追诉；②为执行至少 4 个月的刑罚或者剥夺自由的保安处分措施。如果西班牙法官知道被告人在欧盟的下落，则可直接与成员国主管的司法机关联系。如果不知道下落，则可以将请求的内容输入申根信息系统中。

如果所涉罪名系 2003 年第 3 号法律第 9.1 条及 2014 年第 23 号法律第 20.1 条所规定的严重犯罪（有犯罪组织、恐怖主义犯罪、非法贩运麻醉药品和精神药物罪及洗钱罪等），则应立即交付而无须进行指控的双重审查。但如果涉及 12 个月剥夺自由刑以下的轻微犯罪，则应进行指控的双重审查，即所实施的行为在移送的两个成员国之间均构成犯罪（2003 年第 3 号法律第 9.2 条和 2014 年第 23 号法律第 20.4 条）。

五、临时羁押

（一）界定及特征

临时羁押，是司法机关在刑事诉讼中为防止被告人逃逸、再次实施犯罪、隐瞒或破坏证据以及避免给被害人人身造成危险而下令实施的临时、较长时间剥夺人身自由的措施。依这一界定，临时羁押具有如下特征：

1. 司法性

临时羁押的裁决仅得由司法机关作出（《刑事诉讼法典》第502.1 条）。司法警察、检察官及任何其他机构均不得决定适用临时羁押。

2. 合乎法定的目的

适用临时羁押的目的是防止被告人逃逸、再次实施犯罪、隐瞒或破坏证据以及避免给被害人人身造成危险。不得在法定目的之外随意适用临时羁押。

3. 较长时间剥夺人身自由

与拘留不同，临时羁押尽管也是临时的预防措施，但剥夺人身自由的时间更长。依《宪法》第17.4条之规定，"应依法律确定临时羁押的最长期限"。据此，《刑事诉讼法典》第504.1条规定，"临时羁押的期限可为达到羁押目的所必需的任何期限，只要适用临时羁押的理由继续存在，便可持续适用"。但这并不意味着法官可无限度地适用临时羁押：一方面，只要适用临时羁押的合法性前提消失，便应及时予以解除；另一方面，《刑事诉讼法典》还依临时羁押的目的及所涉罪名的最高预期量刑来确立适用期限，并设立了最长的适用期限。具体而言：

（1）如果适用临时羁押的目的是避免被告人逃逸、再次实施犯罪或者保护被害人，则所涉罪名预期量刑3年及以下的，临时羁押的期限不得超过1年；所涉罪名预期量刑3年以上的，临时羁押的期限不得超过2年（《刑事诉讼法典》第504.2条）。但如果适用临时羁押的目的是避免被告人隐瞒或破坏证据，则无论罪名预期量刑如何，临时羁押的期限不得超过6个月（《刑事诉讼法典》第504.3条）。

（2）如果可以预见在最初的期限届满前案件无法进行审判，则法官或者法院可根据《刑事诉讼法典》第505条（第一次出庭）的规定通过裁定书最多延长一次临时羁押期限。所涉罪名预期量刑3年及以下的，最多可再延长6个月；所涉罪名预期量刑3年以上的，最多可再延长2年（《刑事诉讼法典》第504.2条）。但如果适用临时羁押的目的是避免被告人隐瞒或破坏证据，则不得延长临时羁押的期限。

（3）经判决有罪并提起上诉的，临时羁押的期限最多可延长至判决刑罚时间的一半（《刑事诉讼法典》第504.2条）。

（4）即便因不同原因而适用若干临时羁押措施，执行临时羁押的期限均应计入剥夺自由刑的刑期。

（5）在折抵剥夺自由刑的刑期时，不仅临时羁押的时间要计算在内，其他措施如临时自由的期限也应计算在内。

（6）但临时羁押的时间不能与剥夺自由刑的时间一起计算。

4. 较严苛的适用条件

临时羁押对《宪法》所规定的个人基本权利损害更大，因此适用的条件更为严苛，包括应严格遵循合法性原则及比例原则。合法性原则指涉及羁押的相关制度仅得由组织法进行规定，较高的法律层级可避免公权力肆意侵扰公民的个人权利。比例原则指适用羁押措施实有必要、无可替代且所牺牲的权利和利益不超过公共利益及第三人利益。法官有说理义务，应详细说明采取和维持临时羁押的必要性（《刑事诉讼法典》第506.1条）。羁押裁决未说理，或者说理不充分的，被告人可以直接提起保护之诉。

（二）适用条件

临时羁押的适用条件既包括实体要件，也包括程序要件。在实体要件方面，临时羁押作为非常严厉的预防措施，仅适用于严重的犯罪，且法官对被告人的刑事责任有"充分的理由"（"获得胜诉可能"）。在程序要件方面，法官适用临时羁押的目的是防止被告人逃逸、再次实施犯罪、隐瞒或破坏证据以及避免给被害人人身造成危险。

1. 实体要件

（1）作为临时羁押实体要件的一般规则，"被告人应面临一项或者多项根据《刑法典》最高可判处2年及以上监禁刑的罪名指控"（《刑事诉讼法典》第503.1.1条）。因此，如果调查显示被告人的行为不足以构成犯罪或者即便构成犯罪也仅是轻罪，则不得适用临时羁押（《刑事诉讼法典》第502.4条）。但该一般规则存在四项例外：①无论临时羁押的目的是什么，被告人有故意犯罪的前科，且未撤销也不可能撤销；②如果临时羁押的目的是确保被告人到案，且在过去2年内被任何司法机关发出过2份以上的传唤令或者搜寻令；③适用临时羁押的目的是避免被告人侵犯被害人的合法权益；④如果临时羁押的目的是避免再次实施犯罪的风险，或者被告人属于犯罪团伙或者惯犯。在这四种情况下，即使被告人所涉罪名预期量刑在2年以下，亦可以适用临时羁押。

（2）在形式上，法官必须"有充分的理由断定，被裁定适用临时羁押的个人负有刑事责任"（《刑事诉讼法典》第 503.1.2 条）。此处"刑事责任的充分理由"，不仅指应有刑事犯罪的一般理性证据，还指未存在豁免或消灭刑事责任的事由。

2. 程序要件

如前所述，适用临时羁押的目的是防止被告人逃逸、再次实施犯罪、隐瞒或破坏证据以及避免给被害人人身造成危险，这构成了适用临时羁押的程序要件。具体而言，法官必须在至少符合其中一项程序要件的情况下方可决定予以适用。

（1）作为传统预防措施的临时羁押：逃逸的风险。

临时羁押作为传统的预防措施[11]，目的便是避免被告人逃逸，导致"延误风险"。但究竟如何认定被告人有逃逸的风险？欧洲人权法院在多个判例中强调，应综合考虑被告人的个人资料、定居情况、子女或家属的数量、稳定的工作，声誉或名望等，而不能仅凭法官的主观臆断。西班牙《刑事诉讼法典》第 503.1.1 条亦作了类似的规定，"在对被告人的逃跑可能性进行评估时，应当考虑其犯罪行为的性质、可能被处以刑罚的严重性、被告人的家庭、工作、经济状况以及审判的紧迫性"。为了在司法实践中更精确地把握适用标准，法律还主要设定了两类法律推定：一是"量刑推定"，如果被告人即将科处的刑罚为非自由刑或者缓刑，则应假定被告人没有逃逸的风险，不得适用剥夺临时羁押。相反，如果报告人即将科处的刑罚为 2 年以上的监禁刑，则假定被告人有逃逸的风险。二是"令状推定"，即"在过去 2 年内被任何司法机关发出过 2 份以上的传唤令或者搜寻令"，则应适用临时羁押，不受前述 2 年以上监禁刑的限制（《刑事诉讼法典》第 503.1.3.1 条）。基于同一逻辑，"如果犯罪嫌疑人、被告人在法官或者法院传讯时无故不出庭，则临时羁押的到期不影响继续对该犯罪嫌疑人、被告人进行羁押"（《刑事诉讼法典》第 504.4 条）。

---

〔11〕 到目前为止，依然有不少学者使用"预防性羁押"一词来指代临时羁押。

（2）作为"程序裁决"的临时羁押。

除逃逸的风险外，《刑事诉讼法典》还将再次实施犯罪、隐瞒或破坏证据以及避免给被害人人身造成危险等作为适用临时羁押的事由。这些临时羁押措施的目的是发现真相及保护被害人的人权，因此不属于传统的预防措施，而属于程序裁决。

具体而言，如果被告人释放在外可能实施新的犯罪，尤其是对被害人的人身造成危险，则无论预期的量刑如何，均应适用临时羁押。剥夺被告人自由权的正当依据在于防范其对社会及被害人个人产生一般性的危险。隐瞒或破坏证据则通常指被告人藏匿或毁损可证明主要犯罪事实的证据，一般不包括可证明民事事实的证据，或者被告人有能力自己或通过第三人影响共同被告人、证人或鉴定人的作证，进而影响诉讼结果。在这种情况下，剥夺被告人自由权的正当依据在于保障刑事诉讼的实质真实。

（三）"预先审理"（audiencia previa）程序

1. 界定

临时羁押涉及公民自由这一最基本的宪法权利（《宪法》第17条），因此法官在作出适用裁决前应遵循平等、对席的程序，即"预先审理"程序。所谓"预先审理"程序，指依控方之请求，被告人在律师的协助下到庭，控辩双方在预审法官前围绕是否适用临时羁押进行对席辩论，由法官作出公正裁决的程序。"预先审理"程序由1995年《陪审法院组织法》创设，并经2003年第13号组织法写入《刑事诉讼法典》（第505条）。依据此一界定，"预先审理"程序具有三大特征：一是仅得由控方提出请求，如果控方未提出请求，则预审法官不得依职权启动；二是遵循平等对席原则，控辩双方将围绕适用临时羁押的合法性及必要性展开辩论，以影响预审法官的裁决；三是预审法官应在听取控辩双方各自的主张并审查相关证据后作出公正的裁决。

2. 运行

"预先审理"程序依控方请求而启动，遵循处分原则。"如果任何一方当事人均未请求适用临时羁押或者缴纳保证金，则必须立即释放拘留的被告人"（《刑事诉讼法典》第505.4条）。

"预先审理"程序应在被拘留人送交司法机关后的72小时内举行。预审法官应传唤各方当事人。被告人到庭应由自行选定或者官方指定的诉讼律师陪同。"庭审过程中可以请求对没有被拘留的被告人适用临时羁押或者缴纳保证金的临时自由，由法官决定是否批准"（《刑事诉讼法典》第505.2条）。

双方当事人应在"预先审理"程序中当场提出主张并予以证明。但如果"预先审理"程序的进行将会带来巨额耗费或者造成损害，则也可以通过视频会议进行（《刑事诉讼法典》第306.4条和第325条）。

如果被拘留者被带至无管辖权的预审法官前，且在司法拘留期间（72小时）不能移送至有管辖权的预审法官处，则该无管辖权的预审法官应下令进行"预先审理"。但有管辖权的法官在受理案件后应立即下令立听取被告人及律师的陈述，并作出恰当的裁决（《刑事诉讼法典》第505.6条）。

（四）临时羁押的类型

《刑事诉讼法典》规定了三种类型的临时羁押，适用不同的羁押制度。

1. 非隔离羁押（la prisión comunicada）

非隔离羁押是最常见的类型。在非隔离羁押中，被羁押者享有法律所规定的各项权利，尤其是各种形式的通信权，包括访客权、接发邮件权以及电话通信权（《刑事诉讼法典》第523条和第524条以及《监狱一般法》第51条至第53条）。

2. 隔离羁押

隔离羁押仅适用于非常例外的情形，即"适用非隔离羁押不足以实现临时羁押的目的时"。

较之于非隔离羁押，隔离羁押的犯罪嫌疑人的许多基本权利受到限制甚至剥夺，包括：①不得自行聘请律师，均得由官方依职权指定；②无权让家人或相关人员了解被剥夺自由的事实以及羁押场所；③在调查工作结束前，不得与律师进行秘密会见；④在不影响隔离羁押目的的前提下，法官或者法院可批准被告人与他人进行交流，但应采取适当的措施（《刑事诉讼法典》第510.3条）；⑤被隔离羁押人在采取适当预防性措施的情形下应当参与本法所规定的审理，但参与审理将损及隔离羁押目的的除外（《刑事诉讼法典》第510.1条）；⑥只要不损及隔离羁押的目的，法官或法院可以允许隔离羁押者使用自己的物品；⑦在供述事实时，隔离羁押者有权让有管辖权司法机构的第二位法医进行身体检查。

因此，隔离羁押的适用条件更为严格，通常仅适用于涉嫌恐怖主义犯罪或集团犯罪的被告人。隔离羁押的时间不得超过5天。对于两名及以上被告人实施恐怖主义犯罪、其他共同犯罪或者有组织犯罪的，可以延长一次，但不得超过5天。但只要隔离羁押对调查或者案件的后期开展有利，即便被告人已被解除隔离羁押，审理案件的法官或者法院也有权裁决再次进行隔离羁押。被告人再次被隔离羁押的时间不得超过3日。同意或延长隔离羁押的裁决书均应载明理由，且应包含对应受刑罚行为的详细描述。

3. 轻缓羁押（la prisión atenuada）

轻缓羁押更为特殊，仅适用于特殊的被告人。《刑事诉讼法典》第508条规定了两种轻缓羁押：①被告人患有严重疾病，一旦适用普通的临时羁押将会造成生命危险，法官或者法院可裁决在被告人住所对其实施临时羁押，并采取必要的监控措施。法官或者法院可允许被告人在必要监视下，在一定时间内离开住所进行治疗。②被告人处于戒毒期间、适用临时羁押会导致治疗失败，并且戒毒治疗的开始时间早于诉讼程序启动前的，则临时羁押可在官方治疗中心或者法律许可的治疗机构进行。在此情形下，未经作出临时羁押决定的法官或者法院允许，被告人不得离开治疗中心。

六、临时自由（la libertad provisional）

（一）界定

临时自由指预审法官决定不适用临时羁押而采取的其他一系列

替代性的预防措施，主要包括缴纳保证金、扣留护照等。适用临时自由的被告人有按时到庭的义务（《刑事诉讼法典》第 530 条）。"没有正当理由经法官或法院传唤拒不到庭的，可以适用临时羁押"（《刑事诉讼法典》第 504.4 条）。

（二）临时自由的常见类型

1. 缴纳保证金

缴纳保证金是临时自由最常见的类型，类似于英美法中的保释或中国法中的取保候审，法官或法院可下令被告人适用缴纳保证金的临时自由，以保证被告人可以履行到庭义务。预审法官在确定保证金的种类及数额时应遵循比例原则，"考虑案件性质、被告人的社会身份、犯罪前科，以及被告人脱逃司法当局管辖范围可受到的最大和最小利益影响"（《刑事诉讼法典》第 531 条）。未遵循比例原则的，临时自由将构成对自由权的歧视性障碍，被告人可启动保护之诉。

保证金的类型包括"人保"[12]、质押、抵押或者通过他可兑现的方式，或者通过由信贷机构或社会互助担保机构提供的无期限并且应当偿付的共同担保，或者法官和法院认为可保证立即支付所需金额的其他担保方式（《刑事诉讼法典》第 591 条至第 595 条）。

被告人未依裁决书所规定的条款履行缴纳保证金义务的，应适用临时羁押（《刑事诉讼法典》第 540 条）。如果被告人未履行出庭义务，或者在更一般意义上未接受传唤到庭，则可发布搜寻令或者逮捕令，并宣布被告人缺席（《刑事法典》第 512 条及以下条款），但这并不妨碍适用强制催缴程序，以催缴保证金（《刑事诉讼法典》第 536.1 条）。被告人已支付保证金但因故未接受传唤到庭，则应立即进入收缴保证金的程序，将保证金上交国家。如果未以现金形式缴纳保证金，则可以进行公开拍卖（《刑事诉讼法典》第 537 条和第 542 条）。

---

〔12〕 需要特别说明的是，西班牙语境下的"人保"与中国语境下取保候审中的"保证人"略有区别。"人保"是法定适格公民（《刑事诉讼法典》第 592 条）代替被告人缴纳保证金的制度，预审法官应事先确定"担保人担保的金额"，因此本质上还是属于保证金。而中国取保候审中的"保证人"则还具有监管的职责和义务（中国《刑事诉讼法》第 70 条）。

┌ 2. 扣留护照

2003 年第 13 号组织法在《刑事诉讼法典》中新增了第 530 条，赋予预审法官暂时扣留被告人护照的权力，以防止临时自由的被告人逃逸国外。

七、其他的程序裁决

《刑事诉讼法典》还规定了其他类型的程序裁决，主要包括禁止居住或者前往某些地方、对性暴力被害人的司法保护和安全措施、临时剥夺驾照以及暂停公职。

（一）禁止居住或者前往某些地方

"禁止居住或者前往某些地方"系《刑事诉讼法典》第 544－1 条（由 1999 年 6 月 9 日第 14 号组织法新增）所设立的程序裁决，允许预审法官在调查《刑法典》第 57 条所规定的犯罪（杀人，堕胎，伤害，侵犯自由，虐待，侵犯他人精神纯正，性侵犯，胁迫，侵犯肖像权，侵犯住宅、名誉、财产和社会经济地位）时，采取下列限制被告人行动自由的措施：①禁止被告人在特定地点、区域、城市、省份及其他当地单位或者自治区居住；②禁止前往上述地点；③禁止与某些人（主要是与被害人，进行精确分级）接近或交流。

预审法官在适用该程序裁决时应遵循合法性原则及比例原则，否则构成对行动自由的不当限制，被告人可启动保护之诉。所谓合法性原则，主要指所适用的范围应严格局限于《刑法典》第 57 条所规定的罪名。而比例原则，指程序裁决的强度应与适用目的相称，为此，预审法官应综合考虑被告人的经济、健康、家庭及工作状况，并应当尽可能在预防性措施执行期间及结束后保障被告人保持其工作活动（《刑事诉讼法典》第 544-1.3 条）。

如果被告人不遵守法官的程序裁决，则可依控方的请求适用预先审理程序，决定适用临时羁押，或者依《刑事诉讼法典》第 544-2 条之规定发布保护令，或者采取其他措施最大程度地限制被告人的人身自由（《刑事诉讼法典》第 544-1.4 条，由 2003 年 11 月 25 日第 15 号组织法创设）。

（二）对性暴力被害人的司法保护和安全措施

2004 年 12 月 28 日第 1 号"关于性暴力全面保护措施的组织法"规定了一套完整的人身强制措施（第 5 编第 4 章"被害人保护及安全的司法措施"，第 62 条至第 67 条，后部分纳入《刑事诉讼法典》第 544-2 条至第 544-4 条）：只要有客观情势表明对被害人存在危险，即可以采取这类措施，而无论被告人所涉嫌的罪行是否严重。这些司法保护和安全措施可以与刑事诉讼或民事诉讼已采取的任何预防措施或程序裁决相兼容。

1. 措施类型

（1）保护令。如果有证据表明被告人对《刑法典》第 173.2 条所规定的人员实施威胁生命、身心健全、性自由或者安全的，预审法官应当对被害人作出针对家庭侵犯的保护令，就客观威胁采取保护措施（《刑事诉讼法典》第 544-2 条）。这些措施包括《刑事诉讼法典》所规定的各种民事及刑事预防性措施，也包括其他法律条例中所规定的社会救助和保护措施。

（2）强制要求性暴力的被告人从生活或居住的住所中离开，禁止返回家中，禁止接近或者前往受保护家人的住所、工作地点或者任何其他常去的地方，禁止各种形式的联系，违反这些义务将承担刑事责任。在例外情况下，法官可以授权被保护的人与有房屋租赁业务的公共机构或者企业进行家庭住所使用权的交换，在确定的时间及条件使用另外的房屋。

（3）可以在保护令中采取具有民事性质的措施，例如归还住房、中止父母的监护权、中止对未成年人的监护权、中止探视、提供食物等。

（4）其他旨在保护被害人数据以及限制诉讼行为公开性的措施，或者中止拥有、携带和使用武器的权利。

（5）涉及未成年人亲权的一系列措施（《刑事诉讼法典》第 544-4 条，2015 年第 4 号组织法创设）。

2. 实施主体及程序

可采取该保护措施的司法机构为被害人居住地的反妇女暴力法院（《刑事诉讼法典》第 15-1 条）。反妇女暴力法院可依被害人、儿童、儿童共同居住者或者监护人、检察院、负责关照或者接待被害人的行政机构，或者与这些行政机构进行协调的反暴力侵害妇女政府特别代表团团长的请求下令采取此类保护措施，也可依职权主动适用。被害人也可以向警察、任何公共行政机构中保护被害人的办公室、检察院以及司法机关请求保护令。该请求将立即移交给反妇女暴力法院。反妇女暴力法院在听取上述有关当事人的意见后，如果认为有必要，则发布相应的保护令，并通知当事人，由司法行政部门的律师传达。对被害人所采取的保护措施（健康措施、安全措施、社会协助和法律援助措施）必须在保护家庭暴力被害人的中央登记处（2003 年第 27 号法律，《刑事诉讼法典》第 544-2.10 条）以及检察院反妇女暴力专门机构的登记簿中（2004 年第 1 号组织法第 71 条）予以公开。

（三）临时剥夺驾照

临时剥夺驾照是预审法官对涉嫌驾驶汽车犯罪的被告人所适用的程序裁决，将暂时收缴驾照，直至交通安全隐患得以消除或者作出终审判决。显而易见，这一措施的目的并非保证被告人可出席庭审，而是避免发生新的交通犯罪，因此属于程序裁决。

剥夺驾照将记入被告人的卷宗，司法行政部门的律师应将该情形通知发放驾驶执照的行政机构（即省交通总局），以在登记册中进行相关记录（《刑事诉讼法典》第 529-1 条，由 2009 年第 13 号法律增设）。

（四）暂停公职

依《刑事诉讼法典》第 384-1 条之规定（1988 年第 4 号组织法），"履行公共职能的人员或者公职人员与武装团伙或者恐怖分子、叛乱分子共同实施犯罪或者构成牵连犯罪而被提起诉讼并采取临时羁押措施的，在监禁期间自动暂停其职务"。

据此，暂停公职需要符合如下条件：主体要件是履行公共职能的人员或者公职人员；实体要件是被告人与旨在推翻宪法秩序或者严重损及公共安全的武装团伙或者恐怖分子、叛乱分子共同实施犯罪，或者构成牵连犯罪；程序要件是预审法官已发布最终的起诉裁决书，并下令对被告人适用临时羁押。

如果未有正当化事由，则暂停公职的效力一直持续到最终的判决作出后。如果终审判决为停止审理或者无罪释放，则应恢复公职。但如果终审判决为有罪判决，则暂停公职的程序裁决将转化为停止公职、中止职位及工资等附加刑。

八、民事预防措施

（一）概论

1. 界定及法律体系

民事预防措施，又称为"财产预防措施"，指在刑事附带民事诉讼中民事诉求的保障措施。因此，民事预防措施的目的是保障民事诉求可以执行，主要包括恢复原状、修复损害、赔偿物质损害和精神损害等（《刑法典》第 110 条及后续条款）。预审法官在刑事诉讼部分也可以采取类似的预防措施（如缴纳保证金），以保证刑事判决得以顺利执行（如罚金刑、没收及诉讼费用等），但两者的目的截然不同，应区分开来。[13]

依这一界定，预审法官下令采取民事预防措施的，应同时满足如下三项条件：其一，犯罪行为的实施已经损害了被害人（广义）的财产（《刑事诉讼法典》第 100 条）；其二，被害人（广义）[14] 提

---

〔13〕 西班牙《刑事诉讼法典》并未严格区分民事预防措施和财产型的刑事预防措施（事实上，西班牙的刑事预防措施和程序裁决，并不涉及民事财产部分）。预审法官对被告人财产所适用的民事预防措施，既可适用于附带民事诉讼，也可适于刑事诉讼（判决生效后的罚金刑、没收及诉讼费用），但前者具有优先权。鉴于此一问题较为复杂，立法、学说和判例也多有分歧，笔者将另行专门研究。

〔14〕 原则上，附带民事诉讼应由被害人（广义）提出。但如果被害人（广义）没有以民事原告的身份出庭参加刑事诉讼，也没有保留在民事法院单独提起民事诉讼的权利，则检察官将作为其程序替代者，代表被害人（广义）履行职责（《刑事诉讼法典》第 108 条）。

起附带民事诉讼（即未保留或放弃这一权利，《刑事诉讼法典》第106.2条、第108条和第112.1条）；其三，被害人（广义）请求法官适用相关的民事预防措施（《刑事诉讼法典》第764.2条、《民事诉讼法典》第721条及后续条款）。

民事预防措施既可以针对被告人的直接财产（《刑事诉讼法典》第589条和《刑法典》第116.1条），也可以针对民事责任第三人的财产（如未成年人或无行为能力人的法定代表，《刑法典》第118.1.1条，或者保险公司）。

鉴于民事预防措施性质较为特殊，因此相关的法律条款夹杂于《刑事诉讼法典》《刑法典》和《民事诉讼法典》之中。还需特别说明的一点：在《刑事诉讼法典》中，民事预防措施除了规定在普通预审程序的篇章中（第589条至第621条），也规定在简易程序的篇章中。[15]

2. 适用前提

民事预防措施的适用前提与刑事预防措施并无不同，亦为"获得胜诉可能"和"延误风险"。

（1）"获得胜诉可能"。

"获得胜诉可能"在刑事预防措施中体现为"司法指控"，且往往对指控罪名的严重程度有要求，例如临时羁押仅适用于较严重的犯罪。但在民事预防措施中，"获得胜诉可能"仅体现为"司法指控"，无论犯罪行为严重与否，均不影响民事赔偿义务。因此，《刑事诉讼法典》第589条规定，"如果预审结果表明存在犯罪证据，则法官应当要求[16]报告人提供足以达到最终可能判决的经济赔偿数额的担保。如果被告人未提供担保的，应当在裁决缴纳保证金的文书中裁决查封被告人的足额财产"。法官在适用民事预防措施的裁决书中无须对"获得胜诉可能"进行说理。

---

〔15〕 西班牙《刑事诉讼法典》中涉及简易程序的篇章多为新设，效力具有优先性，很多条款也可适用于普通程序。

〔16〕 但法官不得依职权主动下令被告人提供担保，得依被害人（广义）请求，这里存在立法的冲突。下文有详述。

（2）"延误风险"。

民事预防措施也应符合"延误风险"的要求，即民事司法保护有效性的风险（《民事诉讼法典》第 728 条）。如果不采取民事预防措施，被告人可能欺诈性破产或者转移资产，从而妨碍被害人（广义）民事请求的实现。因此，与"获得胜诉可能"不同，法官在适用民事预防措施的裁决书中必须对"财产丢失的风险"结合"被告人的诚实及偿付能力"进行说理。

3. 类型

依《刑事诉讼法典》第 100 条及《刑法典》第 110 条之规定，民事预防措施主要包括"对被告人的财产进行查封或者缴纳保证金，以恢复原状、修复损害以及对物质损害和精神损害进行赔偿"。按目的的不同，学说又可将民事预防措施分为"主张归还既定物品的保全措施""修复损害的保全措施"以及"损害赔偿义务的保全措施"。

（1）主张归还既定物品的保全措施：控告的预防性登记（la anotación preventiva）。

这一保全措施主要针对赃物，例如被盗窃的物品、被毁坏的财物等。依《刑法典》第 127 条规定（经 2015 年第 1 号组织法修改），"所有因故意犯罪而导致的刑罚都将导致犯罪物品、准备或实施犯罪的手段或工具以及犯罪收益丧失，无论经过了何种转变"。因此，只要被盗窃的物品或被毁坏的财物为被害人（广义）合法持有，且属于故意犯罪，则被害人（广义）有权要求恢复原状、归还既定物品。为防止被告人拍卖物品或转移资产，被害人（广义）可进行控告的预防性登记，要求获得欺诈法律交易的无效声明（主要涉及不动产欺诈或者欺诈性破产）。依《抵押法》第 20 条（2015 年修改）之规定，"如果登记的所有人不是被起诉的对象，则不得进行询问、查封或禁止处置的登记，或者法律所规定的其他任何登记。在刑事诉讼及没收程序中，如果在法官或法院的判决中有合理的证明表明资产的真正所有者是被告人时，则可进行预防性查封或禁止处置资产的登记，并在令状中说明"。对于其他无法归还的物品，"所有没收一律变卖，合法所得部分变卖物品的价值可以抵偿罪犯的民事责任"（《刑法典》第 127.4 条）。

（2）修复损害的保全措施（Aseguramiento de una prestación de reparación）。

这一保全措施主要为了减少对被害人（广义）的损害，较为少见，零散地规定在《刑事诉讼法典》和《民事诉讼法典》中。例如《刑事诉讼法典》第 544-2.7 条规定，"涉及未成年人或者无行为能力人，……民事性质的措施应当由被害人（广义）或者其法定代理人，或者由检察院提起申请。这些措施包括：家庭生活物资相关生活费的支付……"《刑事诉讼法典》第 765.1 条规定，"在涉及使用和行驶机动车的案件中，法官或者法院可以根据情形指明并命令支付一定数额和针对一定时间的临时抚恤金……"此外，依《刑事诉讼法典》第 764.2 条规定，预审法官可以适用《民事诉讼法典》所规定的保全措施，涉及修复损害的保全措施如《民事诉讼法典》第 727 条所规定的终止活动令（órdenes de cesación de una actividad，例如排污）。

（3）损害赔偿义务的保全措施。

这一保全措施主要源自损害赔偿义务，即被告人的犯罪行为对被害人（广义）身体、财产或精神造成损害且无法恢复原状的情况。如果赔偿请求为金钱给付，则保全措施可以为支付保证金。如果未支付保证金，则被害人（广义）可以请求没收足以保障上述债权的民事责任财产以及诉讼费用。在涉及机动车的案件中，被害人（广义）为获得足够赔偿可以请求扣留机动车（《刑事诉讼法典》第 764.4 条）。

综上，各种民事预防措施在功能和适用程序上大不相同，应分别展开研究。

（二）保证金

1. 界定

保证金是法官依被害人（广义）之请求，要求民事责任方（被告人）缴纳具有金钱价值的财产，以足额支付被告人所可能承担的全部金钱赔偿责任（损害赔偿金、诉讼费用、罚金或者没收等）。

这里存在一个明显的立法冲突：一方面，依《刑事诉讼法典》第 589 条之规定"如果预审结果表明存在犯罪证据，则法官应当要求报告人提供足以达到最终可能判决的经济赔偿数额的担保。如果被告人未提供担保的，应当在裁决缴纳保证金的文书中裁决查封被告人的足额财产"。从文义上看，只要存在司法指控（"获得胜诉可能"），法官便可依职权下令被告人提供担保。另一方面，《刑事诉讼法典》在第 764.2 条作了一般性规定，"应当适用《民事诉讼法典》中关于预防性措施的内容、要件、替代担保的规定……"而《民事诉讼法典》则确立了当事人处分原则（即"请求司法"原则，justicia rogada），"本编所规定的保全措施无论如何不得由法院依职权作出……法院不得采取比所请求之措施更严厉的措施"（第 721.2 条）。对于这一立法冲突，学说认为，附带民事诉讼本质上还是民事诉讼，因此应尊重当事人的处分权。[17]新近的立法改革似乎也支持了这一立场，"涉及未成年人或者无行为能力人……民事性质的措施应当由被害人（广义）或者其法定代理人，或者由检察院提起申请……"（《刑事诉讼法典》第 544-2.7 条，为 2015 年立法新增）。

2. 类型

保证金可以是"人保、质押、抵押或者通过他可兑现的方式"，"或者通过由信贷机构或社会互助担保机构提供的无期限并且应当偿付的共同担保，或者法官和法院认为可保证立即支付所需金额的其他担保方式"（《刑事诉讼法典》第 591 条，由 2009 年第 13 号组织法新设）。

---

〔17〕 可以与法国"刑事优于民事"的立场进行比较。法国《刑事诉讼法典》（立法）的效力高于《民事诉讼法典》（条例），因此如果《刑事诉讼法典》与《民事诉讼法典》发生冲突，刑事条款具有优先效力。

（1）人保。

人保即由有偿付能力的第三人承担义务，以其财产为犯罪嫌疑人的所有民事责任承担保证义务（《刑事诉讼法典》第592条）。

（2）质押担保（Fianza pignoraticia）。

质押担保包括现金担保、动产担保或者有价证券担保（《刑事诉讼法典》第593条）。

如果是现金担保，被告人应在司法部所确定的金融机构[18]中存入保证金。如果是动产担保，动产的价值应为现金担保的2倍。如果是有价证券担保，额度应比现金担保多1/4。

（3）抵押担保（Fianza hipotecaria）。

抵押担保应首先由鉴定人进行价值评估，可通过公证书或者官方注册文书进行抵押担保。通过授权书进行抵押担保的，应当取得到财产登记处登记的相应令状（《刑事诉讼法典》第594条和第595条）。

（4）查封。

如果被告人不提供担保，则依《刑事诉讼法典》第597条之规定，"法院可以查封被告人的财产，以保证被告人有足够能力支付可能的经济赔偿"。因此，查封是担保的补充预防措施，也是更为严厉的财产处分措施（《刑事诉讼法典》第589条、第597条以及第764.2条，《民事诉讼法典》第746条关于"替代担保"的规定）。依"较轻替代"原则（alternativa menos gravosa），被告人可通过缴纳保证金以避免更严重的财产处分措施。

3. 裁决和上诉方式

财产型的预防措施应以裁决书的形式作出，其审理应当与本案的其他审理分别进行（《刑事诉讼法典》第764.1条）。如前所述，裁决书应对存在"延误风险"的原因以及采用相关预防措施的必要性进行说理。在特殊情况下，司法行政律师可以通过法令，在未缴

---

〔18〕 司法部在1992年对名单进行了扩展，将储蓄银行（Caja de Depósitos）和西班牙银行一并纳入。

纳保证金的情况下查封第三方的资产（《刑事诉讼法典》第 615 条，经 2009 年第 13 号组织法修改）。

在形式上，裁决书可独立作出，也可体现在其他裁决书的主文部分，例如在适用临时羁押的裁决书或者简易程序转化的裁决书中列明拟适用的民事预防措施，但法官仍应分别进行说理。

当事人可以对采取预防措施的裁决书提起不服申请或上诉（既可以在提起上诉的同时提起修改申请作为补充，也可以单独提起上诉），但提起修改申请和上诉不得中断审理的进行（《刑事诉讼法典》第 766 条）。在司法实践中，一些预审法官在开启言辞庭审的裁决书中列明所适用的预防措施，变相地规避了上诉制度（开启言辞庭审的裁决书不能上诉），这违反了立法的原意，应予以禁止。

4. 查封财产或者保全证据的欧盟令

查封财产或者保全证据的欧盟令是欧盟司法协助所确立的民事预防措施，目的是确立成员国预审法官所应遵循的程序，以向其他成员国发布或执行关于查封财产或者保全证据的裁决书。西班牙在 2006 年第 18 号"关于欧盟在刑事诉讼中查封财产及保全证据有效性的法律"中引入了这一欧盟令，并为 2014 年第 23 号"关于承认欧盟刑事裁决的法律"所补充。

有权发布前述欧盟令的积极主体（请求配合方）为受理案件且有管辖权的法官或法院，正在对案件进行预先调查的检察官仅可发布保全证据的欧盟令。消极主体（配合执行方）则为拟查封财产所在地或者拟保全证据所在地的预审法官。

西班牙的司法机构有义务执行欧盟令。对执行欧盟令有异议的，"检察官、被告人以及合法权利或利益可能受到侵犯的所有人"可以请求进行修改之诉或者上诉。

（三）没收

没收，指预审法官对实施犯罪的工具、"非交易物"（extra comertium）以及《刑法典》《刑事诉讼法典》和补充立法所规定的犯罪所得或利益进行收缴，并予以销毁或处理。

1. 适用对象

没收对象原则上仅限于被告人所拥有的非法财物，包括犯罪工具、非法的财产、收入、收益或者利益等。依《刑法典》第127条之规定，"犯罪所产生的利益（如欺诈罪）、准备或实施犯罪所使用的资金、手段或者工具，无论发生何种变化"，均作为"附带后果"和没收对象。《刑法典》新的第127-1条（由2015年第1号法律新设）规定，"有充分的客观证据确定属于实施如下犯罪的个人的财产或所得，或者犯罪行为所产生的财产或所得，或者合法来源未被证实的财产或所得"视为没收对象。这些罪名清单包括：①贩运人口罪；②与卖淫、性剥削以及性引诱未成年人以及对16岁以下未成年人的性虐待和性侵犯罪；③第197条第2款和第3款以及第264条的信息犯罪；④对于侵犯财产及违反社会经济秩序的犯罪，在连续犯及累犯的情况下；⑤应受刑罚的破产罪；⑥侵犯知识产权或工业产权的犯罪；⑦商业腐败的犯罪；⑧第298条第2款所规定的接受赃物罪；⑨洗钱罪；⑩危害公共财产和社会保障罪；⑪侵犯第311条至第313条的劳动者权利罪；⑫侵害外国公民权利罪；⑬第368条至第373条的危害公共卫生罪（以及《刑法典》第362-5条）；⑭伪造货币罪；⑮贿赂罪；⑯贪污罪；⑰恐怖主义罪；⑱犯罪组织或集团所实施的犯罪。

但如果所涉财产、收入或利益由于其性质及状况无法全部或部分执行没收，则法官或法院可通过裁决书同意没收刑事责任承担者的其他财产，甚至是合法财产，其价值与最初商定的未进行没收的部分相同。这同样适用于"所没收的财产、收入或利益，在没收时价值小于本应没收价值"的情况（《刑法典》第127-6条）。

2. 适用前提

依《刑法典》第127-1条之规定，没收应"有充分的客观证据证明财产或所得源自犯罪行为"，或者"合法来源无法得到证明"。

对于前一种情况，理论界及实务界均未有争议。但对于后一种情况，立法设置了法律推定，从而导致证明责任的倒置，即应由被告人证明这些财产、所得或利益具有合法的来源，而非控方。《刑法典》第 127-1.2 条作了进一步的规定，"依本法第 1 款所规定的目的，（预审法官）应着重评价下列情况：①所涉财产或所得的价值与被告人合法收入不成比例；②通过未有中介法律资格的自然人或法人隐匿或者处置财产或收入，或者通过未有税收的避税天堂或者领土隐藏或者阻碍确定真正的财产所有权；③通过阻碍或阻止其位置或目的地、以未有有效法律或经济理由的经营活动进行财产或收入的转移"。

但这一"非法致富"（la doctrina del enriquecimiento injusto）的教义是否与《宪法》第 24.2 条所规定的无罪推定原则矛盾？西班牙学说认为，没收属于民事预防措施，不适用无罪推定原则，因此，此处的证明责任倒置并非针对"罪名"的证明（刑事证明），而仅是"财产的性质"的证明（民事证明）。这与很多国家设置刑事证明责任的倒置有本质的区别。[19]

3. 临时使用（Utilización provisional）

《刑事诉讼法典》第 367-5 条允许在下列情况下临时使用没收财产：

（1）符合第 367-3.1.2 条至第 367-3.1.6 条所规定的情况，即①所有者明确放弃；②保管和储存成本高于物品本身的价值；③保存可能危害公共健康或安全，或者可能导致价值大幅下降，或者可能严重影响其正常使用和操作；④犯罪物品即便不会实质损坏，也会随时间推移大幅贬值；⑤在规定需要向所有人询问司法财物的处理方案时，不作任何意思表示，且使用司法财物能使行政机关充分利用其高于提前处理的价值，或者提前处理并不妥当。

---

〔19〕 刑事证明责任倒置确实在很多国家的《刑法典》和《刑事诉讼法典》中均有体现，主要适用于非常特殊的犯罪，例如法国的介绍卖淫罪（长期和卖淫女同居且未有正式收入来源的，构成介绍卖淫罪）、中国的巨额财产来源不明罪等。这些国家的学说一般也认为，这种立法设置主要基于证明难度和证明效率的考虑，且大多作了非常严格的限定，并不违背无罪推定原则。

（2）犯罪物品特别适合提供公共服务。如果存在前述情况，法官应依职权或依检察官、资产追缴与管理办公室（la Oficina de Recuperación y Gestión de activos）的请求，在听取有关当事人的意见后，将授权临时使用司法财物，除非符合下列情形之一：①利害关系人对查封或没收的财产或财物所提起的上诉正在进行中；②鉴于司法财物可能会对有关当事人产生影响，特别是考虑到预防性没收裁决所依据的证据或多或少具有相关性，因此适用该措施可能不成比例。

4. 处置结果（Destino）

《刑事诉讼法典》第367-1条及后续条款规定了没收这些涉案财物的两种处置结果：销毁和处理。

（1）销毁。

如果涉案财物（例如爆炸物、毒品或者损害知识产权或工业产权的犯罪物品）的保存或保管存在实际或潜在的危险，则应在预审阶段予以销毁。在这种情况下，法官应保存足够的样品作为犯罪证据，以便此后进行专业鉴定。

（2）处理。

涉案财物的处理方式包括（《刑事诉讼法典》第367-4条）：①移交非营利性组织或者公共管理部门，尤其是资产追缴与管理办公室（《刑事诉讼法典》第367-6条）。②交由专业人员或者机构处理。③进行公开拍卖（如果"所有人明确表示放弃持有"及"保存可能危害公共健康及安全、造成严重贬值或者严重影响其正常使用及功效的"）（《刑事诉讼法典》第367-4条）。拍卖程序应适用《民事诉讼法典》的相应条款，所获得的款项应存入法院的存款账户（《刑事诉讼法典》第367-4条）。

"最终裁决所没收的财产、工具及收益，除非必须用于向被害人支付赔偿金，否则将交由国家，由国家依法律或条例规定进行处置"（《刑法典》第127-7条）。"处理犯罪财物、财产、工具或收益的所得，应支付保存及处理费用，其余部分应存入法院的指定账户，以支付民事赔偿以及可能的诉讼费用。这些所得还可依条例所规定的条件及程序，最终全部或部分交给资产追缴与管理办公室或者负责打击犯罪组织活动的检察院机构。但所有这些规定都不得涉及因贩毒罪及相关联犯罪而没收的财产"。"依外国司法机关令状而进行的查封或者没收，适用欧盟相互承认刑事裁决的法律规定"（《刑事诉讼法典》第367-4.3条，2015年第5号组织法新增）。

5. 第三人参与刑事诉讼

（1）界定及法律依据。

《刑事诉讼法典》第803-2.1条至第803-2.3条允许对没收财产主张享有实际权利的第三人参与刑事诉讼。"法官或法院依职权或应当事人之请求，可允许依事实合理推论因没收受到影响的人员参与刑事诉讼：①被请求没收的财产属于犯罪嫌疑人、被告人之外的第三人；②对被请求没收之财产享有权利的第三人可能因此受到影响"（《刑事诉讼法典》第803-2条）。依此一规定，第三人参与刑事诉讼应可证明"对所没收财产享有实际权利"，这里的"实际权利"，指"直接及合法利益"，比《民事诉讼法典》第13.1条所规定的范围要狭窄。此外，"实际权利"也禁止"被告人的挂名人"参与刑事诉讼（《刑事诉讼法典》第803-2.1.2.2条）。

（2）程序。

第三人参与刑事诉讼，可由当事人提出请求，或者由法院依职权启动（《刑事诉讼法典》第803-2.1.1条）。请求被法院驳回的，可提起上诉（《刑事诉讼法典》第803-2.1.3条）。如果第三人未及时提起请求，亦可就缺席审判或没收行为提起上诉（《刑事诉讼法典》第803-2.1.4条）。

第三人的参与仅限于民事赔偿责任，即对所没收的财产主张积极合法的权利，但不得对刑事诉讼提出诉求（《刑事诉讼法典》第803-2.2.1条）。基于同一学理逻辑，如果第三人是被告人的近亲属或律师（《刑事诉讼法典》第416条），则他们围绕民事部分的陈述不会导致诉讼的任何回溯（《民事诉讼法典》第13.2条），不得据此认为放弃作证豁免权。

第三人必须聘请律师参与诉讼。如果未聘请律师，则法院应依职权指定一名律师（《刑事诉讼法典》第803-2.2.2条）。尽管法律未作明确规定，但第三人的参与必须在正式起诉书发布前。开庭后，法官应传唤第三人出庭。第三人并不需要亲自出庭，但律师及法定代理人必须到庭（《刑事诉讼法典》第803-2.2.3.2条b.3.II）。第三人未到庭的，并不影响言辞庭审的进行（《刑事诉讼法典》第803-2.2.4条）。即便第三人未出庭，判决也应送达，以便其可以提起上诉，但上诉仅限于其诉讼请求（《刑事诉讼法典》第803-2.3条）。

受没收影响的第三人缺席的，应依本法的规定进行传唤，这具有缺席宣告的效力。受没收影响的第三人缺席的，适用《民事诉讼法典》关于缺席被告人的规定，其中包括对缺席审判者的通知、对判决的上诉以及撤销最终的缺席判决。在撤销判决的情况下，仅限于直接影响第三人的财产、权利或法律状况的部分。在这种情况下，如果与终审判决不同，则应向初审判决的法院发送证明，并遵循以下规则：①将给第三人10天的时间，对没收请求提出书面答复，并就与所涉判决相关的事实提出证据建议；②书面陈述及时提交后，法院将通过裁决书来决定证据的可采性，并根据一般规则确定庭审日期，其目的仅限于针对第三人的民事诉讼，或者影响其财产、权利或法律状况的刑事诉讼；③可依本法对判决提起上诉。

（四）独立没收程序（el procedimiento de decomiso autónomo）

1. 界定

独立没收程序是《刑事诉讼法典》2015年新设的一种民事预防措施，指在法定情形下，经检察官请求，由法官裁定对被告人的财产、物品、收益或者相同价值的财物进行收缴的程序（《刑事诉讼法典》第803-2.5.1条）。

2. 适用范围

独立没收程序仅适用于"法定情形"。这里的"法定情形"主要包括（《刑事诉讼法典》第803-2.5.2条）：

第一，检察官在起诉书中仅限于请求没收财产，明确保留适用没收程序，包括先前未适用没收程序而在被告人定罪后提出适用没收程序请求的。

第二，在实施应受刑罚的行为后犯罪行为实施者已死亡，或者因缺席或无法出庭而无法被起诉，则可请求适用独立没收程序。

《刑法典》第127-1条至第127-4条进行了细化补充，区分了三种类型的独立没收程序：

（1）未有定罪判决的独立没收程序。

这种独立没收程序主要适用于如下情况：被告人因长期疾病（精神疾病）且存在诉讼时效届满的风险（《刑法典》第127-2.1.1条），被告人缺席且不能在合理的期限内进行裁判（例如在国外下落不明《刑法典》第127-2.1.2条），或者存在刑事责任豁免或消灭事由（《刑法典》第127-2.1.3条）。

（2）对第三人的独立没收程序。

依《刑法典》第127-3条之规定，符合如下情形的，可启动对第三人的独立没收程序：①明知来源非法或者本应怀疑来源非法而获得了犯罪财物或者收益；②让没收变得困难。如果第三人免费或者以明显低于市场价值的价格获得涉案财产或财物时，推定为明知。无论何种情形，有管辖权的法官均会依职权传唤第三人参加诉讼程序，以便他们可以行使辩护权（《刑事诉讼法典》第803-2条）。

（3）有定罪判决的独立没收程序。

如果预审法官未下令适用没收，且法官或法院已作出有罪判决，则在符合《刑法典》第127-4条所规定的条件下，作出有罪判决的法官或法院将继续进行没收。《刑法典》第127-4条所规定的条件与第127-1条并无实质区别，但增加了如下要求：①"犯罪是先前犯罪的继续"，即"被告人已被定罪，或者被告人在程序中已被定罪三次或更多，并从中获得经济利益"；②"在被判处《刑法典》第127-1条所指的任何罪行的程序开始之前的6年中，他被判实施两项及以上罪名，并从中获取经济利益，或者源于持续的犯罪，其中至少包括两项刑事犯罪，并从中获取经济利益"（《刑法典》第127-4.1条和第127-4.2条）。在这些情形下，《刑法典》第127-5.1条授权法官采回溯行动以没收财产，涉及"在刑事诉讼启动前6年期限内被定罪者所获得的所有财物……"。

3. 管辖

依《刑事诉讼法典》第803-2.6条之规定，以下机构享有独立没收程序的管辖权：①作出最终判决的法官或法院；②中止案件审理的法官或法院；③在第803-2.5条所规定的情况下，对案件起诉有管辖权的法官或法院，但尚未提起诉讼。

4. 程序

在启动独立没收程序前，检察官可以在资产追缴与管理办公室、司法警察或者其他机构（如财政部的协助下进行初步调查，以确定被定罪者所享有的财产及权利，《刑事诉讼法典》第803-2.17条）。程序仅得依检察官的请求启动（《刑事诉讼法典》第803-2.8条），法官应传唤被定罪者或者缺席的被告人，任命代理人或者公设辩护人，可进行缺席庭审。被告人可依第803-2.9条至第803-2.11条之规定获得法律援助，但仍应对其本人进行传唤。

一旦受理请求，有管辖权的司法机构将对预防措施的请求作出裁决，并通知被告人，给其20天的答复时间。检察院可以在整个诉讼中提出新的没收请求，只要财产来源尚未解决或出现新的不明财产（《刑事诉讼法典》第803-2.21条）。

如果被告人没有出庭，则应确定为缺席审判。但如果被告人到庭且没有在指定的期限内对请求提出异议，则构成"虚拟自认"（ficta confessio），将导致财产被最终没收（《刑事诉讼法典》803-2.13条）。缺席被告人和作为被告的第三人在独立没收程序未出庭的，适用第803-2.4条规定。

各方当事人在请求和异议的文书中，必须提供相关证据，对于不予受理的裁决不得提起上诉，但这并不影响在庭审文书中重申该请求（《刑事诉讼法典》第 803-2. 14 条）。言辞庭审以《民事诉讼法典》第 433 条所规定的形式进行，判决应包括《刑事诉讼法典》第 803-2.15 条所规定的内容。

独立没收程序的判决具有既决事由的所有效力。因此，如果刑事判决与独立没收判决所证明的事实存在矛盾，则可构成再审的新理由。

"阶梯型"的认罪认罚从宽模式

——以西班牙刑事认罪答辩制度为例

引 言

自 20 世纪七八十年代起,欧陆诸国开始有限度地借鉴美国的辩诉交易理念,尝试在轻罪案件中允许控辩协商达成合意以尽快结束诉讼,借此缓解案件剧增所带来的审判压力,将有限的司法资源投入更复杂、严重的案件中。辩诉交易理念的引入,在欧陆诸国均引发强烈争议,理论界及实务界甚至形成相互对立的两大阵营,几近无可调和。在理论界,主流学说认为,刑事诉讼最根本的价值目标是实质真实,司法机关应在法治国的框架下准确实现刑事指控要求,以达至实质的罪责原则及避免作出错误判决。[1]因此,事实认定及法律适用应交由中立的法官,而不得是控辩双方协商的结果。但实务界根本无力应对逐年增加的案件数量以及日趋繁复冗赘的程序设计,早早地将辩诉交易作为潜规则,以轻刑化换取被告人认罪,法官亦听之任之。著名的德国刑法学家舒曼教授曾感慨,"非正式协商是……砍向(职权主义)百年传统之根的斧头"。[2]因此,欧陆诸国的立法者均在寻求某种折中,希望走出实用主义的第三条道路,便因而形成了多种辩诉交易模式。西班牙的刑事认罪答辩制度(la

---

[1] 施鹏鹏:《论实质真实——以德国刑事诉讼为背景的考察》,载《江苏社会科学》2020 年第 1 期。

[2] Conferencia pronunciada por SHÜNEMANN, Catedrático de la Universidad de München, en la Sede del Consejo General del Poder Judicial el 11 de abril de 1991.

conformidad）〔3〕便是在这一制度背景下产生。

1988 年 12 月 28 日，西班牙通过第 7 号组织法设立了简易程序（procedimiento abreviado），以"隐含"的方式〔4〕鼓励"认罪从宽"的理念：一方面，控辩双方可以就认罪事宜达成共同的书面协议，这暗示着程序外的协商成为可能，传统"正式"且"官僚"化的起诉模式开始松动。另一方面，控方还可在庭审开始前的任何时候修改指控意见，以获得被告人的认罪答辩。这意味着检察官可以在正式庭审前变更（降低）刑罚请求，增加交易筹码，以获得被告人的认罪。如果被告人拒绝接受，则检察官将保持既有的严厉程度提起公诉。后一做法在司法实践中最为常见，且大获成功，受到实务界尤其是检察官的欢迎。〔5〕西班牙国家总检察长（la Fiscalía General del Estado）据此颁布了 1989 年第 1 号行政通令，鼓励提高认罪答辩制度的适用率。

2002 年 10 月 24 日，西班牙又通过了第 38/2002 号法律以及第 8/2002 号组织法（后经 2003 年 11 月 25 日第 15/2003 号组织法进行

---

〔3〕 la conformidad，本意为"同意""相符""适合"，国内有学者将其译为"认罪"，这是不妥当的，因为西班牙最高法院的判例明确指出，la conformidad 既不是"认罪"（Confesión），也不是"双方和解"（La transacción）。因此，笔者思考再三，结合西班牙的主流观点、实践的运行状态以及中国读者的理解习惯，拟意译为"刑事认罪答辩制度"。关于西班牙刑事诉讼法典的中译本，参见《世界各国刑事诉讼法》编辑委员会编译：《世界各国刑事诉讼法·欧洲卷（下）》，中国检察出版社 2016 年版，第 1543 页及以下。因为该中译本的西班牙《刑事诉讼法典》错漏较多，故本文所有的法条均为笔者依最新版的西班牙《刑事诉讼法典》（la Ley de Enjuiciamiento Criminal）原文译出。关于 la conformidad 的性质讨论及界定，下文有详述。

〔4〕 迄今为止，西班牙的官方观点（包括立法理由说明书及判例）均认为刑事认罪答辩制度是被告人及辩护人单方无条件的接受（incondicionado y unilateral），不存在控辩双方的协商。这也可以看出西班牙的认罪答辩制度是各方妥协的结果，且主要基于实践的实用主义逻辑，故制度的理论解释力较为单薄，下文有详述。关于主流观点，可参见权威教材，如 Víctor Moreno Catena Valentín Cortés Domínguez, Derecho Procesal Penal, 8 Edicion, Tirant lo Bllanch, Valencia, 2017, p. 396 y ss；Vicente Gimeno Sendra, Manual de derecho procesal penal, 2 Edicion, Ediciones Jurídicas Castillo de Luna, 2018, p. 569 y ss.

〔5〕 Antonio del Moral García, La Conformidad en el Proceso Penal（Reflexiones al hilo de su regulación en el ordenamiento español），Conferencia en Centro de Estudios Jurídicos para la Administración de Justicia del Ministerio de Justicia de España los días 11 a 13 de noviembre de 2002.

了修改），除对原有刑事认罪答辩制度进行了修改和完善外，还引入了一种新的程序机制，即快速审判程序（los juicios rápidos）。与简易程序相比，快速审判程序的认罪答辩制度鼓励犯罪嫌疑人在预审调查阶段便认罪，可享受当值法官 1/3 的量刑折扣。如果犯罪嫌疑人在预审调查阶段未认罪，而在中间阶段、庭审准备阶段或者正式庭审开始前又想认罪，亦可适用认罪答辩制度，但不再享受 1/3 的量刑折扣。通过这一程序设计，立法者希望构建"阶梯型"的认罪认罚从宽模式，鼓励被告人一方尽早认罪服法。据此，西班牙现行的刑事认罪答辩制度已然成型，与德国的刑事协商、法国的刑事调解、庭前认罪答辩、意大利的辩诉交易等均存在较显著的区别，笔者称之为"阶梯型"的认罪认罚从宽模式。

饶有趣味的是，笔者在研究的过程中，发现西班牙的刑事认罪答辩制度竟与中国当下所极力推行的认罪认罚从宽制度极为类似，既未区分实体意义上的"坦白""自首"与程序意义上的"简易程序""快速审判程序"，也未区分被告人与检察官的"辩诉交易"和被告人与被害人的"刑事和解"[6]，理论的逻辑并不周延，在实践中也造成了一定的混淆。因此，西班牙虽非欧陆的代表性国家，但西班牙刑事认罪答辩制度的经验及教训反而可为中国提供更精准对照的比较法素材。当然，西班牙的刑事认罪答辩制度也有自己的特色，例如"阶梯型"的程序设计、被告人与辩护律师的双保障制（De doble garantía）、有限上诉制度等，这些在司法实践中大获成功的技术设计，可为中国提供全新的完善思路，这也是本研究的重要目标及价值所在。

一、西班牙刑事认罪答辩制度的性质

西班牙的刑事认罪答辩制度，既部分受到美国辩诉交易理念的

---

[6] 这在欧陆其他国家是严格区分的。以法国为例，被告人与检察官的交易适用刑事调解及庭前认罪答辩程序，被告人与被害人的交易，适用刑事和解。两类程序的适用条件、程序和主体有很大的不同。德国和意大利亦类似。关于欧陆主要代表性国家的辩诉交易制度，参见施鹏鹏等：《司法改革热点问题研究：中国与域外（Ⅲ）》，黑龙江教育出版社 2019 年版，第 883 页及以下。

影响，也是实用主义实践逻辑的产物，因此理论界更多是做"事后"的解释，不乏批判之声，学术争议亦是不言而喻。最首要的问题是：刑事认罪答辩制度是什么，在西班牙刑事法律体系中应作如何定位？从既有的学术文献看，大体可总结如下几种学说[7]：

（一）认罪口供说（confesión）

持这一观点的学者认为，应回归立法的初始目的来理解刑事认罪答辩的制度定位。1988 年的立法者一开始便将刑事认罪答辩制度规定在《刑事诉讼法典》第 688 条中，即第 3 编（审判）第 3 章（审判阶段的举证方式）第 1 节（被告人和附带民事诉讼被告人的供认）顺位第 1 条，"审判长应询问被告人是否认罪"（se confiesa o no culpable）。因此，刑事认罪答辩制度应指被告人的认罪口供。但反对者认为，这一立法设置主要沿袭了 1872 年《刑事诉讼临时法典》（la Ley Provisional de Enjuiciamiento Criminal）的结构，显得突兀，且 2002 年的改革已完全改变条款设置，刑事认罪答辩的主要适用条款在中间程序，而非庭审程序。更为严重的是，如果将刑事认罪答辩认为是获取被告人认罪口供的程序机制，则可能与《宪法》第 24.2 条[8]所规定的沉默权制度相悖。

（二）和解说（transacción）

持这一观点的学者认为，刑事认罪答辩制度在功能上可定性为"和解"。依西班牙《民法典》第 1809 条之规定，所谓"和解"，指"当事人就一些事项作出让步，以终止已经发生或者防止即将发生的争执为目的的合同"。而《刑事诉讼法典》第 655 条所使用的立法措

---

[7] 关于较完整学说争议的梳理，可参见 Sacramento Ruiz Bosch, La Conformidad en el Proceso Penal Español, Másteres Cursos Oposiciones Editorial, Barcelona Madrid Valencia。可在线查阅 https://www.civil‐mercantil.com/conformidad‐proceso‐penal‐espanol.html，访问日期：2020 年 2 月 8 日。在权威教材中亦有零星介绍，如 Víctor Moreno Catena Valentín Cortés Domínguez, Derecho Procesal Penal, 8 Edicion, Tirant lo Blllanch, Valencia, 2017, p. 396 y ss; Vicente Gimeno Sendra, Manual de derecho procesal penal, 2 Edicion, Ediciones Jurídicas Castillo de Luna, 2018, p. 569 y ss.

[8] 西班牙的法典援引惯例是将条款项目合并，如第 1.1.1.a 条，指第 1 条第 1 款第 1 项第 a 目。因此，《宪法》第 24.2 条，指的是第 24 条第 2 款。

辞也类似，即法官无须其他程序而可依"双方均同意的定性"（la calificación mutuamente aceptada）进行判决。但反对者认为，刑事认罪答辩在本质上属于被告人及辩护人"单方无条件的接受"，这里并不存在双方协商的可能。且依西班牙《宪法》第 124 条之规定，检察官遵循起诉法定原则（principio de legalidad），不可能在指控上与被告人和解。

（三）民事诉讼中的"自认"说（allanamiento）

持这一观点的学者认为，刑事认罪答辩类似于民事诉讼中的"自认"，被告人放弃辩护权，接受控方的指控请求。因此，刑事认罪答辩是被告人行使处分权的结果。但反对者认为，刑事诉讼与民事诉讼不同，"自认"并不必然定罪，且辩护权并非私权利，不可以放弃，被告人不享有完全的处分权。

（四）终止诉讼说

持这一观点的学者认为，刑事认罪答辩便是被告人自由表达认罪意愿，以非常规的方式终止诉讼，缩短刑事诉讼的进程，以此换取较低的量刑。被告人也可以充分行使辩护权，但结果可能是更严厉的刑事处罚，以及冗长诉讼所带来的身心煎熬。但反对者认为，刑事诉讼追求实质真实，判决应具有可预见性及确定性，以认罪换取量刑折扣，既违反了实质真实，也有悖罪刑法定原则。

（五）官方观点

西班牙最高法院在 2006 年 7 月 12 日第 778/2006 号判例以及新近 2014 年 11 月 11 日第 752/2014 号判例中梳理了各种学说，并明确了立场："刑事认罪答辩制度是一种基于功利主义及诉讼经济考虑而终止程序的制度，被告人通过对控方定性请求的'自认'（allanamiento），以避免之后的言辞庭审以及为查明犯罪事实的证据审查"，"刑事认罪答辩是被告人单方、无条件的自认"。可见，西班牙最高法院综合了民事诉讼中的"自认"说和终止诉讼说，将刑事认罪答辩制度归为"起诉便宜原则"（principio de oportunidad）的体现。法官虽具有审查义务，但在司法实践中极少否定适用认罪答辩制度。

可以看出，西班牙理论界及实务界对认罪答辩制度的性质定位仍然存在较大的争议，理论探讨的深度、精细度及清晰度均欠缺，林林总总的学说解释力并不强，还存在理论与实践相悖的情况。依拙见，西班牙的认罪答辩制度由多项异质化的内容构成，必要的类型化是确保理论清晰、周延的前提。我们可将西班牙当下的认罪答辩制度分成如下三种类型：

第一，控辩双方就刑事实体问题的协商答辩。在这种类型的认罪答辩中，被告人以认罪悔过作为轻判的量刑情节，相关的适用细则主要规定在实体法中。例如西班牙《刑法典》第 21.4 条规定，"以下情况减轻刑事责任：……已经对罪行进行起诉，但在得知对其进行司法诉讼前向当局进行坦白"。在这种类型的认罪答辩中，检察官的减轻指控主要不是基于诉讼经济的考虑，而是因为被告人的认罪态度较好。故严格意义上讲，被告人的悔罪可适用于所有类型的刑事案件，属于被告人单方无条件的行为。

第二，控辩双方就程序简约化问题的协商答辩。在这种类型的认罪答辩中，被告人以认罪换取轻判，检察官则可以简化程序、节约司法资源，相关的适用细则主要规定在程序法中。例如西班牙《刑事诉讼法典》第 655 条规定，"如果控诉方（las partes acusadoras）[9] 所请求的刑罚属于轻罪，将定性（calificación）[10] 告知被告人的代表人（la representación del procesado）后，代表人完全同意最严重的定性（如果有多个定性）及所请求的刑罚。……如果认为无须继续进行审理且事先经被告人认可后，法院无须其他程序根据双方均同意的定

---

　〔9〕　在西班牙刑事诉讼中，控诉方（las partes acusadoras）包括检察官（Ministerio Fiscal）、公民起诉者（acusador popular）、自诉人（包括 acusador particular 和 acusador privado，前者指一般类型刑事案件的被害人，后者专指诽谤和侮辱罪的被害人）和附带民事诉讼的自诉人（actor civil）。

　〔10〕　在西班牙刑事诉讼中，定性（calificación）指定罪、量刑及附带民事诉讼的诸项事宜。在庭审前，控辩双方对案件定性提交各自的意见，称为"临时定性"（calificación provisional），以区别于法官的最终判决。辩护人提交的，称为"临时定性"的辩护状，控方提交的，称为"临时定性"的起诉状。具体规定，参见西班牙《刑事诉讼法典》第 650 条。为了尽可能忠实于西班牙的学术原貌，笔者采用直译，可能不太符合中国的阅读习惯，特此说明。

性进行判决。但所判决的刑罚不得超过所申请的刑罚"。在这种类型的认罪答辩中，诉讼利益交易是核心。被告人的利益在于可以获得较轻的指控。庭审往往极为简化，甚至直接宣判，不再启动证据调查，否则控方也无轻诉的动机。鉴于实质真实的诉讼价值，各职权主义国家往往限定此类认罪答辩程序的适用范围，仅适用于轻罪。例如西班牙的刑事认罪答辩制度便仅适用于6年以下的轻罪。

第三，被告人与被害人就民事赔偿问题的和解。严格意义上讲，这种类型的协商并不完全属于认罪答辩，因为主要涉及民事赔偿问题，当然积极赔偿也是从轻量刑的情节之一。被告人积极赔偿，取得谅解，换取轻判，被害人可获得充分、及时的赔偿，减轻犯罪行为所带来的伤害，检察官以被告人的积极作为减轻指控的事由。被告人与被害人的和解属于恢复性司法（restorative justice），因同时涉及实体问题及程序问题，有些国家规定在程序法中，也有些国家规定在实体法中，或者兼而有之。[11]西班牙的认罪答辩制度也包括被告人与被害人的民事和解，且作为认罪答辩制度成功适用的前提条件。依西班牙《刑事诉讼法典》第695条之规定，"被告人承认其应当承担的刑事责任但对民事责任不予认可的，或者仅承认其承担民事责任但不认可起诉书中的赔偿金额的，法院应当命令对案件进行继续审理。仅承认其承担民事责任但不认可起诉书中的赔偿金额的，庭辩和举证仅针对被告人不认同的起诉书结论中的民事责任部分进行"。刑事和解的适用范围以及对检察官和法官的拘束力，在各国有不同的规定，这里囿于主题，不再展开。

所以，西班牙的刑事认罪答辩是多种类型制度的结合体，很难进行唯一的"定性"。理论上的混淆，也可以解释为何立法与司法出现了不同程度的割裂。例如判例明确指出，认罪是被告人单方无条件的行为。但在司法实践中，控辩双方在庭外的频繁交流协商是常

---

〔11〕 例如法国的"刑事和解"（la médiation pénale）制度，规定在法国《刑事诉讼法典》第41-1条及以下。德国的"犯罪人与被害人的和解"（Täter-Opfer-Ausgleich）制度，规定在德国《刑事诉讼法典》第153条a中。

态，检察官和律师时常围绕认罪与量刑折扣的程度进行谈判，控方甚至还可在庭审开始前的任何时候修改指控意见（改变罪名、量刑情节等），以获取更大的交易筹码。[12]西班牙驻最高法院检察官（Fiscal del Tribunal Supremo de España）安东尼奥·德尔·道德·加西亚（Antonio del Moral García）戏言，"（在认罪答辩程序中）检察官比法官更需要'带风帽的外衣'（chilabas，此处指法官法袍）"。[13]

尽管存在种种混淆，但笔者在下文中仍将遵循西班牙的立法、判例及主流学说的逻辑作一全面的制度介绍，以尽可能还原真实的理论及实践场景。

二、西班牙刑事认罪答辩制度的制度框架

西班牙主流学说将刑事认罪答辩制度分为普通的刑事认罪答辩（La conformidad común u ordinaria）和减少刑罚的刑事认罪答辩（La conformidad minorativa de la pena），两者的核心区别在于量刑折扣的法定化。当然，无论是普通的刑事认罪答辩，还是减少刑罚的刑事认罪答辩，均遵循如下基本原则：

第一，仅适用于轻罪。无论是何种类型的刑事认罪答辩制度，所请求的量刑均不得超过6年监禁刑。涉及多个罪名的，所请求的量刑总和亦不得超过6年（国家总检察长2003年第1号行政通令）。非监禁刑的其他刑种不受限制。这里需要特别指出的是，此处的量刑并非指刑法典中的法定刑。对于法定刑超过6年的罪名，如果检察官考虑到认罪因素而请求6年以下量刑的，亦可适用刑事认罪答辩制度。因此，检察官在临时定性的起诉状中的内容必须非常具体，包括请求适用的刑种及刑期。

---

〔12〕 2009年4月1日，国家检察长与西班牙律师总协会（Consejo General de la Abogacía）甚至还签署了认罪答辩行动议定书（Protocolo de actuación para juicios de conformidad），共同推动刑事认罪答辩制度的适用。

〔13〕 Antonio del Moral García, La Conformidad en el Proceso Penal（Reflexiones al hilo de su regulación en el ordenamiento español），Conferencia en Centro de Estudios Jurídicos para la Administración de Justicia del Ministerio de Justicia de España los días 11 a 13 de noviembre de 2002.

第二，完全自愿。被告人必须本人或者经本人批准接受控方所请求的最高量刑，或者主动提出适用认罪答辩制度的请求。认罪的意愿应完全自由，不受任何胁迫，也不得全权委托代理人、代表或中间人。

第三，双重保障。无论是何种类型的刑事认罪答辩制度，除被告人同意适用外，辩护律师也应同意，否则不予适用。辩护律师具有完全独立的诉讼地位。如果辩护律师认为刑事认罪答辩制度的适用对被告人不利，则即便被告人自愿请求适用，亦不得批准，应启动正式的庭审调查。

第四，法官审查。如果法官认为控方所请求的定性不妥当，或者所请求的量刑不合理，或者被告人并非自愿认罪，则可拒绝适用认罪答辩程序，转而启动正式的庭审。当然司法实践中极少出现这种情形。

第五，原则上不得上诉。依"任何人均不得反对自己的行为"原则（pues nadie puede ir contra sus propios actos）以及"有约必守"（pacta sunt servanda）的规则，任何当事人原则上不得对适用认罪答辩制度所形成的判决提起上诉及撤销诉，仅有极少数的例外。[14]

当然，普通的刑事认罪答辩和减少刑罚的刑事认罪答辩在程序设计上也有一些区别，以下分而述之。

（一）普通的刑事认罪答辩

普通的刑事认罪答辩可在中间程序、言辞庭审启动前或陪审团法庭[15]组建前启动。

---

〔14〕 下文有详述。

〔15〕 西班牙对某些刑事案件采用陪审团审判。依《陪审法院组织法》第1.1条及第1.2条之规定，"采用陪审团审判的刑事案件应由本法、刑法典或其他法律予以专门规定"。具体而言，这些刑事案件主要包括：对人的犯罪、公共官员所实施的犯罪、侵害名誉的犯罪、损害自由与安全的犯罪、引发火灾的犯罪、弑亲罪、凶杀罪（murder）、谋杀罪（homicide）、协助或唆使自杀罪、杀婴罪、监狱守卫的玩忽职守罪、文件看管中的玩忽职守罪、贿赂罪、窃取公共资金罪、欺诈与非法支付罪、非法与公共官员谈判罪、影响交通罪、违背协助义务的不作为罪、非法进入与入侵住宅罪、恐吓罪以及森林纵火罪。

1. 辩方临时定性辩护书中的刑事认罪答辩制度（《刑事诉讼法典》第 655 条及第 784.3 条）

无论在普通程序，还是在简易程序[16]，被告人及其辩护人均可以在庭审前的辩护书中表明他们同意控方所请求的最严厉刑罚。

对于普通程序，依西班牙《刑事诉讼法典》第 655 条之规定，如果控诉方（las partes acusadoras）所请求的刑罚属于轻罪，将定性（即临时的定罪及量刑）告知诉讼代表（la representación del procesado）后，在存在多种定性的情况下，诉讼代表完全同意最严重的定性及所请求的刑罚。在这种情况下，如果法官认为无继续审理必要且事先经被告人认可后，则无须其他程序可直接根据双方均同意的定性进行判决，但所判决的刑罚不得超过所申请的刑罚。如果被告人或律师不同意，或者控方所请求的刑罚定性并不妥当（请求了较高的量刑），则法庭应继续庭审，不得适用刑事认罪答辩程序。如果案件有数名被告人，则必须所有被告人均同意控方所请求的最严厉刑罚，方可适用刑事认罪答辩程序。如果被告人仅对民事责任部分表示异议时，则庭审只限于对证据及民事责任有争议的部分。

而对于简易程序，依西班牙《刑事诉讼法典》第 784.3 条规定，被告人应在辩护书上签字，辩护方同意适用《刑事诉讼法典》第 787 条所规定的认罪答辩程序。控诉方、被告人及其诉讼律师可在言辞庭审前的任何时间签字，在新的定性书中提出适用刑事认罪答辩的请求。如果言辞庭审已经开始，被告人亦可请求适用认罪答辩程序，笔者将在下一部分中详细论述。同样，如果案件有数名被告人，则必须所有被告人均同意控方所请求的最严厉刑罚，方可适用刑事

---

〔16〕 西班牙刑事诉讼分为普通程序（juicio ordinario）、简易程序（procedimiento abreviado）、快速审判程序（juicio rápido）、陪审团审判程序（juicio con jurado）及轻罪的未成年人审判程序（procedimiento sobre delitos leves）。简易程序适用于可能被判处不超过 9 年剥夺自由刑和其他性质刑罚的刑事案件。与普通程序相比，简易程序强化了检察官及司法警察的职权，简化了庭审的某些情节，甚至允许法官在被告人缺席的情况下作出判决。西班牙《刑事诉讼法典》对不同类型的程序设计了不同的篇章，故普通程序与简易程序中刑事认罪答辩程序适用不同篇章的规定，但内容存在一定的重复。

认罪答辩程序。[17]

2. 言辞庭审启动前的刑事认罪答辩制度（《刑事诉讼法典》第688条及第784.3条）

无论在普通程序，还是在简易程序，被告人及其辩护人也可以在言辞庭审启动前同意适用认罪答辩程序。

对于普通程序，西班牙《刑事诉讼法典》第688条规定，如果被审理的案件可能仅处以6年以下的轻刑，则审判长应当在言辞庭审启动前讯问每位被告人是否承认定性书中所提出的犯罪事实，以及是否同意承担恢复原状以及支付因其损害和伤害而在定性书中确定的赔偿金额。如果被告人及律师愿意认罪，则可启动认罪答辩程序。

简易程序则较为复杂。依西班牙《刑事诉讼法典》第787条之规定，在启动证据审查前，辩护人在得到出庭被告人的同意后，可以请求法官或者法庭按照包含最严重刑罚的起诉书作出判决，或者根据在庭审时所提交的起诉书作出判决，但在庭审时提交的起诉书不得针对其他案件事实，也不能作出比之前起诉书更严重的定性。如果所有当事人都接受起诉书中列举的事实，法官或者法庭认为起诉书中的定性正确、根据定性所申请的刑罚合理，且所指控的刑罚为不超过6年的剥夺自由刑，则可根据上述辩护人的陈述意见作出判决。如果法官或者法庭认为起诉书中作出的定性不正确或者请求的刑罚不合法，则应当询问提交最严重刑罚起诉书的当事人是否对申请内容进行修改。仅在被询问的当事人修改其起诉书内容达到相关意见正确、所要求刑罚合理且被告人认罪的情形下，法官或者法庭方可根据该意见作出判决，否则应当下令继续庭审。

在简易程序中，被告人一方承认对其指控的，法官或者审判长应当告知被告人认罪会产生的后果，并要求其表明是否认罪。法官或法庭对被告人是否在完全自由的情况下认罪持怀疑态度时，

---

[17] 需要特别指出的是，西班牙《刑事诉讼法典》简易程序篇并未有此条规定，但一般认为，《刑事诉讼法典》第655条的规定（普通程序）亦适用。

应当继续庭审。尽管被告人已经认罪，但其辩护人认为有必要继续庭审且法官或者法庭认为该申请是有根据的，同样应当批准继续庭审。

简易程序的认罪答辩判决应以口头形式作出并进行存档，但不影响对判决措辞的最后编辑。检察官或者当事人在得知判决后决定不上诉的，法官应当当庭口头声明不得对判决提起上诉，在听取当事人的陈述后，宣布缓刑或者更改判处的刑罚。

特别需要指出的是，简易程序中的被告人如果是法人，应当由特别委托的代理人认罪，但应进行特别授权。代理人根据前述各项所规定的要求作出认罪决定时，可以在不考虑其他被告人认罪态度的情况下认罪，在庭审中，其认罪对其他被告人没有约束力。

可以看出，启动普通的刑事认罪答辩程序有两个时间节点，一次在提交诉状的中间程序，一次在开庭后但正式的言辞庭审启动前。通常而言，越早启动，司法成本越低，检察官的求刑也会越低。但对此，立法及判例并未明确规定，容易引发司法实务操作混乱，并不排除在具体个案中因被告人的执拗而导致控诉方让步的情况。因此，2002 年改革在引入"减少刑罚的刑事认罪答辩"时便将这一"阶梯型"的思路明确地写在立法中。

3. 陪审团法庭的刑事认罪答辩制度（《陪审法院组织法》第 50 条）

《陪审法院组织法》第 50 条明确将适用刑事认罪答辩制度作为解散陪审团的一种形式。[18]具体的适用条件包括：其一，被告人及辩护人应在言辞庭审启动前的任何阶段同意起诉书所请求的最严厉刑罚。尽管《陪审法院组织法》并未明确规定被告人及辩护人可在中间阶段可请求适用认罪答辩制度，但通说认为，这一做法更值得

---

〔18〕 西班牙《陪审法院组织法》共规定了三种类型的解散陪审团，除适用认罪答辩制度的解散外，还包括预先解散和免职解散。预先解散，指在庭审调查中，如果审判长认为控方并未提供可证明被告人罪责成立的证据，则可依辩方之请求或依职权主动解散陪审团，中止诉讼程序，并在三天内直接作出包含判决理由的无罪判决（Sentencia absolutoria motivada）。预先解散类似于美国的直接裁决制度。免职解散，则指检察官在审判的任何阶段或在最终的意见书中决定撤回对被告人的刑事指控（Desisten de la peticion de condena del acusado），则审判长应下令解散陪审团，作出无罪判决。

提倡，因为组建陪审团法庭耗时冗长，且成本高昂（涉及陪审员遴选、召集、文件材料准备等）[19]，如果被告人及辩护人对犯罪事实及所请求的刑罚并无争议，应及早提出，毫无组建陪审团的必要。至于法律依据，此处可援引《陪审法院组织法》第24.2条的规定。[20]其二，所请求的量刑不得超过6年的监禁刑。

如果审判长认为可启动刑事认罪答辩程序，则宣布解散陪审团，直接作出判决。但如果审判长认为控方所提出的定性及量刑请求没有依据，则不应解散陪审团，而应将争议问题以书面形式纳入"裁决对象"（objeto del veredicto）[21]。

（二）减少刑罚的刑事认罪答辩

减少刑罚的刑事认罪答辩，又称为"优惠型的刑事认罪答辩"（la conformidad privilegiada），即被告人在符合法定条件下的认罪可适用快速审判程序[22]，并获得法官1/3的量刑折扣，主要包括两种情况：一种是一般快速审判程序；另一种则是简易程序所转化的快速审判程序。

---

〔19〕 财政每天得给每个陪审员支付67欧元报酬，除此之外还应承担差旅费、餐费和住宿费。据统计，如果陪审团审判持续5天至6天，则财政要支付6000欧元甚至更多。Luis Revilla, Magistrado de la Administración de Justicia en la Oficina del Jurado en Sevilla, conferencia en elColegio de Abogados de Tenerife, el 20 de enero de 2016. Recogido en el Diario Digital "Eldia. es", el 24 de enero de 2016.

〔20〕 《陪审法院组织法》第24.2条规定，《刑事诉讼法典》在不违反本法的规定时，可以进行补充适用（La aplicación de la Ley de Enjuiciamiento Criminal será supletoria en lo que no se oponga a los preceptos de la presente Ley）。

〔21〕 裁决对象，即陪审团应作出判断的问题清单。

〔22〕 快速审判程序（juicio rápido）是西班牙刑事诉讼的一种特别程序，主要适用于现行犯、某些较容易查证的罪名（如《刑法典》第173.2条所述的人员经常性实施的针对身体或者精神的伤害、强迫、威胁、盗窃罪、抢劫罪、盗窃及抢劫机动车罪、妨碍交通安全罪、《刑法典》第263条所述的毁坏财物罪、《刑法典》第368.2规定的妨碍公共健康罪，以及《刑法典》第270条、第273条、第274条及第275条所规定的关于知识产权及工业产权的现行犯罪）以及案情特别简单的案件，规定在《刑事诉讼法典》第795条及以下。快速审判程序最重要的特点便是由司法警察直接向当值法官提交证据及警方报告，协商开庭时间。当值法官以紧急审理的方式在法定期限内（原则上只开一次庭，判决书应当在庭审结束后的3日内作出）作出判决。

1. 一般快速审判程序中的刑事认罪答辩（《刑事诉讼法典》第801条）

如前所述，普通的刑事认罪答辩最早始于中间阶段，或者庭审准备阶段，或者正式庭审开始前，所以在减少程序环节方面具有较大局限性，因为预审调查阶段已然结束，侦检人员的主要核心工作已经完成，仅是节约了庭审调查及辩论的时间。2002年的改革之所以创立了优惠型的刑事认罪答辩，便是希望犯罪嫌疑人能在预审调查阶段便认罪，适用快速审判程序，进一步压缩程序环节，并提供对应的量刑折扣（国家总检察长第1/2003号行政通令）。庭审由当值法官（预审法官）[23]负责，无须再移交庭审法官。

除犯罪嫌疑人一方"认罪并愿意接受控方量刑请求中最严厉刑罚"这一根本要件外，《刑事诉讼法典》第801条还规定了快速审判程序中刑事认罪答辩的程序细节及其他要件：

（1）案件不是自诉案件并且检察院提起申请快速审判后当值法官批准开庭，检察院在当庭审理中提交起诉书的（第801.1条）。

第801.1条因措辞不够严谨极易造成误解。事实上，自诉案件亦可适用优惠型的刑事认罪答辩，核心要件无任何区别，但所依据的条款应为第801.5条[24]。第801.1条所设立的要件事实上规定在第800条中，即当值法官必须认定案件属于快速审判程序的适用范围之列方可启动。当值法官批准开庭后，检察院应在当庭审理中提交起诉书。而辩方可在两个时间节点提交认罪的临时定性辩护书，一是立即向当值法官提交，一是应刑事法院之要求在5天的期限内提交。

（2）起诉中所涉及的指控可能被判处不超过3年的监禁刑，金

---

〔23〕 当值法官（juzgado de guardia），是特殊类型的预审法官，由2005年9月15日所颁布的《司法诉讼附属问题的条例》（El Reglamento sobre aspectos accesorios de las actuaciones judiciales）第3编所确立。西班牙在每个司法区设立一个预审法庭或者一审法庭，庭内当值法官履行本编所规定的预审职能。

〔24〕 《刑事诉讼法典》第801.5条规定，有自诉人的，被告人可以根据前列各项规定在其辩护书中对指控的最严重行为进行认罪。

额不限的罚金刑，或者不超过 10 年的其他性质的刑罚。

"不超过 3 年的监禁刑"，既包括西班牙《刑法典》第 33.3 条所规定的较重刑，也包括法定刑超过 3 年但具备法定减刑情节的情况，例如西班牙《刑法典》第 14.3 条所规定的过失罪，"因无法避免的过错，导致刑事犯罪构成事实的违法性，则不负刑事责任。但如果过错是可以避免的，则构成过失罪，降低一级或者二级刑罚"。非监禁刑（prisión）的剥夺自由刑（pena privativa de libertad）亦在适用之列，如周末禁闭（arresto de fines de semana）及未支付罚金的附属刑事责任（la responsabilidad personal subsidiaria por impago de multa）。

"罚金刑""或者不超过 10 年的其他性质的刑罚"，则主要适用于"轻微犯罪，或者证据与犯罪案件有关时，被同时起诉的犯罪嫌疑人或者其他当事人的轻微犯罪行为"（《刑事诉讼法典》第 781.1 条）。

（3）属于剥夺自由刑的，所请求的刑罚或者刑罚总和在减去 1/3 后为不超过 2 年监禁的。

换而言之，控方所请求的刑罚或者刑罚总和不得超过 3 年监禁刑。但因为法典规定得过于粗疏，这里引发了一个执行上的重大争议，即如果控方所请求适用的剥夺自由刑是周末禁闭和未支付罚金的附属刑事责任，则是否亦应加入计算？依 1998 年 3 月 31 日第 1/1998 号国家总检察长意见书第 5 节之解读，周末禁闭并不是异质化的刑罚，可依狱政执行的一体化原则（principio de unidad de ejecución penitenciaria）进行重塑和转化。具体而言，一个周末禁闭相等于剥夺自由两天。因此，通说认为，周末禁闭的时间亦应计入。但未支付罚金的附属刑事责任则是支付罚金的一种手段，学说与判例对于因未支付罚金而导致的刑事责任是否应该计入刑罚期限存在较大争议。目前较主流的观点认为不应计入，理由是西班牙《刑法典》原第 81.2.a 条规定，执行缓刑的一项条件便是判刑或一次宣判的刑罚总和不超过 2 年剥夺自由刑，但不包括因未支付罚金而被剥夺自由的时间。基于同一立法逻辑，此处亦不应计入。

如果当值法官认为可适用优惠型的刑事认罪答辩，则应将起诉人的协议及被告人认罪情况记录在案。在司法实践中，往往由书记员在出庭笔录中记录认罪事宜。预审法官可直接作出判决，包括适用缓刑及替代刑罚的判决（《刑事诉讼法典》第801.2条），而无须再交由刑事庭审法官。但如果当值法官认为案件不宜适用优惠型的刑事认罪答辩，则应转而适用普通程序。

这里还存在一个争议问题，依《刑事诉讼法典》第695条和第700条之规定，"被告人承认其应当承担的刑事责任但对民事责任不予认可的，或者仅承认其承担民事责任但不认可起诉书中的赔偿金额的，法院应当命令对案件进行继续审理。仅承认其承担民事责任但不认可起诉书中的赔偿金额的，庭辩和举证仅针对被告人不认同的起诉书结论中的民事责任部分进行"。在快速审判程序中，如果被告人对应当承担的刑事责任予以认可，但对民事责任不认可，则刑事认罪答辩制度适用失败，应交由刑事法官进行审判，但庭辩和举证仅针对被告人不认同的民事责任部分进行。刑事法官在确立民事责任后，可否减少1/3的量刑？国家总检察长认为，西班牙法律允许刑事责任与民事责任分开，如果当值法官未作出刑事认罪答辩判决仅是因为被告人不认可民事责任，则刑事法官可在确立民事责任后类比适用这一减刑（国家总检察长第1/2003号行政通令）。这一观点颇为费解[25]，因为刑事认罪答辩制度已然失败，刑事交易利益（un beneficio penal）不复存在，即便刑事法官基于其他因素考量（比如认罪态度较好）作出减刑判决，亦不宜类比适用优惠型的刑事认罪答辩的1/3折扣。

2. 简易程序所转化的快速审判程序中的刑事认罪答辩（《刑事诉讼法典》第779.1.5.a条）

依西班牙《刑事诉讼法典》第779.1.5.a条之规定，在适用简易程序前，如果犯罪嫌疑人在有其律师在场的情形下认罪，且符合第801条所规定的量刑标准（3年以下的监禁刑、金额不限的罚金

---

[25] 笔者查阅了西班牙的主流教材，均未论及这一观点。在司法年鉴及实证报告中也未见过这方面的案例及统计数据。

刑,或者不超过 10 年的其他性质刑罚),则可以转而适用快速审判程序,由预审法官进行紧急审理。法官可在控方量刑请求的基础上再减少 1/3 的刑罚作出判决。

这里的立法意图非常明显,即在更广泛的范围内鼓励犯罪嫌疑人及早认罪,尽快终结诉讼:一方面,立法者将快速审判程序的适用范围扩及部分简易程序的罪名,只要符合量刑要件即可,则不受罪名类型的限制;另一方面,如果犯罪嫌疑人在启动简易程序前便认罪,同意转而适用快速审判程序,则量刑将减少 1/3。但如果犯罪嫌疑人已启动简易程序,则仅得适用普通的刑事认罪答辩,无法再享受量刑折扣。这便是"阶梯型"认罪答辩模式的立法设计思路,极具实用性。

如前所述,法官(包括预审法官和当值法官)依认罪答辩所作出的判决具有既判力,原则上当事人不得提起上诉(impugnación)或向最高法院的撤销诉(revisión por el tribunal casacional)。但存在两项例外:其一,认罪答辩的适用违反了法律的强制性规定,例如检察官请求的量刑超过 6 年;其二,被告人主张受到胁迫或者因无知、过失而认罪,亦可提起上诉或撤销诉,但被告人负证明责任,应提交实质性的理由(por razones de fondo)。

三、西班牙刑事认罪答辩制度的实施效果

西班牙刑事认罪答辩制度自 2002 年改革迄今已有近 20 年,实施效果如何,这值得作一深究。2012 年 7 月 13 日,雅各布·维吉尔·列维(Jacobo Vigil Levi)法官在主题为"刑事判决合意"(Acordos sobre a Sentença Penal)的演讲中较详实地介绍了 2010 年及 2011 年西班牙全国及马德里地区刑事认罪答辩的适用状况,全面地反映了各类型刑事认罪答辩制度的适用率。[26]

---

〔26〕 Jacobo Vigil Levi, La institución de la conformidad en el proceso penal español, Correspondende à comunicação apresentada nas II Jornadas de Direito Penal dos Açores. 囿于国内资料,笔者尚未找到最新且更全面的统计数据,但 2010 年及 2011 年的统计数据大体近似,具有相当的典型性,我们依然可以管中窥豹,得出较具说服力的观点。

（一）西班牙全国刑事认罪答辩制度的实施状况

2010年，西班牙全国刑事判决总数为 261 925 件，其中适用普通程序对席判决的为 94 630 件，占全国刑事判决总数的 36%；刑事法官适用刑事认罪答辩制度的判决总数为 62 721 件，占全国刑事判决总数的 24%；预审法官及反妇女暴力的法官适用刑事认罪答辩制度的判决总数为 104 574 件，占全国刑事判决总数的 40%（图1）。

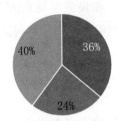

■普通程序的对席判决
■刑事法官依刑事认罪答辩制度所作出的判决
■预审法官及反妇女暴力的法官依刑事认罪答辩制度所作出的判决

图1　2010年西班牙全国刑事认罪答辩制度的适用状况

2011年，西班牙全国刑事判决总数为 273 393 件，其中适用普通程序对席判决的为 96 233 件，占全国刑事判决总数的 35%；刑事法官适用刑事认罪答辩制度的判决总数为 66 345 件，占全国刑事判决总数的 24%；预审法官及反妇女暴力的法官适用刑事认罪答辩制度的判决总数为 110 815 件，占全国刑事判决总数的 41%（图2）。

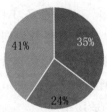

■普通程序的对席判决
■刑事法官依刑事认罪答辩制度所作出的判决
■预审法官及反妇女暴力的法官依刑事认罪答辩制度所作出的判决

图2　2011年西班牙全国刑事认罪答辩制度的适用状况

可以看出，2010年至2011年，西班牙全国的刑事认罪答辩适用率大约为64%~65%，减少刑罚的刑事认罪答辩适用率大约为40%~41%。

（二）马德里地区刑事认罪答辩制度的实施状况

2010年，马德里高等法院刑事判决总数为29 261件，其中适用普通程序对席判决的为15 182件，占马德里高等法院全部刑事判决总数的52%；刑事法官适用刑事认罪答辩制度的判决总数为4427件，占马德里高等法院全部刑事判决总数的15%；预审法官及反妇女暴力的法官适用刑事认罪答辩制度的判决总数为9652件，占马德里高等法院全部刑事判决总数的33%（图3）。

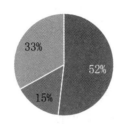

■ 普通程序的对席判决
■ 刑事法官依刑事认罪答辩制度所作出的判决
■ 预审法官及反妇女暴力的法官依刑事认罪答辩制度所作出的判决

图3　2010年马德里刑事认罪答辩制度的适用状况

2011年，马德里高等法院的刑事判决总数为32 600件，其中适用普通程序对席判决的为16 943件，占马德里高等法院全部刑事判决总数的52%；刑事法官适用刑事认罪答辩制度的判决总数为5476件，占马德里高等法院全部刑事判决总数的17%；预审法官及反妇女暴力的法官适用刑事认罪答辩制度的判决总数为10 181件，占马德里高等法院全部刑事判决总数的31%（图4）。

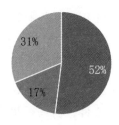

■普通程序的对席判决
■刑事法官依刑事认罪答辩制度所作出的判决
■预审法官及反妇女暴力的法官依刑事认罪答辩制度所作出的判决

图4　2011年马德里刑事认罪答辩制度的适用状况

2010年至2011年，马德里的刑事认罪答辩适用率大约为48%，减少刑罚的刑事认罪答辩适用率大约为31%~33%，明显低于全国的平均水平。

（三）简短结论

从适用率看，西班牙全国平均64%~65%的案件适用刑事认罪答辩制度（马德里区48%的适用比例），这是比较高的。例如法国2010年，全国共有639 317起刑事案件，但仅有72 785起适用刑事调解程序（11.4%）[27]，再加上约4%的刑事和解，以及3%~5%的庭前认罪答辩程序[28]，也才占案件总数的20%左右。但需要注意的一点是，法国2010年共有527 530起案件通过公诉替代机制解决，占案件总数82.5%。

数据对比可以说明，检察院从"起诉机关"变成"不起诉机关"，这似乎已经成为欧洲刑事诉讼发展的一个趋势。当然，这也与欧洲国家入罪门槛普遍较低有关。[29]但较之于欧陆其他国家，西班牙的公诉替代机制更依赖刑事认罪答辩制度，最根本的原因是程序

---

〔27〕　参见施鹏鹏：《法国公诉替代程序研究——兼评"自然演进"型的司法改革观》，载《比较法研究》2015年第5期。

〔28〕　参见施鹏鹏：《法国庭前认罪答辩程序评析》，载《现代法学》2008年第5期。

〔29〕　例如西班牙的许多轻罪、法国的违警罪，在中国均属于治安处罚的对象，并未纳入刑事犯罪之列。而这些轻罪及违警罪的案件数量极为庞大，所以统计数据对比有时难免失真。可以参照醉驾行为，中国原先并未将其纳入刑事犯罪之列。危险驾驶罪设立后，因数量极为庞大，各类统计数据均受到很大冲击。

极为简化（从调查阶段便可认罪、法官几乎不审核、不得上诉等），可适用的罪名也极为广泛，几乎可将多数的刑事犯罪纳入其中，且有折扣量刑的推动。这也可以理解为何西班牙实务界（包括西班牙最高法院、国家总检察院）对刑事认罪答辩制度趋之若鹜，但理论界却有非常尖锐的批评。西班牙宪法法院也有一些保留的态度，担心"认罪从轻"会转变为"不认罪从重"，这违反了《宪法》第24.2条所规定的沉默权。在多个判例中（较新的如2007年4月16日的第75号判决），西班牙宪法法院指出，刑事认罪答辩制度应如"鱼雷"（un torpedo）[30]，可通过"减刑鼓励被告人认罪"，但不得以"不认罪加刑"迫使被告人服法。但在司法实践中，"拒绝适用刑事认罪答辩制度将加重刑罚"这一现象时常以隐含的方式展现。不过与法国宪法委员会[31]、德国宪法法院[32]的强硬立场相比，西班牙宪法法院仅是作了督促性的评论。在2014年11月11日的判例中，西班牙宪法法院又重申，刑事认罪答辩制度符合"《宪法》第10.1条（意志自由及人格发展自由）及第25.2条（犯人有权全面发展个性）的规定"。[33]

四、批判性地思考与借鉴

坦率来讲，西班牙的刑事认罪答辩制度很难称得上体系严谨、逻辑严密。尽管因实证数据及典型案例较为欠缺，我们无法细细推敲适用中的各种技术问题，但从西班牙理论界较为尖锐的批评以及刑事诉讼法典极为粗疏的规定中，依然可以窥知一二。笔者认为，西班牙刑事认罪答辩制度的有些做法依然对中国时下的认罪认罚从

---

〔30〕 比喻"向上不向下"，鼓励认罪减刑，而非允许"不认罪从重"打击。

〔31〕 法国宪法委员会在1995年便以违反"诉审分立"的宪法原则撤销了刑事强制令程序（l'injonction pénale）。这是刑事调解程序的前身。因此，1999年的立法设立了较严格的法官审核制度，这在很大程度上限制了刑事调解的适用率。

〔32〕 德国宪法法院对刑事协商制度作了多次限制性的判决，比较有影响的如2013年3月19日德国联邦宪法法院第二审判庭所作出的判决，2 BvR 2628/10；2 BvR 2883/10；2 BvR 2155/11。

〔33〕 STS de 11 de noviembre de 2014.

宽制度有启发，有些教训也值得中国警惕。以下略陈管见，供国内同行批评指正。

第一，"阶梯型"的认罪答辩模式可以进一步完善。认罪的时间点，一直是"辩诉交易"的难点所在。认罪时间越靠后，所节约的司法成本越少。2019年中国国家统一法律职业资格考试有一道主观题颇为有趣，"被告人王某在法院审理期间，改变了在监察委调查和监察机关审查起诉期间不认罪的态度，主动承认被指控的犯罪并自愿接受处罚，法院按照认罪认罚从宽的规定，对王某从轻作出了判决。问，在该种情况下，法院按照认罪认罚从宽的规定对王某从轻作出判决，是否符合法律规定？"或者更具体讲，当庭认罪是否符合认罪认罚从宽的规定？依"两高三部"《关于适用认罪认罚从宽制度的指导意见》（以下简称《意见》）第5条的规定，"认罪认罚从宽制度贯穿刑事诉讼全过程，适用于侦查、起诉、审判各个阶段"。因此，当庭认罪符合《意见》的要求。但问题在于：从交易利益角度看，所有侦、诉工作已然完成，可节约的司法资源极为有限。因此，尽早认罪，可获得更大的量刑优惠，越晚认罪，量刑优惠也越小，这也是交易的应有逻辑。对此，《意见》第9条规定，"在刑罚评价上，……早认罪优于晚认罪"，但折扣尺度如何把握，交由检察官及法官进行评价，相关规定语焉不详。依拙见，从量刑精准化的角度，中国或许可以效仿西班牙建立更具体的"阶梯型"量刑折扣制度，以认罪的时间点作为依据确立精确的量刑折扣。

第二，"认罪认罚从宽"理论、立法体系的厘清很必要。如前所述，西班牙的刑事认罪答辩制度与中国当下的认罪认罚从宽制度极为相似，这在一定程度上也说明许多国家刑事司法实践所面临的问题极为类似，解决问题的思路也殊途同归。但应看，两国在"认罪认罚从宽"的理论体系上也存在极为类似的杂糅，同样未区分刑事实体问题的协商答辩、程序简约化问题的协商答辩以及被告人、被害人民事赔偿问题的和解，中国甚至还有司法机关尝试以轻判换取口供以作为证据补强的手段。须知"承认"的对象不同，从轻的依据及程度也不同。但西班牙的刑事认罪答辩制度总体还好，设置了严格的适用范围限制（仅适用6年以下的轻罪），这在一定程度上避免了刑事答辩制度的泛化，防止与刑事诉讼的实质真实原则相背离，也避免了诉、审机关的权力交叉问题。笔者旗帜鲜明地反对将以程序简约化为目的的认罪认罚从宽适用于重罪案件，也反对以轻判换取口供以作为证据补强手段的做法，这完全背离了职权主义刑事诉讼追求实质真实的基本法理。当然，认罪态度较好、充分赔偿被害人损失等作为悔罪态度纳入量刑考虑意见，这自是毋庸置疑，原本在刑法中便有规定，没必要纳入认罪认罚从宽这一程序机制中，徒增理论混乱。尤其是《意见》第6条和第7条对"认罪""认罚"和"从宽"的把握，夹杂着多项实体、程序、恢复性司法等机制，涉及认一罪、认数罪、如实供述部分的处理、程序选择权与认罚的关系问题，原本可在实体法机制上作出处理，非要纳入认罪认罚从宽机制，让司法操作较为混乱。例如在几乎所有立法例上（也包括西班牙），一人犯数罪，仅承认一罪，不得适用认罪答辩程序，均要启动普通庭审，但对承认的部分，可将认罪态度较好作为实体的量刑考虑因素。综上，笔者认为中国应区分如下四种类型的认罪认罚从宽，核心的区别如表1所示：

表1　四种类型的认罪认罚从宽的区分

类　型	程序简约化层面的认罪答辩	刑事实体法层面的认罪答辩	作为证据补强的认罪答辩	被告人与被害人的刑事和解
法律渊源	刑事诉讼法	刑　法	禁　止	刑法、刑事诉讼法
轻判的依据	以认罪换取快速审判，节约司法资源	因被告人认罪态度较好，作为量刑的考虑因素	违反实质真实原则，职权主义国家并不允许	恢复性司法
适用范围	情节轻微的犯罪	所有的犯罪	禁　止	所有的犯罪
法官的裁量权	应当轻判	可以轻判	禁　止	可以轻判

类　型	程序简约化层面 的认罪答辩	刑事实体法层面 的认罪答辩	作为证据补强 的认罪答辩	被告人与被害人 的刑事和解
程序流程	速侦、速诉、 速审	普通程序	禁　止	普通程序
证据标准	适度降低证明 标准[34]	不降低证明 标准	禁　止	不降低证明 标准

第三，"双重保障"制度值得中国学习。西班牙《刑事诉讼法典》明确规定，刑事认罪答辩制度既要获得被告人的同意，也要获得辩护律师的同意，否则不能适用。在职权主义国家的制度背景下，律师具有完全独立的诉讼地位，并不依附于被告人，司法实践中律师与被告人意见不一的情况虽不多见，但也存在可能。刑事认罪答辩之所以强调律师的参与，核心原因是被告人基本上无从了解认罪的后果，唯有专业人士的协助，方能保障被告人的知情权及认罪自愿性。中国当下极力推动认罪认罚从宽制度，甚至包括涉黑案件。值班律师制度的推行虽有相当的价值，但更大的作用是配合适用认罪认罚从宽制度，未有独立的诉讼地位。因此，未来如何让刑辩律师更大程度地参与认罪认罚从宽制度，且有更大的自主权，值得中国做进一步的立法考量。

第四，上诉禁止制度亦可效仿。《意见》第45条及以下规定了上诉程序，这也是有悖"程序简约化"的基本法理。如果允许被告人对认罪判决进行上诉，将导致诉讼更为拖沓。因此，速裁程序应一审终审，任何当事人原则上不得对适用认罪认罚从宽所形成的判决提起上诉，除非认罪认罚从宽的适用违反了法律的强制性规定。被告人及辩护人主张认罪并非出于自愿，应提供足够充分的证据，

---

〔34〕　该问题存在重大的学术争议，职权主义国家一般认为，认罪答辩制度并不降低证明标准，只是降低证明难度。但在司法实践中，尤其是认罪阶段比较靠前的轻罪案件，证明标准事实上降低了。这也是提高司法效率的"必要"代价。从某种意义上讲，这也是为何职权主义国家严格限制认罪答辩制度的范围。西班牙规避了这一问题，认为认罪答辩制度终止了诉讼程序，因此不存在证明标准的问题。

否则不予受理。

当然，中国的认罪认罚从宽制度与西班牙的认罪答辩制度还是存在诸多区别，例如中国的认罪认罚从宽制度并非"起诉便宜原则"的体现，而应经过法官较严格的实质审查（《意见》第39条），西班牙则将刑事认罪答辩制度归为"起诉便宜原则"的制度体现，预审法官（当值法官）或刑事法官仅进行形式审核；中国的认罪认罚从宽制度允许被告人随时反悔（《意见》第51条至第53条），西班牙的认罪答辩制度并未涉及这一问题，如何协调司法效率与公正审判权之间现实且尖锐的矛盾，似乎还可作进一步推敲。总体而言，职权主义国家对"辩诉交易"理念的引入充满着警惕，仅是在司法资源极其有限情况下的"无奈妥协"。因此，谨慎、务实地看待中国的认罪认罚从宽制度实有必要，包括批判性地解读各主要国家在此一领域的经验和教训。在笔者看来，实质真实还是当下中国刑事诉讼最首要的价值目标，而非司法效率。在"实质真实"的树尚未完全扎根，便大力引入"辩诉交易"的斧头，这并非明智的选择。

宪制下的平民司法：西班牙陪审制研究[*]

自 1791 年法国全盘引入英国的陪审制后，职权主义与陪审制之间的 "人为隔阂"[1]便已不复存在。时下，刑事案件究竟由职业法官裁判，还是由陪审团（或参审团）裁判，已然不是区分当事人主义和职权主义的标准。恰恰相反，职权主义传统的国家引入陪审制甚至已经成为一种风尚，远的如 18 世纪以法国为首的欧陆诸国，近的则如亚洲日本、韩国以及中国。对于职权主义国家为何乐衷于引入陪审制，美国比较法学者沙曼教授认为，这是因为传统职权主义

* 本文系施鹏鹏教授所主持的国家社会科学基金一般项目 "人民陪审员制度的实质化改革研究"（项目号：17BFX046）的阶段性成果。需要特别说明的是，笔者在 2007 年的中国博士论文《陪审制研究》中也曾专节介绍过西班牙的陪审团制度（后列入中国人民大学出版社的法律科学文库，参见施鹏鹏：《陪审制研究》，中国人民大学出版社 2008 年版，第 151~159 页），但因为当时不通西班牙语，主要使用英文资料，故存在诸多局限及谬误之处。对此，我的法国导师西玛蒙蒂教授多有批评。早在 2004 年，西玛蒙蒂教授便向我推荐了诸多西语的著作，认为西班牙的陪审模式独具特色，应重点关注。虽然我的法国博士论文已于 2008 年提交答辩，但西玛蒙蒂教授的批评意见一直让我感到不安。2016 年后，笔者投入精力研修了西班牙语，现已具备使用西语进行学术研究的能力，便重返这一主题，也是弥补了当年撰写博士论文之憾，感谢西玛蒙蒂教授多年前的批评与催促。

[1] 笔者在对陪审制的历史进行研究时，便发现职权主义与陪审制之间并无太多关联。事实上早在法国大革命前，许多职权主义传统的大陆法系国家也采用平民审判。尽管平民审判的思想究竟来源于何种制度，这在法史学界仍有争议，但职权主义与平民审判之间并无排斥关系，这已然是共识。例如 1872 年，德国著名法史学家海因里希·布鲁纳（Heinrich Brunner）在其代表作《陪审制的起源》（Die Entstehung der Schwurgerichte）中便认为，陪审制起源于法兰克王室的信息调查制度（Inquest of the Frankish Kings）。信息调查制度是法兰克王室效仿罗马帝国国库制度（imperial Roman fisc）所设立的一种独具工具，用以调查王国内的相关信息尤其是财政信息，因此，"（陪审制）最初并不是一种平民程序，而是王室程序"。这一制度辗转经由法兰克传至诺曼底，并在诺曼底公爵威廉征服英国三岛后到达英国。参见 Heinrich Brunner, Die Entstehung der Schwurgerichte, Berlin, 1872, III, 381; BK. III, ch. XXIII。更详细的介绍，参见拙著：《陪审制研究》，中国人民大学出版社 2008 年版，第 9 页及以下。但一些比较法学者还是有意无意地将陪审团与对抗式诉讼对应起来。故此处，笔者将职权主义与陪审制之间的学术隔离，称为 "人为隔阂"。

国家在引入正当程序的诸多原则时更青睐用平民参与司法"倒逼"改革。[2]"现代刑事诉讼中的程序公正理念已经在各国的宪法及国际人权公约中获得一般的共识。作为程序公正之载体的诸多刑事诉讼原则往往源自英美法中的陪审制及对抗制或在陪审制及对抗制的环境下发扬光大，如无罪推定原则、反对自我归罪原则、平等武装原则、公开审判原则、直接言辞原则、控诉分离原则等。……尽管以职权主义为传统的大陆法系国家往往也承认上述这些基本原则，但由于原则所依托的陪审制及对抗制与大陆法系职权主义的一些基本原则相背离而大部分最终被抛弃或难以有效践行。……各种原则与陪审制结构之间的张力已在大陆法系国家引起了一些重大问题"。[3]正由于"这些从普通法刑事程序中所延伸出来的、普遍被接受的各项原则在很大程度上依赖于对抗制下的陪审团审判"，因此，欧陆国家的立法者往往将陪审制改革作为"司法改革的核心"。

沙曼教授的这一观点具有一定的解释力，例如法国 1791 年全盘引入英国陪审制便是基于对传统职权主义的全面检讨。但这一观点也具有片面性，甚至存在谬误之处：一方面，如前所述，包括法国在内的诸多欧陆国家在引入陪审制后并未转向当事人主义，而是实现了陪审制与职权主义的融合；另一方面，还有一些国家引入陪审制主要基于政治价值的考量，而非司法价值。[4] 最典型的当属西班牙。

与欧陆许多国家类似，西班牙陪审制最早是拿破仑征服的"副

---

〔2〕 Stephen C. Thaman, The idea of a Conference on Lay participation, in Le jury dans le procès pénal au XXIe siècle, Conférence internationale, Syracuse, Italie, 26-29 mai 1999, Revue Internationale de Droit Pénal（RIDP）, 1ᵉ et 2ᵉ trimestres 2001, p. 19 et s.

〔3〕 Stephen C. Thaman, Europes new jury systems: the cases of Spain and Russia, in Law and Contemporary Problems, p. 1 et s. 类似的观点，参见 Stephen C. Thaman, The idea of a Conference on Lay participation, in Le jury dans le procès pénal au XXIe siècle, Conférence internationale, Syracuse, Italie, 26-29 mai 1999, Revue Internationale de Droit Pénal（RIDP）, 1ᵉ et 2ᵉ trimestres 2001, p. 19 et s。

〔4〕 此处借用了托克维尔对陪审制功能的二分。托克维尔认为，"陪审制首先是一种政治制度，其次才是一种司法制度"。Alexis de Tocqueville, De la démocratie en Amérique, vol. I, in Œuvres, Paris, Garnier-Flammarion, 1981, p. 311-317.

产品"。1808 年，拿破仑大军入侵西班牙，除暴力镇压反抗者和起义者外，还希望能输出法国的价值观，维护政权的稳定性。故在拿破仑的示意下，西班牙政府以法国当时的宪法为模版颁布了《巴约纳宪法》（Estatuto de Bayona），对西班牙进行全方位的政治及司法体制的改革，也包括在西班牙引入了法式的陪审团。但新秩序的建立对于西班牙社会各阶层过于陌生，尤其是反入侵的敌对情绪，陪审制条款在西班牙事实上并未生效。但"革命自由细菌"[5]却已悄然潜入西班牙，平民司法成为自由派人士的重要政治主张。

在 1808 年到 1995 年这近两百年的时间里，因为政治动荡及战乱，西班牙的陪审制事实上仅经过极其短暂的适用，且在司法实践中的评价不高。但每一次政权更迭，陪审制均是议会内各主要政治派别的重要议题，尤其是与出版自由相联系。这是因为法国大革命后，欧洲的启蒙思想家认为，出版自由是人民批评政府的根本保障。因此涉及出版方面罪行的审判理应交由平民，而不是更具公权力色彩的职业法官。这一观点在西班牙的影响尤为深刻。所以几乎可以认为，陪审制在西班牙更主要是彰显了自由的政治价值，这明显有别于沙曼教授所强调的"正当程序"价值（司法价值）。

此外，在陪审模式选择上，西班牙理论界和实务界也展开过激烈的辩论，最后选择了主要以英国的陪审团制度为基础，同时吸收了法国参审制的合理因素（如问题列表制度[6]），构建了另外一种独具特色的平民参与模式。因此，西班牙的陪审制具有重大的比较法价值，尤其是对拟引入陪审制度的新兴国家。

一、西班牙陪审制的曲折发展史

西班牙陪审制的发展史真可谓蜿蜒曲折、命途多舛。1810 年的《巴约纳宪法》开启了西班牙陪审制的艰难旅程。

---

〔5〕 Francis William O'Brien, "Switzerland Questions the Jury", 32 *Sask. L. Rev.* 31 (1967), p. 33.

〔6〕 又称为事实列表、问题清单或者事实清单。

（一）《巴约纳宪法》：西班牙陪审团的初步构想

如前所述，《巴约纳宪法》事实上是将法国模式全盘引入西班牙。但在当时，无论是政府的许多高层官员，还是辖区内的普通民众，均对外来入侵者持敌对态度，故《巴约纳宪法》第 106 条仅作了模糊的授权性规定[7]，"上议院将审查是否由陪审团负责进行裁判"。卡斯蒂利亚委员会（Consejo de Castilla）便承担着"审查"的重责。6 月 15 日，委员会在巴约纳召集，征求对引入陪审制的意见，这些意见将于 6 月 27 日至 28 日呈送拿破仑。委员们的意见简短而明确：应推迟陪审制在西班牙的适用。最具代表性的观点如王室参赞路易斯·马塞里奥·贝里亚（Luís Marcelino Pereyra）认为，"西班牙是一个没有陪审团传统的国家，最可取的选择是改革法院，以消除历史上司法裁判所发生的权力滥用，然后才是引入陪审团。对于西班牙的司法系统来说，这是一个新奇事物，其结果令人生疑，而且陪审团的适用并未如此值得推荐，因为它在历史上先于暴行和错误"。[8] 贝里亚的观点在委员会里产生深远的影响，导致陪审团的引入程序暂时中止。拿破仑接受了委员会多数派的决定，因为担心"强行通过陪审制将导致这一国家习俗的崩塌"。也有评论认为，《巴约纳宪法》仅是对西班牙陪审团的未来作了初步的设想，而未考虑实践的重要性，因为"西班牙人对拿破仑皇帝的憎恨以及西、法两国所面临的战争冲突导致对其提议的绝对排斥"。[9] 随着西班牙人成功击败拿破仑军队，《巴约纳宪法》也随之失效。

（二）《卡迪兹宪法》：陪审团与出版自由权紧密关系的初步形成

卡迪兹制宪议会（las Cortes de Cádiz）成立于 1810 年，负责起草并制订新的宪法。随着法国入侵者被击退，西班牙人普遍认为这

---

[7] 也因为这是一条模棱两可的授权性条款，所以也有比较法学者认为，《巴约纳宪法》并不是第一个规定西班牙陪审制的宪法文本。Stephen C. Thaman, Europes new jury systems: the cases of Spain and Russia, in Law and Contemporary Problems, p. 1.

[8] Véase Alejandre, J. A., "La Justicia Popular en España" Análisis de una experiencia histórica: Los tribunales de Jurados. Editorial Universidad Complutense, Madrid, 1981, pág. 81.

[9] Javier Esteban Loza, El tribunal del jurado: evolución histórica en España, publicado por la Universidadde La Rioja, 2015, pág. 6.

是西班牙自行重新理性审视陪审制的绝佳机会。讨论始于 1810 年 11 月 10 日所出台的《出版法》（la Ley de Imprenta），这是西班牙首次承认出版自由。《出版法》第 5 条规定，"各法官和法院在调查、定罪和惩罚滥用新闻自由的罪行时，应遵守法律和本条例的规定"。《出版法》虽然没有明文提及"陪审团"一词，但"各法官和法院"（Los jueces y tribunales respectivos）的表述并未指明是职业法官，这为陪审员参与庭审留下了空间。1811 年，卡迪兹制宪议会全体会议讨论了陪审团条款（第 305 条）。该条款经批准后成为 1812 年 3 月 19 日《卡迪兹宪法》第 307 条，"在适当时机，如果议会认为应区分事实法官和法律法官（jueces del hecho y del derecho），则应以最佳的方式如此为之"。可以看到，与《巴约纳宪法》类似，《卡迪兹宪法》亦作了保留性规定。对此，议员们的解释不一。例如议员约瑟·马丁内斯（José Martínez）便认为[10]，"该条款仅是对未来议院工作的一个建议，其主要目标是建立有效和统一的（陪审团）法律，从而创设一致和可靠的全景"。制宪议会主席穆尼奥斯·托雷罗（Muñoz Torrero）则认为[11]，"这一条款是（确立陪审制的）正面表述，以捍卫立法权作为支撑点，但提供了必要的约束力"。而战争部的议员弗朗西斯科·费尔南德斯·高尔丁（Francisco Fernández Golfín）则作出批评[12]，认为"（《卡迪兹宪法》）文本应以强制性的措辞，以便议会区分事实法官和法律法官……后续的议会应当及时区分事实法官和法律法官"。但《卡迪兹宪法》的成果并未兑现。1814 年，随着《瓦伦西亚条约》（Tratado de Valençay）的签署与费迪南七世（Femando VII）的回归，5 月 4 日的法令废止了《卡迪兹宪法》，自然也包括第 307 条争论中的陪审团条款。但陪审团与出版自由的紧密关系就此形成。

---

〔10〕 Véase Diario de Sesiones de las Cortes Generales y Extraordinarias, de 1811, Pág. 2420.

〔11〕 Diario de Sesiones de las Cortes Constituyentes, sesión del 13 diciembre de 1811, Pág. 2420.

〔12〕 Diario de Sesiones de las Cortes Constituyentes, sesión del 13 diciembre de 1811, Pág. 2420.

（三）自由三年（El Tratamiento）：陪审团作为出版自由权保障机制的正式确立

1820 年至 1823 年（称为"自由三年"），自由派在西班牙政坛上占据统治地位，陪审团迎来了极佳的政治氛围。一系列介绍陪审制的作品为当时的政客和法律人们提供了必要的知识支撑。例如 1820 年圣地亚哥·乔纳玛（Santiago Jonama）所出版的《陪审团审判，或者好人裁判》（De la prueba por jurados o sea, consejode hombres buenos），系统地介绍了陪审制运行的基本原理。还有不少比较法的作品较详细地介绍了英国陪审团和法国陪审团的基本状况。而制度层面最根本的推动源自 1820 年 10 月 22 日批准的《出版法》。马蒂内（Martínez de la Rosa）在法律草案的立法说明时详细论述了事实法官对出版自由的独特意义。[13]出版行为是否构成犯罪很难仅通过法律进行设定，因为语言含义丰富，语句可以根据可能出现的上下文而具有不同的含义，故源自各阶层个人的独特判断是准确定罪的基本前提，尤其是可以避免作者不会因其作品而受到威权机构的迫害，或者随意指控。《出版法》第 7 编共有 39 条（从第 36 条到第 74 条），均与陪审员有关。陪审员由居住在该省首府的人员组成，年龄 25 周岁以上，由负责维护公共秩序的机构制作 18 人的年度陪审员名单。一开始从中选出 5 名陪审员，形成指控陪审团，决定是否对涉案人提起公诉。如果多数陪审员持肯定意见，则在原始名单余下的 13 人中，选取 7 名组成定罪陪审团。由法律法官（职业法官）担任审判长。庭审公开进行，听取控辩双方的陈述和指控，在辩论后由审判长陈词总结，然后陪审团对事实作出裁决，职业法官据此适用法律。陪审员均应进行宣誓。可以看出，《出版法》所构建的控诉陪审团和定罪陪审团效仿的是英国模式，既负责起诉，也负责事实裁判。所不同的是，表决采用简单多数，而不是一致裁决。西班牙的陪审团第一次在司法实践中得以适用，也引发了各界的关注。

一些议员对西班牙陪审团的第一次适用提出了批评。例如，议

---

[13]　Diario de Sesiones de las Cortes de 15 de septiembre de 1820, pág. 1024.

员何塞·玛丽亚·卡拉特拉瓦（José María Calatrava）便对陪审团是否能准确进行事实认定表示了担忧，"陪审团制度可能在英国展现出了优越之处，但在西班牙可能不是这样。在未事先证明它实际产生的影响以及人们如何接受它之前不应向我们展示……这样做是非常危险的，刑法领域中对书面表达思想和观点的准确证明及定罪是相当困难和棘手的主题"。[14]此外，卡拉特拉瓦还认为，名单人员的规模太小无法适用回避制度，表决不宜采用简单多数而应采用一致裁决。对此，马蒂内回应道[15]，"陪审团对出版类罪行的审判是合理的，因为这类罪名无法通过不可变和固定规则进行约束，而取决于主观的意见和评价"。对于简单多数裁决，马蒂内也认为是合理的，不能仅是因陪审团内部意见存在分歧便作出无罪判决。但他认为一致表决制度在将来也是可能的，前提是西班牙人对陪审制的了解增加且风气得以改善。当然，考虑到自由派占据主导的政治氛围，多数议员还是对陪审团寄予厚望。正如议员阿尔瓦罗·弗洛雷斯·埃斯特拉达（Alvaro Flórez Estrada）所言，"如果没有陪审团，我认为我们国家不会有真正的自由"。[16]

毫无疑问，1820年《出版法》是西班牙陪审团从理论迈向实践的重要一步。但遗憾的是，1823年法国的再次入侵以及费迪南专制君主的复辟，极大地压缩了这部法律的适用时间。尽管议员们对陪审制的实际运行已有所观察和批评，但寥寥数年的观感无论在广度上还是在深度上均无力全方位呈现陪审制运行的基本样态。西班牙陪审制又进入漫长的潜伏时期。

（四）六年革命（Sexenio Revolucionario，1868年至1874年）：刑事诉讼与陪审制的普适化

从1823年起，西班牙进入动荡时期。陪审制在各种立法文本中虽时有体现，但几乎未付诸实践。例如1837年的《宪法》第2条明

---

[14] Diario de Sesiones de las Cortes, de 26 de septiembre de 1820, pág. 1259.

[15] Diario de Sesiones de Las Cortes, de 26 de septiembre de 1820, Págs. 1266-1267.

[16] Diario de Sesiones de Las Cortes, de 26 de septiembre de 1820, págs. 1266-1267.

确规定，"涉及出版的罪名仅由陪审团进行受理"。直至六年革命，伊莎贝尔女王流亡法国，在自由主义政治家约翰·普里姆·伊·布拉特（John Prim y Prats）推动下，陪审制才得以复兴，并第一次跨出了出版法的领域，与刑事诉讼进行了紧密联系。陪审制的普适化提上了日程。

与此前政治价值趋动型（自由保障机制）的改革动因不同，此次西班牙决策者一开始便更关注司法价值，即刑事诉讼中的公开原则以及言辞原则。一些议员们提出，陪审制在刑事诉讼中的适用，有助于实现这两项基本原则。例如议员塞巴斯蒂安·孔扎勒·兰丹（Sebastián González Nandín）便认为，欧洲各国刑事诉讼普遍适用公开审判和言辞原则，这是因为陪审团的缘故。[17]。1869 年 11 月 28 日，议员托玛斯·罗德里格·皮里纳（Tomás Rodríguez Pinilla）向议院提交了一份关于改革西班牙司法组织法、刑事诉讼法以及民事诉讼法的草案。草案明确主张应恢复陪审团的设置，"（陪审制）是对公民的安全保证。鼓励公民热情参与，这是秩序的要素，自由的条件"。[18]该草案所建议的陪审团由 12 名陪审员组成，仅负责事实认定，既可适用于民事诉讼，也可适用于刑事诉讼。西班牙 1870 年 9 月 15 日所颁布的《临时司法组织法》第 276 条便明确规定，陪审团可适用于所有刑事罪名，还包括侮辱、叛乱和煽动叛乱等严重犯罪。陪审制在西班牙进入了一个全新的复兴时期。正如时任最高法院院长佩德罗·戈麦斯·德拉塞尔纳先生（Pedro Gómez de la Serna）在 1871 年的一次开幕致辞中所言，陪审制已经是国家司法制度的一部分，"国家基本法中所写的基本原则被废弃的时代已经过去了……"[19]

所有改革的结果最终体现在 1872 年 12 月 22 日颁布的西班牙《刑事诉讼法典》中。这部法典在第 2 卷第 4 编详细规定了陪审制的

---

〔17〕 Diario de Sesiones del Senado de 17 de febrero de 1868, pág. 158.

〔18〕 Diario de Sesiones de las Cortes Constituyentes, de 1 de diciembre de 1869, apéndice 1, núm. 172.

〔19〕 Javier Esteban Loza, El tribunal del jurado: evolución histórica en España, publicado por la Universidadde La Rioja, 2015, pág. 20.

各种设置。如陪审员的任职条件（西班牙人、30 岁以上、识字、户主）、合议庭组成（12 名陪审员和 3 名职业法官）、陪审员职责（仅负责事实裁判，法官有检查权和否决权）、陪审员任职要求（无偿、强制）等。蒙特罗·里奥斯（Montero Rios）部长宣布，陪审制将于 1873 年 1 月 15 日开始在（伊比利亚）半岛、巴利阿里群岛和加那利群岛适用。

遗憾的是，六年革命所带来的宽松政治环境随即被破坏。波旁王朝复辟后，国王阿方索十二世重返王位，颁布了 1876 年《宪法》。这部宪法不仅废除了陪审制，也废除了言辞原则和公开审判原则。但六年革命对陪审制的普适化奠定了扎实的基础。

（五）1887 年至 1923 年：单行的陪审团法的时代

在阿方索十二世统治时期，陪审制虽然被废除，但涉及陪审制的讨论并未就此停止。其中必须提及议员吉龙（Giron）的重大贡献。在当时的政治氛围下，吉龙提出了一个非常奇特的观点，即陪审制符合保守派的政治立场。吉龙认为，"陪审团促进了法律知识的传播，让法律得到更大的尊重以及使公民拥有更大的尊严，这就是为什么它符合保守派的立场"。[20]吉龙还认为，应为陪审团制订特别的单行法，这一观点直接影响了 1888 年西班牙陪审团法的产生。

1886 年，时任的赦免与司法部部长（El Ministro de Gracia y Justicia）曼纽尔·阿隆索·马丁内（Manuel Alonso Martínez）立足吉龙此前的大量准备工作提出了一套完整的陪审团法草案。该草案于 1888 年正式获批准，这是西班牙第一部规定陪审团制度的单行法。

1888 年的陪审团法对西班牙的陪审制作了详细的规定，确立由 12 名陪审员、3 名职业法官和 2 名候补陪审员组成的合议庭。陪审团负责事实认定，法官负责法律适用。所适用的罪名扩及损害社会秩序、引发骚乱、损害个人权利（如生命或荣誉）、可能科处监禁刑以及选举类的所有罪名。在陪审员资格上，1888 年陪审团法废除了

---

〔20〕 Diario de Sesiones del Senado, de 18 de noviembre de 1881, pág. 561. Las palabras utilizadas en su argumentoRomero Girón.

纳税的要求，但规定被定罪者在刑满释放 5 年内不得担任陪审员，与当事人有利害关系（包括利益或敌对）的公民，也不得担任陪审员。此外，1888 年陪审团法还规定了陪审员履职的权利和义务，尤其是获得经济补助的权利。

1888 年的陪审团法在西班牙适用了近 30 年，为理论界和实务界提供了稳定、持续的实证数据。这也是此前涉及陪审制的诸多立法改革举措所未有的，同时也为 1995 年最终的《陪审法院组织法》打下了良好的基础。

（六）1978 年《宪法》后西班牙的陪审制

1888 年的陪审团法一直适用至 1923 年，原因是恐怖主义犯罪盛行，尤其是巴塞罗那加泰罗尼亚国家分裂活动的升级。1920 年 8 月 4 日，巴塞罗那总督被暗杀，这成为压倒骆驼的最后一根稻草。西班牙进入内战及独裁时期，陪审团法被废止，直至弗朗哥独裁统治的结束。

1978 年，西班牙颁布了现行的宪法，确立了民主政体。其中，《宪法》第 125 条规定，"公民可以通过公民起诉及陪审团制度，遵循法定的形式以及法定的刑事程序参与司法管理"。但《陪审法院组织法》却迟迟未能出台，原因是许多议员和学者认为，1978 年《宪法》第 117 条规定了法官和治安官专属享有司法审判权，这事实上排除了陪审团分享审判权的可能。因此，许多支持恢复陪审团的学者主张，应在《宪法》第 117 条中增加一款，规定陪审团也享有司法审判权。[21] 这一主张最终在 1995 年得以实现。1995 年 5 月 11 日，《陪审法院组织法》草案进行了第一次辩论，不同政治派别发表了不同的意见。主流观点还是主张恢复陪审团。最终，1995 年 5 月 22 日的《陪审法院组织法》得以通过，西班牙现代的陪审团制度得以最终确立。

---

〔21〕 Víctor Fiaren Guillén, los Tribunales de Jurados en la Constitución de 1978, Ed. Civitas, Madrid, 1979, Pág. 103-104.

二、西班牙陪审制的基本内容

可见，1995 年的《陪审法院组织法》来之不易，经历了近两百年政治和战争的洗礼，也经过了不同政治派别较为充分的酝酿和讨论。最终，西班牙选择了主要以英国的陪审团模式为参照，同时也吸收了法国参审制的一些做法。之所以做出这样的选择，还主要因为西班牙 1978 年《宪法》第 125 条所使用的措辞是"la Institución el Jurado"（陪审制），而不是"Escabinado"（参审制），立法者认为这是宪法事先的设定，议会无权予以修改。《陪审法院组织法》对西班牙陪审制的基本内容进行了详尽的规定。[22]

（一）陪审制的适用范围

依《陪审法院组织法》第 1.1 条及第 1.2 条之规定，"采用陪审团审判的刑事案件应由本法、刑法典或其他法律予以专门规定"。具体而言，这些刑事案件主要包括：对人的犯罪、公共官员所实施的犯罪、侵害名誉的犯罪、损害自由与安全的犯罪、引发火灾的犯罪、弑亲罪、凶杀罪（murder）、谋杀罪（homicide）、协助或唆使自杀罪、杀婴罪、监狱守卫的玩忽职守罪、文件看管中的玩忽职守罪、贿赂罪、窃取公共资金罪、欺诈与非法支付罪、非法与公共官员谈判罪、影响交通罪、违背协助义务的不作为罪、非法进入与入侵住宅罪、恐吓罪以及森林纵火罪。如西班牙《宪法》第 125 条所明确规定的，陪审制仅适用于刑事案件，不得扩及适用于民事案件、劳动争议案件及行政诉讼案件。在《陪审法院组织法》的理由说明书中，立法者解释道，"鉴于陪审团审判是程序快捷原则、自由心证原则、非法证据排除原则、公开及言辞原则的完整表现方式，因此，陪审制所适用的刑事案件主要是那些犯罪行为不太复杂或者是那些犯罪构成要件比较简单，容易为非专业陪审员认定的犯

---

〔22〕 1995 年 5 月 22 日的《陪审法院组织法》在通过后进行了多次修改，最新的一次修改是 2018 年，但核心框架未做太多变动。笔者曾在《陪审制研究》一书中作了较体系的介绍（参见拙著：《陪审制研究》，中国人民大学出版社 2008 年版，第 151~159 页）。但出于体系的完整性，本部分的论述在原有研究的基础上仅进行部分内容的更新。

罪"。

此外,《陪审法院组织法》还在第1.3条中对陪审团审判的地域管辖作了专门设置,即所谓的"双重地域管辖原则"。原则上,陪审团审判只在省级法院（Audiencia Provincial）的地域管辖范围内适用。但在一些应适用陪审团审判的刑事案件中,其他类型的刑事法院可因对被告人提起正式刑事指控的地点而适用陪审团审判。因此,高等法院刑事庭（Sala de lo Penal del Tribunal Supremo）及司法高等法院刑事庭（Salas de lo Penal de los Tribunales Superiores de Justicia）也可能对一些特定案件适用陪审团审判。

（二）陪审员的遴选

1. 陪审员的资格

依《陪审法院组织法》原先的规定,担任陪审员需合乎如下五个条件：其一,陪审员应为18周岁以上的西班牙公民。因为依《宪法》之规定,"仅具有完全民事能力的本国公民可依法参与司法管理"；其二,陪审员应享有政治权利；其三,陪审员须具有用西班牙语读写的能力；其四,陪审员须为犯罪行为所在省份任何市的居民（Vecino）；其五,有身体、心理或感官上的障碍且足以影响其担任陪审员职责的公民不具有陪审员资格。但2018年,西班牙修改了《陪审法院组织法》（第8条、第12条及第20条）,允许残疾人担任陪审员,因为原先条款违反了《宪法》第14条（法律面前人人平等）、第23条（公民参与公共事务的权利）以及第125条（公民参与司法事实的权利）的规定。

2. 不适格

《陪审法院组织法》规定了三种不适格的情况,即被判故意犯罪（Crimen doloso）且尚未恢复公民权利的个人；正在被起诉或已被逮捕、羁押、临时监禁或在监狱里服刑的个人；以及因刑事诉讼而被暂停公职的个人。

3. 职责不兼容

《陪审法院组织法》还规定了三种职责不兼容的情况：其一,西班牙王室机构成员及行政机构人员，包括西班牙国王、西班牙王室家庭成员、总统、副总统、各部部长、国务秘书、副秘书及其他类似职务、自治市的市长、各级议会议员以及自治市政府代表等；其二，司法机构成员，包括宪法法院（Tribunal Constitucional）院长及法官、司法权力机构总理事会（Consejo General del Poder Judicial）院长及成员、国家总检察长（Fiscal General del Estado）、公诉人（Defensor del Pueblo）、司法及税收部门的现任职员、在各宪法机构、公共行政部门及法院任职的法律代理人、律师及检察官以及法学或医学教授；其三，军事部门、警察部门、狱政机构及外交部门的官员亦不得担任陪审员。

4. 陪审员遴选程序

《陪审法院组织法》第 13 条对陪审员的遴选程序进行了十分详尽的规定。省选举普查办公室的代表首先在各省选民名单中随机抽签选出候选陪审员（九月份），数量大抵为每年需进行陪审团审判之刑事案件数量的 50 倍，再适量增加一部分。候选陪审员名单分别送至各省省政府（Ayuntamientos），并于十月底在官方公报（Boletin Oficial）上进行名单公示。省法院的秘书应通过信件通知所有陪审候选人，并在信件中附有不适格、不兼职、职责豁免或案件庭审程序等相关材料。在每省最终的候选陪审员名单确定后，省选举普查办公室应将这些名单送至各省法院院长。后者必须将名单副本送至司法高等法院院长、最高法院刑事庭庭长以及各省议会处，以供在接下来两年的刑事审判中使用。

5. 职责禁止及职责豁免

所谓职责禁止，指公民因与刑事案件存在直接或间接利益而被禁止担任陪审员职责。依《陪审法院组织法》之规定，陪审员候选人如与其将担任陪审员的刑事案件存在某种利益关系，例如该陪审员候选人同时又是刑事案件的控告者、民事原告、被告人或有民事责任能力的第三人，则其不得再担任本案的陪审员。

《陪审法院组织法》还规定了七种可豁免陪审员职责的情况：年

龄在 65 周岁以上；在过去 4 年担任过陪审员；因家庭原因负担极重；职业涉及"公共利益"、履行陪审员职责将可能引发"严重问题"的个人；住所在海外的公民；现任职业军人；提前有效提出且经证实存在的"担任陪审员职责将可能引发严重问题"的其他事由。

6. 法律责任

《陪审法院组织法》对陪审员未履行职责或违反职责中所包含之特定义务的行为规定了系统的惩罚措施。例如，陪审员无正当理由而未出席第一次庭审的，可罚款 25 000 比塞塔[23]。特殊情况下，审判长还可增加罚款，罚款额可高达 100 000 比塞塔至 250 000 比塞塔。陪审员无正当理由拒绝宣誓、拒绝表决或拒绝作出裁决的行为也应科处罚款（50 000 比塞塔）。

（三）庭审程序与陪审员和职业法官的职责分工

1. 陪审员的召集

在庭审前至少 30 天，审判长应在公开的庭审中由秘书从相应的省陪审员候选名单里随机抽选 36 名陪审员。秘书应向这 36 名被选中的候选陪审员逐一发送正式通知（Cedula de citacion）以及一份专门的调查问卷。正式通知书应载明陪审员义务及职责的相关内容，而调查问卷则应包含有关陪审员职责豁免、不适格或不兼职的信息。每一位被选中的陪审员均应在 5 天内填完调查问卷并回寄。审判长应将各调查问卷交由公诉人及其他诉讼参与人，听取他们有关陪审员职责豁免、不适格或不兼职的意见。所有未被依法剔除的候选陪审员（至少为 20 名）均应在审判长所确定的具体时间里出席庭审。审判长应再次逐一询问各候选陪审员以确定每一候选人都符合《陪审法院组织法》的规定。此后，所有候选陪审员的名字都放在一个箱子里，由秘书从中随机抽选 9 名，担任陪审员，另再抽选 2 名，担任候补陪审员。双方当事人可向陪审员提问，以行使回避权。除

---

〔23〕 比塞塔已于 2002 年 3 月 1 日为欧元所取代，1 欧元相等于 166. 386 比塞塔。但法律并未作相应修改。

有因回避外，《陪审法院组织法》还允许控方和辩方各自行使四次无因回避权。

最终的陪审员名单确立后，审判长应要求各陪审员包括候补陪审员宣誓或承诺（Juramento o promesa）。誓词为："你宣誓或承诺适当、忠诚地履行陪审员职责，不偏不倚、不怀爱恨地审查指控及证据，并确定被告人是否有罪……，保持合议秘密吗"。陪审员未进行宣誓或承诺的，不得履行陪审员之职责。拒绝宣誓或承诺的陪审员将立即被审判长科处 50 000 比塞塔的罚款。

2. 庭审程序

一般而言，西班牙的刑事审判包括如下三个阶段：庭审调查阶段，即通过审前听审（Diligencias previas）或简易听审（Diligencias sumariales）以对被指控的犯罪事实进行调查；临时辩论阶段，即控辩双方进行临时性的辩论，将证据提交至法庭；以及言辞辩论阶段（Juicio oral），即控辩双方通过展示证据及询问诘问等方式以说服陪审团相信他们所支持的论断具有事实和法律的正当性。

庭审严格奉行公开审理原则、集中审理原则、直接言辞原则以及对席审理原则。依西班牙《刑事诉讼法典》之规定，庭审应公开进行，否则归于无效。但如果刑事案件涉及善良风俗、公共秩序、国家安全或未成年保护的，则可以不公开审理。审判长应听取双方当事人及陪审员的意见以决定是否秘密审理这一案件。《刑事诉讼法典》同样规定了集中审理原则、直接言辞原则以及对席审理原则。这些原则被视为《欧洲人权公约》"公正程序权"的自然延伸。[24]

3. 陪审员的职责

依《陪审法院组织法》的规定，陪审员的职责主要有二：其一，陪审员应独立、依法参与庭审，并作出被告人是否有罪的裁决；其

---

[24] Jorge A. Vargas, "Jury Trials in Spain: A Description and Analysis of the 1995 Organic Act and a Preliminary Appraisal of the Barcelona Trial", in *New York Law Journal of International & Comparative Law*, 1999.

二，陪审团还应对"有条件减刑"（remision condicional de la pena）及罪责豁免问题等作出裁决。可见，在西班牙，"事实问题"不仅包括罪责问题，还包括量刑情节问题。

4. 审判长的职责

审判长的职责则主要包括指挥庭审及作出量刑判决。前者主要指审判长应控制程序进程，并有权作出中间判决以解决庭审中所出现的各种程序问题，而后者则主要指审判长应依陪审团的罪责裁决及减刑裁决作出最终的量刑判决。如果陪审团作出无罪裁决，则审判长也应作出无罪释放的判决（Sentencia absolutoria），并立即释放被告人。相反，如果陪审团作出有罪裁决，则审判长应允许控辩双方发言，允许他们对量刑问题发表意见和看法。审判长在综合各方意见后作出最终的量刑判决。

5. 解散陪审团

《陪审法院组织法》还规定了三种类型的解散陪审团，即预先解散、合意解散以及免职解散。

预先解散，指在庭审调查中，如果审判长认为控方并未提供可证明被告人罪责成立的证据，则可依辩方之请求或依职权主动解散陪审团，中止诉讼程序，并在 3 天内直接作出包含判决理由的无罪判决（Sentencia absolutoria motivada）。预先解散类似于美国的直接裁决制度。

合意解散，则指经双方当事人同意，审判长直接依双方当事人所共同承认的事实作出量刑判决。依《陪审法院组织法》之规定，合意解散应符合如下两个条件：其一，双方当事人应同意对既定案件适用特定的刑罚；其二，该刑罚不得超过 6 年的监禁刑。

免职解散，则指检察官在审判的任何阶段或在最终的意见书中决定撤回对被告人的刑事指控（Desisten de la peticion de condena del acusado），则审判长应下令解散陪审团，作出无罪判决。

6. 制作事实列表

在言辞辩论阶段结束后，审判长即制作事实列表，以为陪审团提供"裁决对象"。这是借鉴法国陪审制的做法，但西班牙作了更细化的规定。[25]

依《陪审法院组织法》之规定，事实列表应：

·叙述双方当事人所主张的事实，明确区分指控事实和辩护事实。

·指出可能存在的"责任豁免事由"（Causa de exencion de responsabilidad）。

·指出"各被告人参与被指控之犯罪行为及责任分担"的事实。

·指出宣判被告人"有罪或无罪"的刑法依据。

·审判长依证据可增加有利于被告人的事实或法定减刑情节，但前提是这些事实或情节不会在本质上改变裁判事实。

法律规定较为抽象，我们可以以奥特希案为例作一说明。[26]基本案情如下[27]：

迈克尔·米瑞娜·奥特希·乌纳努埃（Mikel Mirena Otegi Unanue，以下简称"奥特希"）是一名支持巴斯克国独立运动的巴斯克年轻人。1995年12月10日，奥特希在位于吉普斯夸省的自家农舍中枪杀了两名巴斯克警官。此前一天，奥特希喝得酩酊大醉，并在酒吧内威胁了一名下班的警察，随后警察跟随其回到家中。奥特希此前与巴斯克警察有过冲突，并声称他受到巴斯克警方的骚扰。以下内容为本案的事实列表，删去部分关系不大的问题。

控方主张的主要事实：

（1）不利事实：迈克尔·米瑞娜·奥特希·乌纳努埃先生（Mikel Mirena Otegi Unanue）于1995年12月10日上午10：30左右，在奥

---

〔25〕 关于问题列表的研究，参见拙著：《刑事问题列表制度研究——以完善人民陪审员事实认定机制为切入点》，载《北方法学》2017年第6期。

〔26〕 西班牙吉普斯夸地区法院1997年3月6日判决。此案在西班牙引起骚乱，并引发了废除陪审制的呼声。关于奥特希案的更多介绍，详见 Stephen C. Thaman, "Spain Returns to Trial by Jury", 21 *Hastings Int' l & Comp. L. Rev.* 241, 380–81, 405–12, 497–503, 517–24 (1998).

〔27〕 ［美］史蒂芬·沙曼：《比较刑事诉讼：案例教科书》，施鹏鹏译，中国政法大学出版社2018年版，第191页及以下。

特佳巴尔（Oteizabal）农舍，故意且有谋杀意图，以一支 12 号口径的猎枪击中了伊格纳西奥·杰西·门迪鲁斯·埃切瓦里亚先生（Ignacio Jesús Mendiluce Echebarría，以下简称"门迪鲁斯"）锁骨的右下部分，致其当场死亡。陪审团的多数裁决：不予认定。

（2）不利事实：奥特希在同一时间、同一地点，故意且有谋杀意图，枪击了若瑟·路易斯·冈萨勒斯·比亚努埃瓦先生（José Luis Gonzalez Villanueva，以下简称"冈萨勒斯"）的左肩胛骨部分，致其当场死亡。陪审团的多数裁决：不予认定。

（3）不利事实：奥特希在门迪鲁斯没有任何挑衅行为的情况下，枪杀了门迪鲁斯。陪审团的多数裁决：不予认定。

（4）不利事实：奥特希在冈萨勒斯没有任何挑衅行为的情况下，枪杀了冈萨勒斯。陪审团的多数裁决：不予认定。

（5）不利事实：奥特希从大约 1.5 米处的距离枪击了门迪鲁斯。陪审员的一致裁决：予以认定。

（6）不利事实：奥特希从大约 2.5 米处的距离枪击了冈萨勒斯。陪审员的一致裁决：予以认定。

（7）不利事实：奥特希以突然且出人意料的方式枪击了门迪鲁斯。陪审团的多数裁决：不予认定。

（8）不利事实：奥特希在门迪鲁斯有机会防御前便枪击了门迪鲁斯。陪审团的多数裁决：不予认定。

（9）不利事实：奥特希从冈萨勒斯背后枪击了冈萨勒斯。陪审团的多数裁决：不予认定。

（10）不利事实：奥特希以突然且出人意料的方式枪击了冈萨勒斯。陪审团的多数裁决：不予认定。

（11）不利事实：奥特希在冈萨勒斯有机会防御前便枪击了冈萨勒斯。陪审团的多数裁决：不予认定。

（12）不利事实：门迪鲁斯在受到致命伤害时，是一名身着警服、正在履行法定职责的巴斯克警察。陪审员的一致裁决：予以认定。

（13）不利事实：冈萨勒斯在受到致命伤害时，是一名身着警服、正在履行法定职责的巴斯克警察。陪审员的一致裁决：予以认定。

（14）不利事实：奥特希在向门迪鲁斯开枪时意识到他正在袭击一名巴斯克警察。陪审团的多数裁决：不予认定。

（15）不利事实：奥特希在向冈萨勒斯开枪时意识到他正在袭击一名巴斯克警察。陪审团的多数裁决：不予认定。

辩方的辩护事实：

（48）有利事实：奥特希是在与巴斯克警察再次争吵时，才拔出了装有子弹的猎枪。陪审团的一致裁决：予以认定。

（49）有利事实：在争执中，巴斯克警察冈萨勒斯将枪指向奥特希。陪审团的多数裁决：予以认定。

（50）有利事实：在争执中，奥特希感觉到巴斯克警察冈萨勒斯的枪指向了他。陪审团的多数裁决：予以认定。

（51）有利事实：当时，奥特希对自己的行为完全失去了控制。陪审团多数裁决：予以认定。

（52）有利事实：（仅在上述第51项事实未被认定的情况下亦提交陪审团）当时，奥特希对自己的行为部分失去了控制。因第51项事实得以认定，故陪审团无须认定这一问题。

（53）不利事实：在这种情况下，奥特希开了枪。陪审团的一致裁决：予以认定。

（54）有利事实：奥特希所开的两枪并非以故意杀人为目的。陪审团的多数裁决：予以认定。

（55）有利事实：奥特希开了两枪，但没有意识到杀人行为。陪审团的多数裁决：予以认定。

由双方当事人提出、能够证明奥特希不应负刑事责任的事实：

（69）有利事实：奥特希有感到被巴斯克警察骚扰及迫害的人格臆想及倾向。陪审团的多数裁决：予以认定。

（70）有利事实：与前面所描述的受骚扰及受迫害的人格臆想及

倾向相关联，奥特希在实施行为前便处于病态、不安或潜在的精神紊乱之中。因其人格无法容忍，故奥特希实施了极端的行为。陪审团的多数裁决：予以认定。

（76）有利事实：奥特希在1995年12月9日及10日的下午及夜晚均过度饮酒，因此处于醉酒状态。陪审团的一致裁决：予以认定。

（77）有利事实：综合第三部分第69至76项所呈现的全部事实，或者综合已认定的全部事实，是否可以最终认定奥特希在开枪之时完全失去了对自身行为的控制。陪审团的多数裁决：予以认定。

被告人应判处有罪或无罪的犯罪行为：

（92）奥特希故意杀害身着制服、正在履行职务的巴斯克警察冈萨勒斯。他以突然且出人意料的方式枪击冈萨勒斯，令其丧失防御机会。陪审团的多数裁决：行为不构成犯罪。

（93）（如果陪审团在回答第92个问题时认定行为不构成犯罪，则需表决该问题）：奥特希故意杀害身着制服、正在履行职务的巴斯克警察冈萨勒斯。奥特希利用了猎枪的优势实施了杀害行为。陪审团的多数裁决：行为不构成犯罪。

（94）奥特希故意杀害身着制服、正在履行职务的巴斯克警察门迪鲁斯。他以突然且出人意料的方式枪击门迪鲁斯，令其丧失防御机会。陪审团的多数裁决：行为不构成犯罪。

（95）（如果陪审团在回答第94个问题时认定行为不构成犯罪，则需表决该问题）：奥特希故意杀害身着制服、正在履行职务的巴斯克警察门迪鲁斯。奥特希利用了猎枪的优势实施了杀害行为。陪审团的多数裁决：行为不构成犯罪。

陪审团裁定是否给予全部或部分的赦免请求：

（96）有利事实：如果判决有罪，且符合执行有罪判决的法定先决条件，则陪审团支持有条件的刑事处罚。（陪审团未裁决）

（97）有利事实：如果判决有罪，陪审团支持免除全部刑罚。（陪审团未裁决）

（98）有利事实：如果判决有罪，但存在反对前述事实的否决票，陪审团支持免除部分刑事处罚。（陪审团未裁决）

判决理由：

综合第92、93、94及95个问题，陪审团认定这些问题所涉及事实"未得到充分证明"，未能证明案件详情。案件存疑。

可以看出，问题列表承担着两大功用：一方面，问题列表可为未受过法律专业训练的陪审员进行犯罪要件分解，降低其进行事实认定的难度；另一方面，问题列表相当于"简明的判决理由书"，双方当事人有权阅读陪审团对问题列表的回答，从而可在一定程度上了解陪审团的事实认定及逻辑过程。

（四）合议、表决和判决程序

庭审结束后，陪审团即退庭合议。合议应在特定的合议室里秘密进行。审判长、当事人及媒体人员等均不得进入合议室。

原则上，陪审员应就三个问题进行表决。首先是事实问题（Votacion sobre los hechos）。陪审团应对事实列表中所包含的各个问题进行表决，已确定某些事实是否"已被证明"。审判长在陪审团退庭合议前应制作事实列表以供陪审团表决。不利于被告人的事实表决应达到七票才获通过，而有利于被告人的事实表决则只需达到五票便获通过。其次，在事实问题获得必要的多数后，陪审团还应对被告人是否有罪问题（Voto sobre culpabilidad o inculpabilidad）进行表决，以决定"各个特定犯罪事实是否构成某一犯罪"。同样，有罪的表决应达到七票，而无罪表决则只需达到五票。最后，如果陪审团作出有罪裁决，则还应对有条件减刑（Remision condicional de la pena）及赦免罪行等问题进行表决。有利于被告人的表决只需达到五票。在表决过程中，陪审团团长（Portavoz）[28]应履行如下职责：要求陪审员投票并警告他们弃权的后果；在事实问题上指导陪审员投票；草拟表决记录以及宣读裁决。

此外，陪审团团长还应为陪审团准备一份特殊的表决记录

---

[28] 依《陪审法院组织法》之规定，第一个被随机抽中的陪审员为陪审团团长。

（Acta de votacion）。依《陪审法院组织法》之规定，表决记录应包括如下事项：已被证明的事实；未获证明的事实；对每位被告人每项指控是否有罪的意见以及对该罪是否适用有条件减刑或赦免的意见；用于支持有罪或无罪的证据要素以及合议中的附带表决事项。表决完成后，陪审团团长即撰写表决记录，全体陪审员应在表决记录上签名，陪审团团长将记录复印本交给审判长。如果最终的表决记录存有瑕疵，则审判长可决定发回陪审团处。在这种情况下，审判长应启动特殊庭审，在所有当事人都参与的情况下解释将表决记录发回陪审团处的原因，并指出该记录的瑕疵所在及矫正的方式。如果表决记录被发回三次以上仍存在瑕疵，则审判长将下令解散陪审团，并由新选出的陪审团重新审理该案件。

如果表决记录不存在任何瑕疵，则审判长应依记录中所载明的陪审团意见作出判决。如果陪审团作出无罪裁决（Veredicto de inculpabilidad），则审判长应立即判决无罪释放被告人。相反，如果陪审团作出有罪裁决，审判长应允许控辩双方对量刑问题发表各自的意见和看法。当然，这些意见只具有参考意义，审判长可接受之，也可不接受。但应当指出的是，审判长必须严格遵守陪审团的裁决，不得以任何理由撤销陪审团的裁决。

判决书由审判长撰写。审判长在撰写判决时应严格遵守《司法机构组织法》的相关规定，并在判决主文中说明陪审团裁决的基本内容。书面的判决书及表决记录应在官方公报中刊载。

（五）上诉程序

原则上，陪审法院的判决为终审判决，不得上诉（Principio de intangibilidad del veredicto：判决不得上诉原则）。但最高法院可通过复核审之诉对陪审法院的判决进行法律适用方面的审查。[29]

---

〔29〕 Juan-Luis Gomez Colomer, El Jurado Español: Ley y practica, in Le jury dans le procès pénal au XXIe siècle, Conférence internationale, Syracuse, Italie, 26-29 mai 1999, Revue Internationale de Droit Pénal（RIDP）, 1e et 2e, p. 310.

三、西班牙陪审制适用状况评析（1995 年至 2015 年）

西班牙陪审制从 1995 年设立至今已有 20 余年。2015 年，时值适用 20 周年之际，西班牙司法官总委员会（Consejo General del Poder Judicial）对外发布了 20 年来陪审制适用情况的宏观数据[30]，为我们提供了绝佳的比较法素材。

（一）适用陪审团程序的案件数量

按司法官总委员会的报告，西班牙陪审团在 20 年里共受理了 10 407 个刑事案件。仅在适用初期（1996 年、1997 年和 1998 年），适用陪审团程序的案件数量呈增加趋势。从 1999 年至今，受理案件的数量逐年下降，具体数据如图 1 所示[31]：

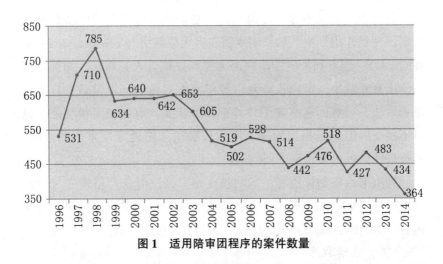

图 1　适用陪审团程序的案件数量

之所以出现数量下降的情形，不少学者归咎于陪审制的适用太过昂贵，再加上关联管辖权规则的修改，很多法院不愿意适用陪审团审判。例如在塞维利亚陪审团办公室司法管理局工作的路易斯·

---

〔30〕　详细的数据，可参见 Javier Esteban Loza, El tribunal del jurado: evolución histórica en España, publicado por la Universidad de La Rioja, 2015, pág. 58–62。

〔31〕　Todos los datos y gráficas han sido extraídas del informe estadístico N° 40 del 14 de julio de 2015 del ConsejoGeneral del Poder Judicial, sobre los 20 años de vigencia del Tribunal del Jurado。

热·维拉（Luis Re villa）便进行了较精确的计算[32]：财政给每个陪审员每天支付 67 欧元报酬，除此之外还应承担差旅费、餐费和住宿费。如果陪审团审判持续 5 天至 6 天，则财政要支付 6000 欧元甚至更多。

（二）各自治区和全国启动陪审团程序的情况

司法官总委员会对各自治区和全国陪审团法庭的适用情况亦提供了宏观数据，如下表所示：

表 1　各自治区和全国陪审团法庭的适用情况

	适用案件数	再审案件数	裁决案件数	截至 2014 年底仍在程序中案件数
安达卢西亚	1919	69	1952	1761
阿拉贡	189	3	186	154
阿斯图里亚斯	294	7	297	194
巴利阿里群岛	257	5	256	224
加那利群岛	639	25	636	685
坎塔布利亚	122	2	120	116
卡斯蒂利亚-莱昂	470	15	472	393
卡斯蒂利亚-拉曼恰	372	12	366	374
加泰罗尼亚	1821	88	1820	2108
瓦伦西亚大区	1164	46	1114	1107
埃斯特雷马杜拉	164	5	160	140
加利西亚	882	21	880	780
马德里	1251	59	1306	1312
穆尔西亚	307	12	312	265

〔32〕　Luis Revilla, Magistrado de la Administración de Justicia en la Oficina del Jurado en Sevilla, conferencia en elColegio de Abogados de Tenerife, el 20 de enero de 2016. Recogido en el Diario Digital "Eldia. es", el 24 de enero de 2016.

续表

	适用案件数	再审案件数	裁决案件数	截至 2014 年底仍在程序中案件数
纳瓦拉	123	3	123	91
巴斯克	372	17	379	289
拉里奥哈	61	3	61	55
西班牙	10 407	392	10 440	10 048

以每 10 万居民为基数，各自治区和全国启动陪审团审判的情况如下：

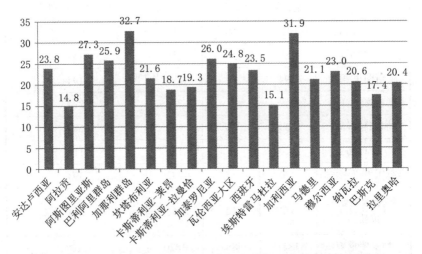

图 2　以每 10 万居民为基数，各自治区和全国启动陪审团审判的情况

加那利群岛是每 10 万居民进行最多陪审团审判的自治区，但各自治区未呈现明显的分化。

（三）陪审团适用效果的基础数据

司法官总委员会以省为单位，对有罪判决率进行了分析。

省级庭审适用陪审团法的案件数量如下图：

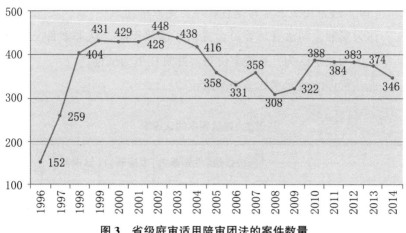

图3　省级庭审适用陪审团法的案件数量

2015 年，自陪审法院设立成为西班牙司法系统的一部分，以及通过陪审法院进行审判，刚好 20 年。依司法官总委员会的数据，从一些相关数据来看，我们可以说加那利群岛是适用陪审团审判比例最高的自治区，每 10 万居民中就有 33 人。

有罪判决率的情况：

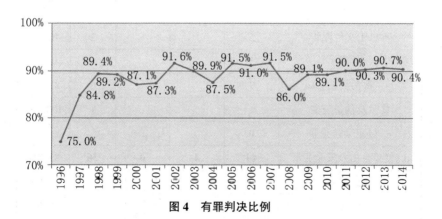

图4　有罪判决比例

可以看出，除 1996 年有罪判决率偏低外（75.0%），其余 19 年均差距不大。有罪率平均为 89.2%。

（四）陪审团定罪率与速裁程序的定罪率相比

作为参照，司法官总委员会提供了速裁程序（认罪案件）的定罪率，因为通常认为，这类案件与实际真相更为接近。

速裁程序的认罪率如表 2 所示：

表 2　速裁程序的认罪率

	判决数量	性别暴力	家庭暴力	认罪数	认罪数百分比
a. 侵犯人身犯罪	**193**	**43**	**36**	**33**	**17.1%**
谋杀	121	36	23	15	12.4%
蓄意谋杀	65	6	13	18	27.7%
误杀	7	1			0.0%
b. 公职人员在履行职责时所犯罪行	**33**			**25**	**75.8%**
受贿	12			8	66.7%
行骗	1			1	100.0%
欺诈及勒索	1			1	100.0%
欺诈、勒索及伪造公共文书	1			1	100.0%
不忠于文件保管	5			2	40.0%
贪污	5			5	100.0%
贪污公款	7			6	85.7%
贪污及伪造公文	1			1	100.0%
c. 侵犯荣誉犯罪	**0**				
d. 侵犯自由及安全犯罪	**44**	**4**	**0**	**36**	**81.8%**
非法侵入	26	3		22	84.6%
威胁	9			5	55.6%
威胁及非法侵入	1	1		1	100.0%
不履行救济义务	8			8	100.0%
e. 纵火罪	**14**			**9**	**64.3%**

可以看出，陪审团 89.2% 的定罪比例高于速裁程序定罪比例（84.7%）和简易程序的定罪比例（80.0%）。这在相当程度上说明西班牙的陪审团更倾向于定罪。

司法官总委员会还总结了理论界及实务界代表性人物对西班牙陪审团适用 20 年的一些基本评价。主要的批评集中于：①适用陪审团审判成本太高；②《陪审法院组织法》存在许多法律空白，导致司法实践的适用较为混乱；③检察官和法官在法庭上喜欢使用专业术语，让业余的陪审员感到不必要的困惑，并影响了陪审员后续的心证；④《陪审法院组织法》第 24 条[33] 所规定的充分预审与庭审中的直接言辞原则构成明显的冲突。

但绝大部分的代表还是充分肯定了 20 年来陪审团对提升西班牙的司法民主尤其是公众的国家责任发挥了举足轻重的作用。例如，陪审团适用初期，很多公民以各种借口拒绝担任陪审员。但时至今日，这一现象几乎绝迹。且除了极个别的特殊案件外（如前所论及的奥特希案以及易兹·万利科霍夫案[34]），陪审团审判几乎得到社会的普遍认可，陪审制作为司法与社会的桥梁功能得以彰显。

四、西班牙陪审制的简要评价

与欧陆其他代表性国家相比，西班牙陪审制的发展显得尤为坎坷，这与西班牙自 19 世纪以来动荡不安的局势以及独裁专制的传统紧密相关。甚至直到 1975 年之前，西班牙都还处于弗朗哥的独裁统

〔33〕《陪审法院组织法》第 24 条规定，"如果依指控的表述或者指控中事实的详细关系，一旦提起诉讼，则一名或多名被告人被指控的罪名应归陪审团法庭管辖，则应事先评估它的真实性，请求预审法官作出裁定，移交陪审团法庭启动审判程序。陪审团法庭依本法的规定对案件进行审理，在任何情况下诉讼均不得延迟"。

〔34〕易兹·万利科霍夫案（Ruiz Wanninkhof）的案情如下：易兹·万利科霍夫是 1980 年出生的一名少女，1999 年在西班牙的米哈丝被谋杀。在媒体的压力下，52 岁的瓦兹克（Vázquez）被判定有罪，核心原因是他的同性恋偏见。控方捏造了他与一名女同性恋的情感纠葛，并因嫉妒杀害了易兹·万利科霍夫。陪审团经审理后判处瓦兹克有罪。但三个月后，安达卢西亚高等法院推翻了原判决。后来警方利用 DNA 技术锁定了真凶：32 岁有长期犯罪史的英国人托尼·亚历山大·金（Tony Alexander King）。本案被认为是自 1910 年"昆卡之罪"后最大的冤案。

治之下，成为西欧的"孤儿"。所以，西班牙进步人士对自由以及陪审团的渴求，甚至远比法国、德国来得强烈。纵观西班牙陪审制的历史和现状，笔者拟用"宪制下的平民司法"来作一简要的总结和评价。

尽管在理论上，各国均强调陪审制的政治价值。在启蒙思想家的作品中，陪审制既是反司法专权的壁垒，又是政治自由的捍卫者。例如法国著名的思想家西耶斯在论及英国陪审制的价值时便宣称，"……将英国所拥有的一切良好制度都归功于宪法本身（这里指1215年的大宪章）……这显然是错误的。很明显有一种'法'优于宪法，即陪审团的裁判。……陪审团是英国公民自由的真正守护神……陪审团的判决是防止司法权力滥用的唯一方式。法国的司法权力滥用之所以如此猖獗和可怕，原因在于我们并未实行这种同阶层审判制度（即陪审制）"。[35] 北美殖民地在 1735 年英总督诉曾格（John Peter Zenger）案、在 1765 年反《印花税法》案以及在 1774 年波士顿倾茶案中，陪审团均因站在反政治迫害的最前沿而声名大噪，并在相当长的一段时间内成为美国人民反殖民地斗争的司法壁垒。但与西班牙近两个世纪的艰难探索相比，这些华丽的辞藻以及颇具戏剧色彩的经典个案均不足为道。笔者在撰写"西班牙陪审制的曲折发展史"[36] 一节时，原本拟作一简要、条目式的总结，但在资料收集及消化过程中，发现这是不可能完成的任务。因为西班牙政权更迭太过频繁，既有内忧，也有外患。但在这 200 年里，西班牙的进步人士从未放弃过对自由的追求。这可以解释为何只要政治环境稍微回暖，陪审制的议题便会提上议会，并引发对陪审制政治价值的广泛讨论。也正因为如此，西班牙的陪审制与自由的宪法紧密关联。

我们可以从西班牙《陪审法院组织法》的长篇立法理由说明书中得到印证：

---

〔35〕 Sieyès E. , Qu'est-ce que le Tiers Etat? Paris, PUF, 1982, Chap. IV.

〔36〕 参见本文第一部分。

我们的宪法文本包含了西班牙宪法史上视为永恒的要素。每个自由的阶段均设有陪审团制度，就如同 1812 年的《卡迪兹宪法》、1837 年的宪法、1869 年的宪法以及 1931 年的宪法。相反，每个公共自由倒退的阶段均取缔或极大压缩这一公民参与的机制，同样也极大限制了所有公民的权利以及公民参与公共事务的机制。

因此，陪审制是无可争议的自由基石。它源自如下无可争议的事实：从 1820 年雏形到 1936 年停止适用，极少有制度像陪审团法庭一样遭受——因此也是充实——如此吹毛求疵且着重有力地提炼，总结出了大量的数据、经验以及先例，有助于促进对这一制度的充分应用。

摒弃各种赞同或反对的司法理念，我们的基本法规范毫无争议地将陪审团制度与两项基本权利紧密联系，分别是：西班牙《宪法》第 23.1 条公民直接参与公共事务的权利，以及第 24.2 条接受预先确定之普通法官裁判的权利。

事实上，参与公共事务的主观权属于市民权（status activae civitatis）领域。我们从实施细则中可以发现，该权利的行使并不交由公民代表，而直接由公民本人通过成为陪审员而直接行使。因此，该制度不具有代议制的性质，而仅具有参与性和直接性。

因此，我们可以认为，这一制度与公民以专门的方式直接参与行使国家真正权力行使的其他模式并不相同。我们还面临着法律文本中所确立的法定义务，即设有强制措施以保证该义务得以履行，以及设立各种举措以尽可能缓解履行这一义务的过重负担，例如支付履职报酬以及对因履职所产生的费用进行补偿。本法所源自的理念是民主国家应以公民参与公共事务为特征。因此，对于传唤从事司法裁判的公民，无理由予以豁免。相反，应设立程序以尽可能满足这一宪法权利。

简而言之，这并不涉及信任公民的能力，似乎否定性的替代制度在民主体制下是可以容忍的。这里仅是超越各种解释性的理由，不仅是有争议的历史失败，还包括独裁及反民主的停止适用。

当然，尽管陪审制在西班牙甚至是一种"政治正确"，但围绕陪审制的传统争议依然存在，例如普通公民是否能准确进行事实认定？事实与法律的区分界限如何厘清？陪审团所带来的沉重财政负担如何缓解？陪审团裁决如何进行约束？陪审团废法的现象如何解决？等等。这些争议不仅在西班牙陪审制的发展史上频繁论及，也是世界各国陪审制所普遍面临的疑难问题。可以想象，未来围绕这些问题的争论也会持续进行，但这并不会动摇西班牙陪审制的根本。正如西班牙著名的政治家、时任的国会主席克里斯蒂诺·马托斯（Cristino Martos）在1878年马德里立法和判例研究院中所讲，"先生们，让我们虔诚地回归这一法律制度（陪审制）。这一制度的特殊美德能完全满足正义，维持和巩固社会秩序，是对权利的可靠保证。没有这些权利，人民的精神生活便不会完整，也不会有尊严"。[37]

---

〔37〕 Véase Alejandre, J. A., "La Justicia Popular en España" Análisis de una experiencia histórica: Los tribunales de Jurados. Editorial Universidad Complutense, Madrid, 1981, pág. 149.

西班牙刑事证据制度的一般原理

一、引论

与欧陆多数国家（意大利例外）类似，西班牙《刑事诉讼法典》未设专门的证据篇，涉及证据的相关条款主要规定在预审（第2卷）及庭审（第3卷）中。这样的立法设置并无严谨的学理支撑，例如证人证言及鉴定意见的多数证据应用规则便规定在预审卷，而其他证据形式则多数规定在庭审卷。但证人证言及鉴定意见在多数情况下并不构成预先证据或预设证据，恰恰更应遵循各种庭审规则。相反，文书证据和物证等在很多情况下构成预先证据或预设证据，仅通过宣读笔录进入庭审，却规定在庭审卷中。

但在西班牙教科书体系[1]中，证据应用规则的介绍均放在庭审篇中，这与多数欧陆国家的做法不同。[2]证据制度的一般原理也与庭审规则紧密联系。据此，证明活动被界定为"庭审中各方当事人提交必要的证据，由法官依对席原则、平等原则以及直接言辞原则等宪法性保障，对争议事实作出裁判"。[3]

---

[1] Gimeno Sendra, Vicente, Introducción al Derecho procesal, Ed. Castillo de Luna Ediciones Jurídicas, Madrid, 2017. Juan Montero Aroca, Juan Luis Gómez Colomer, Alberto Montón Redondo, Silvia Barona Vilar, Derecho Jurisdiccional, I, Parte General, Ed. Tirant lo Blanch, Valencia, 2019. Pablo Gutiérrez de Cabiedes, Derecho procesal: Parte general, Tirant lo Blanch, 2018. Vicente Gimeno Sendra, Manual de derecho procesal penal, Ediciones Jurídicas Castillo de Luna, 2018. Víctor Moreno Catena Valentín Cortés Domínguez, Derecho Procesal Penal, Tirant lo Blanch, 9ª Edición, 2019.

[2] 在欧陆诸国，多数权威教材在总论中介绍证据制度，因为证据的应用规则适用于诉讼的全过程。中国的多数教材亦如此。

[3] Vicente Gimeno Sendra, Manual de derecho procesal penal, Ediciones Jurídicas Castillo de Luna, 2018, p. 595.

1882 年《刑事诉讼法典》的立法者宣称，西班牙将构建"对抗式"的刑事诉讼，主要体现在庭审程序中。因此，当事人决定了证明对象和证明过程：当事人应通过"定性书"（escritos de calificación）引入事实，决定了证明的对象（《刑事诉讼法典》第 656 条、第 657 条和第 728 条）；法官仅告知指控及争议的证据（iudex indicare debet secundum allegata et probata partium），由双方当事人主导证明的过程，例如向证人和鉴定人提问（《刑事诉讼法典》第 708.1 条和第 724 条）。

但这种"对抗式"的刑事诉讼，更准确而言，是加入对抗元素的职权主义，与当事人主义的刑事诉讼有着本质的区别。[4] 例如在西班牙，法官有义务发现"历史真实"或"实质真实"（verdad histórica o material），而不必然符合当事人所描述的"形式真实"（verdad formal）。因此，"对抗式"的刑事诉讼调查和举证原则受到了相当程度的限制。例如，当事人无权启动言辞庭审，如果被告人拒不认罪，法官下令进行言辞庭审（《刑事诉讼法典》第 701 条）。在庭审中，法官可依职权进行必要的证据审理（《刑事诉讼法典》第 729.2 条），审判长可以自行或者指示本案的其他审判人员向证人提出有利于查明案件事实的问题（《刑事诉讼法典》第 708.2 条），依职权进行尽职调查（《刑事诉讼法典》第 729.1 条）或审查文书证据（《刑事诉讼法典》第 726 条），等等。

有鉴于此，本文将沿袭西班牙权威教科书的基本逻辑体系对刑事证据制度进行研究，部分内容可能与预审程序（如证据禁止）或庭审程序（如询问技术）存在一定的重复，笔者将依论述的重点进行繁简配置。同时也因篇幅受限，对于一些极其重要的证据应用规则，笔者将在后续的专论中深入展开研究。

二、证明对象

在西班牙刑事诉讼中，证明对象由控辩审三方共同确定，学说

---

〔4〕 这几乎也是比较刑事诉讼学者的通论，参见施鹏鹏主编：《现代刑事诉讼模式：对话与冲突》，中国政法大学出版社 2021 年版。

称之为"定性"（calificación），涵盖定罪、量刑及附带民事诉讼的诸项事宜。"定性"分为两个阶段：第一阶段为"临时定性"，即在预审阶段，由控辩双方对案件定性提交各自的意见，并提交相应的证据。辩护人所提交的意见及证据，称为"临时定性"的辩护状，控方所提交的意见及证据，称为"临时定性"的起诉状。第二阶段为"最终定性"（又可简称为"定性"），法官将依"临时定性"的辩护状和"临时定性"的起诉状对证明对象[5]进行明晰，最终决定在庭审中所讨论的问题，包括：①预审中认定的应当受制裁的行为；②对应当受制裁行为的法定定性并确定构成的犯罪；③被告人在案件中的参与情况，有多名被告人的注明多名被告人的参与情况；④预审材料中的事实，以及构成从轻、从重或者免去刑事责任的情节；⑤根据案件的参与情况决定被告人应当承担的刑罚，有多名被告人的注明多名被告人应当承担的刑罚。如果涉及附带民事诉讼，则还应包括：①案件造成伤害和损害的估计赔偿金额或者应当恢复原状的物品；②应当承担伤害、损害、恢复原状责任的当事人，以及其因前述责任应当作出的行为（《刑事诉讼法典》第650条）。此外，法官在"最终定性"阶段还应对与证明对象不相关、没必要或无用处的证据排除在庭审之外（《刑事诉讼法则》第659条和第792.1条）。依《刑事诉讼法典》第729.2条之规定，法官不得依职权对与证明对象无关的证据进行证据审理。审判长认为当事人提问与证明对象无关的，亦应驳回。违反前述规定进行证据审理的，构成了《刑事诉讼法典》第850.1条、第850.3条及第850.4条所规定的撤销之诉事由。

三、证据形式

尽管法律未作明确规定，学说也鲜见讨论，但西班牙刑事诉讼奉行证据自由原则[6]，即《刑事诉讼法典》并未对证据形式作严格

---

〔5〕 关联主题的介绍，可参见本书《论刑事诉讼对象》部分。

〔6〕 意大利著名的证据法学者塔鲁夫教授曾对欧陆诸国的证据形式进行过深入的研究，其观点和笔者不谋而合。Michele Taruffo, La prueba, Marcial Pons, 2008, p.54.

的法律限定，任何证据形式均可作为刑事判决的依据。对于法典明确规定的证据形式，可称为"具名证据"，未明确规定的证据形式，则可称为"未具名证据"。[7]

如前所述，对于各种"具名证据"，西班牙《刑事诉讼法典》规定在不同的篇章中，例如被告人供述，部分规定在预审程序的"调查陈述"中，部分则规定在庭审程序中。证人证言、勘验检查、文书证据及鉴定报告等亦类似。但这些规定并非独立存在，而具有明显的互补性，因此，证据应用规则的研究必须同时参照"预审卷"及"庭审卷"的相关条款。

（一）被告人供述

言辞庭审启动后，审判长应首先对被告人是否处于临时羁押、临时自由状态以及是否缴纳保证金作一说明，并宣读定性书及所提交的鉴定人、证人名单（《刑事诉讼法典》第 701 条）。宣读完毕，审判长会告知被告人以及所有诉讼参与人起立（《刑事诉讼法典》第 685 条），回答法律所规定的一般性问题。如果所涉罪名少于 6 年的监禁刑，则审判长将询问被告人是否同意控方所请求的最高刑罚。[8]

被告人不认罪或者认罪不适当的，则应对被告人进行讯问。对于如何讯问，《刑事诉讼法典》"庭审卷"的规定并不周延，应结合"预审卷"（《刑事诉讼法典》第 385 条至第 409 条）和庭审惯例（los usos forenses）予以补充。

1. 被告人可以自行辩护，也可以保持沉默

依《公民权利和政治权利国际公约》第 14.3 条和《欧洲人权公约》第 6.3 条，被告人在获悉指控后可自行进行辩解，避免定罪或者争取获得较低的量刑。而自行辩护也包括保持沉默的权利。法官

---

〔7〕 塔鲁夫教授也有类似的观点，仅称谓略有不同。塔鲁夫教授分别称之为"典型证据"和"非典型证据"（Mezzi di prova tipici ed atipici），与"具名证据"和"未具名证据"在内涵上完全相同。关于证据形式及证据自由原则，参见施鹏鹏：《证据法》，中国政法大学出版社 2020 年版，第 128 页。

〔8〕 关于西班牙的认罪协商程序，参见本书《"阶梯型"的认罪认罚从宽模式》部分。

不得仅因被告人保持沉默而作不利推断。但西班牙最高法院的判例教义不承认犯罪嫌疑人有说谎的权利，即可以选择沉默，也可以选择辩解或供述，但一旦放弃沉默权，必须如实陈述。

司法实践中较常见的一种情况是，被告人在预审程序中进行了供述（甚至认罪），但庭审中保持沉默或者翻供。最高法院的判例认为，应首先审查预审阶段的调查陈述是否遵守宪法及《刑事诉讼法典》的各种程序保障。如果调查陈述充分保障了犯罪嫌疑人的各种权利，则审判长应下令宣读书面供述，观察被告人尴尬或惊讶的表情，以对认罪或翻供的真实性进行判断。[9] 可见，西班牙奉行"口供可分性原则"，法官既可采纳翻供前的口供，也可采纳翻供后的口供。但新近西班牙最高法院的判例似乎更倾向于采纳审前的认罪供述。无论如何，法官均应结合其他证据对被告的口供进行评价。

还需说明的是，在这一问题上，陪审团审判适用较特殊的规则。依《陪审法院组织法》第46.5条之规定，证人、鉴定人或被告人在庭审和预审阶段作出不同陈述（供述）的，则检察官、控辩双方的律师均可以对上述人员进行询问，但不得宣读卷宗中的预审笔录。这主要是因为陪审团审判适用更严格的直接言辞原则，避免卷宗材料对陪审员的心证造成影响。[10]

2. 交叉询问制度（sistema de interrogatorio cruzado）

西班牙适用所谓的"交叉询问制度"。但这一"交叉询问制度"与英美法系国家的"交叉询问制度"不可同日而语，充其量仅能说是改良版的"审问制"。[11] 审判长主持庭审辩论，发问顺序为检察官、自诉人、被告人的辩护人以及附带民事诉讼的参与人。审判长应禁止各方提出诱导性或暗示性的问题，对于不相关或无助于查明案件真相的争论也应及时制止，但不得限制辩护人进行辩护的必要

---

〔9〕 SSTS 65/2013, de 29 de enero caso Miguel Carcaño, 1073/2012, 29 de noviembre.

〔10〕 关于西班牙陪审团制度的研究，参见本书《宪制下的平民司法：西班牙陪审制研究》部分。

〔11〕 关于交叉询问制度与审问制的区分，参见施鹏鹏：《职权主义与审问制的逻辑——交叉询问技术的引入及可能性反思》，载《比较法研究》2018年第4期。

自由（《刑事诉讼法典》第683条）。可以看到，西班牙的"交叉询问制度"并未区分"询问"和"反询问"，禁止任何诱导性或暗示性的问题，法官在询问过程中发挥主导作用，与传统"审问制"唯一的区别便是给当事人更大的询问自由。[12]被告人以不当行为扰乱庭审秩序并且不服从审判长警告或者令其撤离现场训诫的，法官可以决定将其驱逐出庭。驱逐期间可以为一定时间或者整个庭审过程，庭审不得因被驱逐人的缺席而中止。

3. 视频会议（videoconferencia）

特殊情况下，可通过"视频会议"进行司法审讯。依《刑事诉讼法典》第731-1条之规定（2003年第13号组织法所创设），"应当出庭的被告人、证人、鉴定人或者其他人，出庭确实困难或者可能对其造成危害的，尤其是未成年人遇到此情形时，法院依职权或者应当事人请求，可以出于利益、安全或者公共秩序的原因，准许前述人员根据《司法机构组织法》第229条第3项规定，通过视频或者其他类似可以同时实现图像和音频双向传递的方式参与庭审"。但对于被告人，视频会议仅限于"可能严重扰乱公共秩序危险"的情况。

（二）证人证言[13]

1. 证人的出庭及作证义务

证人有义务出庭作证。在预审阶段，预审法官有义务提醒证人，在预审阶段作证的，有义务在言辞庭审中再次作证。但并非所有预审阶段的证人均会出庭作证。控辩双方将在"临时定性"的辩护状和"临时定性"的起诉状中列明拟传唤的证人。法官将审核证人名单，如果认为证人证言相关且必要，则应在言辞庭审的日期和时间内进行传唤。因此，尽管西班牙主流学说区分了控方证人和辩方证

---

〔12〕 欧陆主要国家均有这样的改革趋势。例如近年来，德国和法国也逐渐让控辩双方有更宽松的辩论空间，例如更连贯的询问过程，不需要每个提问均应审判长批准，等等。但审判长在庭审中还是居于主导地位，实质真实依然是庭审的核心目标，禁止提出各种诱导性或暗示性的问题。

〔13〕 关于证人的基础理论（界定、类型化等），参见本书《论预审》部分。

人，并尝试构建一套当事人主义的询问方式（从作证顺序到交叉询问），但事实上所有证人均由法官传唤。证人面向法庭有如实作证的义务，而非面向己方当事人。证人将前往法院所在地，并在证人室内隔离。在证人室内，证人不得与已作证的证人及其他人进行交流（《刑事诉讼法典》第704条）。

除国王、王后、王储和摄政王外，证人均应作证，但某些机构可以提供书面证言（《刑事诉讼法典》第702条和第703条，援引了第412条关于作证豁免的特殊规定）。不过，第703.2条作了限制性的解释，即在影响"职务适当行使"的前提下可提供书面证言。因此，如果法官认为出庭作证并不影响"职务适当行使"，则应下令到庭作证。相反，如果法官接受书面证言，则应在言辞庭审中进行宣读。

证人有义务宣誓如实作证，唯一的例外是"因身体或者精神原因无行为能力的人"（《刑事诉讼法典》第417.3条）。未满14周岁的未成年人具有作证资格，但无须宣誓（《刑事诉讼法典》第706条），也不得进行对质（《刑事诉讼法典》第713.2条）。未成年人还受未成年人相关立法的保护，如果有其他可替代的直接证据，则不会使用未成年人证言。确实需要未成年人出庭作证的，审判长可下令进行秘密作证或者避免与被告人进行对视，并且应当采用任何有可能的技术手段（如视频会议）完成作证。

证人拒绝出庭的，构成"妨碍司法罪"（delito de obstrucción a la justicia）。证人拒绝作证的，审判长可以处以200欧元至5000欧元的罚金，仍坚持不作证的，构成"严重不服从当局罪"（delito de desobediencia grave a la Autoridad）。证人出庭作证但说谎的，构成"伪证罪"。需要说明的是，如果证人在预审程序中说谎的，并不受刑事处罚，但必须在言辞庭审中说出真相，否则构成"伪证罪"（《刑事诉讼法典》第715条）。

2. 询问证人

询问证人在讯问被告人之后，且具有法定的优先次序（Prelación）。"审判长将命令每一位被接纳的证人，按如下顺序进行陈述：首先是检察官建议的证人作证，其次是自诉人建议的证人作证，最后则是辩方建议的证人作证"（《刑事诉讼法典》第701条及第705条）。西班牙的学说认为，这一询问顺序贯彻了控告式诉讼（当事人主义）的基本原则，即控方证人始终必须在辩方证人前作证。但如前所述，辩方证人和控方证人的区分仅是学理的设想，并不符合职权主义的立法及实践。更确切而言，在西班牙刑事诉讼中，所有证人均是法庭的证人，应如实作证，不得带有己方当事人的立场。这与当事人主义国家的证人作证制度有质的区别。在每一组证人中，审判长原则上按证人名单的顺序进行询问。但如果认为调整询问顺序更有利于查明真相，则也可依当事人的请求或者依职权进行次序变更（《刑事诉讼法典》第701.5条及第701.6条）。

询问从审判长开始，主要为"法律所规定的一般性问题"。此后，各方当事人按既定的顺序直接对证人提问。审判长主持询问过程，有权判定所提出的问题不相关或者具有暗示性、诱导性而决定让证人不予回答。对审判长前述决定不服的，可以于当日向最高法院提起撤销之诉。庭审笔录应载明决定不让证人回答的问题（《刑事诉讼法典》第709条和第721条）。审判长有权自行或者指示本案的其他审判人员向证人提出有利于查明案件事实的问题（《刑事诉讼法典》第708.2条）。当事人可以请求将犯罪构成证据向证人展示，以便证人作证。证人还可以通过视频会议作证（《刑事诉讼法典》第731-1条）。

3. 特殊的证人证言

被害人的陈述属于证人证言，且属于直接证据。最高法院及宪法法院的判例教义认为，被害人陈述作为判决依据的，应重点核实如下要素：①没有因被害人/被告人之间的关系而产生主观不信任（Ausencia de incredibilidad subjetiva derivada de las relaciones acusador/acusado）；②可信性（Verosimilitud）；③指控的持续性（Persistencia en la incriminación）。

共同被告人的供述不得作为证人证言，这是因为被告人没有如实作证的义务，即便已被定罪也不得因提供了虚假证词而追究其伪证罪的法律责任。

间接证人在作证时应当指明消息来源方或者得到该消息的地点及得知该信息的人（《刑事诉讼法典》第 710 条）。间接证言原则上可以在法庭上使用，但不能取代直接证言。如果没有出庭阻碍事由，直接证人必须出庭作证。无论何种情况，法官不得仅依间接证言作出有罪判决，这违反了无罪推定原则。

西班牙《刑事诉讼法典》拒不承认特权证词（los testimonios privilegiados），因此当局及司法警察的陈述具有证人证言的效力，依理性标准规则（las reglas del criterio racionar）予以评价。

（三）鉴定报告

鉴定报告是鉴定人围绕专业问题所提供的意见证据，因此鉴定人和证人一样，原则上应当出庭作证。控辩双方同样应在"临时定性"的辩护状和"临时定性"的起诉状中列明拟传唤的鉴定人。提交出庭鉴定人名单的当日，双方当事人应当提供与案件当事人数量相同的名单副本，并递交给其他当事人（《刑事诉讼法典》第 656 条及第 657 条）。被传唤的鉴定人无法定理由未出庭的，处 200 欧元至 5000 欧元罚金，如果二次传唤拒不到庭的，则构成妨碍司法罪（《刑事诉讼法典》第 661 条）。

鉴定人的出庭作证规则与证人相同，由审判长主持，先控方后辩方，所提出的问题应相关、必要，不得具有暗示性或诱导性。但与证人不同的是，鉴定人并非按所见所闻作证，而是提供专业意见。因此所涉及的问题主要包括如下三方面：①对鉴定意见的对象（包括人或物）进行辨认（主要涉及鉴定对象的同一性认定，可以当庭辨认，也可以庭外辨认，后一种情况庭审应中止《刑事诉讼法典》第 725 条）；②准备鉴定报告所遵循的程序或实施的操作；③依基础数据、辨认对象、科学和技术法则以及经验法则所得出的结论（《刑事诉讼法典》第 478 条）。在《刑事诉讼法典》第 731-1 条所规定的条件下，鉴定人也可通过视频会议作出陈述。

鉴定报告还可能作为预先证据或预设证据。在这种情况下，鉴定报告的性质发生变化，转化为文书证据。依《刑事诉讼法典》第788.2条之规定，"官方认可的实验室根据相关法律通过的科学协议书而完成的鉴定，其提交的关于麻醉物品的性质、剂量、纯度的报告具有文书证据的效力"。法院应立即查阅这些官方卷宗中的报告（《刑事诉讼法典》第726条）。"应任何一方当事人的请求，法官可以对预审中进行过的但根据其意愿不再在审判中重复审理的预审材料进行宣读"（《刑事诉讼法典》第730条）。因此，法官可依作为预先证据或预设证据的鉴定报告进行定罪，但应在庭审中进行宣读。

但较为特殊的一点是，对于这些预先证据或预设证据，当事人还可以建议一名或数名鉴定专家参与鉴定过程，并作为鉴定人在言辞审判中发表意见。在这种情况下，适用前述的鉴定人出庭作证规则。

（四）文书证据

在西班牙，文书证据是广义的概念，除传统的书面证据外，还包括各种笔录（主要为预设证据或预先证据的笔录）。[14]

控辩双方应在"临时定性"的辩护状和"临时定性"的起诉状中列明拟调取的文书证据及持有机构或个人，便于法官进行证据收集（《刑事诉讼法典》第781条）。在司法实践中，文书证据通常在预审程序中便已悉数纳入，但不排除在言辞庭审前（《刑事诉讼法典》第786.2条）或言辞庭审中调取新文书证据，以完整地查明案件真相。双方当事人可在庭审中对文书证据进行质证[15]，为此，"各方当事人应根据预审卷宗中相关文件所标注的页码，确定用来作为有利于己方之证据的书证"。

文书证据还适用职权审查规则。依《刑事诉讼法典》第726条之规定，"法官应当亲自查阅有利于查明事实或者最大限度保证调查案件真相的案卷、文件、文书和其他证据"。这一条款容易引发误

---

〔14〕 意大利也类似。但这一分类并不严谨，极易造成混乱。下文有详述。

〔15〕 Caso "Mesegué y Jabardo"。

解，认为法官可以主要依预审卷宗作出判决。倘若如此，言辞庭审将成为预审程序的附庸。因此，这里需要重申的是，可在言辞庭审中宣读的卷宗笔录仅限于预设证据和预先证据，必须严格符合预设证据和预先证据的条件。[16] 而更一般的庭审原则应是，"法官根据庭审中的举证、指控和庭辩的理由、被告人的阐述"作出判决，即应循公开原则、直接原则和言辞原则（《刑事诉讼法典》第 741 条），宣读笔录仅是例外。

（五）司法现场勘验检查（reconocimiento judicial）

对于司法现场勘验检查，《刑事诉讼法典》"庭审卷"仅设一条（第 727 条），规定预审程序中与"现场勘验检查"相关的条款[17]可直接适用于庭审阶段（第 326 条至第 333 条）。

四、证明程序

庭审证明程序包括三个阶段：建议阶段（proposición）、接纳[18]阶段（admisión）以及证明实施阶段（ejecución de la prueba）。

（一）建议阶段

在普通程序中，建议阶段，即控辩双方撰写"临时定性"的辩护状和"临时定性"的起诉状这一阶段。在该阶段，控辩双方应在各自诉状中详细列明拟证明主张的各类证据：对于证人和鉴定人，应附上姓名及地址，便于法官在开庭时进行传唤；对于文书证据，应注明持有机构或个人，便于法官进行调取。建议的一方也可以自行传唤证人或鉴定人，或自行调查文书证据，在必要时可请求法官作出命令或进行司法协助（《刑事诉讼法典》第 656 条、第 657 条和

---

〔16〕 关于预设证据和预先证据的适用条件，参见本书《论预审》部分。

〔17〕 关于司法现场勘验检查的研究，参见本书《论预审》部分。为避免重复，此处不再赘述。

〔18〕 "Admisión"直译为"证据的采纳"，但此处指的是证据可进入庭审的资格，而不是证据已获采信。故为避免误解，笔者译为"证据的接纳"。也有学者译为"受理"，似乎不太符合西班牙语的文义。意大利刑事证据制度中也有内涵完全相同的表述"l'ammissione della prova"，笔者基于相同理由一并译为"证据的接纳"，这也有助于在比较法研究中保持一致的表述。

第 790.5 条）。

但在简易程序和陪审团程序中，证据建议可分阶段提出。例如在简易程序中，无论"临时定性"的辩护状或"临时定性"的起诉状的内容如何，对于"可在现场提供的任何证据"，当事人均可在言辞庭审开始时提出建议（《刑事诉讼法典》第 793.2 条）。如果被告人或承担民事责任的第三人没有提交辩护状，也可以在开庭前或"初步庭审"（audiencia preliminar）中请求提供证据。在陪审团程序中，除了临时定性文书外（《陪审法院组织法》第 29.1 条，与《刑事诉讼法典》第 650 条相关联），当事人也可以在确立先决问题的诉状中（《陪审法院组织法》第 36.1 条）或者在言辞庭审前的主张阶段（《陪审法院组织法》第 45 条）提出证据建议。

（二）接纳阶段

接纳阶段，始于法官收到诉状后，终于法官接纳或拒绝接纳所建议的证据（《刑事诉讼法典》第 659 条、第 792.1 条和第 790.6.5 条）。接纳的标准为证据的相关性和必要性。如果法官认为某一证据建议与待证事项不相关或者没必要，则应予以拒绝。不当拒绝接纳某种证据形式的，构成对诉讼基本权利的侵犯，系上诉事由。当事人可以在言辞庭审开始时重新提出此前被法官拒绝接纳的证据（《刑事诉讼法典》第 793.2 条），或者向最高法院提起撤销之诉。

（三）证明实施阶段

证明的实施（ejecución o práctica de la prueba）应在言辞庭审中进行。双方当事人围绕所接纳的证据进行质证，包括讯问被告人、询问证人及鉴定人、审查文书证据内容等。比较例外的是，预先证据和预设证据的宣读会在指控书提出请求时立即进行。学说认为，证明实施应严格遵循当事人处分原则（principio de aportación），即证据审查仅局限于当事人所建议的证据。但事实上，为了查明真相，法官可依职权随时调取新的证据（《刑事诉讼法典》第 729.2 条）。

五、证据禁止、证明责任与证据评价

(一) 证据禁止

按所侵犯权利的性质，学说严格地区分了"非法证据"（prueba ilícita）和"被禁止的证据"（prueba prohibida）。所谓"非法证据"，指侵犯了普通权利（一般法律所规定的权利）所收集的证据，而"被禁止的证据"则指侵犯了宪法基本权利（例如自由权、形体完整权等）[19]所收集的证据。这两类证据所产生的法律效力也不同："非法证据"会导致程序无效（una nulidad de actuaciones），可依法典所规定的方法进行矫正，而"被禁止的证据"则在言辞审判开始时便进行排除（《刑事诉讼法典》第786.2条），禁止在判决中对该证据结果进行评价（"证据使用禁止"，die Beweisverwertungsverbot）。依《司法机构组织法》第11.2条之规定，"直接或间接侵犯基本权利和自由所获得的证据不会产生任何效力"。

(二) 证明责任

与欧陆诸国类似，西班牙学说同样区分"形式意义上的证明责任"和"实质意义上的证明责任"。"形式意义上的证明责任"指控辩双方对争议事实进行证明的责任，而"实质意义上的证明责任"则指未充分证明应承担不利后果的责任。但较为特殊的是，西班牙学说认为刑事诉讼不存在"形式意义上的证明责任"，因为检察官和预审法官应承担客观义务，既要收集有罪证据，也要收集无罪，庭审法官则有依职权查明的义务。因此，"形式意义上的证明责任"分配规则并不适用于检察官和法官。

"实质意义上的证明责任"分配规则应严格遵循无罪推定的宪法原则，由控方承担证明被告人有罪的证明责任，辩方并无义务证明自己无罪。控方的证明活动如果无法推翻无罪推定，则应立即释放被告人。

---

〔19〕 更详细的研究，参见本书《刑事诉讼宪法化的制度体系》及《刑事诉讼中基本权利的保护之诉》两部分。

（三）证据评价

依《刑事诉讼法典》第 741.1 条之规定，法官应"依良知"（según su conciencia）对言辞庭审中的证据进行评价，学说称之为"理性评价（sana crítica）原则"。1882 年的西班牙立法者之所以未沿袭法国《重罪法典》的内心确信制度，是因为学说认为，内心确信理论过于主观，缺乏逻辑理性的过程和依据，容易导致法官滥权，而理性评价则更强调法官的客观理性。这种误解在比较法学者中普遍存在，极其重要的原因是 1808 年的《重罪法典》使用了非常抽象的界定且一直延续至今，"在重罪法庭休庭合议前，审判长应责令宣读下列训示，并将内容大字书写成布告，张贴在合议室最显眼处：法庭并不考虑法官通过何种途径达成内心确信；法律并不要求他们必须追求充分和足够的证据；法律只要求他们心平气和、精神集中、凭自己的诚实和良心，依靠自己的理智，根据有罪证据和辩护理由，形成印象，作出判断。法律只向他们提出一个问题：你们是否形成内心确信？这是他们的全部职责所在"（原第 343 条）。但事实上，这是对法国内心确信制度的误读。法国的立法及判例依要求"法官应立足控辩双方所提交之证据，依理性及良知作出审慎判断，并作出最终的判决"，"法官心证责任伦理的形成必须以判决理由的形式公开，并对当事人及社会公众负有说服义务"。[20] 可见，法国和西班牙这两套概念本质上并无区别，均强调判决必须立足事实及证据、符合经验法则、科学法则和逻辑法则，而非法官主观臆断的结果。判决理由制度便是内心确信（理性评价）最为重要的"客观"维度。[21]

西班牙宪法法院对理性评价原则进行了补充解释：①法官心证的形成必须立足真实的证据，而非简单的预审行为；②证据必须合法，不得侵犯基本权利；③证明活动应在言辞庭审中进行。如果法

---

〔20〕 施鹏鹏：《刑事裁判中的自由心证——论中国刑事证明体系的变革》，载《政法论坛》2018 年第 4 期。

〔21〕 Michele Taruffo, La Prueba, Artículos y Conferencias, etropolitana, 2012, p. 23.

官在证据评价中未遵循前述规则，则当事人可以以"证据评价中存在事实错误"为由提起撤销之诉（《刑事诉讼法典》第 849.2 条），也可以提起保护之诉。

主要参考文献

主要教材

Gimeno Sendra, Vicente, Introducción al Derecho procesal, Ed. Castillo de Luna Ediciones Jurídicas, Madrid, 2017.

Juan Montero Aroca, Juan Luis Gómez Colomer, Alberto Montón Redondo, Silvia Barona Vilar, Derecho Jurisdiccional, I, Parte General, Ed. Tirant lo Blanch, Valencia, 2019.

Pablo Gutiérrez de Cabiedes, Derecho procesal: Parte general, Tirant lo Blanch, 2018.

Vicente Gimeno Sendra, Manual de derecho procesal penal, Ediciones Jurídicas Castillo de Luna, 2018.

Víctor Moreno Catena Valentín Cortés Domínguez, Derecho Procesal Penal, Tirant lo Blanch, 9ª Edición, 2019.

主要杂志

Revista de Derecho y Proceso Penal, Editorial: Aranzadi.

https://derechopenalonline. com/ （在线刑法杂志）.

主要网站

西班牙语文献数据库：https://dialnet. unirioja. es/.

Boletín Oficial del Estado：http://www. boe. es.

Congreso：http://www. congreso. es.

Senado：http://www. senado. es.

Tribunal Constitucional：http://www. tribunalconstitucional. es.

Derecho de la Unión Europea：http://eur-lex. europa. eu/es/index. htm.

Poder Judicial：http://www. poderjudicial. es.

Fiscalía General del Estado：http://www. fiscal. es.

Ministerio de Justicia: http://www. miusticia. es.

Red Judicial Europea en materia civil y mercantil: http://ec. europa. eu/civiliustice/.

lustel: http://www. iustel. com.

Base de datos Westlaw: http://www. westlaw. es.

Noticias Jurídicas: http://noticias. iuridicas. com/.

Diario La Ley: http://diariolalev. lalev. es/content/lnicio. aspx.

Consejo General de la Abogacía: http://www. cgae. es/portalCGAE/home. do.

Colegio de Abogados de Madrid: http://www. icam. es/.

Consejo General de Procuradores: http://wwwcgpe. es/.

Colegio de Procuradores de Madrid: http://www. icpm. es.

Asociaciones de Jueces y Magistrados: http://www. ajfv. es, http://www. magistratura. es/, http://www. iuecesdemocracia. es/, http://foroiudicial. es.

Asociaciones de Secretarios Judiciales: http://www. upsj. org, http://www. coseiu. com/, http://siiei. com/.